545
Tab 1.

c.)

Yf 4298

COLLECTION
DES
MEILLEURS OUVRAGES
DE LA LANGUE FRANÇAISE
EN PROSE ET EN VERS.

THÉATRE
DE
VOLTAIRE.

PARIS. — DE L'IMPRIMERIE DE RIGNOUX,
rue des Francs-Bourgeois-S.-Michel, n° 8.

THÉATRE

DE

VOLTAIRE,

PRÉCÉDÉ

D'UNE NOTICE HISTORIQUE

PAR M. BERVILLE.

TOME I.

PARIS.

BAUDOUIN FRÈRES, ÉDITEURS,
RUE DE VAUGIRARD, N° 17.

M DCCC XXVIII.

AVERTISSEMENT

DU

NOUVEL ÉDITEUR.

Une Collection des meilleurs ouvrages de la langue française devait nécessairement comprendre les productions les plus importantes de Voltaire. Déja nous avons publié *la Henriade* et les *Romans;* voici maintenant le *Théâtre.* Nous donnerons successivement les *Poésies*, l'*Essai sur les mœurs,* le *Siècle de Louis XIV* et celui de *Louis XV, Charles XII,* et l'*Histoire de Russie sous Pierre-le-Grand.* Ainsi dans la collection immense et variée des OEuvres du plus grand écrivain du siècle dernier, nous choisissons ce qu'il a laissé de plus digne de la postérité. Ses autres ouvrages, toujours dictés par une raison puissante, toujours assaisonnés par l'esprit le plus fin et le goût le plus délicat, l'ont placé au premier rang des philosophes et des penseurs; ceux-là ont fondé sa gloire littéraire, et sont restés parmi les modèles de notre langue.

AVERTISSEMENT

Le *Théâtre* de Voltaire, si riche en chefs-d'œuvre, sera toujours regardé comme l'un de ses plus beaux titres de gloire. L'esprit de parti a pu contester le mérite de quelques autres productions du même écrivain; sur son *Théâtre* il n'y a qu'une opinion. Les novateurs même qui, dans les derniers temps, ont cherché si vainement à rabaisser le système dramatique de Racine et de Corneille, ont respecté le *Théâtre* d'un poëte dont les beaux ouvrages ont agrandi la scène, et qui a su accorder avec les exigences du goût et de la raison, toutes les innovations d'une sage audace, toutes les ressources d'un génie créateur.

Sans, avoir l'admirable fierté de Corneille, et la perfection non moins admirable de Racine, Voltaire par d'autres parties brillantes, par la verve, le pathétique, surtout par la hauteur philosophique des conceptions, a mérité d'être nommé avec ces hommes célèbres. L'ordre des temps et l'opinion la plus générale ne lui donnent encore que la troisième place; et cependant plus d'un bon juge reste incertain s'il doit le mettre à coté, ou seulement à la suite de ses deux modèles.

En rendant cette édition nouvelle du *Théâtre* de Voltaire généralement conforme à l'édition de

Kehl, nous ne nous sommes refusés à aucune des améliorations qui, soit dans la distribution des matières, soit dans la correction du texte, ont été faites par les éditeurs successifs des OEuvres du philosophe de Ferney. Nous avons même remonté plus haut, et l'édition de 1775, publiée du vivant de Voltaire, et précédée d'une préface de sa main, nous a été fort utile, pour la rectification des fautes typographiques assez nombreuses qui déparent l'édition de Kehl.

Toutes les préfaces, lettres, dissertations et discours préliminaires que l'on attache ordinairement aux tragédies de Voltaire, qui en développent le sujet, en exposent l'histoire, ou en justifient la forme, ont été soigneusement recueillis dans la présente édition ; on y trouve également, avec toutes les variantes, les notes des premiers éditeurs, et quelques notes nouvelles.

Un écrivain connu par l'élégance et la pureté du style, par la raison élevée, et la sage impartialité des jugemens, M. Berville, a bien voulu nous permettre de placer en tête du *Théâtre* de Voltaire un morceau biographique sur cet immortel écrivain. Nous ne croyons pas être dé mentis en donnant d'avance à ce travail les éloges dont il est digne; et nous ne faisons que prévenir le public, en adressant de justes remerciemens à son auteur.

Léon Thiessé.

NOTICE
SUR VOLTAIRE,

PAR M. BERVILLE.

Voltaire représente à lui seul le dix-huitième siècle. Il l'a traversé presque tout entier ; il l'a rempli de ses travaux et de son influence : plus qu'aucun de ses contemporains, il en a reçu l'empreinte, exprimé les mœurs et les opinions, secondé les tendances : il s'est trouvé en rapport avec les personnages les plus remarquables de cette époque ; il a décidé ou précipité les mémorables changemens qui l'ont signalée. Considérée sous ce point de vue, l'histoire de Voltaire pourrait être en même temps l'histoire de son siècle. Sans embrasser ici un plan aussi vaste, peut-être ne sera-t-il pas inutile de rappeler en peu de mots quel était en France l'état de la société au moment où Voltaire parut sur la scène du monde, et d'indiquer ainsi quels rapports ont dû s'établir entre cette société et son génie.

Louis XIV n'était plus : le sceptre, que ses mains avaient porté avec dureté, mais avec éclat, venait de tomber en des mains moins fermes, laissant encore l'état sans institutions, sans unité, et la société sans appui. Le progrès des esprits pendant les jours brillans de son règne avait ébranlé les traditions du moyen âge : en politique, en religion, en littérature, l'esprit de soumission faisait place insensiblement à l'esprit d'examen. La révolution de 1688 avait établi à côté de nous un foyer de lumières et d'indépendance. Partagée entre l'autorité des anciennes croyances et l'ascendant chaque jour plus prononcé des opinions nouvelles, la société flottait dans l'incertitude : l'investigation pénétrait partout; l'évidence n'apparaissait encore nulle part. Fatigués du régime de contrainte qui si long-temps avait comprimé toutes les facultés humaines, les esprits aspiraient à la liberté : long-temps courbés sous une autorité intolérante, ils se montraient avides de juger et portés à juger avec sévérité; on était impatient de ce que l'on connaissait, sans bien savoir encore ce qu'on voulait mettre à la place : il était aisé de prévoir que le siècle qui se préparait ne serait point le siècle des créations, mais le siècle de la critique.

Ces dispositions hostiles ne trouvaient, il faut l'avouer, que trop d'aliment : le vice ou l'absence des institutions, l'inégalité des charges publiques, l'esclavage de la presse, les entraves de l'industrie, les prodigalités du pouvoir absolu, les vexations du fisc, la férocité des lois criminelles, l'incohérence et les lacunes des lois civiles, les fausses directions données à l'enseignement de la jeunesse, les aberrations de la philosophie scolastique, les préjugés de toute espèce hérités des temps barbares, n'offraient pas une faible matière aux censures de l'opinion. L'état des mœurs publiques n'était pas moins déplorable : décorée d'un vernis de politesse dans les premières années de Louis XIV, couverte d'un manteau d'austérité sous madame de Maintenon, la licence avait éclaté sans pudeur au commencement de la régence : la nation n'était pas corrompue encore ; cependant la corruption dominait dans la société, car les classes supérieures n'avaient plus de mœurs, et les classes inférieures n'avaient pas encore d'influence. La religion elle-même, cette auguste émanation de la Divinité, s'était altérée dans la main des hommes. Le fanatisme, la bigoterie, régnaient encore ; le sentiment religieux était presque éteint. L'ambition, l'intérêt, usurpaient insolemment le nom sacré de la religion pour s'ouvrir les routes de la fortune ou du pouvoir ; l'hypocrisie, pour couvrir d'un voile respecté les désordres d'une vie coupable ; la superstition, pour étouffer des vérités utiles ; l'intolérance, pour renouveler dans les Cévennes les horreurs de la Saint-Barthélemi : mais, quand son nom était partout, son esprit n'était presque nulle part. Peu à peu, comme il n'arrive que trop souvent, l'abus avait compromis la chose elle-même : beaucoup s'étaient éloignés de la religion, en voyant à quels usages on la faisait servir, et, si la légèreté, si l'amour des plaisirs avaient fait des incrédules, la bulle *Unigenitus* et les dragonnades en avaient fait davantage. Tel était l'état des esprits, lorsqu'un brillant succès dramatique révéla Voltaire à la France.

Né dans les dernières années du dix-septième siècle[1],

---

[1] François-Marie Arouet, si célèbre depuis sous le nom de Voltaire, naquit à Chatenay, près Paris, le 20 février 1694. Son père, après

élevé durant sa première enfance par l'ami de Ninon[1], confié plus tard à l'éducation un peu mondaine des jésuites, conduit chez Ninon au sortir du collége, répandu bientôt dans les sociétés épicuriennes des Chaulieu, des Sulli, des La Fare, Voltaire avait uni de bonne heure à la sagacité rapide, à l'active imagination, à la vive et mobile sensibilité qu'il tenait de la nature, l'urbanité, l'élégance facile, les graces légères que donne l'usage du grand monde, et la hardiesse de pensée qu'il avait puisée dans les impressions de son enfance et de sa jeunesse. D'abord contrarié par sa famille dans son goût pour la poésie, menacé d'une lettre de cachet, exilé en Hollande à la suite de l'ambassadeur Châteauneuf, relégué à Saint-Ange auprès du vieux Caumartin, jeté à la Bastille pour une satire qu'il n'avait pas faite, accueilli enfin à la scène française, il débutait dans la carrière des lettres par un triomphe : à vingt-quatre ans, l'auteur d'*OEdipe* montrait déja, non le génie créateur qui devait ouvrir de nouvelles routes à la tragédie, mais le plus brillant imitateur et presque l'héritier du style de Racine.

Un succès nouveau allait bientôt ajouter encore à

avoir exercé avec honneur l'état de notaire, était devenu trésorier de la chambre des comptes ; sa mère, Marguerite d'Aumart, appartenait à une famille noble du Poitou. Le jeune Arouet vint au monde presque mourant ; il ne put recevoir le baptême que le 21 novembre 1694 ; cette circonstance a trompé quelques biographes sur l'époque précise de sa naissance.

Le nom de *Voltaire* lui fut donné par sa famille, suivant un usage alors assez commun, pour le distinguer de son frère aîné.

[1] L'abbé de Châteauneuf Il était lié avec la mère de Voltaire, et il avait servi de parrain au fils.

ce premier succès : bientôt *la Henriade* allait enrichir la France, sinon d'une épopée, du moins d'un ouvrage où la poésie la plus brillante s'allierait aux enseignemens de la raison la plus pure.

Couronné, à vingt-huit ans, d'une double palme littéraire, indépendant par sa fortune, recherché dans la société, accueilli par les grands, Voltaire alors semblait voué pour toujours à la poésie. Un événement imprévu vint changer sa destinée. Cruellement insulté par le vil héritier d'un grand nom, il veut demander vengeance aux lois; elles sont muettes : à ses nobles amis; ce n'est qu'un plébéien outragé par un grand seigneur, ils ne daignent pas s'en apercevoir : à son courage; la Bastille et l'exil lui répondent. Repoussé de toutes parts, il abandonne enfin l'agresseur et ses complices au mépris qu'ils méritent; il passe en Angleterre. Pendant trois ans, il y respire l'air de la liberté : il s'y pénètre des écrits de Newton, de Locke et de Shakspeare, et, riche de connaissances et d'idées nouvelles, il rapporte dans sa patrie l'*Essai sur la poésie épique*[1], *Brutus*, *la Mort de César* et les *Lettres sur les Anglais*.

Ici commence la carrière philosophique de Voltaire; ici son talent dramatique prend aussi une direction nouvelle. Dans *OEdipe*, dans *Artémire*, dans *Mariamne*, on avait applaudi l'élégant imitateur de Racine : dans *Brutus*, dans *Zaïre*, dans *la Mort de César*, l'imitateur disparaît pour ne montrer plus que

---

[1] Cet ouvrage, composé en Angleterre, fut d'abord écrit en anglais.

Voltaire. Moins parfait dans son style, moins scrupuleux sur le choix des ressorts dramatiques, déja il commence à se montrer plus naïf, plus passionné, plus tragique, à présenter au spectateur des tableaux plus imposans, à mêler aux émotions du théâtre des instructions plus profondes.

Zaïre, qui, par l'époque et le lieu de la scène, par les caractères de Lusignan et de son fils, semble se rapprocher du genre historique, appartient aussi, par les caractères de Zaïre et d'Orosmane, à ce genre idéal que la tragédie peut, ce me semble, admettre dans les ouvrages dont l'intérêt repose sur les mouvemens du cœur. Le charme des sentimens les plus aimables, les combats de l'amour et de la religion, les tourmens de la jalousie dans une ame aussi confiante que tendre et généreuse, ouvrirent des sources de pathétique inconnues jusqu'alors : les noms français, prononcés pour la première fois sur notre scène, parurent une innovation heureuse, que Voltaire ne tarda pas à reproduire dans la tragédie imparfaite, mais touchante, d'*Adelaïde du Guesclin*.

La Mort de César ne put être représentée que sur un théâtre de collége. Cette pièce attira même sur son auteur une demi-persécution. On lui fit un crime des sentimens républicains répandus dans sa tragédie : la police ne trouva point Brutus et Cassius assez royalistes.

Chaque jour, en effet, l'auteur de *la Henriade* était arraché à ses travaux par quelques persécutions. D'obscurs écrivains, que souvent il avait aidés de sa fortune ou de son crédit, le harcelaient de leurs libelles. Des ames charitables se faisaient un point de conscience de dénoncer incessamment au pouvoir un auteur encore irréprochable par ses ouvrages, mais connu pour la liberté de ses opinions. Une administration tracassière accueillait sans examen ces délations journellement répétées : c'étaient à chaque instant de nouveaux dangers à craindre, de nouveaux orages à conjurer. Persécuté pour *la Mort de César*, persécuté pour l'élégie sur la mort de Lecouvreur, persécuté pour *le Temple du Goût*, persécuté pour *les Lettres philosophiques*, persécuté pour l'*Épître à Uranie*, Voltaire perd enfin patience ; il quitte la capitale, et renonçant aux lettres, dont la culture n'est pour lui qu'une source de dégoûts et de périls, il va cacher sa vie et la consacrer à l'étude des sciences dans le sein de la retraite et de l'amitié.

Madame du Châtelet, fille du baron de Breteuil, possédait une terre à Cirey, sur les frontières de la Lorraine. Élevée avec soin, douée d'une force d'esprit rare, surtout alors, chez son sexe et dans sa condition, elle avait su allier à l'amour des plaisirs, au goût des frivolités, le goût de l'instruction et des études sérieuses. Le rapport des penchans, l'accord des opinions, rapprochèrent bientôt Émilie et Voltaire : un lien peut-être plus tendre que l'amitié s'établit entre eux. Ce fut près d'Émilie que Voltaire alla chercher un asile contre les traits de l'envie et contre les vexations du pouvoir.

Cet asile devint bientôt un temple consacré aux

sciences. Cirey vit se former dans son enceinte une bibliothèque, un laboratoire, un cabinet de physique : des savants illustres vinrent le visiter. L'étude de la physique et de l'astronomie occupa quelque temps Voltaire : il composa, sur *la nature des forces motrices*, un mémoire qu'approuva l'académie des sciences : il obtint, ainsi que madame du Châtelet, une mention honorable à l'un des concours de cette académie : il composa les *Élémens de la philosophie de Newton*, exposition superficielle, mais simple et lumineuse, d'une philosophie encore peu connue en France. Ce livre, qui n'est rien pour la gloire de Voltaire, fut pourtant utile; il popularisa des découvertes importantes, trop négligées jusqu'alors; il acheva de discréditer la physique des écoles. Un trait peindra l'administration de cette époque. Le chancelier d'Aguesseau, élevé dans la philosophie cartésienne, ne voulut jamais accorder de privilége pour l'impression des *Élémens de Newton* : il n'était pas permis alors de penser en physique autrement qu'un chancelier de France.

Mais en vain Voltaire s'était promis de rompre avec les lettres : ses amis et surtout son penchant le rappelaient incessamment dans la carrière dont il avait cru sortir pour toujours. Il passait de la physique à la littérature, de la littérature à la physique : ses jours étaient remplis de mille travaux divers; sa tête active suffisait à tout. Tandis qu'il écrivait sur la gravitation, qu'il répétait les expériences de Newton sur la lumière, il composait *Alzire*, *Mahomet*, *Mé-*

rope; il achevait les *Discours sur l'homme*; il écrivait l'*Histoire de Charles XII*, esquissait la *Philosophie de l'histoire*, commençait le *Siècle de Louis XIV*, préparait l'*Essai sur les mœurs*.

Mahomet, représenté à Lille en 1741, ne put d'abord l'être à Paris. On voulut voir, dans cette tragédie, une satire indirecte contre la religion chrétienne. Voltaire l'apprit et dédia sa pièce au pape Benoît XIV, qui lui répondit en termes flatteurs et lui envoya des médailles. Crébillon fut plus difficile en fait de religion que le chef de l'église; il refusa, comme censeur dramatique, d'approuver l'ouvrage de son rival et de son vainqueur.

Mérope éprouva moins d'obstacles et valut à son auteur le plus brillant triomphe. Présent à la représentation, il fut demandé à grands cris par les spectateurs. Il parut dans la loge de la jeune duchesse de Villars, et, sur l'invitation du parterre, il reçut de cette dame la même récompense qu'Alain Chartier avait reçue autrefois d'une princesse. C'était la première fois que le public demandait un auteur pour lui décerner un hommage : depuis, cet honneur, trop prodigué, a perdu de son prix.

La fortune semblait alors sourire à Voltaire. Madame de Pompadour venait de succéder à madame de Châteauroux dans un poste que la pudeur publique nous défend de nommer. Voltaire l'avait connue avant sa faveur : il trouva en elle un appui. Le grand homme consentit à devenir le protégé et même un peu le flatteur de la favorite. Vingt ouvrages pleins de génie et d'une philosophie bienfaisante n'avaient produit à leur auteur que des persécutions et des outrages : il se vit recherché, comblé de dons et d'honneurs, pour avoir su plaire à la maîtresse d'un roi.

Pendant quelques instans, Voltaire fut le poëte lauréat de la cour : il composa pour elle *la Princesse de Navarre*, *le Temple de la Gloire*, le poëme de *Fontenoi* : il rédigea quelques mémoires diplomatiques. Pour prix de ces travaux, inutiles à sa renommée, on le fit historiographe de France et gentilhomme de la chambre; il fut même un moment question de l'admettre aux *petits soupers*.

Une autre faveur le flatta davantage. Depuis longtemps, Voltaire désirait entrer à l'Académie Française, soit que son amour-propre ne fût pas insensible à cet honneur, soit qu'il espérât y trouver une sauvegarde contre la persécution. Après le succès de *Brutus*, il avait songé à solliciter le fauteuil; De Boze, l'un des membres les plus influens du sénat littéraire, avait prononcé que Voltaire *n'avait rien d'académique*. Après le succès de *Mérope*, il s'était mis sur les rangs une seconde fois; le ministre Maurepas et le théatin Boyer l'avaient encore écarté, malgré la protection de madame de Châteauroux. Soutenu par madame de Pompadour, il fut admis enfin à remplacer le président Bouhier. L'envie se déchaîna contre lui avec plus de fureur que jamais; mais du moins il fut permis à l'auteur de *la Henriade* d'honorer l'académie en siégeant parmi ses membres. Son discours de réception fut remarquable par une innovation heureuse. Aux froids complimens, aux éternels lieux communs qui, jusqu'alors, avaient seuls fait les frais de ces compositions, Voltaire substitua une élégante dissertation sur le génie des langues et sur l'art de traduire. Cet exemple a passé en usage, et les solennités académiques en ont acquis un intérêt qu'elles n'avaient pas eu jusqu'alors.

Mais cette faveur passagère, qu'un souffle lui avait apportée, un souffle devait bientôt la lui ravir. La haine ne sommeillait pas : elle alla chercher, pour l'opposer à Voltaire, le vieux Crébillon, dès long-temps retiré de la scène : elle sut intéresser la vanité de la favorite à protéger la vieillesse d'un homme de talent, dont on voulut bien faire un homme de génie. *Catilina* fut représenté à la cour, applaudi, imprimé au Louvre, avec une affectation d'enthousiasme offensante pour Voltaire, qu'on semblait rabaisser au dessous de son rival. A ce premier désagrément se joignirent quelques tracasseries. Voltaire laissa percer son mécontentement : madame de Pompadour se refroidit à son égard. Le poëte, justement blessé d'une préférence qu'il avait droit de regarder comme un affront, quitta la cour, où son triomphe d'un moment avait multiplié ses ennemis sans ajouter à son bonheur.

Mais, en se retirant, il voulut prendre une vengeance digne du génie outragé par une rivalité trop inégale. Trois fois il s'empara des sujets que Crébillon avait traités, et trois fois il jouit du plaisir d'accabler de sa supériorité le trop faible émule qu'on lui avait opposé. L'esprit de parti contesta un moment cette supériorité qui n'est plus contestée aujourd'hui. *Sémiramis*, *Oreste*, *Rome sauvée*, furent les fruits de cette utile émulation.

Retiré une seconde fois à Cirey, Voltaire, heureux près de son amie, se refusait encore aux instances de Frédéric, qui cherchait à l'attirer dans sa cour. La liaison de ces deux hommes célèbres avait commencé depuis long-temps. Frédéric, lorsqu'il n'était encore que prince royal, avait recherché Voltaire; une correspondance s'était établie entre eux. Depuis l'avénement du prince au trône de Prusse, la correspondance avait continué; Voltaire avait fait plusieurs voyages auprès de Frédéric, qui, pour le retenir, avait prodigué les invitations et les caresses. Voltaire avait toujours refusé de se séparer d'Émilie.

Au mois de septembre 1749, madame du Châtelet meurt à Lunéville, où les deux amis étaient allés passer quelque temps à la cour de Stanislas. Sa mort brise le lien qui enchaînait Voltaire à la France. Il se voit libre; ses ennemis continuaient de le fatiguer de leurs attaques; Frédéric redoublait ses instances; il cède enfin. Après un séjour de peu de mois à Paris, il dit adieu à la France, et va porter encore à Postdam la clef de chambellan et la dangereuse faveur des rois. La cour de France, qui le négligeait quand il était présent, fut offensée de son départ.

Voltaire reçut de Frédéric l'accueil le plus enivrant. Logé dans le palais du monarque, admis tous les jours à sa table, libre de toute contrainte, traité, non en sujet, mais en égal et en ami, un moment il se crut arrivé au terme de ses épreuves. Philosophe sur un trône despotique, artiste et poëte au milieu d'un camp, ennemi des préjugés chez un peuple encore sans lumières, Frédéric avait peuplé sa cour de savans et de littérateurs étrangers, dont il avait composé son académie. Il aimait à faire au milieu d'eux l'homme de lettres, à faire oublier le roi. L'abandon, la gaîté, une liberté d'opinions qu'on eût peut-être appelée d'un nom différent chez tout autre que chez un prince, régnaient dans ses soupers, dont il n'était pas le convive le moins brillant ni le moins aimable. Voltaire, à ses côtés, exerçait toutes les séductions de l'esprit et l'empire du génie : séduit lui-même, il croyait, après une vie orageuse, avoir enfin touché le port : il ne parlait de sa situation qu'avec ravissement et de Frédéric qu'avec enthousiasme. Mais l'envie veillait à Postdam comme à Paris.

La faveur dont jouissait Voltaire, sa supériorité reconnue, offusquaient plusieurs de ses nouveaux confrères. On lui suscita des dégoûts : on excita contre lui La Beaumelle, jeune écrivain qui cherchait à se faire un nom : on le calomnia près du roi, on calomnia le roi près de Voltaire. Des rapports officieux firent insensiblement succéder à la confiance, à l'intimité, la froideur et les défiances. La querelle de Voltaire avec Maupertuis[1], dans laquelle Frédéric eut le double tort d'intervenir et d'intervenir comme

[1] Maupertuis, savant distingué, mais peu sociable, était président de l'académie de Berlin.

roi, amena une rupture, suivie d'une réconciliation qui rassura médiocrement Voltaire. Enfin, après trois années de séjour en Prusse, il en sortit presque furtivement, sous prétexte d'aller prendre les eaux de Plombières. En partant, il promit de revenir; mais avant son départ, il avait retiré ses fonds et les avait fait passer à l'étranger.

A peine a-t-il quitté Potsdam, que les manœuvres de ses ennemis recommencent. On lui attribue des épigrammes contre le roi : on fait craindre à celui-ci que Voltaire, dépositaire de ses œuvres, n'abuse de ce dépôt. Frédéric, alarmé, songe à retirer le précieux volume; il prévient Freytag, son résident à Francfort, où Voltaire devait passer. Le servile et insolent subalterne conclut que le poëte est en disgrace et s'arrange en conséquence. Après avoir visité plusieurs cours de l'Allemagne, trouvant partout l'accueil le plus flatteur, Voltaire arrive à Francfort. Il y est arrêté avec éclat, traité avec outrage, et retenu, pendant trois semaines, prisonnier dans une mauvaise auberge. Sa nièce, madame Denis, accourue pour lui donner des soins, partage sa captivité.

Voltaire conserva toute sa vie le ressentiment de cette injure. Frédéric eut le bon esprit de rougir d'un acte qui ternissait sa gloire. Peut-être n'eût-il pas dû se borner à désavouer, sans le punir, le misérable qui avait abusé de son nom; du moins chercha-t-il plus tard à réparer, par un retour spontané, par des prévenances nouvelles, l'indigne procédé dont Voltaire avait à se plaindre.

Rendu à la liberté, désabusé un peu tard de la faveur des grands, Voltaire s'arrêta quelques jours chez l'électeur palatin, *pour sécher ses habits mouillés du naufrage.* De là il se rendit à Colmar, où il prolongea son séjour. Ce fut dans cette ville qu'il termina et qu'il fit imprimer les *Annales de l'Empire*, commencées chez la duchesse de Saxe-Gotha. Pendant environ deux années, il hésita sur le choix d'un asile. La malveillance du jésuite Croust et de l'évêque de Colmar, qui voulut, dit-on, l'excommunier, l'obligèrent de s'éloigner. La cour de France, pressentie sur son retour à Paris, répondit peu favorablement [1]. En attendant qu'il eût trouvé une retraite, Voltaire passa quelques mois à l'abbaye de Sénones, dans la société du savant dom Calmet, qui crut l'avoir *converti.* Il visita les eaux de Plombières; il se reposa quelques jours à Lyon, dont l'archevêque, Tencin, ne voulut ou n'osa point le recevoir, mais dont les habitans le comblèrent d'hommages, auxquels son ame, blessée par les scènes de Francfort, fut profondément sensible. Enfin, étant allé consulter à Genève le célèbre Tronchin, il sourit à l'idée de se fixer dans un pays libre. On lui proposa une habitation agréable sur les bords du lac. D'après les lois, un catholique ne pouvait s'établir à Genève, ni dans les cantons protestans de la Suisse. Voltaire « trouva plaisant « d'acquérir des domaines dans le seul pays de la « terre où il ne lui fût pas permis d'en avoir. »

---

[1] Il paraît que des copies de *la Pucelle*, répandues et falsifiées par les ennemis de Voltaire, avaient indisposé le gouvernement.

En cherchant un abri contre la haine du gouvernement et du clergé français, Voltaire ne crut pas toutefois devoir se mettre à la discrétion de ses nouveaux hôtes. Il voulut avoir un asile à Genève contre les tracasseries de France et un asile en France contre les tracasseries de Genève. Ainsi, après avoir occupé quelque temps le château de Tourney, il prit le parti d'habiter alternativement Ferney sur les terres de France, et *les Délices* sur les terres de Genève.

De ce moment date pour Voltaire une existence nouvelle. Cette indépendance qu'il a tant souhaitée, qu'il a cru trouver à la cour d'un monarque absolu, il l'a conquise enfin, et il ne la doit qu'à lui-même. Possesseur d'une grande fortune[1], riche d'une gloire européenne, en correspondance avec plus d'une tête couronnée, il va se trouver investi de la dictature des lettres et de l'opinion. Sa plume sera une puissance, ses jugemens seront des oracles. D'innombrables cliens viendront de toutes les parties de l'Europe solliciter de lui la faveur d'une parole ou d'un regard :

---

[1] Voltaire tenait de sa famille une honnête aisance, qu'avait encore augmentée la mort d'un frère aîné, dont il avait recueilli l'héritage. Une souscription ouverte en Angleterre pour la publication de *la Henriade* lui avait procuré des bénéfices considérables. Une spéculation heureuse sur un emprunt en forme de loterie, ouvert par le contrôleur-général Desfort, y avait ajouté des bénéfices nouveaux. Ses fonds, avantageusement placés dans diverses entreprises commerciales, entre autres dans la fourniture des vivres d'Italie, confiée à Pâris Duverney, avaient beaucoup fructifié. Les libéralités de Frédéric et des autres princes de l'Allemagne avaient encore accru sa fortune. A l'époque de son établissement aux *Délices*, elle s'élevait à environ 80,000 livres de rente.

des princes même tiendront à honneur de devenir ses hôtes. Ce n'est plus cet écrivain entouré d'ennemis, sans cesse menacé dans son existence sur les plus frivoles prétextes, en butte à toutes les susceptibilités du pouvoir arbitraire : c'est un souverain glorieux et respecté qu'environnent l'admiration et l'amour des peuples. Voltaire alors entrait dans sa soixante et unième année.

Loin d'être affaibli par l'âge, son génie, ravivé par la liberté, semblait être devenu plus fécond et peut-être plus original encore. Pendant les vingt-trois années que dura cette singulière existence, il fit paraître plus d'ouvrages qu'il n'en avait publié pendant les quarante années de son séjour dans le monde. L'*Orphelin de la Chine*, *Tancrède*, un poëme célèbre, que la pudeur condamne, mais que le goût est contraint de louer; la *Philosophie de l'histoire*, l'*Essai sur les mœurs et l'esprit des nations*, le *Dictionnaire philosophique*, le *Commentaire sur Corneille*, des satires remplies de sel, des épîtres où l'on retrouve l'enjouement et la facilité d'Horace avec une philosophie plus élevée, vingt contes charmans, où respire la grace de La Fontaine, embellie d'une élégance que La Fontaine n'a point connue; des romans où l'instruction se cache sous des formes aussi neuves que piquantes, une foule innombrable de légers pamphlets, de lettres, de pièces fugitives, tels furent à Ferney les fruits de sa retraite et les travaux de sa vieillesse.

Mais le meilleur ouvrage de Voltaire, il nous l'a

dit lui-même, c'est le bien qu'il a fait [1]. C'est une noble réponse qu'il a préparée, dans l'avenir, aux outrages de ses détracteurs. Qu'on jette, en effet, un regard sur ces dernières années de son existence : quelle vie fut plus remplie d'actions utiles et généreuses? Il conserve l'héritage à de jeunes orphelins dont le bien était engagé à des moines; il sollicite en faveur de Bing, victime innocente du ministère anglais; il adopte la nièce de Corneille, et, joignant la délicatesse à la bienfaisance, il sait lui faire une dot avec les œuvres de son oncle; il protége les Calas; il dénonce à l'Europe les assassinats juridiques de Martin et du jeune Labarre; il fonde à Ferney une colonie dont il devient le protecteur; il affranchit les serfs du Jura; il sauve la famille des Sirven et la veuve de Montbailly; il venge la mémoire de Lally; il délivre le pays de Gex des vexations du fisc. Son infatigable activité ne laisse échapper aucune occasion de signaler des abus, d'appeler des réformes salutaires; il flétrit les cruautés du fanatisme; il invoque à grands cris la tolérance religieuse et politique; il s'élève contre le sang versé; il implore, avec Beccaria, la réforme des lois criminelles; il seconde, il défend la belle entreprise de l'*Encyclopédie;* il encourage l'administration bienfaisante de Turgot; à l'étranger même, il récompense de ses louanges les puissances favorables à l'humanité, d'Aranda réprimant l'inquisition, Christiern proclamant la liberté de la presse, Catherine

---

[1] « J'ai fait un peu de bien; c'est mon meilleur ouvrage »

abolissant la torture et réprimant les usurpations du pouvoir sacerdotal. Partout sa voix se fait entendre, partout elle protége le faible et l'opprimé, poursuit l'erreur, démasque le mensonge et flétrit la cruauté. Cette puissance morale, cet empire exercé par le génie sans le concours du pouvoir est un phénomène unique dans les annales du genre humain : il était réservé au dix-huitième siècle d'en être le témoin.

Au milieu des hommages que l'équitable histoire a décernés à Voltaire, elle n'a point dû dissimuler quelques torts de sa vieillesse. Après avoir long-temps opposé aux attaques de ses ennemis un noble silence ou une défense modérée, sur la fin de ses jours il se montra trop sensible à la critique, qu'il ne repoussa pas toujours avec assez de mesure et de dignité. Il a mérité un reproche plus grave : plusieurs de ses derniers écrits ont porté atteinte à des objets qu'on doit respecter, et les traits du ridicule, qui n'auraient dû jamais atteindre que les préjugés funestes au bonheur des hommes, se sont plus d'une fois égarés entre ses mains. En convenant de cette erreur, l'histoire ajoutera pourtant que c'est au déclin de sa carrière, après soixante ans de persécutions odieuses auxquelles la religion avait servi de prétexte, que Voltaire s'est enfin laissé entraîner à ces mouvemens irréfléchis d'impatience et d'injustice; elle n'oubliera point surtout que, s'il a porté une main trop libre sur des croyances révérées, il a toujours respecté, il a même défendu plus d'une fois le principe essentiel de toutes les religions, celui sur lequel se fondent leurs rapports avec la morale et la société civile, l'existence d'un Dieu de justice et de bonté.

Nous avons parlé de ses ennemis : le temps, qui diminuait leur nombre et leur puissance, ne les avait pourtant pas entièrement désarmés, et dans cet asile même, que la gloire semblait rendre inviolable, leurs intrigues vinrent souvent troubler sa tranquillité. Tandis que les gens de lettres, et Frédéric à leur tête, s'associaient pour lui élever une statue, le parlement brûlait ses livres; l'évêque d'Annecy, l'archevêque de Paris sollicitaient à la cour des ordres contre lui; la reine, dont on abusait la piété, demandait son exil à Louis XV. Ce prince faible, mais modéré, eut la sagesse de répondre : *Il faut bien que Voltaire soit quelque part*; et, dans une autre occasion : *Que voulez-vous que je fasse ? S'il était à Paris, je l'exilerais à Ferney*.

Cependant un désir secret, que le temps ne faisait qu'irriter, rappelait Voltaire sur l'ancien théâtre de ses épreuves et de sa gloire : entouré des hommages de l'Europe, il avait encore besoin des hommages de Paris. Au milieu de l'hiver, il quitte à quatre-vingt-quatre ans son château de Ferney, arrive dans la capitale sans être attendu, et va se jeter dans les bras de son vieil ami d'Argental. *J'ai*, lui dit-il, *interrompu mon agonie pour venir vous embrasser*.

Paris était bien changé depuis le moment où Voltaire, pour se soustraire aux dégoûts dont on l'abreuvait, était allé demander à la Prusse un repos que la Prusse n'avait pu lui donner. Trente ans écoulés

avaient imprimé aux esprits une direction nouvelle.
Une génération avait disparu : une autre génération
s'était élevée, nourrie des ouvrages de Voltaire, imbue
de ses principes, idolâtre de son génie. De ses anciens ennemis, le plus grand nombre était descendu
dans la tombe; d'autres avaient laissé refroidir leur
inimitié pendant sa longue absence; le reste se taisait
en présence de l'opinion publique. Les encyclopédistes, si long-temps opprimés, dirigeaient alors l'opinion, et cette secte puissante se prosternait devant la
gloire de Voltaire, qui, sans adopter toutes ses doctrines, s'était déclaré l'allié et le protecteur de sa
cause. Le patriarche de Ferney fut reçu en triomphe
dans la capitale. Tous les honneurs qu'un mortel peut
attendre lui furent prodigués. Dans les rues, la multitude se pressait sur ses pas en faisant retentir l'air
de bruyantes acclamations; chez lui, les hommages
se succédaient sans relâche : des grands, des ministres, des prélats même, sollicitaient l'honneur de
lui être présentés. Le Théâtre français, l'Académie députèrent vers lui. On joua sa tragédie d'*Irène* : Voltaire assistait au spectacle : à son entrée, l'assemblée
entière se leva en poussant des cris d'enthousiasme;
une couronne fut placée sur sa tête octogénaire; entre
les deux pièces, sa statue fut chargée de lauriers par
les acteurs, aux applaudissemens d'un public enivré.
Dans cette soirée, Voltaire reçut le prix de soixante
ans de travaux et de combats livrés pour la cause de
l'humanité.

Ce triomphe lui devint funeste. Tant de jouissances,

tant d'émotions achevaient d'user les ressorts de sa vie. Il ne put supporter son bonheur, et bientôt, succombant sous des impressions trop vives pour sa vieillesse, il mourut de gloire et de plaisir, peu de mois après son arrivée à Paris.

A sa mort, l'intolérance s'agita : on fit craindre un grand scandale, et l'homme à qui l'on venait de rendre des honneurs presque divins faillit manquer de sépulture. Sa famille le fit inhumer presque furtivement dans l'abbaye de Scellières, auprès de Troyes. Le gouvernement défendit aux journaux de parler de Voltaire *ni en bien ni en mal*. Peu d'années après, on décernait une apothéose à sa mémoire et l'on plaçait ses cendres dans le Panthéon.

Nous n'avons pas la prétention de porter ici un jugement complet sur la plus grande renommée littéraire des siècles modernes. Nous nous bornerons à quelques réflexions sur le génie, sur l'influence philosophique et sur le caractère personnel de l'homme célèbre dont nous venons d'esquisser la vie.

Des qualités qui distinguent l'esprit de Voltaire, les plus remarquables sont, sans doute, l'abondance et la flexibilité. Nul écrivain n'a produit davantage; nul n'a été plus varié dans ses productions. Ses contemporains l'ont nommé l'*homme universel*, et il a semblé justifier ce titre par l'immensité de ses connaissances, par la souplesse de son talent, par le nombre et l'importance de ses travaux. Il a essayé avec succès presque tous les genres de littérature; il a excellé dans plusieurs. Seul de nos écrivains, il s'est placé à la fois au premier rang des poëtes et au premier rang des prosateurs. « Vous m'êtes, écrivait « Frédéric à Voltaire, un être incompréhensible. Je « doute s'il n'y a qu'un Voltaire dans le monde. J'ai « fait un système pour nier son existence... La fable « nous parle d'un géant qui avait cent bras; vous avez « mille génies. »

Frédéric disait vrai. Le même écrivain qui a soutenu, après Corneille et Racine, l'honneur de la scène française; qui, le premier, a fait parler à l'épopée sérieuse un langage digne d'elle; qui, du moins sous le rapport littéraire, a mérité le prix de l'épopée badine; qui, dans ses poésies légères, dans ses épîtres, dans ses satires, dans ses contes en vers, a su prendre tour à tour et marier tous les tons, cacher l'instruction sous les formes les plus piquantes, et mêler à la simplicité d'une conversation familière les traits de la plus haute poésie; qui, dans ses *Discours sur l'homme,* a revêtu la raison et la morale d'une expression tour à tour enjouée, noble ou gracieuse; qui a composé en se jouant des romans pleins d'originalité; qui, dans ses nombreux pamphlets, dans plusieurs de ses *Dialogues* et de ses *Facéties*, a manié avec un si singulier bonheur l'arme du persiflage; qui s'est placé, dans le genre épistolaire, entre Cicéron et Sévigné; ce même écrivain a fait connaître à la France la philosophie de Locke et les découvertes de Newton; a répandu de vives lumières sur les ténèbres de la métaphysique et sur celles de l'antiquité; a dénoncé les abus de la législation civile et criminelle; a, dans son *Dictionnaire philosophique* et dans ses *Mélanges*, traité avec autant d'agrément que de clarté les sujets les plus divers et les plus arides; a réuni, dans son *Commentaire sur Corneille* et dans ses articles pour l'*Encyclopédie*, le talent du critique aux connaissances du grammairien; a élevé enfin trois grands monumens historiques et fondé, en ce genre, une école où se sont formés les premiers historiens de l'Angleterre.

C'est le théâtre qui a commencé la réputation de Voltaire, et ses œuvres dramatiques sont restées l'un de ses plus beaux titres de gloire. Admirateurs zélés des deux fondateurs de notre scène tragique, nous oserions peut-être leur préférer l'auteur de *Mérope* et de *Zaïre*. Inférieur à ces grands maîtres pour la profondeur des caractères, pour la fermeté de l'exécution, il les surpasse par l'effet théâtral. Avec moins de poésie dans le style, il a souvent plus d'abandon et de mouvement dans le dialogue. Ses beautés, moins larges et moins sévères, sont d'un genre plus populaire et saisissent plus vivement tous les esprits. Corneille et Racine nous offrent souvent, sous le nom de tragédies, de savantes études historiques, morales ou littéraires : ils écrivent pour les connaisseurs; Voltaire écrit pour tout le monde.

La prose de Voltaire l'emporte peut-être en originalité sur sa poésie : elle porte un cachet tout particulier. Ce n'est ni l'expression profonde de Pascal, ni l'expression hardie et figurée de Bossuet, ni l'expression savamment travaillée de La Bruyère : c'est ce mélange d'élégance et de simplicité, de politesse et de naturel, qu'on est convenu de désigner sous le nom d'*atticisme* : c'est une facilité toujours heureuse, un tour toujours clair et précis, une propriété d'expression toujours parfaite. Ces qualités, qui sont celles d'un esprit éminemment juste, cultivé par l'usage du monde, rendent la lecture de ses ouvrages aussi aisée qu'agréable : il n'est point d'écrivain qui fatigue moins son lecteur. De tous nos prosateurs, Voltaire aussi est, si je ne m'abuse, celui dont le style offre l'empreinte la plus fidèle et donne la plus juste idée du génie de notre langue. Ce mérite peut tenir en partie à l'avantage qu'il eut d'écrire dans une langue déja formée par une génération de grands écrivains, et de pouvoir choisir, dans les modèles du langage français, les formes les plus éminemment françaises; peut-être aussi à l'emploi presque exclusif du style simple et du ton familier. Le caractère des langues, comme celui des individus, se révèle surtout dans la familiarité, et Voltaire est toujours dans l'intimité de son lecteur; il cause plutôt qu'il n'écrit. Comme toute qualité est voisine d'un défaut, il faut bien avouer que la crainte de l'affectation ne lui permet pas de conserver toujours, dans les sujets sérieux, la gravité convenable. Il faut reconnaître encore que cette manière si pure, si bien assortie au caractère de l'éloquence tempérée, est peu favorable aux mouvemens de la haute éloquence. Aussi ne trouve-t-on dans sa prose, même lorsque le sujet semblerait appeler ce genre de beautés, ni cet intérêt de style qui anime et qui colore les belles pages de Fénelon et de Jean-Jacques Rousseau, ni cette vaste portée des paroles de Tacite et de Montesquieu. Il est même assez remarquable que l'homme qui s'est montré si éloquent dans les rôles passionnés d'Orosmane, de Vendôme et d'Aménaïde, qui s'est élevé si haut dans plusieurs passages de la *Henriade* et dans l'*Épître sur la philosophie de Newton*, se soit constamment interdit l'élévation et l'éloquence dans ses ouvrages en prose. On serait tenté de croire que, chez lui, le prosateur était entré en partage avec le poëte, et que, satisfait d'instruire et de plaire, le premier laissait au second le soin d'étonner et d'émouvoir. C'est ce qui semblerait résulter encore d'une réponse de Voltaire à l'un de ses amis, qui, le voyant au travail, n'osait entrer, de peur de l'interrompre. « *Entrez, entrez*, lui dit Voltaire; *je ne fais que de* « *la vile prose.* »

Un trait distingue Voltaire entre les écrivains, c'est la tendance philosophique commune à tous ses ouvrages. Cette tendance se montre dans ses compositions historiques, où elle ajoute à l'instruction, mais quelquefois aux dépens de l'intérêt; dans sa *Henriade*, où elle a remplacé les fictions épiques auxquelles son siècle se serait difficilement prêté; dans ses tragédies, où elle est devenue l'objet de critiques quelquefois fondées, plus souvent injustes; dans ses romans, qui ne sont guère, pour la plupart, que le développement pittoresque d'une idée morale; enfin, jusque dans ses contes les plus libres ou dans ses facéties les plus légères. Comme philosophe, Voltaire a été le chef d'une école fameuse; il a exercé sur son siècle et sur l'avenir une haute influence : il peut n'être pas indifférent d'en rechercher le principe.

Nous avons défini le dix-huitième siècle *le siècle de la critique :* nous pourrions définir Voltaire *le critique par excellence.* Ce simple rapprochement nous révèlerait à la fois le secret de sa puissance et le caractère de sa philosophie. Ses facultés se trouvèrent naturellement en rapport avec l'esprit de son époque; ses écrits durent en être l'expression la plus fidèle. Plus judicieux que profond, plus impatient du faux qu'avide du vrai, plus malin que grave, plus enclin à la raillerie qui sape les croyances qu'à l'enthousiasme qui les fonde, Voltaire était moins fait pour enseigner les hommes que pour les désabuser. Son génie indépendant et souple à la fois, plus propre aux combats de la pensée qu'à la méditation sérieuse et paisible, ennemi de l'affirmation et du dogmatisme, habile à saisir et à lancer le ridicule, servait singulièrement les dispositions d'une société sceptique et frondeuse : unissant à la variété des connaissances la variété des talens, remplaçant la patience par une prompte sagacité, la profondeur par l'étendue, la vigueur des conceptions par la finesse et la netteté des aperçus, il attaquait à la fois l'ennemi sur tous les points; il passait légèrement sur tous les objets, laissant partout de vives traces de lumière; il allait rarement au delà d'une première vue, mais cette première vue était presque toujours juste. Avec ces qualités et sa supériorité littéraire, Voltaire devait être le chef de cette philosophie *mili-*

tante qui s'élevait au sein du dix-huitième siècle, et qui s'apprêtait à réagir contre les abus du vieil ordre social.

On a trop accordé à la philosophie du dix-huitième siècle; maintenant on voudrait trop lui refuser. On proclamait, il y a cinquante ans, qu'elle avait régénéré l'esprit humain; aujourd'hui on semble l'accuser de l'avoir égaré. Voltaire a participé au reproche comme il avait participé à l'éloge. L'un et l'autre nous paraissent avoir besoin d'explication.

Si, pour juger cette philosophie, nous faisons abstraction des circonstances qui l'ont vue se former, peut-être serons-nous fondés à la trouver incomplète et peu féconde en résultats moraux : si nous voulons la juger d'après ces circonstances, nous verrons qu'elle a été ce qu'elle devait être pour les besoins du temps et pour le progrès de la raison humaine.

La société n'était plus alors à cette époque de soumission où les peuples, esclaves dociles de l'autorité, reçoivent d'elle, sans examen, leurs opinions et leurs croyances : elle n'avait pas encore atteint non plus ce terme où la raison, victorieuse des préjugés, n'a plus qu'à fonder tranquillement son empire : elle arrivait à ce moment de crise et d'effort où la lutte s'engage entre la vérité, trop forte désormais pour reculer, et l'erreur, trop puissante encore pour succomber sans résistance. Alors l'influence de la philosophie ne pouvait être que négative : elle n'était point appelée à fonder, mais à détruire : avant d'instruire les nations, elle avait à les détromper. Telle était sa mission qu'elle a remplie avec un courage et un succès dont la raison et l'humanité ont également droit de s'applaudir. Pour arracher l'esprit humain aux fausses directions que tant de siècles d'erreur lui avaient imprimées, elle n'avait qu'une voie : se réfugier dans le doute, s'appuyer sur l'expérience, recueillir le petit nombre de vérités constatées par l'observation, se tenir sur tous les autres points dans une réserve prudente, attendre, à leur égard, les résultats du temps et d'observations nouvelles; jusque là, poursuivre sans relâche les abus qui troublent la société, l'intolérance qui la déchire, les préjugés qui rendent les hommes injustes et cruels. Sans doute, l'ardeur du combat l'a quelquefois entraînée trop loin. On a pu reprocher à quelques uns de ses disciples l'abus du scepticisme et l'hostilité contre des objets que la véritable sagesse se plaît à révérer. Mais, pour être juste, il aurait fallu lui tenir compte des illusions qu'elle a dissipées, des maux dont elle a précipité le terme et prévenu le retour. Aujourd'hui, nous sommes en droit de demander davantage à la philosophie; nous voulons qu'elle offre à la raison des principes sûrs, à la conscience des convictions fortes et profondes, à la sensibilité un aliment, un noble but à la vie humaine. Mais, sans les progrès du dix-huitième siècle, où serait pour elle le moyen de satisfaire à ces exigences? C'est lui qui a trouvé les méthodes, surmonté les résistances, aplani les obstacles, redressé les erreurs. S'il n'a point atteint le terme, il a frayé la route : s'il n'a point répandu dans la société ces hautes croyances morales qui servent d'appui à la vertu, il a détruit les préjugés sur lesquels s'appuyaient l'injustice et l'inhumanité : il n'a été qu'une transition, mais cette transition a été pour la raison humaine un progrès immense.

Voltaire, le plus puissant de ses organes, a dû compter de nombreux ennemis, surtout de ces ennemis qui ne pardonnent point, et dont la haine, pieusement transmise d'âge en âge, se conserve comme un titre de famille : de là, tant de jugemens passionnés sur sa personne et sur son caractère. Sans doute, dans sa longue carrière, l'auteur de *la Henriade* a payé plus d'un tribut à la faiblesse humaine. D'autres ont montré plus de tenue dans la conduite, plus d'austérité dans les principes, une dignité plus soutenue dans le langage. Son imagination mobile, son tempérament irritable, lui firent perdre quelquefois cette attitude noble et ferme qui sied au génie ainsi qu'à la vertu. Dans plus d'une occasion, il s'emporta jusqu'à l'injure, il descendit jusqu'à la flatterie. La crainte lui arracha souvent des professions de foi, louables si elles eussent été sincères, peu honorables si elles n'étaient que des actes de faiblesse. Entraîné par la licence des mœurs contemporaines, il blessa quelquefois la pudeur dans ses ouvrages : en chantant sur une lyre trop profane la vierge qui sauva la France, il commit une double profanation, la première envers la patrie, la seconde envers le malheur. Il eut des torts graves envers la noble infortune de Jean-Jacques Rousseau. Mais si son caractère ne fut pas exempt de défauts, si sa conduite ne fut pas exempte d'erreurs, il les fit oublier par les qualités les plus aimables, par une foule d'actions bienfaisantes, surtout par les services qu'il rendit à l'humanité. Il fit le plus digne usage de sa fortune et de sa renommée : le mérite indigent n'eut point de protecteur plus zélé, les opprimés de plus sûr appui, la tolérance de plus constant défenseur. Ami fidèle et dévoué, maître indulgent, bienfaiteur empressé de tous les malheureux, jamais il ne refusa un service qui fût en son pouvoir. Il eut en horreur la violence et la cruauté : les doctrines malfaisantes, les institutions sanguinaires trouvèrent en lui un adversaire aussi ardent qu'infatigable : ses réclamations courageuses décidèrent ou préparèrent une foule de réformes utiles, l'abolition de la torture et des supplices cruels, l'application plus rare de la peine de mort, la liberté religieuse, la suppression de la servitude personnelle. S'il n'eut point un grand caractère, il eut au plus haut degré l'amour de l'humanité. L'histoire nous montre des hommes d'une vertu plus ferme et plus imposante; peut-être n'en offre-t-elle pas qui ait mieux mérité du genre humain.

THÉATRE
DE VOLTAIRE.

AVERTISSEMENT

DE L'ÉDITION DU THÉATRE DE VOLTAIRE

PUBLIÉE EN 1775.

Nous donnons ici toutes les pièces de *Théâtre* de M. de Voltaire, avec les variantes que nous avons pu recueillir. Toutes les éditions qu'on en a données à Paris sont très informes; cela ne pouvait être autrement. Il arriva plus d'une fois que le public, séduit par les ennemis de l'auteur, sembla rejeter aux premières représentations les mêmes morceaux qu'il redemanda ensuite avec empressement quand la cabale fut dissipée.

Quelquefois les acteurs, déroutés par les cris de la cabale, se voyaient forcés de changer eux-mêmes les vers qui avaient été le prétexte du murmure; ils leur en substituaient d'autres au hasard. Presque tous ses ouvrages dramatiques ont été représentés et imprimés à Paris dans son absence. De là viennent les fautes dont fourmillent les éditions faites dans cette capitale.

Par exemple, dans la pièce de *Gengis*, imprimée par nous in-8°, sous les yeux de l'auteur, on trouve, dans la scène où Gengis paraît pour la première fois, les vers suivans :

> Cessez de mutiler tous ces grands monumens,
> Ces prodiges des arts consacrés par les temps ;
> Respectez-les ; ils sont le prix de mon courage.
> Qu'on cesse de livrer aux flammes, au pillage,
> Ces archives des lois, ce vaste amas d'écrits,
> Tous ces fruits du génie, objets de vos mépris ;
> Si l'erreur les dicta, cette erreur m'est utile ;
> Elle occupe ce peuple, et le rend plus docile, etc.

Ce morceau est tronqué et défiguré dans l'édition de Duchesne et dans les autres. Voici comme il s'y trouve :

> Cessez de mutiler tous ces grands monumens,
> Ces prodiges des arts consacrés par les temps,
> Échappés aux fureurs des flammes, du pillage ;
> Respectez-les ; ils sont le prix de mon courage, etc.

On voit assez que ce qu'on a retranché était absolument nécessaire et très à sa place.

Ce vers qu'on a substitué,

> Échappés aux fureurs des flammes, du pillage,

est un vers indigne de quiconque est instruit des règles de son art et connaît un peu l'harmonie. *Échappés aux fureurs des flammes* est une césure monstrueuse.

Ceux qui se plaisent à étudier l'esprit humain doivent savoir que les ennemis de l'auteur, pour faire tomber la pièce, insinuèrent que les meilleurs morceaux étaient dangereux, et qu'il fallait les retrancher; ils eurent la malignité de faire regarder ces vers comme une allusion à la religion, qui rend le peuple plus docile. Il est évident que par ce passage on ne peut entendre que les sciences des Chinois, méprisées alors des Tartares. On a représenté cette pièce en Italie : il y en a trois traductions; et les inquisiteurs ne se sont jamais avisés de retrancher cette tirade.

La même difficulté fut faite en France à la tragédie de *Mahomet*; on suscita contre elle une persécution violente; on fit défendre les représentations : ainsi le fanatisme voulait anéantir la peinture du fanatisme. Rome vengea l'auteur. Le pape Benoît XIV protégea la pièce, elle lui fut dédiée; des académiciens la représentèrent dans plusieurs villes d'Italie, et à Rome même.

Il faut avouer qu'il n'y a point de pays au monde où les gens de lettres aient été plus maltraités qu'en France : on ne leur rend justice que bien tard.

La tragédie de *Tancrède* est défigurée d'un bout à l'autre d'une manière encore plus barbare. Dans les éditions de France, il n'y a presque pas une scène où il ne se trouve des vers qui pèchent également contre la langue, l'harmonie et les règles du théâtre. Le libraire de Paris est d'autant plus inexcusable qu'il pouvait consulter notre édition, à laquelle il devait se conformer.

AVERTISSEMENT.

Les éditeurs de Paris ont porté la négligence jusqu'à répéter les mêmes vers dans plusieurs scènes d'*Adelaïde du Guesclin*. Nous trouvons dans leur édition, à la scène septième du second acte, ces vers qui n'ont pas de sens :

> Gardez d'être réduit au hasard dangereux
> Que les chefs de l'état ne trahissent leurs vœux.

Il y a dans notre édition :

> Tous les chefs de l'état, lassés de ces ravages,
> Cherchent un port tranquille après tant de naufrages.
> Gardez d'être réduit au hasard dangereux
> De vous voir ou trahir ou prévenir par eux.

Ces vers sont dans les regles de la syntaxe la plus exacte. Ceux qu'on a substitués dans l'édition de Paris sont de vrais solécismes, et n'ont aucun sens. *Gardez d'être réduit au hasard que les chefs de l'état ne trahissent leurs vœux.* De quels vœux s'agit-il? Que veut dire *être réduit au hasard qu'un autre ne trahisse ses vœux?* On s'imagine qu'il n'y a qu'à faire des vers qui riment, que le public ne s'aperçoit pas s'ils sont bons ou mauvais, et que la rapidité de la déclamation fait disparaître les défauts du style; mais les connaisseurs remarquent ces fautes, et ils sont blessés des barbarismes innombrables qui défigurent presque toutes nos tragédies. C'est un devoir indispensable de parler purement sa langue.

AVERTISSEMENT.

Nous avons souvent entendu dire à l'auteur que la langue était trop négligée au théâtre, et que c'est là que les règles du langage doivent être observées avec le plus de scrupule, parce que les étrangers y viennent apprendre le français. Il disait que ce qui avait nui le plus aux belles lettres était le succès de plusieurs pièces qui, à la faveur de quelques beautés, ont fait oublier qu'elles étaient écrites dans un style barbare. On sait que Boileau, en mourant, se plaignait de cette horrible décadence. Les éloges prodigués à cette barbarie ont achevé de corrompre le goût.

Les comédiens croient que les lois de l'art d'écrire, l'élégance, l'harmonie, la pureté de la langue, sont des choses inutiles; ils coupent, ils retranchent, ils transposent tout à leur plaisir, pour se ménager des situations qui les fassent valoir. Ils substituent à des passages nécessaires des vers ineptes et ridicules; ils en chargent leurs manuscrits; et c'est sur ces manuscrits que des libraires ignorans impriment des choses qu'ils n'entendent point.

L'extrême abondance des ouvrages dramatiques a dégradé l'art, au lieu de le perfectionner; et les amateurs des lettres, accablés sous l'immensité des volumes, n'ont pas eu même le temps de distinguer si ces ouvrages imprimés sont corrects ou non.

Les nôtres du moins le seront; et nous pouvons assurer les étrangers qui attendent notre édition qu'ils n'y trouveront rien qui offense une langue devenue leurs délices et l'objet constant de leurs études.

TABLE DES PIÈCES

DU

THÉATRE DE VOLTAIRE,

SELON L'ORDRE CHRONOLOGIQUE [1].

OEdipe, tragédie représentée à Paris, le 18 novembre.................................. 1718.
Artémire, tragédie représentée le 15 février.... 1720.
Mariamne, tragédie représentée le 6 mars...... 1724.
L'Indiscret, comédie représentée le 18 août.... 1725.
Brutus, tragédie représentée le 11 décembre.... 1730.
Éryphile, tragédie représentée le 7 mars....... 1732.

[1] Nous ne comprenons pas dans cette nomenclature, par ordre chronologique, des pièces dont se compose le *Théâtre* de Voltaire, *la Fête de Bellébat*, lettre à Mlle de Clermont, contenant la description d'une fête donnée chez M. le marquis de Livry, en 1724; *l'Hôte et l'Hôtesse*, divertissement composé par Voltaire, pour la fête donnée à la reine par *Monsieur*, à Brunoi, en 1776; ni *le Comte de Boursoufle*, comédie. Le premier et le second de ces morceaux, de la plus faible importance, ne sont point de véritables pièces dramatiques, et n'ont été annexées au théâtre de Voltaire qu'en raison de leur forme, qui est celle du dialogue. Quant au *Comte de Boursoufle*, il est fort douteux que ce médiocre ouvrage soit de Voltaire, et on ne l'a réimprimé que pour se conformer aux éditions précédentes, et ne pas être accusé d'offrir un ensemble moins complet que les autres éditeurs.

TABLE DES PIÈCES

Zaïre, tragédie représentée le 13 août.. . . . . 1732.
Samson, opéra non représenté, composé en. . . . . 1732.
Adélaïde du Guesclin, tragédie représentée le 18 janvier. . . . . 1734.
    Reprise en. . . . . 1765.
La Mort de César, tragédie publiée en. . . . . . . 1735.
    Représentée le 29 août. . . . 1743.
Tanis et Zélide, tragédie-opéra non représentée, écrite en. . . . . 1735.
Alzire ou les Américains, tragédie représentée le 27 janvier. . . . . 1736.
L'Enfant Prodigue, comédie représentée le 10 octobre. . . . . 1736.
Zulime, tragédie représentée le 8 juin. . . . . 1740.
Pandore, opéra non représenté, écrit en. . . . . . 1740.
Le Fanatisme ou Mahomet le prophète, tragédie représentée à Lille en. . . . . 1741.
    Et à Paris le 9 août. . . . . 1742.
Mérope, tragédie représentée le 20 février. . . . . 1743.
La Princesse de Navarre, comédie-ballet représentée à Versailles le 23 février. . . . . 1745.
Le Temple de la Gloire, opéra représenté à Versailles le 27 novembre. . . . . 1745.
La Prude, comédie représentée à Anet le 25 août. . 1747.
Sémiramis, tragédie représentée le 29 août. . . . . 1748.
Nanine ou le Préjugé vaincu, comédie représentée le 16 juin. . . . . 1749.
La Femme qui a raison, comédie représentée pour une fête donnée au roi Stanislas, duc de Lorraine, en. . . . . 1749.

Oreste, tragédie représentée le 12 janvier..... 1750.
Catilina ou Rome Sauvée, tragédie représentée le 24 février.......................... 1752.
Amélie ou Le duc de Foix, tragédie représentée en décembre.................... 1752 [1].
L'Orphelin de la Chine, tragédie représentée le 20 août.......................... 1755.
Socrate, ouvrage dramatique non représenté, composé en...................... 1759.
L'Écossaise, comédie représentée en août...... 1760 [2].
Tancrède, tragédie représentée le 3 septembre... 1760.
Le Droit du Seigneur, comédie représentée en 1762.
Olympie, tragédie représentée le 17 mars...... 1764.
Le Triumvirat, tragédie représentée le 5 juillet.. 1764.
Les Scythes, tragédie représentée le 16 mars.... 1767.
Charlot ou la Comtesse de Givry, pièce dramatique représentée à Ferney, en septembre.... 1767.
Le Dépositaire, comédie de société représentée à la campagne en...................... 1767.
Le Baron d'Otrante, opéra-buffa non représenté, écrit vers..................... 1767.
Les Deux Tonneaux, esquisse d'opéra-comique non représenté, composé vers............ 1767.
Les Guèbres ou La Tolérance, tragédie non représentée, écrite entre............ 1767 et 1774.
Sophonisbe, tragédie imprimée en 1769, représentée le 15 janvier.................. 1774.

[1] Ou, suivant Mouhy, le 17 août 1752.
[2] Ou, suivant Mouhy, le 26 juillet 1760.

Les Lois de Minos, tragédie non représentée, écrite vers.......................... 1774.

Don Pèdre, tragédie non représentée, écrite vers 1775.

Les Pélopides ou Atrée et Thyeste, tragédie non représentée, composée vers.......... 1778

Irène, tragédie représentée le 16 mars........ 1778.

Agathocle, tragédie posthume représentée, pour l'anniversaire de la mort de Voltaire, le 31 mai 1779.

Jules César, traduction de Shakespeare. Date incertaine.

L'Héraclius espagnol ou La Comédie fameuse, traduction de Caldéron. Date incertaine.

FIN DE LA TABLE DES PIÈCES.

OEDIPE,

TRAGÉDIE EN CINQ ACTES,

AVEC DES CHOEURS,

Représentée pour la première fois le 18 novembre 1718.

AVERTISSEMENT SUR L'OEDIPE[1].

L'auteur composa cette pièce à l'âge de dix-neuf ans. Elle fut jouée, en 1718, quarante-cinq fois de suite. Ce fut le sieur Dufresne, célèbre acteur, de l'âge de l'auteur, qui joua le rôle d'OEdipe; la demoiselle Desmares, très grande actrice, joua celui de Jocaste, et quitta le théâtre quelque temps après. On a rétabli dans cette édition le rôle de Philoctète, tel qu'il fut joué à la première représentation.

La pièce fut imprimée pour la première fois en 1718. M. de La Motte approuva la tragédie d'*OEdipe*. On trouve dans son approbation cette phrase remarquable : « Le public, à la représentation de cette pièce, s'est « promis un digne successeur de Corneille et de Racine; « et je crois qu'à la lecture il ne rabattra rien de ses « espérances. »

L'abbé de Chaulieu fit une mauvaise épigramme contre cette approbation : il disait que l'on connaissait La Motte pour un mauvais auteur, mais non pour un faux prophète. C'est ainsi que les grands hommes sont traités au commencement de leur carrière; mais il ne faut pas que tous ceux que l'on traite de même s'imaginent pour cela être de grands hommes : la médiocrité insolente éprouve les mêmes obstacles que le génie; et cela prouve seulement qu'il y a plusieurs manières de blesser l'amour-propre des hommes.

La première édition d'*OEdipe* fut dédiée à Madame, femme du régent. Voici cette dédicace : elle ressemble

[1] Cet avertissement est des éditeurs de l'édition de Kehl.

aux épîtres dédicatoires de ce temps-là. Ce ne fut qu'après son voyage en Angleterre, et lorsqu'il dédia *Brutus* au lord Bolingbrocke, que M. de Voltaire montra qu'on pouvait, dans une dédicace, parler à celui qui la reçoit d'autre chose que de lui-même.

«Madame,

« Si l'usage de dédier ses ouvrages à ceux qui en
« jugent le mieux n'était pas établi, il commencerait par
« Votre Altesse Royale. La protection éclairée dont vous
« honorez les succès ou les efforts des auteurs met en
« droit ceux même qui réussissent le moins d'oser
« mettre sous votre nom des ouvrages qu'ils ne com-
« posent que dans le dessein de vous plaire. Pour moi,
« dont le zèle tient lieu de mérite auprès de vous, souf-
« frez que je prenne la liberté de vous offrir les faibles
« essais de ma plume. Heureux si, encouragé par vos
« bontés, je puis travailler long-temps pour Votre
« Altesse Royale, dont la conservation n'est pas moins
« précieuse à ceux qui cultivent les beaux arts qu'à
« toute la France, dont elle est les délices et l'exemple.

« Je suis, avec un profond respect,

« Madame,

« De Votre Altesse Royale,

« Le très humble et très obéissant serviteur,

« Arouet de Voltaire. »

On trouvera, page 62, une préface imprimée en 1729, dans laquelle M. de Voltaire combat les opinions de M. de La Motte sur la tragédie. La Motte y a répondu avec beaucoup de politesse, d'esprit et de raison. On peut voir cette réponse dans ses OEuvres. M. de Voltaire n'a répliqué qu'en fesant *Zaïre*, *Alzire*, *Mahomet*, *etc.*; et jusqu'à ce que des pièces en prose, où les règles des unités seraient violées, aient fait autant d'effet au théâtre et autant de plaisir à la lecture, l'opinion de M. de Voltaire doit l'emporter.

LETTRES

A M. DE GENONVILLE,

CONTENANT LA CRITIQUE DE L'OEDIPE DE SOPHOCLE, DE CELUI DE CORNEILLE ET DE CELUI DE L'AUTEUR. (1719.)

LETTRE PREMIÈRE,

ÉCRITE AU SUJET DES CALOMNIES DONT ON AVAIT CHARGÉ L'AUTEUR.

Je vous envoie, monsieur, ma tragédie d'*OEdipe*, que vous avez vu naître. Vous savez que j'ai commencé cette pièce à dix-neuf ans; si quelque chose pouvait faire pardonner la médiocrité d'un ouvrage, ma jeunesse me servirait d'excuse. Du moins, malgré les défauts dont cette tragédie est pleine, et que je suis le premier à reconnaître, j'ose me flatter que vous verrez quelque différence entre cet ouvrage et ceux que l'ignorance et la malignité m'ont imputés.

Vous savez mieux que personne[1] que cette satire intitulée

---

[1] Je sens combien il est dangereux de parler de soi; mais mes malheurs ayant été publics, il faut que ma justification le soit aussi. La réputation d'honnête homme m'est plus chère que celle d'auteur; ainsi je crois que personne ne trouvera mauvais qu'en donnant au public un ouvrage pour lequel il a eu tant d'indulgence, j'essaie de mériter entièrement son estime, en détruisant l'imposture qui pourrait me l'ôter.

Je sais que tous ceux avec qui j'ai vécu sont persuadés de mon innocence; mais aussi, bien des gens, qui ne connaissent ni la poésie ni moi, m'imputent encore les ouvrages les plus indignes d'un honnête homme et d'un poete.

Il y a peu d'écrivains célèbres qui n'aient essuyé de pareilles disgraces; presque tous les poetes qui ont réussi ont été calomniés; et il est bien triste pour moi de ne leur ressembler que par mes malheurs.

Vous n'ignorez pas que la cour et la ville ont de tout temps été rem-

les *J'ai vu*, est d'un poëte du Marais, nommé Le Brun, auteur de l'opéra d'*Hippocrate amoureux*, qu'assurément personne ne mettra en musique.

Ces *J'ai vu* sont grossièrement imités de ceux de l'abbé Regnier, de l'Académie, avec qui l'auteur n'a rien de commun. Ils finissent par ce vers :

J'ai vu ces maux, et je n'ai pas vingt ans.

plis de critiques obscènes, qui, à la faveur des nuages qui les couvrent, lancent, sans être aperçus, les traits les plus envenimés contre les femmes et contre les puissances, et qui n'ont que la satisfaction de blesser adroitement, sans goûter le plaisir dangereux de se faire connaître. Leurs épigrammes et leurs vaudevilles sont toujours les enfans supposés dont on ne connaît point les vrais parens ; ils cherchent à charger de ces indignités quelqu'un qui soit assez connu pour que l'on puisse l'en soupçonner, et qui soit assez peu protégé pour ne pouvoir se défendre. Telle était la situation où je me suis trouvé en entrant dans le monde. Je n'avais pas plus de dix-huit ans ; l'imprudence attachée d'ordinaire à la jeunesse pouvait aisément autoriser les soupçons que l'on fesait naître sur moi : j'étais d'ailleurs sans appui, et je n'avais pas songé à me faire des protecteurs, parce que je ne croyais pas que je dusse jamais avoir des ennemis.

Il parut, à la mort de Louis XIV, une petite pièce imitée des *J'ai vu* de l'abbé Regnier. C'était un ouvrage où l'auteur passait en revue tout ce qu'il avait vu dans sa vie ; cette pièce est aussi négligée aujourd'hui qu'elle était alors recherchée : c'est le sort de tous les ouvrages qui n'ont d'autre mérite que celui de la satire. Cette pièce n'en avait point d'autre ; elle n'était remarquable que par les injures grossières qui y étaient indignement répandues, et c'est ce qui lui donna un cours prodigieux : on oublia la bassesse du style en faveur de la malignité de l'ouvrage. Elle finissait ainsi :

J'ai vu ces maux, et je n'ai pas vingt ans.

Plusieurs personnes crurent que j'avais mis par là mon cachet à cet indigne ouvrage ; on ne me fit pas l'honneur de croire que je pusse avoir assez de prudence pour me déguiser. L'auteur de cette misérable satire ne contribua pas peu à la faire courir sous mon nom, afin de mieux cacher le sien. Quelques uns m'imputèrent cette pièce par malignité, pour me décrier et pour me perdre ; quelques autres, qui l'admiraient bonnement, me l'attribuèrent pour m'en faire honneur : ainsi un ouvrage que je n'avais point fait, et même que je n'avais point encore vu alors, m'attira de tous côtés des malédictions et des louanges.

Je me souviens que, passant par une petite ville de province, les beaux esprits du lieu me prièrent de leur réciter cette pièce, qu'ils disaient être

Il est vrai que je n'avais pas vingt ans alors; mais ce n'est pas une raison qui puisse faire croire que j'aie fait les vers de M. Le Brun.

 Hos *Le Brun* versiculos fecit; tulit alter honores.

J'apprends que c'est un des avantages attachés à la littérature, et surtout à la poésie, d'être exposé à être accusé sans cesse de toutes les sottises qui courent la ville. On vient de un chef-d'œuvre; j'eus beau leur répondre que je n'en étais point l'auteur, et que la pièce était misérable, ils ne m'en crurent point sur ma parole : ils admirèrent ma retenue, et j'acquis ainsi auprès d'eux, sans y penser, la réputation d'un grand poete et d'un homme fort modeste.

Cependant ceux qui m'avaient attribué ce malheureux ouvrage continuèrent à me rendre responsable de toutes les sottises qui se débitaient dans Paris, et que moi-même je dédaignais de lire. Quand un homme a eu le malheur d'être calomnié une fois, on dit qu'il le sera long-temps. On m'assure que de toutes les modes de ce pays-ci, c'est celle qui dure davantage.

La justification est venue, quoique un peu tard; le calomniateur a signé, les larmes aux yeux, le désaveu de sa calomnie devant un secrétaire d'état; c'est sur quoi un vieux connaisseur en vers et en hommes m'a dit: « *Oh, le beau billet qu'a La Châtre!* Continuez, mon enfant, à faire des « tragédies, renoncez à toute profession sérieuse pour ce malheureux « métier; et comptez que vous serez harcelé publiquement toute votre « vie, puisque vous êtes assez abandonné de Dieu pour vous faire de « gaîté de cœur un homme public » Il m'en a cité cent exemples; il m'a donné les meilleures raisons du monde pour me détourner de faire des vers. Que lui ai-je répondu? Des vers.

Je me suis donc aperçu de bonne heure qu'on ne peut ni résister à son goût dominant, ni vaincre sa destinée. Pourquoi la nature force-t-elle un homme à calculer, celui-ci à faire rimer des syllabes, cet autre à former des croches et des rondes sur des lignes parallèles?

 Scit Genius, natale comes qui temperat astrum.

Mais on prétend que tous peuvent dire:

 Ploravere suis non respondere favorem
 Speratum meritis.

Boileau disait à Racine :

 « Cesse de t'étonner si l'Envie animée,
 « Attachant à ton nom sa rouille envenimée,
 « La calomnie en main, quelquefois te poursuit. »

Scudéri et l'abbé d'Aubignac calomniaient Corneille; Montfleuri et

me montrer une épître de l'abbé de Chaulieu au marquis de La Fare, dans laquelle il se plaint de cette injustice. Voici le passage :

> . . . .
> Accort, insinuant, et quelquefois flatteur,
> J'ai su d'un discours enchanteur
> Tout l'usage que pouvait faire
> Beaucoup d'imagination,
> Qui rejoignît avec adresse,
> Au tour précis, à la justesse,
> Le charme de la fiction.
> . . . .
> Chapelle, par malheur, ...
> . . . . comme moi libertin,
> Entre les amours et le vin,
> M'apprit, sans rabot et sans lime,
> L'art d'attraper facilement,
> Sans être esclave de la rime,
> Ce tour aisé, cet enjouement
> Qui seul peut faire le sublime.
> Que ne m'ont point coûté ces funestes talens !
> Dès que j'eus bien ou mal rimé quelque sornette,

toute sa troupe calomniaient Molière ; Térence se plaint dans ses prologues d'être calomnié par un vieux poéte ; Aristophane calomnia Socrate ; Homère fut calomnié par Margitès. C'est là l'histoire de tous les arts et de toutes les professions.

Vous savez comment M. le Régent a daigné me consoler de ces petites persécutions ; vous savez quel beau présent il m'a fait. Je ne dirai pas comme Chapelain disait de Louis XIII :

« Les trois fois mille francs qu'il met dans ma famille
« Témoignent mon mérite, et font connaître assez
« Qu'il ne hait pas mes vers, pour être un peu forcés. »

Chærile, Chapelain et moi nous avons été tous trois trop bien payés pour de mauvais vers.

Retulit acceptos, regale numisma, Philippos.

Le Régent, qui s'appelle *Philippe*, rend la comparaison parfaite. Ne nous enorgueillissons ni des méchancetés de nos ennemis, ni des bontés de nos protecteurs : on peut être avec tout cela un homme très médiocre ; on peut être récompensé et envié sans aucun mérite.

> Je me vis, tout en même temps,
> Affublé du nom de poete.
> Dès lors on ne fit de chanson,
> On ne lâcha de vaudeville,
> Que, sans rime ni sans raison,
> On ne me donnât par la ville.
>
> Sur la foi d'un ricanement,
> Qui n'était que l'effet d'un gai tempérament,
> Dont je fis, j'en conviens, assez peu de scrupule,
> Les fats crurent qu'impunément
> Personne devant moi ne serait ridicule.
> Ils m'ont fait la dessus mille injustes procès :
> J'eus beau les souffrir et me taire,
> On m'imputa des vers que je n'ai jamais faits ;
> C'est assez que j'en susse faire.

Ces vers, monsieur, ne sont pas dignes de l'auteur de *la Tocane* et de *la Retraite ;* vous les trouverez bien plats[1], et aussi remplis de fautes que d'une vanité ridicule. Je vous les cite comme une autorité en ma faveur ; mais j'aime mieux vous citer l'autorité de Boileau. Il ne répondit un jour aux complimens d'un campagnard qui le louait d'une impertinente satire contre les évêques, très fameuse parmi la canaille, qu'en répétant à ce pauvre louangeur :

> Vient-il de la province une satire fade,
> D'un plaisant du pays insipide boutade ;
> Pour la faire courir on dit qu'elle est de moi ;
> Et le sot campagnard le croit de bonne foi.

Je ne suis ni ne serai Boileau ; mais les mauvais vers de M. Le Brun m'ont attiré des louanges et des persecutions qu'assurément je ne méritais pas.

Je m'attends bien que plusieurs personnes, accoutumées à juger de tout sur le rapport d'autrui, seront étonnées de

---

[1] Tout ce morceau fut retranché dans l'édition qu'on fit de ces lettres, parce qu'on ne voulut pas affliger l'abbé de Chaulieu : on doit des égards aux vivans, on ne doit aux morts que la verite.

me trouver si innocent après m'avoir cru, sans me connaître, coupable des plus plats vers du temps présent. Je souhaite que mon exemple puisse leur apprendre à ne plus précipiter leurs jugemens sur les apparences, et à ne plus condamner ce qu'ils ne connaissent pas. On rougirait bientôt de ses décisions, si l'on voulait réfléchir sur les raisons par lesquelles on se détermine.

Il s'est trouvé des gens qui ont cru sérieusement que l'auteur de la tragédie d'*Atrée* était un méchant homme, parce qu'il avait rempli la coupe d'Atrée du sang du fils de Thyeste; et aujourd'hui il y a des consciences timorées qui prétendent que je n'ai point de religion, parce que Jocaste se défie des oracles d'Apollon. C'est ainsi qu'on décide presque toujours dans le monde; et ceux qui sont accoutumés à juger de la sorte ne se corrigeront pas par la lecture de cette lettre; peut-être même ne la liront-ils point.

Je ne prétends donc point ici faire taire la calomnie, elle est trop inséparable des succès; mais du moins il m'est permis de souhaiter que ceux qui ne sont en place que pour rendre justice, ne fassent point de malheureux sur le rapport vague et incertain du premier calomniateur. Faudra-t-il donc qu'on regarde désormais comme un malheur d'être connu par les talens de l'esprit, et qu'un homme soit persécuté dans sa patrie, uniquement parce qu'il court une carrière dans laquelle il peut faire honneur à sa patrie même?

Ne croyez pas, monsieur, que je compte parmi les preuves de mon innocence le présent dont M. le Regent a daigné m'honorer; cette bonté pourrait n'être qu'une marque de sa clémence : il est au nombre des princes qui, par des bienfaits, savent lier à leur devoir ceux même qui s'en sont écartés. Une preuve plus sûre de mon innocence, c'est qu'il a daigné dire que je n'étais point coupable, et qu'il a reconnu la calomnie lorsque le temps a permis qu'il pût la découvrir.

Je ne regarde point non plus cette grace que monseigneur le duc d'Orléans m'a faite, comme une récompense de mon travail, qui ne méritait tout au plus que son indulgence; il a moins voulu me récompenser que m'engager à mériter sa protection.

Sans parler de moi, c'est un grand bonheur pour les lettres que nous vivions sous un prince qui aime les beaux arts autant qu'il hait la flatterie, et dont on peut obtenir la protection plutôt par de bons ouvrages que par des louanges, pour lesquelles il a un dégoût peu ordinaire dans ceux qui, par leur naissance et par leur rang, sont exposés à être loués toute leur vie.

LETTRE II.

Monsieur, avant que de vous faire lire ma tragédie, souffrez que je vous prévienne sur le succès qu'elle a eu, non pas pour m'en applaudir, mais pour vous assurer combien je m'en défie.

Je sais que les premiers applaudissemens du public ne sont pas toujours de sûrs garans de la bonté d'un ouvrage. Souvent un auteur doit le succès de sa pièce ou à l'art des acteurs qui la jouent, ou à la décision de quelques amis accrédités dans le monde, qui entraînent pour un temps les suffrages de la multitude; et le public est étonné, quelques mois après, de s'ennuyer à la lecture du même ouvrage qui lui arrachait des larmes à la représentation.

Je me garderai donc bien de me prévaloir d'un succès peut-être passager, et dont les comédiens ont plus à s'applaudir que moi-même.

On ne voit que trop d'auteurs dramatiques qui impriment à la tête de leurs ouvrages des préfaces pleines de vanité; « qui « comptent les princes et les princesses qui sont venus pleurer « aux représentations; qui ne donnent d'autres réponses à leurs « censeurs que l'approbation du public; » et qui enfin, après s'être placés à côté de Corneille et de Racine, se trouvent confondus dans la foule des mauvais auteurs, dont ils sont les seuls qui s'exceptent.

J'éviterai du moins ce ridicule; je vous parlerai de ma pièce plus pour avouer mes défauts que pour les excuser; mais aussi je traiterai Sophocle et Corneille avec autant de liberté que je me traiterai moi-même avec justice.

J'examinerai les trois *OEdipes* avec une égale exactitude. Le respect que j'ai pour l'antiquité de Sophocle et pour le mérite de Corneille ne m'aveuglera pas sur leurs défauts; l'amour-propre ne m'empêchera pas non plus de trouver les miens. Au reste, ne regardez point ces dissertations comme des décisions d'un critique orgueilleux, mais comme les doutes d'un jeune homme qui cherche à s'éclairer. La décision ne convient ni à mon âge, ni à mon peu de génie; et si la chaleur de la composition m'arrache quelques termes peu mesurés, je les désavoue d'avance, et je déclare que je ne prétends parler affirmativement que sur mes fautes.

LETTRE III,

CONTENANT LA CRITIQUE DE L'OEDIPE DE SOPHOCLE.

Monsieur, mon peu d'érudition ne me permet pas d'examiner « si la tragédie de Sophocle fait son imitation par le « discours, le nombre et l'harmonie; ce qu'Aristote appelle « expressément un discours agréablement assaisonné[1]. » Je ne discuterai pas non plus, « si c'est une pièce du premier genre, « simple et implexe : simple, parce qu'elle n'a qu'une seule « catastrophe; et implexe, parce qu'elle a la reconnaissance « avec la péripétie. »

Je vous rendrai seulement compte avec simplicité des endroits qui m'ont révolté, et sur lesquels j'ai besoin des lu-

---

[1] M. Dacier, préface sur l'*OEdipe* de Sophocle.

mières de ceux qui, connaissant mieux que moi les anciens, peuvent mieux excuser tous leurs défauts.

La scène ouvre, dans Sophocle, par un chœur de Thébains prosternés aux pieds des autels, et qui, par leurs larmes et par leurs cris, demandent aux dieux la fin de leurs calamités. OEdipe, leur libérateur et leur roi, paraît au milieu d'eux.

« Je suis OEdipe, leur dit-il, si vanté par tout le monde. » Il y a quelque apparence que les Thébains n'ignoraient pas qu'il s'appelait OEdipe.

A l'égard de cette grande réputation dont il se vante, M. Dacier dit que c'est une adresse de Sophocle, qui veut fonder par là le caractère d'OEdipe, qui est orgueilleux.

« Mes enfans, dit OEdipe, quel est le sujet qui vous amène « ici ? » Le grand-prêtre lui répond : « Vous voyez devant vous « des jeunes gens et des vieillards. Moi, qui vous parle, je suis « le grand-prêtre de Jupiter. Votre ville est comme un vaisseau « battu de la tempête; elle est près d'être abymée, et n'a pas « la force de surmonter les flots qui fondent sur elle. » De là le grand-prêtre prend occasion de faire une description de la peste, dont OEdipe était aussi bien informé que du nom et de la qualité du grand-prêtre de Jupiter. D'ailleurs ce grand-prêtre rend-il son homélie bien pathétique en comparant une ville pestiférée, couverte de morts et de mourans, à un vaisseau battu par la tempête? Ce prédicateur ne savait-il pas qu'on affaiblit les grandes choses quand on les compare aux petites?

Tout cela n'est guère une preuve de cette perfection où l'on prétendait, il y a quelques années, que Sophocle avait poussé la tragédie; et il ne paraît pas qu'on ait si grand tort dans ce siècle de refuser son admiration à un poëte qui n'emploie d'autre artifice pour faire connaître ses personnages que de faire dire à l'un : « Je m'appelle OEdipe, si vanté de tout le « monde; » et à l'autre : « Je suis le grand-prêtre de Jupiter. » Cette grossièreté n'est plus regardée aujourd'hui comme une noble simplicité.

La description de la peste est interrompue par l'arrivée de Créon, frère de Jocaste, que le roi avait envoyé consulter l'oracle, et qui commence par dire à OEdipe :

« Seigneur, nous avons eu autrefois un roi qui s'appelait
« Laïus.

OEDIPE.

« Je le sais, quoique je ne l'aie jamais vu.

CRÉON.

« Il a été assassiné, et Apollon veut que nous punissions
« ses meurtriers.

OEDIPE.

« Fut-ce dans sa maison ou à la campagne que Laïus fut
« tué ? »

Il est déja contre la vraisemblance qu'OEdipe, qui règne depuis si long-temps, ignore comment son prédécesseur est mort; mais qu'il ne sache pas même si c'est aux champs ou à la ville que ce meurtre a été commis, et qu'il ne donne pas la moindre raison ni la moindre excuse de son ignorance, j'avoue que je ne connais point de terme pour exprimer une pareille absurdité.

C'est une faute du sujet, dit-on, et non de l'auteur, comme si ce n'était pas à l'auteur à corriger son sujet lorsqu'il est défectueux ! Je sais qu'on peut me reprocher à peu près la même faute; mais aussi je ne me ferai pas plus de grace qu'à Sophocle, et j'espère que la sincérité avec laquelle j'avouerai mes défauts justifiera la hardiesse que je prends de relever ceux d'un ancien.

Ce qui suit me paraît également déraisonnable : OEdipe demande s'il ne revint personne de la suite de Laïus à qui l'on puisse en demander des nouvelles; on lui répond : « qu'un de
« ceux qui accompagnaient ce malheureux roi s'étant sauvé,
« vint dire dans Thèbes que Laïus avait été assassiné par des
« voleurs, qui n'étaient pas en petit, mais en grand nombre. »

Comment se peut-il faire qu'un témoin de la mort de Laïus dise que son maître a été accablé sous le nombre, lorsqu'il est pourtant vrai que c'est un homme seul qui a tué Laïus et toute sa suite?

Pour comble de contradictions, OEdipe dit, au second acte, qu'il a ouï dire que Laïus avait été tué par des voyageurs, mais qu'il n'y a personne qui dise l'avoir vu; et Jocaste, au troisième acte, en parlant de la mort de ce roi, s'explique ainsi à OEdipe:

« Soyez bien persuadé, seigneur, que celui qui accompa-
« gnait Laïus a rapporté que son maître avait été assassiné par
« des voleurs : il ne saurait changer présentement ni parler
« d'une autre manière; toute la ville l'a entendu comme moi. »

Les Thébains auraient été bien plus à plaindre, si l'énigme du sphinx n'avait pas été plus aisée à deviner que toutes ces contradictions.

Mais ce qui est encore plus étonnant, ou plutôt ce qui ne l'est point après de telles fautes contre la vraisemblance, c'est qu'OEdipe, lorsqu'il apprend que Phorbas vit encore, ne songe pas seulement à le faire chercher; il s'amuse à faire des imprécations et à consulter les oracles, sans donner ordre qu'on amène devant lui le seul homme qui pouvait lui fournir des lumières. Le chœur lui-même, qui est si intéressé à voir finir les malheurs de Thèbes, et qui donne toujours des conseils à OEdipe, ne lui donne pas celui d'interroger ce témoin de la mort du feu roi; il le prie seulement d'envoyer chercher Tirésie.

Enfin Phorbas arrive au quatrième acte. Ceux qui ne connaissent point Sophocle s'imaginent sans doute qu'OEdipe, impatient de connaître le meurtrier de Laïus et de rendre la vie aux Thébains, va l'interroger avec empressement sur la mort du feu roi. Rien de tout cela. Sophocle oublie que la vengeance de la mort de Laïus est le sujet de sa pièce : on ne dit pas un mot à Phorbas de cette aventure; et la tragédie finit sans que Phorbas ait seulement ouvert la bouche sur la mort du roi son maître. Mais continuons à examiner de suite l'ouvrage de Sophocle.

Lorsque Créon a appris à OEdipe que Laïus a été assassiné par des voleurs qui n'étaient pas en petit, mais en grand nombre, OEdipe répond, au sens de plusieurs interprètes : « Comment des voleurs auraient-ils pu entreprendre cet atten-« tat, puisque Laïus n'avait point d'argent sur lui? » La plupart des autres scholiastes entendent autrement ce passage, et font dire à OEdipe : « Comment des voleurs auraient-ils pu entre-« prendre cet attentat, si on ne leur avait donné de l'argent? » Mais ce sens-là n'est guère plus raisonnable que l'autre : on sait que des voleurs n'ont pas besoin qu'on leur promette de l'argent pour les engager à faire un mauvais coup.

Puisqu'il dépend souvent des scholiastes de faire dire tout ce qu'ils veulent à leurs auteurs, que leur coûterait-il de leur donner un peu de bon sens?

OEdipe, au commencement du second acte, au lieu de mander Phorbas, fait venir devant lui Tirésie. Le roi et le devin commencent par se mettre en colère l'un contre l'autre. Tirésie finit par lui dire :

« C'est vous qui êtes le meurtrier de Laïus. Vous vous croyez
« fils de Polybe, roi de Corinthe, vous ne l'êtes point; vous
« êtes Thébain. La malédiction de votre père et de votre mère
« vous a autrefois éloigné de cette terre; vous y êtes revenu,
« vous avez tué votre père, vous avez épousé votre mère,
« vous êtes l'auteur d'un inceste et d'un parricide; et si vous
« trouvez que je mente, dites que je ne suis pas prophète. »

Tout cela ne ressemble guère à l'ambiguité ordinaire des oracles : il était difficile de s'expliquer moins obscurément; et si vous joignez aux paroles de Tirésie le reproche qu'un ivrogne a fait autrefois à OEdipe qu'il n'était pas fils de Polybe, et l'oracle d'Apollon qui lui prédit qu'il tuerait son père et qu'il épouserait sa mère, vous trouverez que la pièce est entièrement finie au commencement de ce second acte.

Nouvelle preuve que Sophocle n'avait pas perfectionné son art, puisqu'il ne savait pas même préparer les événemens, ni cacher sous le voile le plus mince la catastrophe de ses pièces.

Allons plus loin. OEdipe traite Tirésie de *fou* et de *vieux enchanteur :* cependant, à moins que l'esprit ne lui ait tourné, il doit le regarder comme un véritable prophète. Eh! de quel étonnement, de quelle horreur ne doit-il point être frappé en apprenant de la bouche de Tirésie tout ce qu'Apollon lui a prédit autrefois! Quel retour ne doit-il point faire sur lui-même en apprenant ce rapport fatal qui se trouve entre les reproches qu'on lui a faits à Corinthe qu'il n'était qu'un fils supposé, et les oracles de Thèbes qui lui disent qu'il est Thébain? entre Apollon qui lui a prédit qu'il épouserait sa mère, et qu'il tuerait son père, et Tirésie qui lui apprend que ses destins affreux sont remplis? Cependant, comme s'il avait perdu la mémoire de ces événemens épouvantables, il ne lui vient d'autre idée que de soupçonner Créon, son *ancien et fidèle ami* (comme il l'appelle), d'avoir tué Laïus, et cela, sans aucune raison, sans aucun fondement, sans que le moindre jour puisse autoriser ses soupçons, et (puisqu'il faut appeler les choses par leur nom) avec une extravagance dont il n'y a guère d'exemple parmi les modernes, ni même parmi les anciens.

« Quoi! tu oses paraître devant moi! dit-il à Créon; tu as
« l'audace d'entrer dans ce palais, toi qui es assurément le
« meurtrier de Laïus, et qui as manifestement conspiré contre
« moi pour me ravir ma couronne!

« Voyons, dis-moi, au nom des dieux, as-tu remarqué en
« moi de la lâcheté ou de la folie pour que tu aies entrepris
« un si hardi dessein? N'est-ce pas la plus folle de toutes les
« entreprises que d'aspirer à la royauté sans troupes et sans
« amis, comme si, sans ce secours, il était aisé de monter au
« trône? »

Créon lui répond :

« Vous changerez de sentiment si vous me donnez le temps
« de parler. Pensez-vous qu'il y ait un homme au monde qui
« préférât d'être roi, avec toutes les frayeurs et toutes les
« craintes qui accompagnent la royauté, à vivre dans le sein
« du repos avec toute la sûreté d'un particulier qui, sous un
« autre nom, posséderait la même puissance? »

Un prince qui serait accusé d'avoir conspiré contre son roi, et qui n'aurait d'autre preuve de son innocence que le verbiage de Créon, aurait grand besoin de la clémence de son maître. Après tous ces longs discours, étrangers au sujet, Créon demande à OEdipe :

« Voulez-vous me chasser du royaume[1]? »

OEDIPE.

« Ce n'est pas ton exil que je veux; je te condamne à la mort.

CRÉON.

« Il faut que vous fassiez voir auparavant si je suis coupable.

OEDIPE.

« Tu parles en homme résolu de ne pas obéir.

CRÉON.

« C'est parce que vous êtes injuste.

OEDIPE.

« Je prends mes sûretés.

CRÉON.

« Je dois prendre aussi les miennes.

OEDIPE.

« O Thèbes! Thèbes!

CRÉON.

« Il m'est permis de crier aussi : Thèbes! Thèbes! »

Jocaste vient pendant ce beau discours, et le chœur la prie d'emmener le roi; proposition très sage, car, après toutes les folies qu'OEdipe vient de faire, on ne ferait pas mal de l'enfermer

JOCASTE.

« J'emmènerai mon mari quand j'aurai appris la cause de
« ce désordre.

LE CHOEUR.

« OEdipe et Créon ont eu ensemble des paroles sur des rap-
» ports fort incertains. On se pique souvent sur des soupçons
« très injustes.

---

[1] On avertit qu'on a suivi partout la traduction de M. Dacier.

JOCASTE.

« Cela est-il venu de l'un et de l'autre?

LE CHOEUR.

« Oui, madame.

JOCASTE.

« Quelles paroles ont-ils donc eues?

LE CHOEUR.

« C'est assez, madame; les princes n'ont pas poussé la chose
« plus loin, et cela suffit. »

Effectivement, comme si cela suffisait, Jocaste n'en demanda
pas davantage au chœur.

C'est dans cette scène qu'OEdipe raconte à Jocaste qu'un
jour, à table, un homme ivre lui reprocha qu'il était un fils
supposé : « J'allai, continue-t-il, trouver le roi et la reine;
« je les interrogeai sur ma naissance; ils furent tous deux
« très fâchés du reproche qu'on m'avait fait. Quoique je les
« aimasse avec beaucoup de tendresse, cette injure, qui était
« devenue publique, ne laissa pas de me demeurer sur le cœur,
« et de me donner des soupçons. Je partis donc, à leur insu,
« pour aller à Delphes : Apollon ne daigna pas répondre pré-
« cisément à ma demande; mais il me dit les choses les plus
« affreuses et les plus épouvantables dont on ait jamais oui
« parler : Que j'épouserais infailliblement ma propre mère;
« que je ferais voir aux hommes une race malheureuse, qui
« les remplirait d'horreur, et que je serais le meurtrier de mon
« père. »

Voilà encore la pièce finie. On avait prédit à Jocaste que
son fils temperait ses mains dans le sang de Laïus, et porterait ses crimes jusqu'au lit de sa mère. Elle avait fait exposer ce fils sur le mont Cithéron, et lui avait fait percer
les talons (comme elle l'avoue dans cette même scène) : OEdipe
porte encore les cicatrices de cette blessure; il sait qu'on lui
a reproché qu'il n'était point fils de Polybe : tout cela n'est-il
pas pour OEdipe et pour Jocaste une démonstration de leurs
malheurs? et n'y a-t-il pas un aveuglement ridicule à en douter?

Je sais que Jocaste ne dit point dans cette scène qu'elle dût un jour épouser son fils; mais cela même est une nouvelle faute; car, lorsque OEdipe dit à Jocaste : « On m'a prédit « que je souillerais le lit de ma mère, et que mon père serait « massacré par mes mains, » Jocaste doit répondre sur-le-champ: « On en avait prédit autant à mon fils; » ou du moins elle doit faire sentir au spectateur qu'elle est convaincue dans ce moment de son malheur.

Tant d'ignorance dans OEdipe et dans Jocaste n'est qu'un artifice grossier du poëte, qui, pour donner à sa pièce une juste étendue, fait filer jusqu'au cinquième acte une reconnaissance déja manifestée au second, et qui viole les règles du sens commun, pour ne point manquer en apparence à celles du théâtre.

Cette même faute subsiste dans tout le cours de la pièce.

Cet OEdipe, qui expliquait les énigmes, n'entend pas les choses les plus claires. Lorsque le pasteur de Corinthe lui apporte la nouvelle de la mort de Polybe, et qu'il lui apprend que Polybe n'était pas son père, qu'il a été exposé par un Thébain sur le mont Cithéron, que ses pieds avaient été percés et liés avec des courroies, OEdipe ne soupçonne rien encore : il n'a d'autre crainte que d'être né d'une famille obscure; et le chœur, toujours présent dans le cours de la pièce, ne prête aucune attention à tout ce qui aurait dû instruire OEdipe de sa naissance. Le chœur, qu'on donne pour une assemblée de gens éclairés, montre aussi peu de pénétration qu'OEdipe; et, dans le temps que les Thébains devraient être saisis de pitié et d'horreur à la vue des malheurs dont ils sont témoins, il s'écrie : « Si je puis juger « de l'avenir, et si je ne me trompe dans mes conjectures, « Cithéron, le jour de demain ne se passera pas que vous ne « nous fassiez connaître la patrie et la mère d'OEdipe, et « que nous ne menions des danses en votre honneur, pour « vous rendre graces du plaisir que vous aurez fait à nos « princes; et vous, prince, duquel des dieux êtes-vous donc

« fils? Quelle nymphe vous a eu de Pan, dieu des montagnes?
« Êtes-vous le fruit des amours d'Apollon? car Apollon se
« plaît aussi sur les montagnes. Est-ce Mercure, ou Bacchus
« qui se tient aussi sur les sommets des montagnes? etc. »

Enfin celui qui a autrefois exposé OEdipe arrive sur la scène. OEdipe l'interroge sur sa naissance; curiosité que M. Dacier condamne après Plutarque, et qui me paraîtrait la seule chose raisonnable qu'OEdipe eût faite dans toute la pièce, si cette juste envie de se connaître n'était pas accompagnée d'une ignorance ridicule de lui-même.

OEdipe sait donc enfin tout son sort au quatrième acte. Voilà donc encore la pièce finie.

M. Dacier, qui a traduit l'*OEdipe* de Sophocle, prétend que le spectateur attend avec beaucoup d'impatience le parti que prendra Jocaste, et la manière dont OEdipe accomplira sur lui-même les malédictions qu'il a prononcées contre le meurtrier de Laïus. J'avais été séduit là dessus par le respect que j'ai pour ce savant homme, et j'étais de son sentiment lorsque je lus sa traduction. La représentation de ma pièce m'a bien détrompé; et j'ai reconnu qu'on peut sans péril louer tant qu'on veut les poëtes grecs, mais qu'il est dangereux de les imiter.

J'avais pris dans Sophocle une partie du récit de la mort de Jocaste et de la catastrophe d'OEdipe. J'ai senti que l'attention du spectateur diminuait avec son plaisir au récit de cette catastrophe : les esprits, remplis de terreur au moment de la reconnaissance, n'écoutaient plus qu'avec dégoût la fin de la pièce. Peut-être que la médiocrité des vers en était la cause; peut-être que le spectateur, à qui cette catastrophe est connue, regrettait de n'entendre rien de nouveau; peut-être aussi que la terreur ayant été poussée à son comble, il était impossible que le reste ne parût languissant. Quoi qu'il en soit, je me suis cru obligé de retrancher ce récit, qui n'était pas de plus de quarante vers; et dans Sophocle, il tient tout le cinquième acte. Il y a grande apparence qu'on ne doit point passer à un ancien deux ou trois cents vers inutiles, lorsqu'on n'en passe pas quarante à un moderne.

M. Dacier avertit dans ses notes que la pièce de Sophocle n'est point finie au quatrième acte. N'est-ce pas avouer qu'elle est finie que d'être obligé de prouver qu'elle ne l'est pas? On ne se trouve pas dans la nécessité de faire de pareilles notes sur les tragédies de Corneille et de Racine; il n'y a que *les Horaces* qui auraient besoin d'un tel commentaire; mais le cinquième acte des *Horaces* n'en paraîtrait pas moins défectueux.

Je ne puis m'empêcher de parler ici d'un endroit du cinquième acte de Sophocle, que Longin a admiré, et que Boileau a traduit :

> Hymen, funeste hymen, tu m'as donné la vie;
> Mais dans ces mêmes flancs où je fus enfermé,
> Tu fais rentrer ce sang dont tu m'avais formé;
> Et par là tu produis et des fils et des pères,
> Des frères, des maris, des femmes et des mères,
> Et tout ce que du sort la maligne fureur
> Fit jamais voir au jour et de honte et d'horreur.

Premièrement, il fallait exprimer que c'est dans la même personne qu'on trouve ces mères et ces maris; car il n'y a point de mariage qui ne produise de tout cela. En second lieu, on ne passerait pas aujourd'hui à Œdipe de faire une si curieuse recherche des circonstances de son crime, et d'en combiner ainsi toutes les horreurs; tant d'exactitude à compter tous ses titres incestueux, loin d'ajouter à l'atrocité de l'action, semble plutôt l'affaiblir.

Ces deux vers de Corneille disent beaucoup plus :

> Ce sont eux qui m'ont fait l'assassin de mon père;
> Ce sont eux qui m'ont fait le mari de ma mère.

Les vers de Sophocle sont d'un déclamateur, et ceux de Corneille sont d'un poëte.

Vous voyez que, dans la critique de l'*OEdipe* de Sophocle, je ne me suis attaché à relever que les défauts qui sont de tous les temps et de tous les lieux : les contradictions, les absurdités, les vaines déclamations sont des fautes par tout pays.

Je ne suis point étonné que, malgré tant d'imperfections, Sophocle ait surpris l'admiration de son siècle : l'harmonie de ses vers et le pathétique qui règne dans son style ont pu séduire les Athéniens, qui, avec tout leur esprit et toute leur politesse, ne pouvaient avoir une juste idée de la perfection d'un art qui était encore dans son enfance.

Sophocle touchait au temps où la tragédie fut inventée : Eschyle, contemporain de Sophocle, était le premier qui se fût avisé de mettre plusieurs personnages sur la scène. Nous sommes aussi touchés de l'ébauche la plus grossière dans les premières découvertes d'un art, que des beautés les plus achevées lorsque la perfection nous est une fois connue. Ainsi Sophocle et Euripide, tout imparfaits qu'ils sont, ont autant réussi chez les Athéniens que Corneille et Racine parmi nous. Nous devons nous-mêmes, en blâmant les tragédies des Grecs, respecter le génie de leurs auteurs : leurs fautes sont sur le compte de leur siècle, leurs beautés n'appartiennent qu'à eux; et il est à croire que, s'ils étaient nés de nos jours, ils auraient perfectionné l'art qu'ils ont presque inventé de leur temps.

Il est vrai qu'ils sont bien déchus de cette haute estime où ils étaient autrefois : leurs ouvrages sont aujourd'hui ou ignorés, ou méprisés; mais je crois que cet oubli et ce mépris sont au nombre des injustices dont on peut accuser notre siècle. Leurs ouvrages méritent d'être lus, sans doute; et s'ils sont trop défectueux pour qu'on les approuve, ils sont aussi trop pleins de beautés pour qu'on les méprise entièrement.

Euripide surtout, qui me paraît si supérieur à Sophocle, et qui serait le plus grand des poetes s'il était né dans un temps plus éclairé, a laissé des ouvrages qui décèlent un génie parfait, malgré les imperfections de ses tragédies.

Eh ! quelle idée ne doit-on point avoir d'un poete qui a prêté des sentimens à Racine même ! Les endroits que ce grand homme a traduits d'Euripide, dans son inimitable rôle de Phèdre, ne sont pas les moins beaux de son ouvrage.

> Dieux, que ne suis-je assise à l'ombre des forêts !
> Quand pourrai-je, au travers d'une noble poussière,
> Suivre de l'œil un char fuyant dans la carrière !
> . . . . Insensée, où suis-je, et qu'ai-je dit ?
> Où laissé-je égarer mes vœux et mon esprit ?
> Je l'ai perdu, les dieux m'en ont ravi l'usage.
> OEnone, la rougeur me couvre le visage ;
> Je te laisse trop voir mes honteuses douleurs,
> Et mes yeux, malgré moi, se remplissent de pleurs.

Presque toute cette scène est traduite mot pour mot d'Euripide. Il ne faut pas cependant que le lecteur, séduit par cette traduction, s'imagine que la pièce d'Euripide soit un bon ouvrage : voilà le seul bel endroit de sa tragédie, et même le seul raisonnable ; car c'est le seul que Racine ait imité. Et comme on ne s'avisera jamais d'approuver l'*Hippolyte* de Sénèque, quoique Racine ait pris dans cet auteur toute la déclaration de Phèdre, aussi ne doit-on pas admirer l'*Hippolyte* d'Euripide pour trente ou quarante vers qui se sont trouvés dignes d'être imités par le plus grand de nos poètes.

Molière prenait quelquefois des scènes entières dans Cyrano de Bergerac, et disait pour son excuse : « Cette scène « est bonne, elle m'appartient de droit : je reprends mon « bien partout où je le trouve. »

Racine pouvait à peu près en dire autant d'Euripide.

Pour moi, après vous avoir dit bien du mal de Sophocle, je suis obligé de vous en dire tout le bien que j'en sais : tout différent en cela des médisans, qui commencent toujours par louer un homme, et qui finissent par le rendre ridicule.

J'avoue que peut-être sans Sophocle je ne serais jamais venu à bout de mon *OEdipe* ; je ne l'aurais même jamais entrepris. Je traduisis d'abord la première scène de mon quatrième acte : celle du grand-prêtre qui accuse le roi est entièrement de lui ; la scène des deux vieillards lui appartient encore. Je voudrais lui avoir d'autres obligations, je les avouerais avec la même bonne foi. Il est vrai que, comme je lui dois des beautés, je lui dois aussi des fautes : et j'en parlerai dans l'examen de ma pièce, où j'espère vous rendre compte des miennes.

LETTRE IV,

CONTENANT LA CRITIQUE DE L'OEDIPE DE CORNEILLE.

Monsieur, après vous avoir fait part de mes sentimens sur l'*OEdipe* de Sophocle, je vous dirai ce que je pense de celui de Corneille. Je respecte beaucoup plus, sans doute, ce tragique français que le grec ; mais je respecte encore plus la vérité, à qui je dois les premiers égards. Je crois même que quiconque ne sait pas connaître les fautes des grands hommes est incapable de sentir le prix de leurs perfections. J'ose donc critiquer l'*OEdipe* de Corneille, et je le ferai avec d'autant plus de liberté, que je ne crains pas que vous me soupçonniez de jalousie, ni que vous me reprochiez de vouloir m'égaler à lui. C'est en l'admirant que je hasarde ma censure ; et je crois avoir une estime plus véritable pour ce fameux poete, que ceux qui jugent de l'*OEdipe* par le nom de l'auteur, non par l'ouvrage même, et qui eussent méprisé dans tout autre ce qu'ils admirent dans l'auteur de *Cinna*.

Corneille sentit bien que la simplicité ou plutôt la sécheresse de la tragédie de Sophocle ne pouvait fournir toute l'étendue qu'exigent nos pièces de théâtre. On se trompe fort lorsqu'on pense que tous ces sujets, traités autrefois avec succès par Sophocle et par Euripide, l'*OEdipe*, le *Philoctète*, l'*Électre*, l'*Iphigénie en Tauride*, sont des sujets heureux et aisés à manier : ce sont les plus ingrats et les plus impraticables ; ce sont des sujets d'une ou de deux scènes tout au plus, et non pas d'une tragédie. Je sais qu'on ne peut guère voir sur le théâtre des événemens plus affreux ni plus attendrissans; et c'est cela même qui rend le succès plus difficile. Il faut joindre à ces événemens des passions qui les préparent : si ces passions sont trop fortes, elles étouffent le sujet; si elles sont trop faibles, elles languissent. Il fallait que Corneille marchât entre ces deux extrémités, et qu'il suppléât, par la fécondité de son génie, à l'aridité de la matière. Il choisit donc l'épisode de Thésée et de Dircé; et quoique cet épisode ait été universellement condamné, quoique Corneille eût pris dès long-temps la glorieuse habitude d'avouer ses fautes, il ne reconnut point celle-ci; et parce que cet épisode était tout entier de son invention, il s'en applaudit dans sa préface : tant il est difficile aux plus grands hommes, et même aux plus modestes, de se sauver des illusions de l'amour-propre.

Il faut avouer que Thésée joue un étrange rôle pour un héros. Au milieu des maux les plus horribles dont un peuple puisse être accablé, il débute par dire que,

> Quelque ravage affreux qu'étale ici la peste,
> L'absence aux vrais amans est encor plus funeste.

Et parlant, dans la troisième scène, à OEdipe,

> Il veut lui faire voir un beau feu dans son sein,
> Et tâcher d'obtenir cet aveu favorable
> Qui peut faire un heureux d'un amant misérable.
> .... Il est vrai, j'aime en votre palais;
> Chez vous est la beauté qui fait tous mes souhaits.
> Vous l'aimez à l'égal d'Antigone et d'Ismène;
> Elle tient même rang chez vous et chez la reine;
> En un mot, c'est leur sœur, la princesse Dircé,
> Dont les yeux...

OEdipe répond :

> Quoi ! ses yeux, prince, vous ont blessé?

> Je suis fâché pour vous que la reine sa mère
> Ait su vous prévenir pour un fils de son frère.
> Ma parole est donnée, et je n'y puis plus rien :
> Mais je crois qu'après tout ses sœurs la valent bien.
>
> THÉSÉE.
>
> Antigone est parfaite, Ismène est admirable ;
> Dircé, si vous voulez, n'a rien de comparable ;
> Elles sont l'une et l'autre un chef-d'œuvre des cieux ;
> Mais...
> Ce n'est pas offenser deux si charmantes sœurs
> Que voir en leur aînée aussi quelques douceurs.

Il faut avouer que les discours de Guillot-Gorju et de Tabarin ne sont guère différens.

Cependant l'ombre de Laïus demande un prince ou une princesse de son sang pour victime : Dircé, seul reste du sang de ce roi, est prête à s'immoler sur le tombeau de son père; Thésée, qui veut mourir pour elle, lui fait accroire qu'il est son frère, et ne laisse pas de lui parler d'amour malgré la nouvelle parenté :

> J'ai mêmes yeux encore, et vous mêmes appas....
> Mon cœur n'écoute point ce que le sang veut dire ;
> C'est d'amour qu'il gémit, c'est d'amour qu'il soupire ;
> Et, pour pouvoir sans crime en goûter la douceur,
> Il se révolte exprès contre le nom de sœur.

Cependant, qui le croirait ? Thésée, dans cette même scène, se lasse de son stratagème. Il ne peut pas soutenir plus long-temps le personnage de frère, et, sans attendre que le frère de Dircé soit connu, il lui avoue toute la feinte, et la remet par là dans le péril dont il voulait la tirer, en lui disant pourtant :

> Que l'amour, pour défendre une si chère vie,
> Peut faire vanité d'un peu de tromperie.

Enfin, lorsque OEdipe reconnaît qu'il est le meurtrier de Laïus, Thésée, au lieu de plaindre ce malheureux roi, lui propose un duel pour le lendemain, et il épouse Dircé à la fin de la pièce. Ainsi la passion de Thésée fait tout le sujet de la tragédie, et les malheurs d'OEdipe n'en sont que l'épisode.

Dircé, personnage plus défectueux que Thésée, passe tout son temps à dire des injures à OEdipe et à sa mère : elle dit à Jocaste, sans détour, qu'elle est indigne de vivre :

> Votre second hymen put avoir d'autres causes :
> Mais j'oserai vous dire, à bien juger des choses,
> Que, pour avoir reçu la vie en votre flanc,
> J'y dois avoir sucé fort peu de votre sang.
> Celui du grand Laius, dont je m'y suis formée,
> Trouve bien qu'il est doux d'aimer et d'être aimée;
> Mais il ne peut trouver qu'on soit digne du jour,
> Quand aux soins de sa gloire on préfère l'amour.

Il est étonnant que Corneille, qui a senti ce défaut, ne l'ait connu que pour l'excuser. « Ce manque de respect, dit-il, « de Dircé envers sa mère ne peut être une faute de théâtre, « puisque nous ne sommes pas obligés de rendre parfaits « ceux que nous y fesons voir. » Non, sans doute, on n'est pas obligé de faire des gens de bien de tous ses personnages ; mais les bienséances exigent du moins qu'une princesse qui a assez de vertu pour vouloir sauver son peuple aux dépens de sa vie, en ait assez pour ne point dire des injures atroces à sa mère.

Pour Jocaste, dont le rôle devrait être intéressant, puisqu'elle partage tous les malheurs d'OEdipe, elle n'en est pas même le témoin ; elle ne paraît point au cinquième acte, lorsque OEdipe apprend qu'il est son fils : en un mot, c'est un personnage absolument inutile, qui ne sert qu'à raisonner avec Thésée, et à excuser les insolences de sa fille, qui agit, dit-elle,

> En amante à bon titre, en princesse avisée.

Finissons par examiner le rôle d'OEdipe, et avec lui la contexture du poeme.

OEdipe commence par vouloir marier une de ses filles avant que de s'attendrir sur les malheurs des Thébains; bien plus condamnable en cela que Thésée, qui, n'étant point chargé comme lui du salut de tout ce peuple, peut sans crime écouter sa passion.

Cependant, comme il fallait bien dire, au premier acte, quelque chose du sujet de la pièce, on en touche un mot dans la cinquième scène. OEdipe soupçonne que les dieux sont irrités contre les Thébains, parce que Jocaste avait autrefois fait exposer son fils, et trompé par là les oracles des dieux qui prédisaient que ce fils tuerait son père et épouserait sa mère.

Il me semble qu'il doit plutôt croire que les dieux sont satisfaits que Jocaste ait étouffé un monstre au berceau; et vraisemblablement ils n'ont prédit les crimes de ce fils qu'afin qu'on l'empêchât de les commettre.

Jocaste soupçonne, avec aussi peu de fondement, que les dieux punissent les Thébains de n'avoir pas vengé la mort de Laïus. Elle prétend qu'on n'a jamais pu venger cette mort: comment donc peut-elle croire que les dieux la punissent de n'avoir pas fait l'impossible?

Avec moins de fondement encore, OEdipe répond:

> Pourrions-nous en punir des brigands inconnus,
> Que peut-être jamais en ces lieux on n'a vus?
> Si vous m'avez dit vrai, peut-être ai-je moi-même
> Sur trois de ces brigands vengé le diadème;
> Au lieu même, au temps même, attaqué seul par trois,
> J'en laissai deux sans vie, et mis l'autre aux abois.

OEdipe n'a aucune raison de croire que ces trois voyageurs fussent des brigands, puisqu'au quatrième acte, lorsque Phorbas paraît devant lui, il lui dit:

> Et tu fus un des trois que je sus arrêter
> Dans ce passage étroit qu'il fallut disputer.

S'il les a arrêtés lui-même, et s'il ne les a combattus que

parce qu'ils ne voulaient pas lui céder le pas, il n'a point dû les prendre pour des voleurs, qui font ordinairement très peu de cas des cérémonies, et qui songent plutôt à dépouiller les passans qu'à leur disputer le haut du pavé.

Mais il me semble qu'il y a dans cet endroit une faute encore plus grande. OEdipe avoue à Jocaste qu'il s'est battu contre trois inconnus, au temps même et au lieu même où Laïus a été tué. Jocaste sait que Laïus n'avait avec lui que deux compagnons de voyage : ne devait-elle donc pas soupçonner que Laïus est peut-être mort de la main d'OEdipe? Cependant elle ne fait nulle attention à cet aveu, de peur que la pièce ne finisse au premier acte; elle ferme les yeux sur les lumières qu'OEdipe lui donne; et, jusqu'à la fin du quatrième acte, il n'est pas dit un mot de la mort de Laïus, qui pourtant est le sujet de la pièce. Les amours de Thésée et de Dircé occupent toute la scène.

C'est au quatrième acte qu'OEdipe, en voyant Phorbas, s'écrie :

> C'est un de mes brigands à la mort échappé,
> Madame, et vous pouvez lui choisir des supplices :
> S'il n'a tué Laïus, il fut un des complices.

Pourquoi prendre Phorbas pour un brigand? et pourquoi affirmer avec tant de certitude qu'il est complice de la mort de Laïus? Il me paraît que l'OEdipe de Corneille accuse Phorbas avec autant de légèreté que l'OEdipe de Sophocle accuse Créon.

Je ne parle point de l'action gigantesque d'OEdipe qui tue trois hommes tout seul dans Corneille, et qui en tue sept dans Sophocle. Mais il est bien étrange qu'OEdipe se souvienne, après seize ans, de tous les traits de ces trois hommes; « que l'un avait le poil noir, la mine assez farouche, le front « cicatrisé, et le regard un peu louche ; que l'autre avait « le teint frais et l'œil perçant, qu'il était chauve sur le

« devant et mêlé sur le derrière ; » et, pour rendre la chose encore moins vraisemblable, il ajoute :

> On en peut voir en moi la taille et quelques traits.

Ce n'était point à OEdipe à parler de cette ressemblance; c'était à Jocaste, qui, ayant vécu avec l'un et avec l'autre, pouvait en être bien mieux informée qu'OEdipe, qui n'a jamais vu Laïus qu'un moment en sa vie. Voilà comme Sophocle a traité cet endroit : mais il fallait que Corneille, ou n'eût point lu du tout Sophocle, ou le méprisât beaucoup, puisqu'il n'a rien emprunté de lui, ni beautés, ni défauts.

Cependant, comment se peut-il faire qu'OEdipe ait seul tué Laïus, et que Phorbas, qui a été blessé à côté de ce roi, dise pourtant qu'il a été tué par des voleurs ? Il était difficile de concilier cette contradiction ; et Jocaste, pour toute réponse, dit que

> C'est un conte
> Dont Phorbas, au retour, voulut cacher sa honte.

Cette petite tromperie de Phorbas devait-elle être le nœud de la tragédie d'*OEdipe?* Il s'est pourtant trouvé des gens qui ont admiré cette puérilité ; et un homme distingué à la cour par son esprit m'a dit que c'était là le plus bel endroit de Corneille.

Au cinquième acte, OEdipe, honteux d'avoir épousé la veuve d'un roi qu'il a massacré, dit qu'il veut se bannir et retourner à Corinthe ; et cependant il envoie chercher Thésée et Dircé,

> Pour lire dans leur ame
> S'ils prêteraient la main à quelque sourde trame.

Eh ! que lui importent les sourdes trames de Dircé, et les prétentions de cette princesse sur une couronne à laquelle il renonce pour jamais ?

Enfin il me paraît qu'OEdipe apprend avec trop de froideur

son affreuse aventure. Je sais qu'il n'est point coupable, et que sa vertu peut le consoler d'un crime involontaire; mais s'il a assez de fermeté dans l'esprit pour sentir qu'il n'est que malheureux, doit-il se punir de son malheur? et s'il est assez furieux et assez désespéré pour se crever les yeux, doit-il être assez froid pour dire à Dircé dans un moment si terrible:

> Votre frère est connu; le savez-vous, madame?....
> Votre amour pour Thésée est dans un plein repos.
> ....
> Aux crimes, malgré moi, l'ordre du ciel m'attache;
> Pour m'y faire tomber, à moi-même il me cache;
> Il offre, en m'aveuglant sur ce qu'il a prédit,
> Mon père à mon épée, et ma mère à mon lit.
> Hélas! qu'il est bien vrai qu'en vain on s'imagine
> Dérober notre vie à ce qu'il nous destine!
> Les soins de l'éviter font courir au devant,
> Et l'adresse à le fuir y plonge plus avant.

Doit-il rester sur le théâtre à débiter plus de quatre-vingts vers avec Dircé et avec Thésée, qui est un étranger pour lui, tandis que Jocaste, sa femme et sa mère, ne sait encore rien de son aventure, et ne paraît pas sur la scène?

Voilà à peu près les principaux défauts que j'ai cru apercevoir dans l'Œdipe de Corneille. Je m'abuse peut-être: mais je parle de ses fautes avec la même sincérité que j'admire les beautés qui y sont répandues; et quoique les beaux morceaux de cette pièce me paraissent très inférieurs aux grands traits de ses autres tragédies, je désespère pourtant de les égaler jamais; car ce grand homme est toujours au dessus des autres, lors même qu'il n'est pas entièrement égal à lui-même.

Je ne parle point de la versification: on sait qu'il n'a jamais fait de vers si faibles et si indignes de la tragédie. En effet, Corneille ne connaissait guère la médiocrité, et il tombait dans le bas avec la même facilité qu'il s'élevait au sublime.

J'espère que vous me pardonnerez, monsieur, la témérité

avec laquelle je parle, si pourtant c'en est une de trouver mauvais ce qui est mauvais, et de respecter le nom de l'auteur sans en être l'esclave.

Et quelles fautes voudrait-on que l'on relevât? Seraient-ce celles des auteurs médiocres, dont on ignore tout, jusqu'aux défauts? C'est sur les imperfections des grands hommes qu'il faut attacher sa critique; car si le préjugé nous fesait admirer leurs fautes, bientôt nous les imiterions, et il se trouverait peut-être que nous n'aurions pris de ces célèbres écrivains que l'exemple de mal faire.

LETTRE V,

QUI CONTIENT LA CRITIQUE DU NOUVEL OEDIPE.

Monsieur, me voilà enfin parvenu à la partie de ma dissertation la plus aisée, c'est-à-dire à la critique de mon ouvrage; et, pour ne point perdre de temps, je commencerai par le premier défaut, qui est celui du sujet. Régulièrement, la pièce d'*OEdipe* devrait finir au premier acte. Il n'est pas naturel qu'OEdipe ignore comment son prédécesseur est mort. Sophocle ne s'est point mis du tout en peine de corriger cette faute; Corneille, en voulant la sauver, a fait encore plus mal que Sophocle; et je n'ai pas mieux réussi qu'eux. OEdipe, chez moi, parle ainsi à Jocaste:

> On m'avait toujours dit que ce fut un Thébain
> Qui leva sur son prince une coupable main.
> Pour moi, qui, sur son trône élevé par vous-même,
> Deux ans après sa mort ai ceint le diadème,
> Madame, jusqu'ici respectant vos douleurs,
> Je n'ai point rappelé le sujet de vos pleurs,
> Et, de vos seuls périls chaque jour alarmée,
> Mon ame à d'autres soins semblait être fermée.

Ce compliment ne me paraît point une excuse valable de

l'ignorance d'OEdipe. La crainte de déplaire à sa femme en lui parlant de son premier mari ne doit point du tout l'empêcher de s'informer des circonstances de la mort de son prédécesseur ; c'est avoir trop de discrétion et trop peu de curiosité. Il ne lui est pas permis non plus de ne point savoir l'histoire de Phorbas ; un ministre d'état ne saurait jamais être un homme assez obscur pour être en prison plusieurs années sans qu'on en sache rien.

Jocaste a beau dire :

> Dans un château voisin conduit secrètement,
> Je dérobai sa tête à leur emportement ;

on voit bien que ces deux vers ne sont mis que pour prévenir la critique ; c'est une faute qu'on tâche de déguiser, mais qui n'est pas moins une faute.

Voici un défaut plus considérable, qui n'est pas du sujet, et dont je suis seul responsable; c'est le personnage de Philoctète. Il semble qu'il ne soit venu à Thèbes que pour y être accusé; encore est-il soupçonné peut-être un peu légèrement. Il arrive au premier acte, et s'en retourne au troisième; on ne parle de lui que dans les trois premiers actes, et l'on n'en dit pas un seul mot dans les derniers. Il contribue un peu au nœud de la pièce, et le dénoûment se fait absolument sans lui. Ainsi il paraît que ce sont deux tragédies, dont l'une roule sur Philoctète et l'autre sur OEdipe.

J'ai voulu donner à Philoctète le caractère d'un héros ; mais j'ai bien peur d'avoir poussé la grandeur d'ame jusqu'à la fanfaronnade. Heureusement, j'ai lu dans madame Dacier qu'un homme peut parler avantageusement de soi lorsqu'il est calomnié. Voilà le cas où se trouve Philoctète : il est réduit par la calomnie à la nécessité de dire du bien de lui-même. Dans une autre occasion, j'aurais tâché de lui donner plus de politesse que de fierté ; et s'il s'était trouvé dans les mêmes circonstances que Sertorius et Pompée, j'aurais pris la conversation héroïque de ces deux grands hommes pour modèle, quoique je n'eusse pas espéré de l'atteindre. Mais comme il est dans la situation de Nicomède, j'ai donc cru devoir le faire parler à peu près comme ce jeune prince, et qu'il lui était permis de dire *un homme tel que moi,* lorsqu'on l'outrage. Quelques personnes s'imaginent que Philoctète était un pauvre écuyer d'Hercule, qui n'avait d'autre mérite que d'avoir porté ses flèches, et qui veut s'égaler à son maître dont il parle toujours. Cependant il est certain que Philoctète était un prince de la Grèce, fameux par ses exploits, compagnon d'Hercule, et de qui même les dieux avaient fait dépendre le destin de Troie. Je ne sais si je n'en ai point fait en quelques endroits un fanfaron, mais il est certain que c'était un héros.

Pour l'ignorance où il est, en arrivant, des affaires de Thèbes, je ne la trouve pas moins condamnable que celle d'OEdipe. Le mont OEta, où il avait vu mourir Hercule, n'était pas si éloigné de Thèbes qu'il ne pût savoir aisément ce qui se passait dans cette ville. Heureusement cette ignorance vicieuse de Philoctète m'a fourni une exposition du sujet qui m'a paru assez bien reçue ; c'est ce qui me persuade que les beautés d'un ouvrage naissent quelquefois d'un défaut.

Dans toutes les tragédies on tombe dans un écueil tout contraire. L'exposition du sujet se fait ordinairement à un personnage qui en est aussi bien informé que celui qui lui parle. On est obligé, pour mettre les auditeurs au fait, de faire dire aux principaux acteurs ce qu'ils ont dû vraisemblablement déjà dire mille fois. Le point de perfection serait de combiner tellement les événemens, que l'acteur qui parle n'eût jamais dû dire ce qu'on met dans sa bouche que dans le temps même où il le dit. Telle est, entre autres exemples de cette perfection, la première scène de la tragédie de *Bajazet.* Acomat ne peut être instruit de ce qui se passe dans l'armée ; Osmin ne peut avoir de nouvelles du sérail ; ils se font l'un à l'autre des confidences réciproques qui instruisent et qui intéressent également le spectateur; et l'artifice de cette exposition est conduit avec un ménagement dont je crois que Racine seul était capable.

Il est vrai qu'il y a des sujets de tragédie où l'on est tellement gêné par la bizarrerie des événemens, qu'il est presque impossible de réduire l'exposition de sa pièce à ce point de sagesse et de vraisemblance. Je crois, pour mon bonheur, que le sujet d'*OEdipe* est de ce genre; et il me semble que, lorsqu'on se trouve si peu maître du terrain, il faut toujours songer à être intéressant plutôt qu'exact : car le spectateur pardonne tout, hors la langueur; et lorsqu'il est une fois ému, il examine rarement s'il a raison de l'être.

A l'égard de ce souvenir d'amour entre Jocaste et Philoctète, j'ose encore dire que c'est un défaut nécessaire. Le sujet ne me fournissait rien par lui-même pour remplir les trois premiers actes; à peine même avais-je de la matière pour les deux derniers. Ceux qui connaissent le théâtre, c'est-à-dire ceux qui sentent les difficultés de la composition aussi bien que les fautes, conviendront de ce que je dis. Il faut toujours donner des passions aux principaux personnages. Eh! quel rôle insipide aurait joué Jocaste, si elle n'avait eu du moins le souvenir d'un amour légitime, et si elle n'avait craint pour les jours d'un homme qu'elle avait autrefois aimé!

Il est surprenant que Philoctète aime encore Jocaste après une si longue absence : il ressemble assez aux chevaliers errans dont la profession était d'être toujours fidèles à leurs maîtresses. Mais je ne puis être de l'avis de ceux qui trouvent Jocaste trop âgée pour faire naître encore des passions : elle a pu être mariée si jeune, et il est si souvent répété dans la pièce qu'OEdipe est dans une grande jeunesse, que, sans trop presser le temps, il est aisé de voir qu'elle n'a pas plus de trente-cinq ans. Les femmes seraient bien malheureuses si l'on n'inspirait plus de sentimens à cet âge.

Je veux que Jocaste ait plus de soixante ans dans Sophocle

et dans Corneille; la construction de leur fable n'est pas une règle pour la mienne; je ne suis pas obligé d'adopter leurs fictions; et s'il leur a été permis de faire revivre dans plusieurs de leurs pièces des personnes mortes depuis long-temps, et d'en faire mourir d'autres qui étaient encore vivantes, on doit bien me passer d'ôter à Jocaste quelques années.

Mais je m'aperçois que je fais l'apologie de ma pièce, au lieu de la critique que j'en avais promise; revenons vite à la censure.

Le troisième acte n'est point fini : on ne sait pourquoi les acteurs sortent de la scène. OEdipe dit à Jocaste :

> Suivez mes pas, rentrons; il faut que j'éclaircisse
> Un soupçon que je forme avec trop de justice.
> . . . . Suivez-moi,
> Et venez dissiper ou combler mon effroi.

Mais il n'y a pas de raison pour qu'OEdipe éclaircisse son doute plutôt derrière le théâtre que sur la scène : aussi, après avoir dit à Jocaste de le suivre, revient-il avec elle le moment d'après, et il n'y a aucune autre distinction entre le troisième et le quatrième acte que le coup d'archet qui les sépare.

La première scène du quatrième acte est celle qui a le plus réussi; mais je ne me reproche pas moins d'avoir fait dire dans cette scène à Jocaste et à OEdipe tout ce qu'ils avaient dû s'apprendre depuis long-temps. L'intrigue n'est fondée que sur une ignorance bien peu vraisemblable : j'ai été obligé de recourir à un miracle pour couvrir ce défaut du sujet.

Je mets dans la bouche d'OEdipe :

> Enfin je me souviens qu'aux champs de la Phocide
> (Et je ne conçois pas par quel enchantement
> J'oubliais jusqu'ici ce grand événement;
> La main des dieux sur moi si long-temps suspendue
> Semble ôter le bandeau qu'ils mettaient sur ma vue) :
> Dans un chemin étroit je trouvai deux guerriers, etc.

Il est manifeste que c'était au premier acte qu'OEdipe devait raconter cette aventure de la Phocide; car, dès qu'il apprend de la bouche du grand-prêtre que les dieux demandent la punition du meurtre de Laïus, son devoir est de s'informer scrupuleusement et sans délai de toutes les circonstances de ce meurtre. On doit lui répondre que Laïus a été tué en Phocide, dans un chemin étroit, par deux étrangers; et lui qui sait que, dans ce temps-là même, il s'est battu contre deux étrangers en Phocide, doit soupçonner dès ce moment que Laïus a été tué de sa main. Il est triste d'être obligé, pour cacher cette faute, de supposer que la vengeance des dieux ôte dans un temps la mémoire à OEdipe, et la lui rend dans un autre. La scène suivante d'OEdipe et de Phorbas me paraît bien moins intéressante chez moi que dans Corneille. OEdipe, dans ma pièce, est déjà instruit de son malheur avant que Phorbas achève de l'en persuader; Phorbas ne laisse l'esprit du spectateur dans aucune incertitude, il ne lui inspire aucune surprise, il ne doit donc point l'intéresser. Dans Corneille, au contraire, OEdipe, loin de se douter d'être le meurtrier de Laïus, croit en être le vengeur, et il se convainc lui-même en voulant convaincre Phorbas. Cet artifice de Corneille serait admirable, si OEdipe avait quelque lieu de croire que Phorbas est coupable, et si le nœud de la pièce n'était pas fondé sur un mensonge puéril.

> C'est un conte
> Dont Phorbas, au retour, voulut cacher sa honte.

Je ne pousserai pas plus loin la critique de mon ouvrage; il me semble que j'en ai reconnu les défauts les plus importans. On ne doit pas en exiger davantage d'un auteur, et peut-être un censeur ne m'aurait-il pas plus maltraité. Si l'on me demande pourquoi je n'ai pas corrigé ce que je condamne, je répondrai qu'il y a souvent dans un ouvrage des défauts qu'on est obligé de laisser malgré soi; et d'ailleurs il y a peut-être autant d'honneur à avouer ses fautes qu'à les corriger. J'ajouterai encore que j'en ai ôté autant qu'il en reste : chaque représentation de mon Œdipe était pour moi un examen sévère où je recueillais les suffrages et les censures du public, et j'étudiais son goût pour former le mien. Il faut que j'avoue que monseigneur le prince de Conti est celui qui m'a fait les critiques les plus judicieuses et les plus fines. S'il n'était qu'un particulier, je me contenterais d'admirer son discernement ; mais puisqu'il est élevé au dessus des autres autant par son esprit que par son rang, j'ose ici le supplier d'accorder sa protection aux belles lettres dont il a tant de connaissance.

J'oubliais de dire que j'ai pris deux vers dans l'*Œdipe* de Corneille. L'un est au premier acte :

> Ce monstre à voix humaine, aigle, femme et lion.

L'autre est au dernier acte ; c'est une traduction de Sénèque ; *Œd.*, acte v, v. 950 :

> ... *Nec sepultis mistus, et vivis tamen*
> *Exemptus...*
>
> Et le sort qui l'accable,
> Des morts et des vivans semble le séparer.

Je n'ai point fait scrupule de voler ces deux vers, parce qu'ayant précisément la même chose à dire que Corneille, il m'était impossible de l'exprimer mieux ; et j'ai mieux aimé donner deux bons vers de lui, que d'en donner deux mauvais de moi.

Il me reste à parler de quelques rimes que j'ai hasardées dans ma tragédie. J'ai fait rimer *héros* à *tombeaux*, *contagion* à *poison*, etc. Je ne défends point ces rimes, parce que je les ai employées ; mais je ne m'en suis servi que parce que je les ai crues bonnes. Je ne puis souffrir qu'on sacrifie à la richesse de la rime toutes les autres beautés de la poésie, et qu'on cherche plutôt à plaire à l'oreille qu'au cœur et à l'esprit. On pousse même la tyrannie jusqu'à exiger qu'on rime pour les yeux encore plus que pour les oreilles. *Je ferois, j'aimerois*, etc., ne se prononcent point autrement que *traits* et *attraits*; cependant on prétend que ces mots ne riment point ensemble, parce qu'un mauvais usage veut qu'on les écrive différemment. M. Racine avait mis dans son *Andromaque* :

> M'en croirez-vous? lassé de ses trompeurs attraits,
> Au lieu de l'enlever, seigneur, je la fuirois.

Le scrupule lui prit, et il ôta la rime *fuirois*, qui me paraît, à ne consulter que l'oreille, beaucoup plus juste que celle de *jamais* qu'il lui substitua.

La bizarrerie de l'usage, ou plutôt des hommes qui l'établissent, est étrange sur ce sujet comme sur bien d'autres. On permet que le mot *abhorre*, qui a deux *r*, rime avec *encore*, qui n'en a qu'une. Par la même raison, *tonnerre* et *terre* devraient rimer avec *père* et *mère* : cependant on ne le souffre pas, et personne ne réclame contre cette injustice.

Il me paraît que la poésie française y gagnerait beaucoup, si l'on voulait secouer le joug de cet usage déraisonnable et tyrannique. Donner aux auteurs de nouvelles rimes, ce serait leur donner de nouvelles pensées, car l'assujettissement à la rime fait que souvent on ne trouve dans la langue qu'un seul mot qui puisse finir un vers : on ne dit presque jamais ce qu'on voulait dire; on ne peut se servir du mot propre, et l'on est obligé de chercher une pensée pour la rime, parce qu'on ne peut trouver de rime pour exprimer ce que l'on pense.

C'est à cet esclavage qu'il faut imputer plusieurs impropriétés qu'on est choqué de rencontrer dans nos poëtes les plus exacts. Les auteurs sentent encore mieux que les lecteurs la dureté de cette contrainte, et ils n'osent s'en affranchir. Pour moi, dont l'exemple ne tire point à conséquence, j'ai tâché de regagner un peu de liberté; et si la poésie occupe encore mon loisir, je préférerai toujours les choses aux mots, et la pensée à la rime.

LETTRE VI,

QUI CONTIENT UNE DISSERTATION SUR LES CHŒURS.

Monsieur, il ne me reste plus qu'à parler du chœur que j'introduis dans ma pièce. J'en ai fait un personnage qui paraît à son rang comme les autres acteurs, et qui se montre quelquefois sans parler, seulement pour jeter plus d'intérêt dans la scène, et pour ajouter plus de pompe au spectacle.

Comme on croit d'ordinaire que la route qu'on a tenue était la seule qu'on devait prendre, je m'imagine que la manière dont j'ai hasardé les chœurs est la seule qui pouvait réussir parmi nous.

Chez les anciens, le chœur remplissait l'intervalle des actes et paraissait toujours sur la scène. Il y avait à cela plus d'un inconvénient; car, ou il parlait dans les entr'actes de ce qui s'était passé dans les actes précédens, et c'était une répétition fatigante, ou il prévenait de ce qui devait arriver dans les actes suivans, et c'était une annonce qui pouvait dérober le plaisir de la surprise; ou enfin il était étranger au sujet, et par conséquent il devait ennuyer.

La présence continuelle du chœur dans la tragédie me paraît encore plus impraticable. L'intrigue d'une pièce intéressante exige d'ordinaire que les principaux acteurs aient des secrets à se confier. Eh! le moyen de dire son secret à tout un peuple? C'est une chose plaisante de voir Phèdre, dans Euripide, avouer à une troupe de femmes un amour incestueux, qu'elle doit craindre de s'avouer à elle-même. On demandera peut-être comment les anciens pouvaient conserver si scrupuleusement un usage si sujet au ridicule : c'est qu'ils étaient persuadés que le chœur était la base et le fondement de la tragédie. Voilà bien les hommes, qui prennent presque toujours l'origine d'une chose pour l'essence de la chose même. Les anciens savaient que ce spectacle avait commencé par une troupe de paysans ivres qui chantaient les louanges de Bacchus, et ils voulaient que le théâtre fût toujours rempli d'une troupe d'acteurs qui, en chantant les louanges des dieux, rappelassent l'idée que le peuple avait de l'origine de la tragédie. Long-temps même le poëme dramatique ne fut qu'un simple chœur; les personnages qu'on y ajouta ne furent regardés que comme des épisodes; et il y a encore aujourd'hui des savans qui ont le courage d'assurer que nous n'avons aucune idée de la véritable tragédie, depuis que nous en avons banni les chœurs. C'est comme si, dans une même pièce, on voulait que nous missions Paris, Londres et Madrid sur le théâtre, parce que nos pères en usaient ainsi lorsque la comédie fut établie en France.

M. Racine, qui a introduit des chœurs dans *Athalie* et dans *Esther*, s'y est pris avec plus de précaution que les Grecs; il ne les a guère fait paraître que dans les entr'actes; encore a-t-il eu bien de la peine à le faire avec la vraisemblance qu'exige toujours l'art du théâtre.

A quel propos faire chanter une troupe de Juives lorsque Esther a raconté ses aventures à Élise? Il faut nécessairement, pour amener cette musique, qu'Esther leur ordonne de lui chanter quelque air :

Mes filles, chantez-nous quelqu'un de ces cantiques...

Je ne parle pas du bizarre assortiment du chant et de la déclamation dans une même scène; mais du moins il faut avouer que des moralités mises en musique doivent paraître bien froides après ces dialogues pleins de passion qui font le caractère de la tragédie. Un chœur serait bien mal venu après la déclaration de Phèdre, ou après la conversation de Sévère et de Pauline.

Je croirai donc toujours, jusqu'à ce que l'événement me détrompe, qu'on ne peut hasarder le chœur dans une tragédie qu'avec la précaution de l'introduire à son rang, et seulement lorsqu'il est nécessaire pour l'ornement de la scène ; encore n'y a-t-il que très peu de sujets où cette nouveauté puisse être reçue. Le chœur serait absolument déplacé dans *Bajazet*, dans *Mithridate*, dans *Britannicus*, et généralement dans toutes les pièces dont l'intrigue n'est fondée que sur les intérêts de quelques particuliers : il ne peut convenir qu'à des pièces où il s'agit du salut de tout un peuple.

Les Thébains sont les premiers intéressés dans le sujet de ma tragédie : c'est de leur mort ou de leur vie dont il s'agit ; et il n'est pas hors des bienséances de faire paraître quelquefois sur la scène ceux qui ont le plus d'intérêt de s'y trouver.

LETTRE VII,

A L'OCCASION DE PLUSIEURS CRITIQUES QU'ON A FAITES D'OEDIPE.

Monsieur, on vient de me montrer une critique de mon *OEdipe*, qui, je crois, sera imprimée avant que cette seconde édition puisse paraître. J'ignore quel est l'auteur de cet ouvrage. Je suis fâché qu'il me prive du plaisir de le remercier des éloges qu'il me donne avec bonté, et des critiques qu'il fait de mes fautes avec autant de discernement que de politesse.

J'avais déjà reconnu, dans l'examen que j'ai fait de ma tragédie, une bonne partie des défauts que l'observateur relève ; mais je me suis aperçu qu'un auteur s'épargne toujours quand il se critique lui-même, et que le censeur veille lorsque l'auteur s'endort. Celui qui me critique a vu sans doute mes fautes d'un œil plus éclairé que moi : cependant je ne sais si, comme j'ai été un peu indulgent, il n'est pas quelquefois un peu trop sévère. Son ouvrage m'a confirmé dans l'opinion où je suis que le sujet d'*OEdipe* est un des plus difficiles qu'on ait jamais mis au théâtre. Mon censeur me propose un plan sur lequel il voudrait que j'eusse composé ma pièce : c'est au public à en juger; mais je suis persuadé que, si j'avais travaillé sur le modèle qu'il me présente, on ne m'aurait pas fait même l'honneur de me critiquer. J'avoue qu'en substituant, comme il le veut, Créon à Philoctète, j'aurais peut-être donné plus d'exactitude à mon ouvrage; mais Créon aurait été un personnage bien froid, et j'aurais trouvé par là le secret d'être à la fois ennuyeux et irrépréhensible.

On m'a parlé de quelques autres critiques. ceux qui se donnent la peine de les faire me feront toujours beaucoup d'honneur et même de plaisir quand ils daigneront me les montrer. Si je ne puis à présent profiter de leurs observations, elles m'éclaireront du moins pour les premiers ouvrages que je pourrai composer, et me feront marcher d'un pas plus sûr dans cette carrière dangereuse.

On m'a fait apercevoir que plusieurs vers de ma pièce se trouvaient dans d'autres pièces de théâtre. Je dis qu'on m'en a fait apercevoir; car, soit qu'ayant la tête remplie de vers d'autrui, j'aie cru travailler d'imagination quand je ne travaillais que de mémoire, soit qu'on se rencontre quelquefois dans les mêmes pensées et dans les mêmes tours, il est certain que j'ai été plagiaire sans le savoir, et que, hors ces deux beaux vers de Corneille que j'ai pris hardiment, et dont je parle dans mes lettres, je n'ai eu dessein de voler personne.

Il y a dans les *Horaces* :

> Est-ce vous, Curiace? en croirai-je mes yeux?

Et dans ma pièce il y avait :

> Est-ce vous, Philoctète? en croirai-je mes yeux?

J'espère qu'on me fera l'honneur de croire que j'aurais bien trouvé tout seul un pareil vers. Je l'ai changé cependant aussi bien que plusieurs autres, et je voudrais que tous les défauts de mon ouvrage fussent aussi aisés à corriger que celui-là.

On m'apporte en ce moment une nouvelle critique de mon *Œdipe* : celle-ci me paraît moins instructive que l'autre, mais beaucoup plus maligne. La première est d'un religieux, à ce qu'on vient de me dire; la seconde est d'un homme de lettres; et, ce qui est assez singulier, c'est que le religieux possède mieux le théâtre, et l'autre le sarcasme. Le premier a voulu m'éclairer, et y a réussi; le second a voulu m'outrager, mais il n'en est point venu à bout. Je lui pardonne sans peine ses injures en faveur de quelques traits ingénieux et plaisans dont son ouvrage m'a paru semé. Ses railleries m'ont plus diverti qu'elles ne m'ont offensé; et même, de tous ceux qui ont vu cette satire en manuscrit, je suis celui qui en ai jugé le plus avantageusement. Peut-être ne l'ai-je trouvée bonne que par la crainte où j'étais de succomber à la tentation de la trouver mauvaise : le public jugera de son prix.

Ce censeur assure, dans son ouvrage, que ma tragédie languira tristement dans la boutique de Ribou, lorsque sa lettre aura dessillé les yeux du public. Heureusement il empêche lui-même le mal qu'il me veut faire : si sa satire est bonne, tous ceux qui la liront auront quelque curiosité de voir la tragédie qui en est l'objet; et, au lieu que les pièces de théâtre font vendre d'ordinaire leurs critiques, cette critique fera vendre mon ouvrage. Je lui aurai la même obligation qu'Escobar eut à Pascal. Cette comparaison me paraît assez juste; car ma poésie pourrait bien être aussi relâchée que la morale d'Escobar; et il y a dans la satire de ma pièce quelques traits qui sont peut-être dignes des *Lettres provinciales*, du moins par la malignité.

Je reçois une troisième critique : celle-ci est si misérable, que je n'en puis moi-même soutenir la lecture. On m'en promet encore deux autres. Voilà bien des ennemis : si je fais encore une tragédie, où fuirai-je?

LETTRE
AU PÈRE PORÉE, JÉSUITE.

Je vous envoie, mon cher père[1], la nouvelle édition qu'on vient de faire de la tragédie d'*OEdipe*. J'ai eu soin d'effacer, autant que je l'ai pu, les couleurs fades d'un amour déplacé, que j'avais mêlées malgré moi aux traits mâles et terribles que ce sujet exige.

Je veux d'abord que vous sachiez, pour ma justification, que, tout jeune que j'étais quand je fis l'*OEdipe*, je le composai à peu près tel que vous le voyez aujourd'hui : j'étais plein de la lecture des anciens et de vos leçons, et je connaissais fort peu le théâtre de Paris ; je travaillai à peu près comme si j'avais été à Athènes. Je consultai M. Dacier, qui était du pays ; il me conseilla de mettre un chœur dans toutes les scènes, à la manière des Grecs : c'était me conseiller de me promener dans Paris avec la robe de Platon. J'eus bien de la peine seulement à obtenir que les comédiens de Paris voulussent exécuter les chœurs qui paraissent trois ou quatre fois dans la pièce ; j'en eus bien davantage à faire recevoir une tragédie presque sans amour. Les comédiennes se moquèrent de moi quand elles virent qu'il n'y avait point de rôle pour l'amoureuse. On trouva la scène de la double confidence entre OEdipe et Jocaste, tirée en partie de Sophocle, tout-à-fait insipide. En un mot, les acteurs, qui étaient dans ce temps-là petits-maîtres et grands seigneurs, refusèrent de représenter l'ouvrage.

J'étais extrêmement jeune ; je crus qu'ils avaient raison : je gâtai ma pièce, pour leur plaire, en affadissant par des sentimens de tendresse un sujet qui le comporte si peu. Quand on vit un peu d'amour, on fut moins mécontent de moi, mais on

[1] Cette lettre a été trouvée dans les papiers du père Porée, après sa mort.

ne voulut point du tout de cette grande scène entre Jocaste et
OEdipe : on se moqua de Sophocle et de son imitateur. Je tins
bon; je dis mes raisons, j'employai des amis; enfin ce ne fut
qu'à force de protections que j'obtins qu'on jouerait *OEdipe*.

Il y avait un acteur nommé Quinault (Dufresne), qui dit
tout haut que, pour me punir de mon opiniâtreté, il fallait
jouer la pièce telle qu'elle était, avec ce mauvais quatrième
acte tiré du grec. On me regardait d'ailleurs comme un téméraire d'oser traiter un sujet où Pierre Corneille avait si bien
réussi. On trouvait alors l'*OEdipe* de Corneille excellent : je
le trouvais un fort mauvais ouvrage, et je n'osais le dire; je
ne le dis enfin qu'au bout de dix ans, quand tout le monde
est de mon avis.

Il faut souvent bien du temps pour que justice soit rendue :
on l'a faite un peu plus tôt aux deux *OEdipes* de M. de La Motte.
Le révérend P. de Tournemine a dû vous communiquer la petite préface dans laquelle je lui livre bataille. M. de La Motte
a bien de l'esprit : il est un peu comme cet athlète grec qui,
quand il était terrassé, prouvait qu'il avait le dessus.

Je ne suis de son avis sur rien; mais vous m'avez appris
à faire une guerre d'honnête homme. J'écris avec tant de civilité
contre lui, que je l'ai demandé lui-même pour examinateur de
cette préface, où je tâche de lui prouver son tort à chaque
ligne; et il a lui-même approuvé ma petite dissertation polémique. Voilà comme les gens de lettres devraient se combattre;
voilà comme ils en useraient s'ils avaient été à votre école;
mais ils sont d'ordinaire plus mordans que des avocats, et plus
emportés que des jansénistes. Les lettres humaines sont devenues très inhumaines; on injurie, on cabale, on calomnie,
on fait des couplets. Il est plaisant qu'il soit permis de dire
aux gens par écrit ce qu'on n'oserait pas leur dire en face!
Vous m'avez appris, mon cher père, à fuir ces bassesses, et
à savoir vivre comme à savoir écrire.

Les Muses, filles du ciel,
Sont des sœurs sans jalousie :

AU PÈRE PORÉE.

Elles vivent d'ambroisie,
Et non d'absinthe et de fiel;
Et quand Jupiter appelle
Leur assemblée immortelle
Aux fêtes qu'il donne aux dieux,
Il défend que le Satyre
Trouble les sons de leur lyre
Par ses sons audacieux.

Adieu, mon cher et révérend père : je suis pour jamais à vous et aux vôtres, avec la tendre reconnaissance que je vous dois, et que ceux qui ont été élevés par vous ne conservent pas toujours, etc.

A Paris, le 7 janvier 1729.

PRÉFACE

DE L'ÉDITION DE 1729.

L'*OEdipe*, dont on donne cette nouvelle édition, fut représenté pour la première fois à la fin de l'année 1718. Le public le reçut avec beaucoup d'indulgence. Depuis même, cette tragédie s'est toujours soutenue sur le théâtre, et on la revoit encore avec quelque plaisir, malgré ses défauts; ce que j'attribue, en partie, à l'avantage qu'elle a toujours eu d'être très bien représentée, et en partie à la pompe et au pathétique du spectacle même.

Le père Folard, jésuite, et M. de La Motte, de l'Académie française, ont depuis traité tous deux le même sujet, et tous deux ont évité les défauts dans lesquels je suis tombé. Il ne m'appartient pas de parler de leurs pièces; mes critiques, et même mes louanges, paraîtraient également suspectes [1].

Je suis encore plus éloigné de prétendre donner une poétique à l'occasion de cette tragédie : je suis persuadé que tous ces raisonnemens délicats, tant rebattus depuis quelques années, ne valent pas une scène de génie, et qu'il y a bien plus à apprendre dans *Polyeucte* et dans *Cinna*, que dans tous les préceptes de l'abbé d'Aubignac: Sévère et Pauline sont les véritables maîtres de l'art. Tant de livres faits sur la peinture par des connaisseurs n'instruiront pas tant un élève que la seule vue d'une tête de Raphaël.

[1] M. de La Motte donna deux *OEdipes* en 1726, l'un en rimes, et l'autre en prose non rimée. L'*OEdipe* en rimes fut représenté quatre fois, l'autre n'a jamais été joué.

PRÉFACE D'OEDIPE.

Les principes de tous les arts qui dépendent de l'imagination sont tous aisés et simples, tous puisés dans la nature et dans la raison. Les Pradon et les Boyer les ont connus aussi bien que les Corneille et les Racine : la différence n'a été et ne sera jamais que dans l'application. Les auteurs d'*Armide* et d'*Issé*, et les plus mauvais compositeurs, ont eu les mêmes règles de musique ; Le Poussin a travaillé sur les mêmes principes que Vignon. Il paraît donc aussi inutile de parler de règles à la tête d'une tragédie, qu'il le serait à un peintre de prévenir le public par des dissertations sur ses tableaux, ou à un musicien de vouloir démontrer que sa musique doit plaire.

Mais, puisque M. de La Motte veut établir des règles toutes contraires à celles qui ont guidé nos grands maîtres, il est juste de défendre ces anciennes lois, non pas parce qu'elles sont anciennes, mais parce qu'elles sont bonnes et nécessaires, et qu'elles pourraient avoir dans un homme de son mérite un adversaire redoutable.

DES TROIS UNITÉS.

M. de La Motte veut d'abord proscrire l'unité d'action, de lieu et de temps.

Les Français sont les premiers d'entre les nations modernes qui ont fait revivre ces sages règles du théâtre : les autres peuples ont été long-temps sans vouloir recevoir un joug qui paraissait si sévère ; mais comme ce joug était juste, et que la raison triomphe enfin de tout, ils s'y sont soumis avec le temps. Aujourd'hui même, en Angleterre, les auteurs affectent d'avertir au devant de leurs pièces que la durée de l'action est égale à celle de la représentation ; et ils vont plus loin que nous, qui en cela avons été leurs maîtres. Toutes les nations commencent à regarder comme barbares les temps où cette pratique était ignorée des plus grands génies, tels que don Lopez de Vega et Shakespeare; elles avouent même l'obligation qu'elles nous ont de les avoir retirées de cette barbarie : faut-il qu'un Français se serve aujourd'hui de tout son esprit pour nous y ramener?

Quand je n'aurais autre chose à dire à M. de La Motte, sinon que MM. Corneille, Racine, Molière, Addison, Congrève, Maffei, ont tous observé les lois du théâtre, c'en serait assez pour devoir arrêter quiconque voudrait les violer : mais M. de La Motte mérite qu'on le combatte par des raisons plus que par des autorités.

Qu'est-ce qu'une pièce de théâtre? La représentation d'une action. Pourquoi d'une seule, et non de deux ou trois? C'est que l'esprit humain ne peut embrasser plusieurs objets à la fois; c'est que l'intérêt qui se partage s'anéantit bientôt; c'est que nous sommes choqués de voir, même dans un tableau, deux événemens; c'est qu'enfin la nature seule nous a indiqué ce précepte, qui doit être invariable comme elle.

Par la même raison, l'unité de lieu est essentielle; car une seule action ne peut se passer en plusieurs lieux à la fois. Si les personnages que je vois sont à Athènes au premier acte, comment peuvent-ils se trouver en Perse au second? M. Le Brun a-t-il peint Alexandre à Arbelles et dans les Indes sur la même toile? « Je ne serais pas « étonné, dit adroitement M. de La Motte, qu'une na- « tion sensée, mais moins amie des règles, s'accommodât « de voir Coriolan condamné à Rome au premier acte, « reçu chez les Volsques au troisième, et assiégeant « Rome au quatrième, etc. » Premièrement, je ne conçois point qu'un peuple sensé et éclairé ne fût pas ami de règles toutes puisées dans le bon sens, et toutes faites pour son plaisir. Secondement, qui ne sent que voilà trois tragédies, et qu'un pareil projet, fût-il exécuté même en beaux vers, ne serait jamais qu'une pièce de Jodelle ou de Hardy, versifiée par un moderne habile?

L'unité de temps est jointe naturellement aux deux premières. En voici, je crois, une preuve bien sensible. J'assiste à une tragédie, c'est-à-dire à la représentation d'une action; le sujet est l'accomplissement de cette action unique. On conspire contre Auguste dans Rome : je veux savoir ce qui va arriver d'Auguste et des conjurés. Si le poète fait durer l'action quinze jours, il doit me rendre compte de ce qui se sera passé dans ces quinze jours; car je suis là pour être informé de ce qui se passe, et rien ne doit arriver d'inutile. Or, s'il met devant mes yeux quinze jours d'événemens, voilà au moins quinze actions différentes, quelque petites qu'elles puissent être. Ce n'est plus uniquement cet accomplissement de la conspiration auquel il fallait marcher rapidement; c'est une longue histoire, qui ne sera plus intéressante, parce qu'elle ne sera plus vive, parce que tout se sera écarté du moment de la décision, qui est le seul que j'attends. Je ne suis point venu à la Comédie pour entendre l'histoire d'un héros, mais pour voir un seul événement de sa vie. Il y a plus : le spectateur n'est que trois heures à la Comédie; il ne faut donc pas que l'action dure plus de trois heures. *Cinna*, *Andromaque*, *Bajazet*, *OEdipe*, soit celui du grand Corneille, soit celui de M. de La Motte, soit même le mien, si j'ose en parler, ne durent pas davantage. Si quelques autres pièces exigent plus de temps, c'est une licence qui n'est pardonnable qu'en faveur des beautés de l'ouvrage; et plus cette licence est grande, plus elle est faute.

Nous étendons souvent l'unité de temps jusqu'à vingt-quatre heures, et l'unité de lieu à l'enceinte de tout un palais. Plus de sévérité rendrait quelquefois d'assez beaux sujets impraticables, et plus d'indulgence ouvrirait la carrière à de trop grands abus. Car s'il était une fois établi qu'une action théâtrale pût se passer en deux jours, bientôt quelque auteur y emploierait deux semaines, et un autre deux années; et si l'on ne réduisait pas le lieu de la scène à un espace limité, nous verrions en peu de temps des pièces telles que l'ancien *Jules César* des Anglais, où Cassius et Brutus sont à Rome au premier acte, et en Thessalie dans le cinquième.

Ces lois observées non seulement servent à écarter les défauts, mais elles amènent de vraies beautés; de même que les règles de la belle architecture, exactement suivies, composent nécessairement un bâtiment qui plaît à la vue. On voit qu'avec l'unité de temps, d'action et de lieu, il est bien difficile qu'une pièce ne soit pas simple: aussi voilà le mérite de toutes les pièces de M. Racine, et celui que demandait Aristote. M. de La Motte, en défendant une tragédie de sa composition, préfère à cette noble simplicité la multitude des événemens : il croit son sentiment autorisé par le peu de cas qu'on fait de *Bérénice*, par l'estime où est encore *le Cid*. Il est vrai que *le Cid* est plus touchant que *Bérénice*; mais *Bérénice* n'est condamnable que parce que c'est une élégie plutôt qu'une tragédie simple; et *le Cid*, dont l'action est véritablement tragique, ne doit point son succès à la multiplicité des événemens; mais il plaît malgré cette multiplicité, comme il touche malgré l'infante, et non pas à cause de l'infante.

M. de La Motte croit qu'on peut se mettre au dessus de toutes ces règles, en s'en tenant à l'unité d'intérêt, qu'il dit avoir inventée et qu'il appelle un paradoxe: mais cette unité d'intérêt ne me paraît autre chose que celle de l'action. «Si plusieurs personnages, dit-il, sont « diversement intéressés dans le même événement, et

PRÉFACE D'OEDIPE.

« s'ils sont tous dignes que j'entre dans leurs passions,
« il y a alors unité d'action, et non pas unité d'intérêt[1]. »

Depuis que j'ai pris la liberté de disputer contre M. de La Motte sur cette petite question, j'ai relu le discours du grand Corneille sur les trois unités : il vaut mieux consulter ce grand maître que moi. Voici comme il s'exprime : « Je tiens donc, et je l'ai déja dit, que l'unité « d'action consiste en l'unité d'intrigue et en l'unité de « péril. » Que le lecteur lise cet endroit de Corneille, et il décidera bien vite entre M. de La Motte et moi ; et, quand je ne serais pas fort de l'autorité de ce grand homme, n'ai-je pas encore une raison plus convaincante ? c'est l'expérience. Qu'on lise nos meilleures tragédies françaises, on trouvera toujours les personnages principaux

---

[1] Je soupçonne qu'il y a une erreur dans cette proposition, qui m'avait paru d'abord très plausible ; je supplie M. de La Motte de l'examiner avec moi. N'y a-t-il pas dans *Rodogune* plusieurs personnages principaux diversement intéressés ? Cependant il n'y a réellement qu'un seul intérêt dans la pièce, qui est celui de l'amour de Rodogune et d'Antiochus. Dans *Britannicus*, Agrippine, Néron, Narcisse, Britannicus, Junie, n'ont-ils pas tous des intérêts séparés ? ne méritent-ils pas tous mon attention ? Cependant ce n'est qu'à l'amour de Britannicus et de Junie que le public prend une part intéressante. Il est donc très ordinaire qu'un seul et unique intérêt résulte de diverses passions bien ménagées. C'est un centre où plusieurs lignes différentes aboutissent ; c'est la principale figure du tableau, que les autres font paraître sans se dérober à la vue. Le défaut n'est pas d'amener sur la scène plusieurs personnages avec des désirs et des desseins différens ; le défaut est de ne savoir pas fixer notre intérêt sur un seul amour lorsqu'on en présente plusieurs. C'est alors qu'il n'y a plus unité d'intérêt ; et c'est alors aussi qu'il n'y a plus unité d'action.

La tragédie de *Pompée* en est un exemple : César vient en Egypte pour voir Cléopâtre, Pompée pour s'y réfugier ; Cléopâtre veut être aimée et régner ; Cornélie veut se venger sans savoir comment ; Ptolemée songe à conserver sa couronne. Toutes ces parties désassemblées ne composent point un tout ; aussi l'action est double et même triple, et le spectateur ne s'intéresse pour personne.

Si ce n'est point une témérité d'oser mêler mes défauts avec ceux du grand Corneille, j'ajouterai que mon *OEdipe* est encore une preuve que des intérêts très divers, et, si je puis user de ce mot, mal assortis, font nécessairement une duplicité d'action. L'amour de Philoctète n'est point lié à la situation d'OEdipe, et dès là cette pièce est double.

diversement intéressés ; mais ces intérêts divers se rapportent tous à celui du personnage principal, et alors il y a unité d'action. Si au contraire tous ces intérêts différens ne se rapportent pas au principal acteur, si ce ne sont pas des lignes qui aboutissent à un centre commun, l'intérêt est double ; et ce qu'on appelle action au théâtre l'est aussi. Tenons-nous-en donc, comme le grand Corneille, aux trois unités, dans lesquelles les autres règles, c'est-à-dire les autres beautés, se trouvent renfermées.

M. de La Motte les appelle des principes de fantaisie, et prétend qu'on peut fort bien s'en passer dans nos tragédies, parce qu'elles sont négligées dans nos opéras : c'est, ce me semble, vouloir réformer un gouvernement régulier sur l'exemple d'une anarchie.

DE L'OPÉRA.

L'opéra est un spectacle aussi bizarre que magnifique, où les yeux et les oreilles sont plus satisfaits que l'esprit, où l'asservissement à la musique rend nécessaires les fautes les plus ridicules, où il faut chanter des ariettes dans la destruction d'une ville, et danser autour d'un tombeau ; où l'on voit le palais de Pluton et celui du Soleil ; des dieux, des démons, des magiciens, des prestiges, des monstres, des palais formés et détruits en un clin d'œil. On tolère ces extravagances, on les aime même, parce qu'on est là dans le pays des fées ; et, pourvu qu'il y ait du spectacle, de belles danses, une belle musique, quelques scènes intéressantes, on est content. Il serait aussi ridicule d'exiger dans *Alceste* l'unité d'action, de lieu et de temps, que de vouloir introduire des danses et des démons dans *Cinna* ou dans *Rodogune*.

Cependant, quoique les opéras soient dispensés de ces trois règles, les meilleurs sont encore ceux où elles

PRÉFACE D'OEDIPE.

sont le moins violées. on les retrouve même, si je ne me trompe, dans plusieurs, tant elles sont nécessaires et naturelles, et tant elles servent à intéresser le spectateur. Comment donc M. de La Motte peut-il reprocher à notre nation la légèreté de condamner dans un spectacle les mêmes choses que nous approuvons dans un autre? Il n'y a personne qui ne pût répondre à M. de La Motte : « J'exige avec raison beaucoup plus de perfec-
« tion d'une tragédie que d'un opéra, parce qu'à une
« tragédie mon attention n'est point partagée, que ce
« n'est ni d'une sarabande, ni d'un pas de deux que
« dépend mon plaisir, et que c'est à mon ame unique-
« ment qu'il faut plaire. J'admire qu'un homme ait su
« amener et conduire dans un seul lieu et dans un seul
« jour un seul événement que mon esprit conçoit sans
« fatigue, et où mon cœur s'intéresse par degrés. Plus je
« vois combien cette simplicité est difficile, plus elle me
« charme; et si je veux ensuite me rendre raison de mon
« plaisir, je trouve que je suis de l'avis de M. Despréaux,
« qui dit :

« Qu'en un lieu, qu'en un jour, un seul fait accompli
« Tienne jusqu'à la fin le théâtre rempli.

« J'ai pour moi, pourra-t-il dire, l'autorité du grand
« Corneille : j'ai plus encore, j'ai son exemple, et le
« plaisir que me font ses ouvrages à proportion qu'il a
« plus ou moins obéi à cette règle. »

M. de La Motte ne s'est pas contenté de vouloir ôter du théâtre ses principales règles, il veut encore lui ôter la poésie, et nous donner des tragédies en prose.

DES TRAGÉDIES EN PROSE.

Cet auteur ingénieux et fécond, qui n'a fait que des vers en sa vie, ou des ouvrages de prose à l'occasion de ses vers, écrit contre son art même, et le traite avec le même mépris qu'il a traité Homère, que pourtant il a traduit. Jamais Virgile, ni le Tasse, ni M. Despréaux, ni M. Racine, ni M. Pope, ne se sont avisés d'écrire contre l'harmonie des vers, ni M. de Lulli contre la musique, ni M. Newton contre les mathématiques. On a vu des hommes qui ont eu quelquefois la faiblesse de se croire supérieurs à leur profession, ce qui est le sûr moyen d'être au dessous; mais on n'en avait point encore vu qui voulussent l'avilir. Il n'y a que trop de personnes qui méprisent la poésie, faute de la connaître. Paris est plein de gens de bon sens, nés avec des organes insensibles à toute harmonie, pour qui de la musique n'est que du bruit, et à qui la poésie ne paraît qu'une folie ingénieuse. Si ces personnes apprennent qu'un homme de mérite, qui a fait cinq ou six volumes de vers, est de leur avis, ne se croiront-elles pas en droit de regarder tous les autres poètes comme des fous, et celui-là comme le seul à qui la raison est revenue? Il est donc nécessaire de lui répondre, pour l'honneur de l'art, et, j'ose dire, pour l'honneur d'un pays qui doit une partie de sa gloire, chez les étrangers, à la perfection de cet art même.

M. de La Motte avance que la rime est un usage barbare inventé depuis peu.

Cependant tous les peuples de la terre, excepté les anciens Romains et les Grecs, ont rimé et riment encore. Le retour des mêmes sons est si naturel à l'homme, qu'on a trouvé la rime établie chez les sauvages comme elle l'est à Rome, à Paris, à Londres et à Madrid. Il y a dans Montaigne une chanson en rimes américaines traduite en français; on trouve dans un des *Spectateurs* de M. Addison une traduction d'une ode laponne rimée, qui est pleine de sentiment.

Les Grecs, *quibus dedit ore rotundo Musa loqui*, nés sous un ciel plus heureux, et favorisés par la nature d'organes plus délicats que les autres nations, formèrent une langue dont toutes les syllabes pouvaient, par leur longueur ou leur brièveté, exprimer les sentimens lents ou impétueux de l'ame. De cette variété de syllabes et d'intonations résultait dans leurs vers, et même aussi dans leur prose, une harmonie que les anciens Italiens sentirent, qu'ils imitèrent, et qu'aucune nation n'a pu saisir après eux. Mais, soit rime, soit syllabes cadencées, la poésie, contre laquelle M. de La Motte se révolte, a été et sera toujours cultivée par tous les peuples.

Avant Hérodote, l'histoire même ne s'écrivait qu'en vers chez les Grecs, qui avaient pris cette coutume des anciens Égyptiens, le peuple le plus sage de la terre, le mieux policé et le plus savant. Cette coutume était très raisonnable, car le but de l'histoire était de conserver à la postérité la mémoire du petit nombre de grands hommes qui lui devait servir d'exemple. On ne s'était point encore avisé de donner l'histoire d'un couvent, ou d'une petite ville, en plusieurs volumes in-folio; on n'écrivait que ce qui en était digne, que ce que les hommes devaient retenir par cœur. Voilà pourquoi on se servait de l'harmonie des vers pour aider la mémoire. C'est pour cette raison que les premiers philosophes, les législateurs, les fondateurs des religions et les historiens étaient tous poètes.

Il semble que la poésie dût manquer communément, dans de pareils sujets, ou de précision ou d'harmonie : mais, depuis que Virgile et Horace ont réuni ces deux grands mérites, qui paraissent si incompatibles, depuis que MM. Despréaux et Racine ont écrit comme Virgile et Horace, un homme qui les a lus, et qui sait qu'ils sont traduits dans presque toutes les langues de l'Europe, peut-il avilir à ce point un talent qui lui a fait tant d'honneur à lui-même? Je placerai nos Despréaux et nos Racine à côté de Virgile pour le mérite de la versification, parce que si l'auteur de *l'Énéide* était né à Paris, il aurait rimé comme eux; et si ces deux Français avaient vécu du temps d'Auguste, ils auraient fait le même usage que Virgile de la mesure des vers latins. Quand donc M. de La Motte appelle la versification *un travail mécanique et ridicule*, c'est charger de ce ridicule non seulement tous nos grands poëtes, mais tous ceux de l'antiquité.

Virgile et Horace se sont asservis à un travail aussi mécanique que nos auteurs : un arrangement heureux de spondées et de dactyles était aussi pénible que nos rimes et nos hémistiches. Il fallait que ce travail fût bien laborieux, puisque *l'Énéide*, après onze années, n'était pas encore dans sa perfection.

M. de La Motte prétend qu'au moins une scène de tragédie mise en prose ne perd rien de sa grace ni de sa force. Pour le prouver, il tourne en prose la première scène de *Mithridate*, et personne ne peut la lire. Il ne songe pas que le grand mérite des vers est qu'ils soient aussi corrects que la prose; c'est cette extrême difficulté surmontée qui charme les connaisseurs : réduisez les vers en prose, il n'y a plus ni mérite ni plaisir.

Mais, dit-il, *nos voisins ne riment point dans leurs tragédies.* Cela est vrai; mais ces pièces sont en vers, parce qu'il faut de l'harmonie à tous les peuples de la terre. Il ne s'agit donc plus que de savoir si nos vers doivent être rimés ou non. MM. Corneille et Racine ont employé la rime; craignons que si nous voulons ouvrir une autre carrière, ce ne soit plutôt par l'impuissance de marcher dans celle de ces grands hommes, que par le désir de la nouveauté. Les Italiens et les Anglais peuvent se passer de rimes, parce que leur langue a des inversions, et leur poésie mille libertés qui nous manquent. Chaque langue a son génie déterminé par la nature de la construction de ses phrases, par la fréquence de ses voyelles ou de ses consonnes, ses inversions, ses verbes auxiliaires, etc. Le génie de notre langue est la clarté et l'élégance; nous ne permettons nulle licence à notre poésie, qui doit marcher, comme notre prose, dans l'ordre précis de nos idées. Nous avons donc un besoin essentiel du retour des mêmes sons pour que notre poésie ne soit pas confondue avec la prose. Tout le monde connaît ces vers :

> Où me cacher? fuyons dans la nuit infernale.
> Mais que dis-je? mon père y tient l'urne fatale;
> Le sort, dit-on, l'a mise en ses sévères mains :
> Minos juge aux enfers tous les pâles humains.

Mettez à la place :

> Où me cacher? fuyons dans la nuit infernale.
> Mais que dis-je? mon père y tient l'urne funeste;
> Le sort, dit-on, l'a mise en ses sévères mains :
> Minos juge aux enfers tous les pâles mortels.

Quelque poétique que soit ce morceau, fera-t-il le même plaisir, dépouillé de l'agrément de la rime? Les Anglais et les Italiens diraient également, après les Grecs et les Romains, *Les pâles humains Minos aux enfers juge*, et enjamberaient avec grace sur l'autre vers; la manière même de réciter des vers en italien et en anglais fait sentir des syllabes longues et brèves, qui soutiennent encore l'harmonie sans besoin de rimes : nous, qui n'avons aucun de ces avantages, pourquoi voudrions-nous abandonner ceux que la nature de notre langue nous laisse?

M. de La Motte compare nos poètes, c'est-à-dire nos Corneille, nos Racine, nos Despréaux, à des feseurs d'acrostiches, et à un charlatan qui fait passer des grains de millet par le trou d'une aiguille; il ajoute que toutes ces puérilités n'ont d'autre mérite que celui de la difficulté surmontée. J'avoue que les mauvais vers sont à peu près dans ce cas; ils ne diffèrent de la mauvaise prose que par la rime : et la rime seule ne fait ni le mérite du poète, ni le plaisir du lecteur. Ce ne sont point seulement des dactyles et des spondées qui plaisent dans Homère et dans Virgile : ce qui enchante toute la terre, c'est l'harmonie charmante qui naît de cette mesure difficile. Quiconque se borne à vaincre une difficulté pour le mérite seul de la vaincre est un fou; mais celui qui tire du fond de ces obstacles mêmes des beautés qui plaisent à tout le monde est un homme très sage et presque unique. Il est très difficile de faire de beaux tableaux, de belles statues, de bonne musique, de bons vers; aussi les noms des hommes supérieurs qui ont vaincu ces obstacles dureront-ils beaucoup plus peut-être que les royaumes où ils sont nés.

Je pourrais prendre encore la liberté de disputer avec M. de La Motte sur quelques autres points; mais ce serait peut-être marquer un dessein de l'attaquer personnellement, et faire soupçonner une malignité dont je suis aussi éloigné que de ses sentimens. J'aime beaucoup mieux profiter des réflexions judicieuses et fines qu'il a répandues dans son livre, que de m'engager à en réfuter quelques unes qui me paraissent moins vraies que les autres. C'est assez pour moi d'avoir tâché de défendre un art que j'aime, et qu'il eût dû défendre lui-même.

Je dirai seulement un mot, si M. de La Faye veut bien me le permettre, à l'occasion de l'ode en faveur de l'harmonie, dans laquelle il combat en beaux vers le système de M. de La Motte, et à laquelle ce dernier n'a répondu qu'en prose. Voici une stance dans laquelle

M. de La Faye a rassemblé en vers harmonieux et pleins
d'imagination presque toutes les raisons que j'ai alléguées :

> De la contrainte rigoureuse
> Où l'esprit semble resserré,
> Il reçoit cette force heureuse
> Qui l'élève au plus haut degré.
> Telle, dans des canaux pressée,
> Avec plus de force élancée,
> L'onde s'élève dans les airs ;
> Et la règle, qui semble austère,
> N'est qu'un art plus certain de plaire,
> Inséparable des beaux vers.

Je n'ai jamais vu de comparaison plus juste, plus gracieuse, ni mieux exprimée. M. de La Motte, qui n'eût dû y répondre qu'en l'imitant seulement, examine si ce sont les canaux qui font que l'eau s'élève, ou si c'est la hauteur dont elle tombe qui fait la mesure de son élévation. « Or où trouvera-t-on, continue-t-il, dans les « vers plutôt que dans la prose, cette première hauteur « de pensées ? etc. »

Je crois que M. de La Motte se trompe comme physicien, puisqu'il est certain que, sans la gêne des canaux dont il s'agit, l'eau ne s'élèverait point du tout, de quelque hauteur qu'elle tombât. Mais ne se trompe-t-il pas encore plus comme poëte ? Comment n'a-t-il pas senti que, comme la gêne de la mesure des vers produit une harmonie agréable à l'oreille, ainsi cette prison où l'eau coule renfermée produit un jet d'eau qui plaît à la vue ? La comparaison n'est-elle pas aussi juste que riante ? M. de La Faye a pris sans doute un meilleur parti que moi ; il s'est conduit comme ce philosophe qui, pour toute réponse à un sophiste qui niait le mouvement, se contenta de marcher en sa présence. M. de La Motte nie l'harmonie des vers ; M. de La Faye lui envoie des vers harmonieux : cela seul doit m'avertir de finir ma prose.

PERSONNAGES.

OEDIPE, roi de Thèbes.
JOCASTE, reine de Thèbes.
PHILOCTÈTE, prince d'Eubée.
LE GRAND-PRÊTRE.
ARASPE, confident d'OEdipe.
ÉGINE, confidente de Jocaste.
DIMAS, ami de Philoctète.
PHORBAS, vieillard thébain.
ICARE, vieillard de Corinthe.
CHOEUR DE THÉBAINS.

La scene est a Thebes.

OEDIPE,

TRAGÉDIE.

ACTE PREMIER.

SCÈNE I.

PHILOCTÈTE, DIMAS.

DIMAS.

Philoctète, est-ce vous? quel coup affreux du sort
Dans ces lieux empestés vous fait chercher la mort?
Venez-vous de nos dieux affronter la colère [a]?
Nul mortel n'ose ici mettre un pied téméraire :
Ces climats sont remplis du céleste courroux;
Et la mort dévorante habite parmi nous.
Thèbes, depuis long-temps aux horreurs consacrée,
Du reste des vivans semble être séparée :
Retournez....

PHILOCTÈTE.

Ce séjour convient aux malheureux :
Va, laisse-moi le soin de mes destins affreux,
Et dis-moi si des dieux la colère inhumaine,
En accablant ce peuple, a respecté la reine.

DIMAS.

Oui, seigneur, elle vit; mais la contagion
Jusqu'au pied de son trône apporte son poison.

Chaque instant lui dérobe un serviteur fidèle,
Et la mort par degrés semble s'approcher d'elle.
On dit qu'enfin le ciel, après tant de courroux,
Va retirer son bras appesanti sur nous :
Tant de sang, tant de morts ont dû le satisfaire.

PHILOCTÈTE.

Eh! quel crime a produit un courroux si sévère?

DIMAS.

Depuis la mort du roi....

PHILOCTÈTE.

Qu'entends-je? quoi! Laïus...

DIMAS.

Seigneur, depuis quatre ans ce héros ne vit plus.

PHILOCTÈTE.

Il ne vit plus! quel mot a frappé mon oreille!
Quel espoir séduisant dans mon cœur se réveille!
Quoi! Jocaste.... Les dieux me seraient-ils plus doux?
Quoi! Philoctète enfin pourrait-il être à vous?
Il ne vit plus!... quel sort a terminé sa vie?

DIMAS.

Quatre ans sont écoulés depuis qu'en Béotie
Pour la dernière fois le sort guida vos pas.
A peine vous quittiez le sein de vos états,
A peine vous preniez le chemin de l'Asie,
Lorsque, d'un coup perfide, une main ennemie
Ravit à ses sujets ce prince infortuné.

PHILOCTÈTE.

Quoi! Dimas, votre maître est mort assassiné?

DIMAS.

Ce fut de nos malheurs la première origine:

ACTE I, SCÈNE I.

Ce crime a de l'empire entraîné la ruine.
Du bruit de son trépas mortellement frappés,
A répandre des pleurs nous étions occupés,
Quand, du courroux des dieux ministre épouvantable,
Funeste à l'innocent, sans punir le coupable,
Un monstre, (loin de nous que fesiez-vous alors?)
Un monstre furieux vint ravager ces bords.
Le ciel, industrieux dans sa triste vengeance,
Avait à le former épuisé sa puissance.
Né parmi des rochers, au pied du Cithéron [1],
Ce monstre à voix humaine, aigle, femme et lion,
De la nature entière exécrable assemblage,
Unissait contre nous l'artifice à la rage.
Il n'était qu'un moyen d'en préserver ces lieux.

D'un sens embarrassé dans des mots captieux,
Le monstre, chaque jour, dans Thèbe épouvantée,
Proposait une énigme avec art concertée,
Et si quelque mortel voulait nous secourir,
Il devait voir le monstre et l'entendre, ou périr.
A cette loi terrible il nous fallut souscrire.
D'une commune voix Thèbe offrit son empire
A l'heureux interprète inspiré par les dieux
Qui nous dévoilerait ce sens mystérieux.
Nos sages, nos vieillards, séduits par l'espérance,
Osèrent, sur la foi d'une vaine science,
Du monstre impénétrable affronter le courroux :
Nul d'eux ne l'entendit; ils expirèrent tous.
Mais Œdipe, héritier du sceptre de Corinthe,
Jeune, et dans l'âge heureux qui méconnaît la crainte [2],
Guidé par la fortune en ces lieux pleins d'effroi,

Vint, vit ce monstre affreux, l'entendit, et fut roi.
Il vit, il règne encor; mais sa triste puissance
Ne voit que des mourans sous son obéissance.
Hélas! nous nous flattions que ses heureuses mains
Pour jamais à son trône enchaînaient les destins.
Déja même les dieux nous semblaient plus faciles:
Le monstre en expirant laissait ces murs tranquilles;
Mais la stérilité, sur ce funeste bord,
Bientôt avec la faim nous rapporta la mort.
Les dieux nous ont conduits de supplice en supplice;
La famine a cessé, mais non leur injustice;
Et la contagion, dépeuplant nos états,
Poursuit un faible reste échappé du trépas.
Tel est l'état horrible où les dieux nous réduisent.
Mais vous, heureux guerrier que ces dieux favorisent,
Qui du sein de la gloire a pu vous arracher?
Dans ce séjour affreux que venez-vous chercher?

PHILOCTÈTE.

J'y viens porter mes pleurs et ma douleur profonde.
Apprends mon infortune et les malheurs du monde.
Mes yeux ne verront plus ce digne fils des dieux,
Cet appui de la terre, invincible comme eux.
L'innocent opprimé perd son dieu tutélaire;
Je pleure mon ami, le monde pleure un père.

DIMAS.

Hercule est mort?

PHILOCTÈTE.

   Ami, ces malheureuses mains
Ont mis sur le bûcher le plus grand des humains;
Je rapporte en ces lieux ses flèches invincibles,

ACTE I, SCÈNE I.

Du fils de Jupiter présens chers et terribles ;
Je rapporte sa cendre, et viens à ce héros,
Attendant des autels, élever des tombeaux.
Crois-moi, s'il eût vécu, si d'un présent si rare
Le ciel pour les humains eût été moins avare,
J'aurais loin de Jocaste achevé mon destin :
Et, dût ma passion renaître dans mon sein,
Tu ne me verrais point, suivant l'amour pour guide,
Pour servir une femme abandonner Alcide.

DIMAS.

J'ai plaint long-temps ce feu si puissant et si doux ;
Il naquit dans l'enfance, il croissait avec vous.
Jocaste, par un père à son hymen forcée,
Au trône de Laïus à regret fut placée.
Hélas ! par cet hymen, qui coûta tant de pleurs,
Les destins en secret préparaient nos malheurs.
Que j'admirais en vous cette vertu suprême,
Ce cœur digne du trône et vainqueur de soi-même !
En vain l'amour parlait à ce cœur agité,
C'est le premier tyran que vous avez dompté.

PHILOCTÈTE.

Il fallut fuir pour vaincre ; oui, je te le confesse,
Je luttai quelque temps ; je sentis ma faiblesse :
Il fallut m'arracher de ce funeste lieu,
Et je dis à Jocaste un éternel adieu.
Cependant l'univers, tremblant au nom d'Alcide,
Attendait son destin de sa valeur rapide ;
A ses divins travaux j'osai m'associer ;
Je marchai près de lui, ceint du même laurier.
C'est alors, en effet, que mon ame éclairée

Contre les passions se sentit assurée.
L'amitié d'un grand homme est un bienfait des dieux :
Je lisais mon devoir et mon sort dans ses yeux ;
Des vertus avec lui je fis l'apprentissage ;
Sans endurcir mon cœur, j'affermis mon courage :
L'inflexible vertu m'enchaîna sous sa loi.
Qu'eussé-je été sans lui ? rien que le fils d'un roi,
Rien qu'un prince vulgaire, et je serais peut-être
Esclave de mes sens, dont il m'a rendu maître.

DIMAS.

Ainsi donc désormais, sans plainte et sans courroux,
Vous reverrez Jocaste et son nouvel époux ?

PHILOCTÈTE.

Comment ! que dites-vous ? un nouvel hyménée....

DIMAS.

OEdipe à cette reine a joint sa destinée.

PHILOCTÈTE.

OEdipe est trop heureux ! je n'en suis point surpris ;
Et qui sauva son peuple est digne d'un tel prix :
Le ciel est juste.

DIMAS.

OEdipe en ces lieux va paraître :
Tout le peuple avec lui, conduit par le grand-prêtre,
Vient des dieux irrités conjurer les rigueurs.

PHILOCTÈTE.

Je me sens attendri, je partage leurs pleurs.
O toi ! du haut des cieux, veille sur ta patrie ;
Exauce en sa faveur un ami qui te prie ;
Hercule, sois le dieu de tes concitoyens ;
Que leurs vœux jusqu'à toi montent avec les miens[b] !

SCÈNE II.

LE GRAND-PRÊTRE, LE CHOEUR.

La porte du temple s'ouvre, et le grand-prêtre paraît au milieu du peuple.

PREMIER PERSONNAGE DU CHOEUR.

Esprits contagieux, tyrans de cet empire,
Qui soufflez dans ces murs la mort qu'on y respire,
Redoublez contre nous votre lente fureur,
Et d'un trépas trop long épargnez-nous l'horreur.

SECOND PERSONNAGE.

Frappez, dieux tout-puissans; vos victimes sont prêtes :
O monts! écrasez-nous... Cieux! tombez sur nos têtes.
O mort! nous implorons ton funeste secours.
O mort! viens nous sauver, viens terminer nos jours.

LE GRAND-PRÊTRE.

Cessez, et retenez ces clameurs lamentables,
Faibles soulagements aux maux des misérables.
Fléchissons sous un dieu qui veut nous éprouver,
Qui d'un mot peut nous perdre, et d'un mot nous sau-
Il sait que dans ces murs la mort nous environne, [ver.
Et les cris des Thébains sont montés vers son trône.
Le roi vient. Par ma voix le ciel va lui parler ;
Les destins à ses yeux veulent se dévoiler.
Les temps sont arrivés ; cette grande journée
Va du peuple et du roi changer la destinée.

SCÈNE III.

OEDIPE, JOCASTE, LE GRAND-PRÊTRE, ÉGINE, DIMAS, ARASPE, LE CHOEUR.

OEDIPE.

Peuple qui, dans ce temple apportant vos douleurs,
Présentez à nos dieux des offrandes de pleurs,
Que ne puis-je, sur moi détournant leurs vengeances,
De la mort qui vous suit étouffer les semences !
Mais un roi n'est qu'un homme en ce commun danger,
Et tout ce qu'il peut faire est de le partager.
        (au grand-prêtre.)
Vous, ministre des dieux que dans Thèbe on adore,
Dédaignent-ils toujours la voix qui les implore ?
Verront-ils sans pitié finir nos tristes jours ?
Ces maîtres des humains sont-ils muets et sourds ?

LE GRAND-PRÊTRE.

Roi, peuple, écoutez-moi. Cette nuit, à ma vue,
Du ciel sur nos autels la flamme est descendue ;
L'ombre du grand Laïus a paru parmi nous,
Terrible et respirant la haine et le courroux.
Une effrayante voix s'est fait alors entendre :
« Les Thébains de Laïus n'ont point vengé la cendre ;
« Le meurtrier du roi respire en ces états,
« Et de son souffle impur infecte vos climats.
« Il faut qu'on le connaisse, il faut qu'on le punisse.
« Peuples, votre salut dépend de son supplice. »

OEDIPE.

Thébains, je l'avouerai, vous souffrez justement

D'un crime inexcusable un rude châtiment.
Laïus vous était cher, et votre négligence
De ses mânes sacrés a trahi la vengeance.
Tel est souvent le sort des plus justes des rois [3] !
Tant qu'ils sont sur la terre on respecte leurs lois,
On porte jusqu'aux cieux leur justice suprême ;
Adorés de leur peuple, ils sont des dieux eux même ;
Mais après leur trépas que sont-ils à vos yeux ?
Vous éteignez l'encens que vous brûliez pour eux ;
Et, comme à l'intérêt l'ame humaine est liée,
La vertu qui n'est plus est bientôt oubliée.
Ainsi du ciel vengeur implorant le courroux,
Le sang de votre roi s'élève contre vous.
Apaisons son murmure, et qu'au lieu d'hécatombe
Le sang du meurtrier soit versé sur sa tombe.
A chercher le coupable appliquons tous nos soins.
Quoi ! de la mort du roi n'a-t-on pas de témoins ?
Et n'a-t-on jamais pu, parmi tant de prodiges,
De ce crime impuni retrouver les vestiges ?
On m'avait toujours dit que ce fut un Thébain
Qui leva sur son prince une coupable main.
  (à Jocaste.)
Pour moi qui, de vos mains recevant sa couronne,
Deux ans après sa mort ai monté sur son trône,
Madame, jusqu'ici, respectant vos douleurs,
Je n'ai point rappelé le sujet de vos pleurs ;
Et, de vos seuls périls chaque jour alarmée,
Mon ame à d'autres soins semblait être fermée.

    JOCASTE.

Seigneur, quand le destin, me réservant à vous,

Par un coup imprévu m'enleva mon époux,
Lorsque, de ses états parcourant les frontières,
Ce héros succomba sous des mains meurtrières,
Phorbas en ce voyage était seul avec lui;
Phorbas était du roi le conseil et l'appui :
Laïus, qui connaissait son zèle et sa prudence,
Partageait avec lui le poids de sa puissance.
Ce fut lui qui du prince, à ses yeux massacré,
Rapporta dans nos murs le corps défiguré :
Percé de coups lui-même, il se traînait à peine;
Il tomba tout sanglant aux genoux de sa reine :
« Des inconnus, dit-il, ont porté ces grands coups;
« Ils ont devant mes yeux massacré votre époux;
« Ils m'ont laissé mourant; et le pouvoir céleste
« De mes jours malheureux a ranimé le reste. »
Il ne m'en dit pas plus; et mon cœur agité
Voyait fuir loin de lui la triste vérité;
Et peut-être le ciel, que ce grand crime irrite,
Déroba le coupable à ma juste poursuite :
Peut-être, accomplissant ses décrets éternels,
Afin de nous punir il nous fit criminels.
Le sphinx bientôt après désola cette rive;
A ses seules fureurs Thèbes fut attentive :
Et l'on ne pouvait guère, en un pareil effroi,
Venger la mort d'autrui, quand on tremblait pour soi.

OEDIPE.

Madame, qu'a-t-on fait de ce sujet fidèle?

JOCASTE.

Seigneur, on paya mal son service et son zèle.
Tout l'état en secret était son ennemi :

Il était trop puissant pour n'être point haï;
Et du peuple et des grands la colère insensée
Brûlait de le punir de sa faveur passée.
On l'accusa lui-même, et d'un commun transport
Thèbe entière à grands cris me demanda sa mort
Et moi, de tous côtés redoutant l'injustice,
Je tremblai d'ordonner sa grace ou son supplice
Dans un château voisin conduit secrètement,
Je dérobai sa tête à leur emportement.
Là, depuis quatre hivers, ce vieillard vénérable,
De la faveur des rois exemple déplorable,
Sans se plaindre de moi ni du peuple irrité,
De sa seule innocence attend sa liberté.

OEDIPE.
(a sa suite.)

Madame, c'est assez. Courez, que l'on s'empresse;
Qu'on ouvre sa prison, qu'il vienne, qu'il paraisse.
Moi-même devant vous je veux l'interroger.
J'ai tout mon peuple ensemble et Laïus à venger.
Il faut tout écouter; il faut d'un œil sévère
Sonder la profondeur de ce triste mystère.
Et vous, dieux des Thébains, dieux qui nous exaucez,
Punissez l'assassin, vous qui le connaissez!
Soleil, cache à ses yeux le jour qui nous éclaire!
Qu'en horreur à ses fils, exécrable à sa mère,
Errant, abandonné, proscrit dans l'univers,
Il rassemble sur lui tous les maux des enfers;
Et que son corps sanglant, privé de sépulture,
Des vautours dévorans devienne la pâture!

####### LE GRAND-PRÊTRE.

A ces sermens affreux nous nous unissons tous.

####### OEDIPE.

Dieux ! que le crime seul éprouve enfin vos coups,
Ou si de vos décrets l'éternelle justice
Abandonne à mon bras le soin de son supplice,
Et si vous êtes las enfin de nous haïr,
Donnez, en commandant, le pouvoir d'obéir.
Si sur un inconnu vous poursuivez le crime,
Achevez votre ouvrage et nommez la victime.
Vous, retournez au temple ; allez, que votre voix
Interroge ces dieux une seconde fois ;
Que vos vœux parmi nous les forcent à descendre :
S'ils ont aimé Laïus, ils vengeront sa cendre ;
Et, conduisant un roi facile à se tromper,
Ils marqueront la place où mon bras doit frapper.

FIN DU PREMIER ACTE.

ACTE SECOND.

SCÈNE I.

JOCASTE, ÉGINE, ARASPE, LE CHŒUR.

ARASPE.
Oui, ce peuple expirant, dont je suis l'interprète,
D'une commune voix accuse Philoctète,
Madame; et les destins, dans ce triste séjour,
Pour nous sauver, sans doute, ont permis son retour.
JOCASTE.
Qu'ai-je entendu, grands dieux !
ÉGINE.
Ma surprise est extrême !...
JOCASTE.
Qui ? lui ! qui ? Philoctète !
ARASPE.
Oui, madame, lui-même.
A quel autre en effet pourraient-ils imputer
Un meurtre qu'à nos yeux il sembla méditer ?
Il haïssait Laïus, on le sait; et sa haine
Aux yeux de votre époux ne se cachait qu'à peine :
La jeunesse imprudente aisément se trahit;
Son front mal déguisé découvrait son dépit :
J'ignore quel sujet animait sa colère;
Mais au seul nom du roi, trop prompt et trop sincère,

Esclave d'un courroux qu'il ne pouvait dompter,
Jusques à la menace il osa s'emporter :
Il partit ; et depuis, sa destinée errante
Ramena sur nos bords sa fortune flottante.
Même il était dans Thèbe en ces temps malheureux
Que le ciel a marqués d'un parricide affreux :
Depuis ce jour fatal, avec quelque apparence
De nos peuples sur lui tomba la défiance.
Que dis-je ! assez long-temps les soupçons des Thébains
Entre Phorbas et lui flottèrent incertains ;
Cependant ce grand nom qu'il s'acquit dans la guerre,
Ce titre si fameux de vengeur de la terre,
Ce respect qu'aux héros nous portons malgré nous,
Fit taire nos soupçons, et suspendit nos coups.
Mais les temps sont changés : Thèbe, en ce jour funeste,
D'un respect dangereux dépouillera le reste ;
En vain sa gloire parle à ces cœurs agités²,
Les dieux veulent du sang, et sont seuls écoutés.

PREMIER PERSONNAGE DU CHŒUR.

O reine ! ayez pitié d'un peuple qui vous aime ;
Imitez de ces dieux la justice suprême ;
Livrez-nous leur victime ; adressez-leur nos vœux :
Qui peut mieux les toucher qu'un cœur si digne d'eux ?

JOCASTE.

Pour fléchir leur courroux s'il ne faut que ma vie,
Hélas ! c'est sans regret que je la sacrifie.
Thébains, qui me croyez encor quelques vertus,
Je vous offre mon sang : n'exigez rien de plus.
Allez.

SCÈNE II.

JOCASTE, ÉGINE.

ÉGINE.

Que je vous plains !

JOCASTE.

Hélas ! je porte envie
A ceux qui dans ces murs ont terminé leur vie.
Quel état ! quel tourment pour un cœur vertueux !

ÉGINE.

Il n'en faut point douter, votre sort est affreux !
Ces peuples, qu'un faux zèle aveuglément anime,
Vont bientôt à grands cris demander leur victime.
Je n'ose l'accuser ; mais quelle horreur pour vous
Si vous trouvez en lui l'assassin d'un époux !

JOCASTE.

Et l'on ose à tous deux faire un pareil outrage[d] !
Le crime, la bassesse eût été son partage !
Égine, après les nœuds qu'il a fallu briser,
Il manquait à mes maux de l'entendre accuser.
Apprends que ces soupçons irritent ma colère,
Et qu'il est vertueux puisqu'il m'avait su plaire.

ÉGINE.

Cet amour si constant...

JOCASTE.

Ne crois pas que mon cœur
De cet amour funeste ait pu nourrir l'ardeur;
Je l'ai trop combattu. Cependant, chère Égine,

Quoi que fasse un grand cœur où la vertu domine,
On ne se cache point ces secrets mouvemens,
De la nature en nous indomptables enfans;
Dans les replis de l'ame ils viennent nous surprendre;
Ces feux qu'on croit éteints renaissent de leur cendre·
Et la vertu sévère, en de si durs combats,
Résiste aux passions et ne les détruit pas.

ÉGINE.

Votre douleur est juste autant que vertueuse,
Et de tels sentimens...

JOCASTE.

Que je suis malheureuse !
Tu connais, chère Égine, et mon cœur et mes maux;
J'ai deux fois de l'hymen allumé les flambeaux;
Deux fois, de mon destin subissant l'injustice,
J'ai changé d'esclavage, ou plutôt de supplice;
Et le seul des mortels dont mon cœur fut touché
A mes vœux pour jamais devait être arraché.
Pardonnez-moi, grands dieux, ce souvenir funeste;
D'un feu que j'ai dompté c'est le malheureux reste.
Égine, tu nous vis l'un de l'autre charmés,
Tu vis nos nœuds rompus aussitôt que formés :
Mon souverain m'aima, m'obtint malgré moi-même;
Mon front chargé d'ennuis fut ceint du diadème;
Il fallut oublier dans ses embrassemens
Et mes premiers amours et mes premiers sermens.
Tu sais qu'à mon devoir toute entière attachée,
J'étouffai de mes sens la révolte cachée;
Que, déguisant mon trouble et dévorant mes pleurs,
Je n'osais à moi-même avouer mes douleurs...

ACTE II, SCÈNE II.

ÉGINE.

Comment donc pouviez-vous du joug de l'hyménée
Une seconde fois tenter la destinée ?

JOCASTE.

Hélas !

ÉGINE.

M'est-il permis de ne vous rien cacher ?

JOCASTE.

Parle.

ÉGINE.

Œdipe, madame, a paru vous toucher;
Et votre cœur, du moins sans trop de résistance,
De vos états sauvés donna la récompense.

JOCASTE.

Ah ! grands dieux !

ÉGINE.

Était-il plus heureux que Laïus,
Ou Philoctète absent ne vous touchait-il plus ?
Entre ces deux héros étiez-vous partagée ?

JOCASTE.

Par un monstre cruel Thèbe alors ravagée
A son libérateur avait promis ma foi;
Et le vainqueur du sphinx était digne de moi.

ÉGINE.

Vous l'aimiez ?

JOCASTE.

Je sentis pour lui quelque tendresse;
Mais que ce sentiment fut loin de la faiblesse !
Ce n'était point, Égine, un feu tumultueux.
De mes sens enchantés enfant impétueux;

Je ne reconnus point cette brûlante flamme
Que le seul Philoctète a fait naître en mon ame ,
Et qui, sur mon esprit répandant son poison,
De son charme fatal a séduit ma raison.
Je sentais pour OEdipe une amitié sévère :
OEdipe est vertueux , sa vertu m'était chère;
Mon cœur avec plaisir le voyait élevé
Au trône des Thébains qu'il avait conservé.
Cependant sur ses pas aux autels entraînée ,
Égine, je sentis dans mon ame étonnée
Des transports inconnus que je ne conçus pas;
Avec horreur enfin je me vis dans ses bras.
Cet hymen fut conclu sous un affreux augure :
Égine, je voyais dans une nuit obscure ,
Près d'OEdipe et de moi, je voyais des enfers
Les gouffres éternels à mes pieds entr'ouverts;
De mon premier époux l'ombre pâle et sanglante
Dans cet abyme affreux paraissait menaçante :
Il me montrait mon fils , ce fils qui dans mon flanc
Avait été formé de son malheureux sang;
Ce fils dont ma pieuse et barbare injustice
Avait fait à nos dieux un secret sacrifice ;
De les suivre tous deux ils semblaient m'ordonner;
Tous deux dans le Tartare ils semblaient m'entraîner.
De sentimens confus mon ame possédée
Se présentait toujours cette effroyable idée ;
Et Philoctète encor trop présent dans mon cœur
De ce trouble fatal augmentait la terreur.

ÉGINE.

J'entends du bruit, on vient, je le vois qui s'avance.

ACTE II, SCÈNE III.

JOCASTE.

C'est lui-même; je tremble : évitons sa présence.

SCÈNE III.

JOCASTE, PHILOCTÈTE.

PHILOCTÈTE.

Ne fuyez point, madame, et cessez de trembler;
Osez me voir, osez m'entendre et me parler.
Ne craignez point ici que mes jalouses larmes
De votre hymen heureux troublent les nouveaux char-
N'attendez point de moi des reproches honteux, [mes :
Ni de lâches soupirs indignes de tous deux.
Je ne vous tiendrai point de ces discours vulgaires
Que dicte la mollesse aux amans ordinaires :
Un cœur qui vous chérit, et, s'il faut dire plus,
S'il vous souvient des nœuds que vous avez rompus,
Un cœur pour qui le vôtre avait quelque tendresse,
N'a point appris de vous à montrer de faiblesse.

JOCASTE.

De pareils sentimens n'appartenaient qu'à nous;
J'en dois donner l'exemple, ou le prendre de vous.
Si Jocaste avec vous n'a pu se voir unie,
Il est juste, avant tout, qu'elle s'en justifie.
Je vous aimais, seigneur : une suprême loi
Toujours malgré moi-même a disposé de moi;
Et du sphinx et des dieux la fureur trop connue
Sans doute à votre oreille est déja parvenue;
Vous savez quels fléaux ont éclaté sur nous,
Et qu'OEdipe....

OEDIPE,

PHILOCTÈTE.

Je sais qu'OEdipe est votre époux;
Je sais qu'il en est digne; et, malgré sa jeunesse,
L'empire des Thébains sauvé par sa sagesse,
Ses exploits, ses vertus, et surtout votre choix,
Ont mis cet heureux prince au rang des plus grands
Ah! pourquoi la fortune, à me nuire constante, [rois.
Emportait-elle ailleurs ma valeur imprudente?
Si le vainqueur du sphinx devait vous conquérir,
Fallait-il loin de vous ne chercher qu'à périr?
Je n'aurais point percé les ténèbres frivoles
D'un vain sens déguisé sous d'obscures paroles;
Ce bras, que votre aspect eût encore animé,
A vaincre avec le fer était accoutumé :
Du monstre à vos genoux j'eusse apporté la tête.
D'un autre cependant Jocaste est la conquête!
Un autre a pu jouir de cet excès d'honneur!

JOCASTE.

Vous ne connaissez pas quel est votre malheur.

PHILOCTÈTE.

Je perds Alcide et vous; qu'aurais-je à craindre encore?

JOCASTE.

Vous êtes en des lieux qu'un dieu vengeur abhorre?
Un feu contagieux annonce son courroux,
Et le sang de Laïus est retombé sur nous.
Du ciel qui nous poursuit la justice outragée
Venge ainsi de ce roi la cendre négligée :
On doit sur nos autels immoler l'assassin;
On le cherche, on vous nomme, on vous accuse enfin.

ACTE II, SCÈNE III.

PHILOCTÈTE.

Madame, je me tais; une pareille offense
Étonne mon courage et me force au silence.
Qui? moi, de tels forfaits! moi, des assassinats!
Et que de votre époux... Vous ne le croyez pas.

JOCASTE.

Non, je ne le crois point, et c'est vous faire injure
Que daigner un moment combattre l'imposture.
Votre cœur m'est connu, vous avez eu ma foi,
Et vous ne pouvez point être indigne de moi.
Oubliez ces Thébains que les dieux abandonnent,
Trop dignes de périr depuis qu'ils vous soupçonnent.
Fuyez-moi, c'en est fait : nous nous aimions en vain;
Les dieux vous réservaient un plus noble destin ;
Vous étiez né pour eux : leur sagesse profonde
N'a pu fixer dans Thèbe un bras utile au monde,
Ni souffrir que l'amour, remplissant ce grand cœur,
Enchaînât près de moi votre obscure valeur.
Non, d'un lien charmant le soin tendre et timide
Ne doit point occuper le successeur d'Alcide :
De toutes vos vertus comptable à leurs besoins,
Ce n'est qu'aux malheureux que vous devez vos soins.
Déja de tous côtés les tyrans reparaissent;
Hercule est sous la tombe, et les monstres renaissent:
Allez, libre des feux dont vous fûtes épris,
Partez, rendez Hercule à l'univers surpris.

Seigneur, mon époux vient, souffrez que je vous
Non que mon cœur troublé redoute sa faiblesse; [laisse:
Mais j'aurais trop peut-être à rougir devant vous,
Puisque je vous aimais, et qu'il est mon époux.

SCÈNE IV.

OEDIPE, PHILOCTÈTE, ARASPE.

OEDIPE.
Araspe, c'est donc là le prince Philoctète?
PHILOCTÈTE.
Oui, c'est lui qu'en ces murs un sort aveugle jette,
Et que le ciel encore, à sa perte animé,
A souffrir des affronts n'a point accoutumé.
Je sais de quels forfaits on veut noircir ma vie;
Seigneur, n'attendez pas que je m'en justifie;
J'ai pour vous trop d'estime; et je ne pense pas
Que vous puissiez descendre à des soupçons si bas.
Si sur les mêmes pas nous marchons l'un et l'autre,
Ma gloire d'assez près est unie à la vôtre.
Thésée, Hercule et moi, nous vous avons montré
Le chemin de la gloire où vous êtes entré.
Ne déshonorez point par une calomnie
La splendeur de ces noms où votre nom s'allie;
Et soutenez surtout, par un trait généreux [e],
L'honneur que vous avez d'être placé près d'eux.
OEDIPE.
Être utile aux mortels, et sauver cet empire,
Voilà, seigneur, voilà l'honneur seul où j'aspire,
Et ce que m'ont appris en ces extrémités
Les héros que j'admire et que vous imitez.
Certes, je ne veux point vous imputer un crime:
Si le ciel m'eût laissé le choix de la victime,

Je n'aurais immolé de victime que moi :
Mourir pour son pays, c'est le devoir d'un roi ;
C'est un honneur trop grand pour le céder à d'autres.
J'aurais donné mes jours et défendu les vôtres ;
J'aurais sauvé mon peuple une seconde fois ;
Mais, seigneur, je n'ai point la liberté du choix.
C'est un sang criminel que nous devons répandre :
Vous êtes accusé, songez à vous défendre ;
Paraissez innocent ; il me sera bien doux
D'honorer dans ma cour un héros tel que vous ;
Et je me tiens heureux s'il faut que je vous traite,
Non comme un accusé, mais comme Philoctète.

PHILOCTÈTE.

Je veux bien l'avouer ; sur la foi de mon nom
J'avais osé me croire au dessus du soupçon.
Cette main qu'on accuse, au défaut du tonnerre,
D'infames assassins a délivré la terre ;
Hercule à les dompter avait instruit mon bras :
Seigneur, qui les punit ne les imite pas.

OEDIPE.

Ah ! je ne pense point qu'aux exploits consacrées
Vos mains par des forfaits se soient déshonorées,
Seigneur ; et si Laïus est tombé sous vos coups,
Sans doute avec honneur il expira sous vous :
Vous ne l'avez vaincu qu'en guerrier magnanime ;
Je vous rends trop justice.

PHILOCTÈTE.

Eh ! quel serait mon crime ?
Si ce fer chez les morts eût fait tomber Laïus,
Ce n'eût été pour moi qu'un triomphe de plus.

Un roi pour ses sujets est un dieu qu'on révère;
Pour Hercule et pour moi, c'est un homme ordinaire.
J'ai défendu des rois; et vous devez songer
Que j'ai pu les combattre, ayant pu les venger.

OEDIPE.

Je connais Philoctète à ces illustres marques :
Des guerriers comme vous sont égaux aux monarques;
Je le sais : cependant, prince, n'en doutez pas,
Le vainqueur de Laïus est digne du trépas;
Sa tête répondra des malheurs de l'empire;
Et vous....

PHILOCTÈTE.

    Ce n'est point moi : ce mot doit vous suffire.
Seigneur, si c'était moi, j'en ferais vanité :
En vous parlant ainsi, je dois être écouté.
C'est aux hommes communs, aux ames ordinaires
A se justifier par des moyens vulgaires;
Mais un prince, un guerrier, tel que vous, tel que moi [4],
Quand il a dit un mot, en est cru sur sa foi.
Du meurtre de Laïus OEdipe me soupçonne;
Ah! ce n'est point à vous d'en accuser personne :
Son sceptre et son épouse ont passé dans vos bras,
C'est vous qui recueillez le fruit de son trépas.
Ce n'est pas moi surtout de qui l'heureuse audace
Disputa sa dépouille, et demanda sa place.
Le trône est un objet qui n'a pu me tenter :
Hercule à ce haut rang dédaignait de monter.
Toujours libre avec lui, sans sujets et sans maître,
J'ai fait des souverains, et n'ai point voulu l'être.
Mais c'est trop me défendre et trop m'humilier :

ACTE II, SCÈNE V.

La vertu s'avilit à se justifier.

OEDIPE.

Votre vertu m'est chère, et votre orgueil m'offense;
On vous jugera, prince; et si votre innocence
De l'équité des lois n'a rien à redouter,
Avec plus de splendeur elle en doit éclater.
Demeurez parmi nous...

PHILOCTÈTE.

J'y resterai, sans doute :
Il y va de ma gloire; et le ciel qui m'écoute
Ne me verra partir que vengé de l'affront
Dont vos soupçons honteux ont fait rougir mon front.

SCÈNE V.

OEDIPE, ARASPE.

OEDIPE.

Je l'avouerai, j'ai peine à le croire coupable.
D'un cœur tel que le sien l'audace inébranlable
Ne sait point s'abaisser à des déguisemens :
Le mensonge n'a point de si hauts sentimens.
Je ne puis voir en lui cette bassesse infame.
Je te dirai bien plus; je rougissais dans l'ame
De me voir obligé d'accuser ce grand cœur :
Je me plaignais à moi de mon trop de rigueur.
Nécessité cruelle attachée à l'empire !
Dans le cœur des humains les rois ne peuvent lire;
Souvent sur l'innocence ils font tomber leurs coups,

Et nous sommes, Araspe, injustes malgré nous.
Mais que Phorbas est lent pour mon impatience !
C'est sur lui seul enfin que j'ai quelque espérance ;
Car les dieux irrités ne nous répondent plus :
Ils ont par leur silence expliqué leurs refus.

ARASPE.

Tandis que par vos soins vous pouvez tout apprendre,
Quel besoin que le ciel ici se fasse entendre ?
Ces dieux dont le pontife a promis le secours,
Dans leurs temples, seigneur, n'habitent pas toujours ;
On ne voit point leur bras si prodigue en miracles :
Ces antres, ces trépieds, qui rendent leurs oracles,
Ces organes d'airain que nos mains ont formés,
Toujours d'un souffle pur ne sont pas animés.
Ne nous endormons point sur la foi de leurs prêtres ;
Au pied du sanctuaire il est souvent des traîtres,
Qui, nous asservissant sous un pouvoir sacré,
Font parler les destins, les font taire à leur gré.
Voyez, examinez avec un soin extrême
Philoctète, Phorbas, et Jocaste elle-même.
Ne nous fions qu'à nous ; voyons tout par nos yeux :
Ce sont là nos trépieds, nos oracles, nos dieux.

OEDIPE.

Serait-il dans le temple un cœur assez perfide ?...
Non, si le ciel enfin de nos destins décide,
On ne le verra point mettre en d'indignes mains
Le dépôt précieux du salut des Thébains.
Je vais, je vais moi-même, accusant leur silence,
Par mes vœux redoublés fléchir leur inclémence.

ACTE II, SCENE V.

Toi, si pour me servir tu montres quelque ardeur,
De Phorbas que j'attends cours hâter la lenteur :
Dans l'état déplorable où tu vois que nous sommes,
Je veux interroger et les dieux et les hommes.

FIN DU SECOND ACTE.

ACTE TROISIÈME.

SCÈNE I.

JOCASTE, ÉGINE.

JOCASTE.

Oui, j'attends Philoctète, et je veux qu'en ces lieux
Pour la dernière fois il paraisse à mes yeux.

ÉGINE.

Madame, vous savez jusqu'à quelle insolence
Le peuple a de ses cris fait monter la licence :
Ces Thébains, que la mort assiége à tout moment,
N'attendent leur salut que de son châtiment ;
Vieillards, femmes, enfans, que leur malheur accable,
Tous sont intéressés à le trouver coupable.
Vous entendez d'ici leurs cris séditieux ;
Ils demandent son sang de la part de nos dieux.
Pourrez-vous résister à tant de violence ?
Pourrez-vous le servir et prendre sa défense ?

JOCASTE.

Moi ! si je la prendrai ? dussent tous les Thébains
Porter jusque sur moi leurs parricides mains,
Sous ces murs tout fumans dussé-je être écrasée,
Je ne trahirai point l'innocence accusée.
 Mais une juste crainte occupe mes esprits :
Mon cœur de ce héros fut autrefois épris ;

On le sait : on dira que je lui sacrifie
Ma gloire, mes époux, mes dieux et ma patrie;
Que mon cœur brûle encore.

ÉGINE.

Ah ! calmez cet effroi :
Cet amour malheureux n'eut de témoin que moi ;
Et jamais...

JOCASTE.

Que dis-tu ? crois-tu qu'une princesse
Puisse jamais cacher sa haine ou sa tendresse ?
Des courtisans sur nous les inquiets regards
Avec avidité tombent de toutes parts;
A travers les respects leurs trompeuses souplesses
Pénètrent dans nos cœurs et cherchent nos faiblesses;
A leur malignité rien n'échappe et ne fuit ;
Un seul mot, un soupir, un coup d'œil nous trahit;
Tout parle contre nous, jusqu'à notre silence ;
Et quand leur artifice et leur persévérance
Ont enfin, malgré nous, arraché nos secrets,
Alors avec éclat leurs discours indiscrets,
Portant sur notre vie une triste lumière,
Vont de nos passions remplir la terre entière.

ÉGINE.

Ah ! qu'avez-vous, madame, à craindre de leurs coups?
Quels regards si perçans sont dangereux pour vous ?
Quel secret pénétré peut flétrir votre gloire ?
Si l'on sait votre amour, on sait votre victoire :
On sait que la vertu fut toujours votre appui.

JOCASTE.

Et c'est cette vertu qui me trouble aujourd'hui.

OEDIPE,

Peut-être, à m'accuser toujours prompte et sévère,
Je porte sur moi-même un regard trop austère ;
Peut-être je me juge avec trop de rigueur :
Mais enfin Philoctète a régné sur mon cœur ;
Dans ce cœur malheureux son image est tracée,
La vertu ni le temps ne l'ont point effacée :
Que dis-je ! je ne sais, quand je sauve ses jours,
Si la seule équité m'appelle à son secours ;
Ma pitié me paraît trop sensible et trop tendre ;
Je sens trembler mon bras tout prêt à le défendre ;
Je me reproche enfin mes bontés et mes soins :
Je le servirais mieux si je l'eusse aimé moins.

ÉGINE.

Mais voulez-vous qu'il parte?

JOCASTE.

Oui, je le veux sans doute,
C'est ma seule espérance; et pour peu qu'il m'écoute,
Pour peu que ma prière ait sur lui de pouvoir,
Il faut qu'il se prépare à ne me plus revoir.
De ces funestes lieux qu'il s'écarte, qu'il fuie,
Qu'il sauve en s'éloignant et ma gloire et sa vie.
Mais qui peut l'arrêter ? il devrait être ici.
Chère Égine, va, cours.

SCÈNE II.

JOCASTE, PHILOCTÈTE, ÉGINE.

JOCASTE.
                 Ah ! prince, vous voici !
Dans le mortel effroi dont mon ame est émue,
Je ne m'excuse point de chercher votre vue :
Mon devoir, il est vrai, m'ordonne de vous fuir [6] ;
Je dois vous oublier, et non pas vous trahir :
Je crois que vous savez le sort qu'on vous apprête.
         PHILOCTÈTE.
Un vain peuple en tumulte a demandé ma tête :
Il souffre, il est injuste, il faut lui pardonner.
         JOCASTE.
Gardez à ses fureurs de vous abandonner.
Partez ; de votre sort vous êtes encor maître ;
Mais ce moment, seigneur, est le dernier peut-être
Où je puis vous sauver d'un indigne trépas.
Fuyez ; et loin de moi précipitant vos pas,
Pour prix de votre vie heureusement sauvée,
Oubliez que c'est moi qui vous l'ai conservée.
         PHILOCTÈTE.
Daignez montrer, madame, à mon cœur agité
Moins de compassion et plus de fermeté ;
Préférez, comme moi, mon honneur à ma vie ;
Commandez que je meure, et non pas que je fuie ;
Et ne me forcez point, quand je suis innocent,
A devenir coupable en vous obéissant.

Des biens que m'a ravis la colère céleste,
Ma gloire, mon honneur est le seul qui me reste ;
Ne m'ôtez pas ce bien dont je suis si jaloux,
Et ne m'ordonnez pas d'être indigne de vous.
J'ai vécu, j'ai rempli ma triste destinée,
Madame : à votre époux ma parole est donnée ;
Quelque indigne soupçon qu'il ait conçu de moi,
Je ne sais point encor comme on manque de foi.

JOCASTE.

Seigneur, au nom des dieux, au nom de cette flamme
Dont la triste Jocaste avait touché votre ame,
Si d'une si parfaite et si tendre amitié
Vous conservez encore un reste de pitié,
Enfin s'il vous souvient que, promis l'un à l'autre,
Autrefois mon bonheur a dépendu du vôtre,
Daignez sauver des jours de gloire environnés,
Des jours à qui les miens ont été destinés.

PHILOCTÈTE.

Je vous les consacrai ; je veux que leur carrière
De vous, de vos vertus, soit digne toute entière.
J'ai vécu loin de vous ; mais mon sort est trop beau
Si j'emporte, en mourant, votre estime au tombeau.
Qui sait même, qui sait si d'un regard propice
Le ciel ne verra point ce sanglant sacrifice ?
Qui sait si sa clémence, au sein de vos états,
Pour m'immoler à vous n'a point conduit mes pas ?
Peut-être il me devait cette grace infinie
De conserver vos jours aux dépens de ma vie ;
Peut-être d'un sang pur il peut se contenter,
Et le mien vaut du moins qu'il daigne l'accepter.

SCÈNE III.

ŒDIPE, JOCASTE, PHILOCTÈTE, ÉGINE, ARASPE; SUITE.

ŒDIPE.

Prince, ne craignez point l'impétueux caprice
D'un peuple dont la voix presse votre supplice :
J'ai calmé son tumulte, et même contre lui
Je vous viens, s'il le faut, présenter mon appui.
On vous a soupçonné ; le peuple a dû le faire.
Moi qui ne juge point ainsi que le vulgaire,
Je voudrais que, perçant un nuage odieux,
Déja votre innocence éclatât à leurs yeux.
Mon esprit incertain, que rien n'a pu résoudre,
N'ose vous condamner, mais ne peut vous absoudre.
C'est au ciel que j'implore à me déterminer.
Ce ciel enfin s'apaise, il veut nous pardonner ;
Et bientôt, retirant la main qui nous opprime,
Par la voix du grand-prêtre il nomme la victime ;
Et je laisse à nos dieux, plus éclairés que nous,
Le soin de décider entre mon peuple et vous.

PHILOCTÈTE.

Votre équité, seigneur, est inflexible et pure [h];
Mais l'extrême justice est une extrême injure :
Il n'en faut pas toujours écouter la rigueur.
Des lois que nous suivons la première est l'honneur.
Je me suis vu réduit à l'affront de répondre
A de vils délateurs que j'ai trop su confondre.

Ah! sans vous abaisser à cet indigne soin,
Seigneur, il suffisait de moi seul pour témoin :
C'était, c'était assez d'examiner ma vie;
Hercule appui des dieux, et vainqueur de l'Asie,
Les monstres, les tyrans qu'il m'apprit à dompter,
Ce sont là les témoins qu'il me faut confronter.
De vos dieux cependant interrogez l'organe;
Nous apprendrons de lui si leur voix me condamne.
Je n'ai pas besoin d'eux, et j'attends leur arrêt
Par pitié pour ce peuple, et non par intérêt.

SCÈNE IV.

OEDIPE, JOCASTE, LE GRAND-PRÊTRE, ARASPE, PHILOCTÈTE, ÉGINE; suite, LE CHOEUR.

OEDIPE.

Eh bien! les dieux, touchés des vœux qu'on leur adresse,
Suspendent-ils enfin leur fureur vengeresse?
Quelle main parricide a pu les offenser?

PHILOCTÈTE.

Parlez, quel est le sang que nous devons verser?

LE GRAND-PRÊTRE.

Fatal présent du ciel! science malheureuse!
Qu'aux mortels curieux vous êtes dangereuse!
Plût aux cruels destins, qui pour moi sont ouverts,
Que d'un voile éternel mes yeux fussent couverts!

PHILOCTÈTE.

Eh bien! que venez-vous annoncer de sinistre?

ACTE III, SCÈNE IV.

OEDIPE.

D'une haine éternelle êtes-vous le ministre ?

PHILOCTÈTE.

Ne craignez rien.

OEDIPE.

Les dieux veulent-ils mon trépas ?

LE GRAND-PRÊTRE, *à OEdipe.*

Ah! si vous m'en croyez, ne m'interrogez pas.

OEDIPE.

Quel que soit le destin que le ciel nous annonce,
Le salut des Thébains dépend de sa réponse.

PHILOCTÈTE.

Parlez.

OEDIPE.

Ayez pitié de tant de malheureux ;
Songez qu'OEdipe....

LE GRAND-PRÊTRE.

OEdipe est plus à plaindre qu'eux.

PREMIER PERSONNAGE DU CHOEUR.

OEdipe a pour son peuple une amour paternelle ;
Nous joignons à sa voix notre plainte éternelle.
Vous à qui le ciel parle, entendez nos clameurs.

DEUXIÈME PERSONNAGE DU CHOEUR.

Nous mourons, sauvez-nous, détournez ses fureurs ;
Nommez cet assassin, ce monstre, ce perfide.

PREMIER PERSONNAGE DU CHOEUR.

Nos bras vont dans son sang laver son parricide.

LE GRAND-PRÊTRE.

Peuples infortunés, que me demandez-vous ?

PREMIER PERSONNAGE DU CHOEUR.

Dites un mot, il meurt, et vous nous sauvez tous.

LE GRAND-PRÊTRE.

Quand vous serez instruits du destin qui l'accable,
Vous frémirez d'horreur au seul nom du coupable.
Le dieu qui par ma voix vous parle en ce moment
Commande que l'exil soit son seul châtiment;
Mais bientôt éprouvant un désespoir funeste,
Ses mains ajouteront à la rigueur céleste.
De son supplice affreux vos yeux seront surpris,
Et vous croirez vos jours trop payés à ce prix.

OEDIPE.

Obéissez.

PHILOCTÈTE.

Parlez.

OEDIPE.

C'est trop de résistance.

LE GRAND-PRÊTRE, *à OEdipe.*

C'est vous qui me forcez à rompre le silence.

OEDIPE.

Que ces retardemens allument mon courroux !

LE GRAND-PRÊTRE.

Vous le voulez... eh bien !... c'est...

OEDIPE.

Achève : qui ?

LE GRAND-PRÊTRE.

Vous.

OEDIPE.

Moi ?

LE GRAND-PRÊTRE.
Vous, malheureux prince.
DEUXIÈME PERSONNAGE.
Ah! que viens-je d'entendre!
JOCASTE.
Interprète des dieux, qu'osez-vous nous apprendre?
(à OEdipe.)
Qui, vous! de mon époux vous seriez l'assassin?
Vous à qui j'ai donné sa couronne et ma main?
Non, seigneur, non : des dieux l'oracle nous abuse;
Votre vertu dément la voix qui vous accuse.
PREMIER PERSONNAGE DU CHOEUR.
O ciel, dont le pouvoir préside à notre sort!
Nommez une autre tête, ou rendez-nous la mort.
PHILOCTÈTE.
N'attendez point, seigneur, outrage pour outrage;
Je ne tirerai point un indigne avantage
Du revers inouï qui vous presse à mes yeux :
Je vous crois innocent malgré la voix des dieux.
Je vous rends la justice enfin qui vous est due,
Et que ce peuple et vous ne m'avez point rendue.
Contre vos ennemis je vous offre mon bras [1];
Entre un pontife et vous je ne balance pas.
Un prêtre, quel qu'il soit, quelque dieu qui l'inspire,
Doit prier pour ses rois, et non pas les maudire.
OEDIPE.
Quel excès de vertu! mais quel comble d'horreur!
L'un parle en demi-dieu, l'autre en prêtre imposteur.
(au grand-prêtre.)
Voilà donc des autels quel est le privilége!

Grace à l'impunité, ta bouche sacrilége,
Pour accuser ton roi d'un forfait odieux,
Abuse insolemment du commerce des dieux !
Tu crois que mon courroux doit respecter encore
Le ministère saint que ta main déshonore.
Traître, au pied des autels il faudrait t'immoler,
A l'aspect de tes dieux que ta voix fait parler.

LE GRAND-PRÊTRE.

Ma vie est en vos mains, vous en êtes le maître :
Profitez des momens que vous avez à l'être ;
Aujourd'hui votre arrêt vous sera prononcé.
Tremblez, malheureux roi, votre règne est passé ;
Une invisible main suspend sur votre tête
Le glaive menaçant que la vengeance apprête ;
Bientôt, de vos forfaits vous-même épouvanté,
Fuyant loin de ce trône où vous êtes monté,
Privé des feux sacrés et des eaux salutaires,
Remplissant de vos cris les antres solitaires,
Partout d'un dieu vengeur vous sentirez les coups :
Vous chercherez la mort; la mort fuira de vous.
Le ciel, ce ciel témoin de tant d'objets funèbres,
N'aura plus pour vos yeux que d'horribles ténèbres :
Au crime, au châtiment malgré vous destiné,
Vous seriez trop heureux de n'être jamais né.

OEDIPE.

J'ai forcé jusqu'ici ma colère à t'entendre ;
Si ton sang méritait qu'on daignât le répandre,
De ton juste trépas mes regards satisfaits
De ta prédiction préviendraient les effets.
Va, fuis, n'excite plus le transport qui m'agite,

Et respecte un courroux que ta présence irrite ;
Fuis, d'un mensonge indigne abominable auteur.
LE GRAND-PRÊTRE.
Vous me traitez toujours de traître et d'imposteur :
Votre père autrefois me croyait plus sincère.
OEDIPE.
Arrête : que dis-tu ? qui ? Polybe mon père....
LE GRAND-PRÊTRE.
Vous apprendrez trop tôt votre funeste sort ;
Ce jour va vous donner la naissance et la mort.
Vos destins sont comblés, vous allez vous connaître.
Malheureux ! savez-vous quel sang vous donna l'être ?
Entouré de forfaits à vous seul réservés,
Savez-vous seulement avec qui vous vivez ?
O Corinthe ! ô Phocide ! exécrable hyménée !
Je vois naître une race impie, infortunée,
Digne de sa naissance, et de qui la fureur
Remplira l'univers d'épouvante et d'horreur.
Sortons.

SCÈNE V.

OEDIPE, PHILOCTÈTE, JOCASTE.

OEDIPE.

Ces derniers mots me rendent immobile :
Je ne sais où je suis ; ma fureur est tranquille :
Il me semble qu'un dieu descendu parmi nous,
Maître de mes transports, enchaîne mon courroux,
Et, prêtant au pontife une force divine,
Par sa terrible voix m'annonce ma ruine.

PHILOCTÈTE [k].

Si vous n'aviez, seigneur, à craindre que des rois,
Philoctète avec vous combattrait sous vos lois ;
Mais un prêtre est ici d'autant plus redoutable
Qu'il vous perce à nos yeux par un trait respectable.
Fortement appuyé sur des oracles vains,
Un pontife est souvent terrible aux souverains ;
Et, dans son zèle aveugle, un peuple opiniâtre,
De ses liens sacrés imbécille idolâtre,
Foulant par piété les plus saintes des lois,
Croit honorer les dieux en trahissant ses rois ;
Surtout quand l'intérêt, père de la licence,
Vient de leur zèle impie enhardir l'insolence.

ŒDIPE.

Ah ! seigneur, vos vertus redoublent mes douleurs :
La grandeur de votre ame égale mes malheurs ;
Accablé sous le poids du soin qui me dévore,
Vouloir me soulager, c'est m'accabler encore.
Quelle plaintive voix crie au fond de mon cœur ?
Quel crime ai-je commis ? Est-il vrai, dieu vengeur ?

JOCASTE.

Seigneur, c'en est assez, ne parlons plus de crime ;
A ce peuple expirant il faut une victime ;
Il faut sauver l'état, et c'est trop différer.
Épouse de Laïus, c'est à moi d'expirer ;
C'est à moi de chercher sur l'infernale rive
D'un malheureux époux l'ombre errante et plaintive;
De ses mânes sanglans j'apaiserai les cris ;
J'irai.... Puissent les dieux, satisfaits à ce prix,
Contens de mon trépas, n'en point exiger d'autre,

Et que mon sang versé puisse épargner le vôtre !
ŒDIPE.
Vous mourir ! vous, madame ! ah ! n'est-ce point assez
De tant de maux affreux sur ma tête amassés ?
Quittez, reine, quittez ce langage terrible ;
Le sort de votre époux est déja trop horrible,
Sans que, de nouveaux traits venant me déchirer,
Vous me donniez encor votre mort à pleurer.
Suivez mes pas, rentrons ; il faut que j'éclaircisse
Un soupçon que je forme avec trop de justice.
Venez.
JOCASTE.
Comment, seigneur, vous pourriez...
ŒDIPE.
Suivez-moi,
Et venez dissiper ou combler mon effroi.

FIN DU TROISIÈME ACTE.

ACTE QUATRIÈME.

SCÈNE I.

ŒDIPE, JOCASTE.

ŒDIPE.
Non, quoi que vous disiez, mon ame inquiétée
De soupçons importuns n'est pas moins agitée.
Le grand-prêtre me gêne, et, prêt à l'excuser,
Je commence en secret moi-même à m'accuser.
Sur tout ce qu'il m'a dit, plein d'une horreur extrême,
Je me suis en secret interrogé moi-même;
Et mille événemens de mon ame effacés
Se sont offerts en foule à mes esprits glacés.
Le passé m'interdit, et le présent m'accable;
Je lis dans l'avenir un sort épouvantable,
Et le crime partout semble suivre mes pas.
JOCASTE.
Eh quoi! votre vertu ne vous rassure pas!
N'êtes-vous pas enfin sûr de votre innocence?
ŒDIPE.
On est plus criminel quelquefois qu'on ne pense.
JOCASTE.
Ah! d'un prêtre indiscret dédaignant les fureurs,
Cessez de l'excuser par ces lâches terreurs.

OEDIPE.
Au nom du grand Laïus et du courroux céleste,
Quand Laïus entreprit ce voyage funeste,
Avait-il près de lui des gardes, des soldats?
JOCASTE.
Je vous l'ai déja dit, un seul suivait ses pas.
OEDIPE.
Un seul homme?
JOCASTE.
Ce roi, plus grand que sa fortune 7,
Dédaignait comme vous une pompe importune;
On ne voyait jamais marcher devant son char
D'un bataillon nombreux le fastueux rempart;
Au milieu des sujets soumis à sa puissance,
Comme il était sans crainte, il marchait sans défense;
Par l'amour de son peuple il se croyait gardé.
OEDIPE.
O héros! par le ciel aux mortels accordé,
Des véritables rois exemple auguste et rare!
OEdipe a-t-il sur toi porté sa main barbare?
Dépeignez-moi du moins ce prince malheureux.
JOCASTE.
Puisque vous rappelez un souvenir fâcheux,
Malgré le froid des ans, dans sa mâle vieillesse,
Ses yeux brillaient encor du feu de sa jeunesse;
Son front cicatrisé sous ses cheveux blanchis 8
Imprimait le respect aux mortels interdits;
Et si j'ose, seigneur, dire ce que j'en pense,
Laïus eut avec vous assez de ressemblance;
Et je m'applaudissais de retrouver en vous,

Ainsi que les vertus, les traits de mon époux.
Seigneur, qu'a ce discours qui doive vous surprendre?
OEDIPE.
J'entrevois des malheurs que je ne puis comprendre :
Je crains que par les dieux le pontife inspiré
Sur mes destins affreux ne soit trop éclairé.
Moi, j'aurais massacré!... Dieux! serait-il possible?
JOCASTE.
Cet organe des dieux est-il donc infaillible?
Un ministère saint les attache aux autels :
Ils approchent des dieux, mais ils sont des mortels.
Pensez-vous qu'en effet au gré de leur demande 9
Du vol de leurs oiseaux la vérité dépende?
Que sous un fer sacré des taureaux gémissans
Dévoilent l'avenir à leurs regards perçans,
Et que de leurs festons ces victimes ornées
Des humains dans leurs flancs portent les destinées?
Non, non : chercher ainsi l'obscure vérité,
C'est usurper les droits de la Divinité.
Nos prêtres ne sont point ce qu'un vain peuple pense;
Notre crédulité fait toute leur science.
OEDIPE.
Ah, dieux! s'il était vrai, quel serait mon bonheur!
JOCASTE.
Seigneur, il est trop vrai; croyez-en ma douleur.
Comme vous autrefois pour eux préoccupée,
Hélas! pour mon malheur je suis bien détrompée,
Et le ciel me punit d'avoir trop écouté
D'un oracle imposteur la fausse obscurité.
Il m'en coûta mon fils. Oracles que j'abhorre!

ACTE IV, SCÈNE I.

Sans vos ordres, sans vous, mon fils vivrait encore.
OEDIPE.
Votre fils ! par quel coup l'avez-vous donc perdu ?
Quel oracle sur vous les dieux ont-ils rendu ?
JOCASTE.
Apprenez, apprenez, dans ce péril extrême,
Ce que j'aurais voulu me cacher à moi-même,
Et d'un oracle faux ne vous alarmez plus.
Seigneur, vous le savez, j'eus un fils de Laïus.
Sur le sort de mon fils ma tendresse inquiète
Consulta de nos dieux la fameuse interprète.
Quelle fureur, hélas! de vouloir arracher
Des secrets que le sort a voulu nous cacher!
Mais enfin j'étais mère, et pleine de faiblesse;
Je me jetai craintive aux pieds de la prêtresse :
Voici ses propres mots, j'ai dû les retenir :
Pardonnez si je tremble à ce seul souvenir.
« Ton fils tuera son père, et ce fils sacrilége,
« Inceste et parricide.... » O dieux! achèverai-je?
OEDIPE.
Eh bien, madame ?
JOCASTE.
     Enfin, seigneur, on me prédit
Que mon fils, que ce monstre entrerait dans mon lit;
Que je le recevrais, moi, seigneur, moi sa mère,
Dégouttant dans mes bras du meurtre de son père;
Et que, tous deux unis par ces liens affreux,
Je donnerais des fils à mon fils malheureux.
Vous vous troublez, seigneur, à ce récit funeste;
Vous craignez de m'entendre et d'écouter le reste.

OEDIPE.

Ah! madame, achevez : dites, que fîtes-vous
De cet enfant, l'objet du céleste courroux?

JOCASTE.

Je crus les dieux, seigneur; et, saintement cruelle,
J'étouffai pour mon fils mon amour maternelle.
En vain de cette amour l'impérieuse voix
S'opposait à nos dieux, et condamnait leurs lois;
Il fallut dérober cette tendre victime
Au fatal ascendant qui l'entraînait au crime;
Et, pensant triompher des horreurs de son sort,
J'ordonnai par pitié qu'on lui donnât la mort.
O pitié criminelle autant que malheureuse!
O d'un oracle faux obscurité trompeuse!
Quel fruit me revient-il de mes barbares soins?
Mon malheureux époux n'en expira pas moins;
Dans le cours triomphant de ses destins prospères
Il fut assassiné par des mains étrangères :
Ce ne fut point son fils qui lui porta ces coups;
Et j'ai perdu mon fils sans sauver mon époux!
Que cet exemple affreux puisse au moins vous instruire[1]
Bannissez cet effroi qu'un prêtre vous inspire ;
Profitez de ma faute, et calmez vos esprits.

OEDIPE.

Après le grand secret que vous m'avez appris,
Il est juste à mon tour que ma reconnaissance
Fasse de mes destins l'horrible confidence.
Lorsque vous aurez su, par ce triste entretien,
Le rapport effrayant de votre sort au mien,
Peut-être, ainsi que moi, frémirez-vous de crainte.

Le destin m'a fait naître au trône de Corinthe :
Cependant, de Corinthe et du trône éloigné,
Je vois avec horreur les lieux où je suis né.
Un jour, ce jour affreux, présent à ma pensée,
Jette encor la terreur dans mon ame glacée;
Pour la première fois, par un don solennel,
Mes mains jeunes encore enrichissaient l'autel :
Du temple tout à coup les combles s'entr'ouvrirent;
De traits affreux de sang les marbres se couvrirent;
De l'autel ébranlé par de longs tremblemens
Une invisible main repoussait mes présens;
Et les vents, au milieu de la foudre éclatante,
Portèrent jusqu'à moi cette voix effrayante :
« Ne viens plus des lieux saints souiller la pureté ;
« Du nombre des vivans les dieux t'ont rejeté;
« Ils ne reçoivent point tes offrandes impies ;
« Va porter tes présens aux autels des furies ;
» Conjure leurs serpens prêts à te déchirer ;
« Va, ce sont là les dieux que tu dois implorer. »
Tandis qu'à la frayeur j'abandonnais mon ame,
Cette voix m'annonça, le croiriez-vous, madame?
Tout l'assemblage affreux des forfaits inouïs
Dont le ciel autrefois menaça votre fils,
Me dit que je serais l'assassin de mon père!...

JOCASTE.

Ah, dieux !

OEDIPE.

Que je serais le mari de ma mère!

JOCASTE.

Où suis-je ? Quel démon en unissant nos cœurs,

Cher prince, a pu dans nous rassembler tant d'hor-[reurs?

OEDIPE.

Il n'est pas encor temps de répandre des larmes :
Vous apprendrez bientôt d'autres sujets d'alarmes.
Écoutez-moi, madame, et vous allez trembler.
  Du sein de ma patrie il fallut m'exiler.
Je craignis que ma main, malgré moi criminelle,
Aux destins ennemis ne fût un jour fidèle;
Et, suspect à moi-même, à moi-même odieux,
Ma vertu n'osa point lutter contre les dieux.
Je m'arrachai des bras d'une mère éplorée;
Je partis, je courus de contrée en contrée ;
Je déguisai partout ma naissance et mon nom :
Un ami de mes pas fut le seul compagnon.
Dans plus d'une aventure, en ce fatal voyage,
Le dieu qui me guidait seconda mon courage :
Heureux si j'avais pu, dans l'un de ces combats,
Prévenir mon destin par un noble trépas!
Mais je suis réservé sans doute au parricide.
Enfin je me souviens qu'aux champs de la Phocide,
(Et je ne conçois pas par quel enchantement
J'oubliais jusqu'ici ce grand événement;
La main des dieux sur moi si long-temps suspendue
Semble ôter le bandeau qu'ils mettaient sur ma vue)
Dans un chemin étroit je trouvai deux guerriers
Sur un char éclatant que traînaient deux coursiers;
Il fallut disputer, dans cet étroit passage,
Des vains honneurs du pas le frivole avantage.
J'étais jeune et superbe, et nourri dans un rang
Où l'on puisa toujours l'orgueil avec le sang.

Inconnu, dans le sein d'une terre étrangère,
Je me croyais encore au trône de mon père;
Et tous ceux qu'à mes yeux le sort venait offrir
Me semblaient mes sujets, et faits pour m'obéir :
Je marche donc vers eux, et ma main furieuse
Arrête des coursiers la fougue impétueuse ;
Loin du char à l'instant ces guerriers élancés
Avec fureur sur moi fondent à coups pressés.
La victoire entre nous ne fut point incertaine :
Dieux puissans, je ne sais si c'est faveur ou haine,
Mais sans doute pour moi contre eux vous combattiez;
Et l'un et l'autre enfin tombèrent à mes pieds.
L'un d'eux, il m'en souvient, déja glacé par l'âge,
Couché sur la poussière, observait mon visage;
Il me tendit les bras, il voulut me parler;
De ses yeux expirans je vis des pleurs couler;
Moi-même en le perçant, je sentis dans mon ame,
Tout vainqueur que j'étais....Vous frémissez, madame.
####### JOCASTE.
Seigneur, voici Phorbas, on le conduit ici.
####### OEDIPE.
Hélas! mon doute affreux va donc être éclairci!

SCÈNE II.

OEDIPE, JOCASTE, PHORBAS; suite.

####### OEDIPE.
Viens, malheureux vieillard, viens, approche... A sa
D'un trouble renaissant je sens mon ame émue; [vue

Un confus souvenir vient encor m'affliger :
Je tremble de le voir et de l'interroger.

PHORBAS.

Eh bien! est-ce aujourd'hui qu'il faut que je périsse?
Grande reine, avez-vous ordonné mon supplice?
Vous ne fûtes jamais injuste que pour moi.

JOCASTE.

Rassurez-vous, Phorbas, et répondez au roi.

PHORBAS.

Au roi!

JOCASTE.

C'est devant lui que je vous fais paraître.

PHORBAS.

O dieux! Laïus est mort, et vous êtes mon maître!
Vous, seigneur?

OEDIPE.

Épargnons les discours superflus :
Tu fus le seul témoin du meurtre de Laïus;
Tu fus blessé, dit-on, en voulant le défendre.

PHORBAS.

Seigneur, Laïus est mort, laissez en paix sa cendre;
N'insultez pas du moins au malheureux destin
D'un fidèle sujet blessé de votre main.

OEDIPE.

Je t'ai blessé? qui, moi?

PHORBAS.

Contentez votre envie;
Achevez de m'ôter une importune vie;
Seigneur, que votre bras, que les dieux ont trompé,
Verse un reste de sang qui vous est échappé;

ACTE IV, SCÈNE II.

Et puisqu'il vous souvient de ce sentier funeste
Où mon roi....

OEDIPE.

Malheureux ! épargne-moi le reste ;
J'ai tout fait, je le vois, c'en est assez. O dieux !
Enfin après quatre ans vous dessillez mes yeux.

JOCASTE.

Hélas ! il est donc vrai !

OEDIPE.

Quoi ! c'est toi que ma rage
Attaqua vers Daulis en cet étroit passage ?
Oui, c'est toi : vainement je cherche à m'abuser ;
Tout parle contre moi, tout sert à m'accuser ;
Et mon œil étonné ne peut te méconnaître.

PHORBAS.

Il est vrai, sous vos coups j'ai vu tomber mon maître ;
Vous avez fait le crime, et j'en fus soupçonné ;
J'ai vécu dans les fers, et vous avez régné.

OEDIPE.

Va, bientôt à mon tour je me rendrai justice ;
Va, laisse-moi du moins le soin de mon supplice :
Laisse-moi, sauve-moi de l'affront douloureux
De voir un innocent que j'ai fait malheureux.

SCÈNE III.

OEDIPE, JOCASTE.

OEDIPE.

Jocaste... car enfin la fortune jalouse
M'interdit à jamais le tendre nom d'épouse ;
Vous voyez mes forfaits : libre de votre foi ,
Frappez, délivrez-vous de l'horreur d'être à moi.

JOCASTE.

Hélas !

OEDIPE.

Prenez ce fer , instrument de ma rage ;
Qu'il vous serve aujourd'hui pour un plus juste usage;
Plongez-le dans mon sein.

JOCASTE.

Que faites-vous , seigneur ?
Arrêtez ; modérez cette aveugle douleur ;
Vivez.

OEDIPE.

Quelle pitié pour moi vous intéresse ?
Je dois mourir.

JOCASTE.

Vivez, c'est moi qui vous en presse;
Écoutez ma prière.

OEDIPE.

Ah ! je n'écoute rien ;
J'ai tué votre époux.

ACTE IV, SCÈNE III.

JOCASTE.
Mais vous êtes le mien.

OEDIPE.
Je le suis par le crime.

JOCASTE.
Il est involontaire.

OEDIPE.
N'importe, il est commis.

JOCASTE.
O comble de misère !

OEDIPE.
O trop funeste hymen ! ô feux jadis si doux !

JOCASTE.
Ils ne sont point éteints ; vous êtes mon époux.

OEDIPE.
Non, je ne le suis plus ; et ma main ennemie
N'a que trop bien rompu le saint nœud qui nous lie.
Je remplis ces climats du malheur qui me suit.
Redoutez-moi, craignez le dieu qui me poursuit;
Ma timide vertu ne sert qu'à me confondre,
Et de moi désormais je ne puis plus répondre.
Peut-être de ce dieu partageant le courroux,
L'horreur de mon destin s'étendrait jusqu'à vous :
Ayez du moins pitié de tant d'autres victimes ;
Frappez, ne craignez rien, vous m'épargnez des crimes.

JOCASTE.
Ne vous accusez point d'un destin si cruel;
Vous êtes malheureux, et non pas criminel :
Dans ce fatal combat que Daulis vous vit rendre,

Vous ignoriez quel sang vos mains allaient répandre;
Et, sans trop rappeler cet affreux souvenir,
Je ne puis que me plaindre, et non pas vous punir.
Vivez...

ŒDIPE.

Moi, que je vive ! il faut que je vous fuie.
Hélas ! où traînerai-je une mourante vie ?
Sur quels bords malheureux, dans quels tristes climats,
Ensevelir l'horreur qui s'attache à mes pas ?
Irai-je, errant encore, et me fuyant moi-même,
Mériter par le meurtre un nouveau diadème ?
Irai-je dans Corinthe, où mon triste destin
A des crimes plus grands réserve encor ma main ?
Corinthe ! que jamais ta détestable rive...

SCÈNE IV.

ŒDIPE, JOCASTE, DIMAS.

DIMAS.

Seigneur, en ce moment un étranger arrive ;
Il se dit de Corinthe, et demande à vous voir.

ŒDIPE.

Allons, dans un moment je vais le recevoir.
(à Jocaste.)
Adieu : que de vos pleurs la source se dissipe.
Vous ne reverrez plus l'inconsolable Œdipe :
C'en est fait, j'ai régné, vous n'avez plus d'époux ;
En cessant d'être roi, je cesse d'être à vous.

ACTE IV, SCÈNE IV.

Je pars : je vais chercher, dans ma douleur mortelle,
Des pays où ma main ne soit point criminelle ;
Et vivant loin de vous, sans états, mais en roi,
Justifier les pleurs que vous versez pour moi.

FIN DU QUATRIEME ACTE.

ACTE CINQUIÈME.

SCÈNE I.

OEDIPE, ARASPE, DIMAS; SUITE.

OEDIPE.

Finissez vos regrets, et retenez vos larmes :
Vous plaignez mon exil, il a pour moi des charmes;
Ma fuite à vos malheurs assure un prompt secours;
En perdant votre roi vous conservez vos jours.
Du sort de tout ce peuple il est temps que j'ordonne.
J'ai sauvé cet empire en arrivant au trône :
J'en descendrai du moins comme j'y suis monté;
Ma gloire me suivra dans mon adversité.
Mon destin fut toujours de vous rendre la vie;
Je quitte mes enfans, mon trône, ma patrie :
Écoutez-moi du moins pour la dernière fois;
Puisqu'il vous faut un roi, consultez-en mon choix.
Philoctète est puissant, vertueux, intrépide :
Un monarque est son père*, il fut l'ami d'Alcide;
Que je parte, et qu'il règne. Allez chercher Phorbas;
Qu'il paraisse à mes yeux, qu'il ne me craigne pas;
Il faut de mes bontés lui laisser quelque marque,
Et quitter mes sujets et le trône en monarque.

* Il etait fils du roi d'Eubée, aujourd'hui Negrepont

Que l'on fasse approcher l'étranger devant moi.
Vous, demeurez.

SCÈNE II.

ŒDIPE, ARASPE, ICARE; suite.

ŒDIPE.
Icare, est-ce vous que je voi ?
Vous, de mes premiers ans sage dépositaire,
Vous, digne favori de Polybe mon père ?
Quel sujet important vous conduit parmi nous ?
ICARE.
Seigneur, Polybe est mort.
ŒDIPE.
Ah, que m'apprenez-vous !
Mon père...
ICARE.
A son trépas vous deviez vous attendre.
Dans la nuit du tombeau les ans l'ont fait descendre;
Ses jours étaient remplis, il est mort à mes yeux.
ŒDIPE.
Qu'êtes-vous devenus, oracles de nos dieux ?
Vous qui fesiez trembler ma vertu trop timide,
Vous qui me prépariez l'horreur d'un parricide.
Mon père est chez les morts, et vous m'avez trompé;
Malgré vous dans son sang mes mains n'ont point
Ainsi, de mon erreur esclave volontaire,   [trempé.
Occupé d'écarter un mal imaginaire,
J'abandonnais ma vie à des malheurs certains,

Trop crédule artisan de mes tristes destins !
O ciel ! et quel est donc l'excès de ma misère
Si le trépas des miens me devient nécessaire ;
Si, trouvant dans leur perte un bonheur odieux,
Pour moi la mort d'un père est un bienfait des dieux?
Allons, il faut partir; il faut que je m'acquitte
Des funèbres tributs que sa cendre mérite.
Partons. Vous vous taisez, je vois vos pleurs couler :
Que ce silence...

ICARE.

O ciel ! oserai-je parler ?

OEDIPE.

Vous reste-t-il encor des malheurs à m'apprendre?

ICARE.

Un moment sans témoin daignerez-vous m'entendre?

OEDIPE.

(à sa suite)

Allez, retirez-vous. Que va-t-il m'annoncer ?

ICARE.

A Corinthe, seigneur, il ne faut plus penser :
Si vous y paraissez, votre mort est jurée.

OEDIPE.

Eh ! qui de mes états me défendrait l'entrée?

ICARE.

Du sceptre de Polybe un autre est l'héritier.

OEDIPE.

Est-ce assez ? et ce trait sera-t-il le dernier ?
Poursuis, destin, poursuis, tu ne pourras m'abattre.
Eh bien ! j'allais régner ; Icare, allons combattre :
A mes lâches sujets courons me présenter.

ACTE V, SCÈNE II.

Parmi ces malheureux, prompts à se révolter,
Je puis trouver du moins un trépas honorable :
Mourant chez les Thébains, je mourais en coupable;
Je dois périr en roi. Quels sont mes ennemis?
Parle, quel étranger sur mon trône est assis?

ICARE.

Le gendre de Polybe; et Polybe lui-même
Sur son front en mourant a mis le diadème.
A son maître nouveau tout le peuple obéit.

OEDIPE.

Eh quoi! mon père aussi, mon père me trahit!
De la rébellion mon père est le complice!
Il me chasse du trône!

ICARE.

      Il vous a fait justice;
Vous n'étiez point son fils.

OEDIPE.

      Icare!...

ICARE.

      Avec regret
Je révèle en tremblant ce terrible secret ;
Mais il le faut, seigneur; et toute la province...

OEDIPE.

Je ne suis point son fils !

ICARE.

      Non, seigneur; et ce prince
A tout dit en mourant. De ses remords pressé,
Pour le sang de nos rois il vous a renoncé;
Et moi, de son secret confident et complice,
Craignant du nouveau roi la sévère justice,

Je venais implorer votre appui dans ces lieux.
OEDIPE.
Je n'étais point son fils ! Eh ! qui suis-je, grands dieux ?
ICARE.
Le ciel, qui dans mes mains a remis votre enfance,
D'une profonde nuit couvre votre naissance ;
Et je sais seulement qu'en naissant condamné,
Et sur un mont désert à périr destiné,
La lumière sans moi vous eût été ravie.
OEDIPE.
Ainsi donc mon malheur commence avec ma vie;
J'étais dès le berceau l'horreur de ma maison.
Où tombai-je en vos mains ?
ICARE.
     Sur le mont Cithéron.
OEDIPE.
Près de Thèbe ?
ICARE.
    Un Thébain, qui se dit votre père,
Exposa votre enfance en ce lieu solitaire.
Quelque dieu bienfesant guida vers vous mes pas :
La pitié me saisit, je vous pris dans mes bras ;
Je ranimai dans vous la chaleur presque éteinte.
Vous viviez ; aussitôt je vous porte à Corinthe ;
Je vous présente au prince : admirez votre sort !
Le prince vous adopte au lieu de son fils mort;
Et, par ce coup adroit, sa politique heureuse
Affermit pour jamais sa puissance douteuse.
Sous le nom de son fils vous fûtes élevé
Par cette même main qui vous avait sauvé.

Mais le trône en effet n'était point votre place ;
L'intérêt vous y mit, le remords vous en chasse.

OEDIPE.

O vous qui présidez aux fortunes des rois,
Dieux ! faut-il en un jour m'accabler tant de fois,
Et, préparant vos coups par vos trompeurs oracles,
Contre un faible mortel épuiser les miracles ?
Mais ce vieillard, ami, de qui tu m'as reçu,
Depuis ce temps fatal ne l'as-tu jamais vu ?

ICARE.

Jamais ; et le trépas vous a ravi peut-être
Le seul qui vous eût dit quel sang vous a fait naître.
Mais long-temps de ses traits mon esprit occupé
De son image encore est tellement frappé,
Que je le connaîtrais s'il venait à paraître.

OEDIPE.

Malheureux ! eh ! pourquoi chercher à le connaître ?
Je devrais bien plûtôt, d'accord avec les dieux,
Chérir l'heureux bandeau qui me couvre les yeux.
J'entrevois mon destin ; ces recherches cruelles
Ne me découvriront que des horreurs nouvelles.
Je le sais ; mais, malgré les maux que je prévoi,
Un désir curieux m'entraîne loin de moi.
Je ne puis demeurer dans cette incertitude;
Le doute en mon malheur est un tourment trop rude;
J'abhorre le flambeau dont je veux m'éclairer ;
Je crains de me connaître, et ne puis m'ignorer.

SCÈNE III.

OEDIPE, ICARE, PHORBAS.

OEDIPE.

Ah! Phorbas, approchez.

ICARE.

Ma surprise est extrême :
Plus je le vois, et plus... Ah, seigneur! c'est lui-même;
C'est lui.

PHORBAS, *à Icare.*

Pardonnez-moi, si vos traits inconnus...

ICARE.

Quoi ! du mont Cithéron ne vous souvient-il plus ?

PHORBAS.

Comment?

ICARE.

Quoi! cet enfant qu'en mes mains vous remîtes;
Cet enfant qu'au trépas...

PHORBAS.

Ah! qu'est-ce que vous dites ?
Et de quel souvenir venez-vous m'accabler ?

ICARE.

Allez, ne craignez rien, cessez de vous troubler ;
Vous n'avez en ces lieux que des sujets de joie.
OEdipe est cet enfant.

PHORBAS.

Que le ciel te foudroie !
Malheureux! qu'as-tu dit ?

ACTE V, SCÈNE III.

ICARE, *à OEdipe.*

Seigneur, n'en doutez pas ;
Quoi que ce Thébain dise, il vous mit dans mes bras :
Vos destins sont connus, et voilà votre père...

OEDIPE.

O sort qui me confond! ô comble de misère !
(à Phorbas.)
Je serais né de vous! le ciel aurait permis
Que votre sang versé...

PHORBAS.

Vous n'êtes point mon fils.

OEDIPE.

Eh quoi! n'avez-vous pas exposé mon enfance ?

PHORBAS.

Seigneur, permettez-moi de fuir votre présence,
Et de vous épargner cet horrible entretien.

OEDIPE.

Phorbas, au nom des dieux, ne me déguise rien.

PHORBAS.

Partez, seigneur, fuyez vos enfans et la reine.

OEDIPE.

Réponds-moi seulement; la résistance est vaine.
Cet enfant par toi-même à la mort destiné,
(en montrant Icare.)
Le mis-tu dans ses bras?

PHORBAS.

Oui, je le lui donnai.
Que ce jour ne fut-il le dernier de ma vie !

OEDIPE.

Quel était son pays ?

PHORBAS.
Thèbe était sa patrie.

OEDIPE.
Tu n'étais point son père ?

PHORBAS.
Hélas ! il était né
D'un sang plus glorieux et plus infortuné.

OEDIPE.
Quel était-il enfin ?

PHORBAS *se jette aux genoux du roi.*
Seigneur, qu'allez-vous faire ?

OEDIPE.
Achève, je le veux.

PHORBAS.
Jocaste était sa mère.

ICARE.
Et voilà donc le fruit de mes généreux soins !

PHORBAS.
Qu'avons-nous fait tous deux !

OEDIPE.
Je n'attendais pas moins.

ICARE.
Seigneur...

OEDIPE.
Sortez, cruels, sortez de ma présence ;
De vos affreux bienfaits craignez la récompense :
Fuyez ; à tant d'horreurs par vous seuls réservé,
Je vous punirais trop de m'avoir conservé.

SCÈNE IV.

OEDIPE.

Le voilà donc rempli cet oracle exécrable
Dont ma crainte a pressé l'effet inévitable !
Et je me vois enfin, par un mélange affreux,
Inceste et parricide, et pourtant vertueux.
Misérable vertu, nom stérile et funeste,
Toi par qui j'ai réglé des jours que je déteste,
A mon noir ascendant tu n'as pu résister :
Je tombais dans le piége en voulant l'éviter.
Un dieu plus fort que toi m'entraînait vers le crime ;
Sous mes pas fugitifs il creusait un abîme ;
Et j'étais, malgré moi, dans mon aveuglement,
D'un pouvoir inconnu l'esclave et l'instrument.
Voilà tous mes forfaits ; je n'en connais point d'autres.
Impitoyables dieux, mes crimes sont les vôtres,
Et vous m'en punissez !... Où suis-je ? Quelle nuit
Couvre d'un voile affreux la clarté qui nous luit ?
Ces murs sont teints de sang ; je vois les Euménides
Secouer leurs flambeaux vengeurs des parricides ;
Le tonnerre en éclats semble fondre sur moi ;
L'enfer s'ouvre... O Laïus ! ô mon père ! est-ce toi ?
Je vois, je reconnais la blessure mortelle
Que te fit dans le flanc cette main criminelle.
Punis-moi, venge-toi d'un monstre détesté,
D'un monstre qui souilla les flancs qui l'ont porté.
Approche, entraîne-moi dans les demeures sombres ;

J'irai de mon supplice épouvanter les ombres.
Viens, je te suis.

SCÈNE V.

OEDIPE, JOCASTE, ÉGINE; LE CHOEUR.

JOCASTE.

Seigneur, dissipez mon effroi,
Vos redoutables cris sont venus jusqu'à moi.

OEDIPE.

Terre, pour m'engloutir entr'ouvre tes abîmes!

JOCASTE.

Quel malheur imprévu vous accable?

OEDIPE.

Mes crimes.

JOCASTE.

Seigneur...

OEDIPE.

Fuyez, Jocaste.

JOCASTE.

Ah! trop cruel époux!

OEDIPE.

Malheureuse! arrêtez; quel nom prononcez-vous?
Moi votre époux! quittez ce titre abominable
Qui nous rend l'un à l'autre un objet exécrable.

JOCASTE.

Qu'entends-je?

OEDIPE.

C'en est fait; nos destins sont remplis.

Laïus était mon père, et je suis votre fils.
(Il sort.)

PREMIER PERSONNAGE DU CHOEUR.
O crime !

SECOND PERSONNAGE DU CHOEUR.
O jour affreux ! jour à jamais terrible !

JOCASTE.
Égine, arrache-moi de ce palais horrible.

ÉGINE.
Hélas !

JOCASTE.
Si tant de maux ont de quoi te toucher,
Si ta main, sans frémir, peut encor m'approcher,
Aide-moi, soutiens-moi, prends pitié de ta reine.

PREMIER PERSONNAGE DU CHOEUR.
Dieux ! est-ce donc ainsi que finit votre haine ?
Reprenez, reprenez vos funestes bienfaits ;
Cruels ! il valait mieux nous punir à jamais.

SCÈNE VI.

JOCASTE, ÉGINE, LE GRAND-PRETRE ;
LE CHOEUR.

LE GRAND-PRÊTRE.
Peuples, un calme heureux écarte les tempêtes ;
Un soleil plus serein se lève sur vos têtes ;
Les feux contagieux ne sont plus allumés ;
Vos tombeaux qui s'ouvraient sont déja refermés ;
La mort fuit, et le dieu du ciel et de la terre

Annonce ses bontés par la voix du tonnerre.
(Ici on entend gronder la foudre, et l'on voit briller les éclairs.)

JOCASTE.

Quels éclats! ciel! où suis-je? et qu'est-ce que j'entends?
Barbares!...

LE GRAND-PRÊTRE.

C'en est fait, et les dieux sont contens.
Laïus du sein des morts cesse de vous poursuivre;
Il vous permet encor de régner et de vivre;
Le sang d'OEdipe enfin suffit à son courroux.

LE CHOEUR.

Dieux!

JOCASTE.

O mon fils! hélas! dirai-je mon époux?
O des noms les plus chers assemblage effroyable!
Il est donc mort?

LE GRAND-PRÊTRE.

Il vit, et le sort qui l'accable
Des morts et des vivans semble le séparer:
Il s'est privé du jour avant que d'expirer.
Je l'ai vu dans ses yeux enfoncer cette épée
Qui du sang de son père avait été trempée;
Il a rempli son sort; et ce moment fatal
Du salut des Thébains est le premier signal.
Tel est l'ordre du ciel, dont la fureur se lasse;
Comme il veut, aux mortels il fait justice ou grace;
Ses traits sont épuisés sur ce malheureux fils.
Vivez, il vous pardonne.

JOCASTE.

Et moi je me punis.
(Elle se frappe.)

ACTE V, SCÈNE VI.

Par un pouvoir affreux réservée à l'inceste,
La mort est le seul bien, le seul dieu qui me reste.
Laïus, reçois mon sang, je te suis chez les morts :
J'ai vécu vertueuse, et je meurs sans remords.

LE CHOEUR.

O malheureuse reine! ô destin que j'abhorre!

JOCASTE.

Ne plaignez que mon fils, puisqu'il respire encore.
Prêtres, et vous, Thébains, qui fûtes mes sujets,
Honorez mon bûcher, et songez à jamais
Qu'au milieu des horreurs du destin qui m'opprime
J'ai fait rougir les dieux qui m'ont forcée au crime.

FIN D'OEDIPE.

VARIANTES

DE LA TRAGÉDIE D'OEDIPE.

a Dans l'édition de 1719, au lieu de ces trois premiers vers, on lit :

> Est-ce vous, Philoctète ? en croirai-je mes yeux ?
> Quel implacable dieu vous ramène en ces lieux ?
> Vous dans Thèbes, seigneur ! Éh ! qu'y venez-vous faire ?

Ce dernier hémistiche avertissait trop clairement de l'inutilité du rôle de Philoctète.

b Voici la fin de cette scène, telle qu'elle était dans l'édition de 1719 :

PHILOCTÈTE.
Mon trouble dit assez le sujet qui m'amène ;
Tu vois un malheureux que sa faiblesse entraîne,
De ces lieux autrefois par l'amour exilé,
Et par ce même amour aujourd'hui rappelé.

DIMAS.
Vous, seigneur ! vous pourriez, dans l'ardeur qui vous brûle,
Pour chercher une femme abandonner Hercule ?

PHILOCTÈTE.
Dimas, Hercule est mort, et mes fatales mains
Ont mis sur le bûcher le plus grand des humains.
Je rapporte en ces lieux ces flèches invincibles,
Du fils de Jupiter présens chers et terribles.
Je rapporte sa cendre, et viens à ce héros,
Attendant des autels, élever des tombeaux.
Sa mort de mon trépas devrait être suivie :
Mais vous savez, grands dieux, pour qui j'aime la vie !
Dimas, à cet amour si constant, si parfait,
Tu vois trop que Jocaste en doit être l'objet.
Jocaste par un père à son hymen forcée,
Au trône de Laïus à regret fut placée :
L'amour nous unissait, et cet amour si doux

Était né dans l'enfance, et croissait avec nous.
Tu sais combien alors mes fureurs éclatèrent,
Combien contre Laïus mes plaintes s'emportèrent.
Tout l'état, ignorant mes sentimens jaloux,
Du nom de politique honorait mon courroux.
Hélas! de cet amour accru dans le silence,
Je t'épargnais alors la triste confidence :
Mon cœur qui languissait de mollesse abattu,
. . . .
Je crus que, loin des bords où Jocaste respire,
Ma raison sur mes sens reprendrait son empire;
Tu le sais, je partis de ce funeste lieu,
Et je dis à Jocaste un éternel adieu.
Cependant l'univers, tremblant au nom d'Alcide,
Attendait son destin de sa valeur rapide,
A ses divins travaux j'osai m'associer,
Je marchai près de lui ceint du même laurier.
Mais parmi les dangers, dans le sein de la guerre,
Je portais ma faiblesse aux deux bouts de la terre :
Le temps, qui détruit tout, augmentait mon amour;
Et, des lieux fortunés où commence le jour,
Jusqu'aux climats glacés où la nature expire,
Je traînais avec moi le trait qui me déchire.
Enfin je viens dans Thèbe, et je puis de mon feu,
Sans rougir, aujourd'hui te faire un libre aveu.
Par dix ans de travaux utiles à la Grèce,
J'ai bien acquis le droit d'avoir une faiblesse;
Et cent tyrans punis, cent monstres terrassés,
Suffisent à ma gloire et m'excusent assez.

DIMAS.

Quel fruit espérez-vous d'un amour si funeste?
Venez-vous de l'état embraser ce qui reste?
Ravirez-vous Jocaste à son nouvel époux?

PHILOCTÈTE.

Son époux! juste ciel! ah! que me dites-vous?
Jocaste!... Il se pourrait qu'un second hyménée...

DIMAS.

OEdipe à cette reine a joint sa destinée...

PHILOCTÈTE.

Voilà, voilà le coup que j'avais pressenti,
Et dont mon cœur jaloux tremblait d'être averti.

DIMAS.

Seigneur, la porte s'ouvre, et le roi va paraître.
Tout ce peuple, à longs flots, conduit par le grand-prêtre,
Vient conjurer des dieux le courroux obstiné :
Vous n'êtes point ici le seul infortuné.

c Dans l'édition de 1719 :

    Thèbe en ce jour funeste
D'un respect dangereux a dépouillé le reste.
Ce peuple épouvanté ne connaît plus de frein,
Et quand le ciel lui parle il n'écoute plus rien.

JOCASTE.

Sortez.

d Ibid.

Lui ! qu'un assassinat ait pu souiller son ame !
Des lâches scélérats c'est le partage infame.
Il ne manquait, Égine, au comble de mes maux
Que d'entendre d'un crime accuser ce héros.

e Ibid.

Et méritez enfin, par un trait généreux,
L'honneur que je vous fais de vous mettre auprès d'eux.

f Ibid. Hidaspe, confident d'OEdipe, est le même qu'Araspe dans les éditions suivantes.

g Ibid.

Mon devoir, dont la voix m'ordonne de vous fuir,
Ne me commande pas de vous laisser périr.

h Ibid.

PHILOCTÈTE.

Tout autre aurait, seigneur, des graces à vous rendre,
Mais je suis Philoctète, et veux bien vous apprendre
Que l'exacte équité dont vous suivez la loi,
Si c'est beaucoup pour vous, n'est point assez pour moi.

i Ibid.

PHILOCTÈTE.

Et que ce peuple et vous ne m'avez point rendue.
J'abandonne à jamais ces lieux remplis d'effroi ;

Les chemins de la gloire y sont fermés pour moi.
Sur les pas du héros dont je garde la cendre,
Cherchons des malheureux que je puisse défendre
(il sort.)

####### OEDIPE.

Non, je ne reviens point de mon saisissement,
Et ma rage est égale à mon étonnement.
(au grand-prêtre.)
Voilà donc des autels quel est le privilége!
Imposteur! ainsi donc ta bouche sacrilége...

k Édition de 1719 :

    Seigneur, vous avez vu ce qu'on ose attenter :
    Un orage se forme, il le faut écarter.
    Craignez un ennemi d'autant plus redoutable,
    Qu'il vous perce à nos yeux par un trait respectable.
####### OEDIPE.
    Quelle funeste voix s'élève dans mon cœur!
    Quel crime, juste ciel! et quel comble d'horreur!

FIN DES VARIANTES D'OEDIPE.

NOTES

DE LA TRAGÉDIE D'OEDIPE.

¹ Il y a dans l'*OEdipe* de Corneille :

Ce monstre à voix humaine, aigle, femme, lion,
Se campait fièrement sur le mont Cithéron.

² Dans les dernières éditions on lisait :

Au dessus de son âge, au dessus de la crainte.

Dans la nôtre on lit :

Jeune et dans l'âge heureux qui méconnaît la crainte.

Méconnaître, pour dire *ne pas connaître*, n'est point en usage. On reprocha cette expression à M. de Voltaire : il céda à ses critiques, et sacrifia un très beau vers que nous avons cru devoir rétablir.

³ Aux premières représentations, on appliqua ces vers à Louis XIV, dont la mémoire avait été outragée avec fureur par les Parisiens, mais que déja ils commençaient à regretter.

⁴ Dans l'édition de 1719, il y avait :

Mais un prince, un guerrier, un homme tel que moi.

L'auteur d'*OEdipe* a cru devoir adoucir ces espèces de rodomontades si fréquentes dans Corneille, mais que M. de Voltaire ne s'est jamais permises que dans ce rôle de Philoctète.

⁵ Vers de Corneille.

⁶ Cette scène est imitée de Sophocle, de même que les deux derniers actes. *Voyez* les Lettres à M. de Genonville, au commencement de ce volume.

⁷ La première fois que l'empereur Joseph II parut à la Comédie française, à Paris, en 1777, on donnait *OEdipe*, et le public lui appliqua ces vers.

⁸ Toutes les éditions portent *cicatrisé;* mais on n'a pas pris garde que *cicatrisé* se dit d'une plaie qui commence à se fermer, au lieu que *cicatricé* signifie *couvert de cicatrices*. C'est dans ce sens que Boileau a dit dans son épître IV :

> Son front cicatricé rend son air furieux.

Voyez, à cet égard, dans les éditions de Boileau de 1747, 1772 et 1812, les remarques judicieuses des éditeurs, MM. Brossette, de Saint-Marc et Daunou.

⁹ On lit dans le *Scévole* de Du Ryer :

> Donc vous vous figurez qu'une bête assommée
> Tienne notre fortune en son sein enfermée;
> Et que des animaux les sales intestins
> Soient un temple adorable où parlent les destins.

¹⁰ Il y a dans l'*OEdipe* de Corneille :

> Je ne suis point son fils! Eh! qui suis-je, grands dieux?

FIN DES NOTES D'OEDIPE.

FRAGMENS
D'ARTÉMIRE,
TRAGÉDIE,

Représentée pour la première fois le 15 février 1720

AVERTISSEMENT
DES ÉDITEURS DE L'ÉDITION DE KEHL.

Cette pièce fut jouée le 15 février 1720. Elle eut peu de succès. Le fond de l'intérêt est le même que dans *Mariamne*. C'est également une femme vertueuse persécutée par un mari cruel qu'elle n'aime point. Mais la fable de la pièce, le caractère des personnages, le dénouement, tout est différent; et à l'exception d'une scène entre Cassandre et Artémire, qui ressemble à la scène du quatrième acte, entre Hérode et Mariamne, il n'y a rien de commun entre les deux pièces. On n'a pu retrouver *Artémire*; il n'en reste que la scène dont nous venons de parler, une parodie jouée à la Comédie italienne, et le rôle d'Artémire tout entier.

D'après ces débris, nous avons essayé de retrouver le plan de la pièce; mais celui qu'on pourrait deviner d'après la parodie est fort différent du plan que donnerait le rôle d'Artémire : nous avons préféré ce dernier, parce qu'il a permis de conserver un plus grand nombre de vers.

On verra dans ces fragmens que M. de Voltaire, qui n'avait alors que vingt-six ans, cherchait à former son style sur celui de Racine. L'imitation est même très marquée.

PERSONNAGES.

CASSANDRE, roi de Macédoine.
ARTÉMIRE, reine de Macédoine.
PALLANTE, favori du roi.
PHILOTAS, prince.
MÉNAS, parent et confident de Pallante.
HIPPARQUE, ministre de Cassandre.
CÉPHISE, confidente d'Artémire.

La scène est a Larisse, dans le palais du roi.

FRAGMENS
D'ARTÉMIRE,
TRAGÉDIE.

ACTE PREMIER.

Artémire, en proie à la plus vive douleur, ne cache point à Céphise les tourmens que lui fait éprouver l'humeur soupçonneuse et la cruauté de Cassandre son mari, que la guerre a éloigné d'elle, et dont le retour la fait trembler.

ARTÉMIRE.

Oui, tous ces conquérans rassemblés sur ce bord,
Soldats sous Alexandre, et rois après sa mort *,
Fatigués de forfaits, et lassés de la guerre,
Ont rendu le repos qu'ils ôtaient à la terre.
Je rends grace, Céphise, à cette heureuse paix
Qui, brisant tes liens, te rend à mes souhaits.
Hélas! que cette paix que la Grèce respire
Est un bien peu connu de la triste Artémire!
Cassandre... à ce nom seul, la douleur et l'effroi
De mon cœur alarmé s'emparent malgré moi.
Vainqueur des Locriens, Cassandre va paraître;
Esclave en mon palais, j'attends ici mon maître;
Pardonne, je n'ai pu le nommer mon époux.

* Ce beau vers est devenu proverbe.

Eh ! comment lui donner encore un nom si doux ?
Il ne l'a que trop bien oublié, le barbare !

Elle rappelle à Céphise les principaux événemens de sa vie.

.... Il te souvient de la triste journée
Qui ravit Alexandre à l'Asie étonnée.
La terre, en frémissant, vit après son trépas
Ses chefs impatiens partager ses états ;
Et jaloux l'un de l'autre, en leur avide rage,
Déchirant à l'envi ce superbe héritage,
Divisés d'intérêts, et pour le crime unis *,
Assassiner sa mère, et sa veuve, et son fils ;
Ce sont là les honneurs qu'on rendit à sa cendre.
Je ne veux point, Céphise, injuste envers Cassandre,
Accuser un époux de toutes ces horreurs ;
Un intérêt plus tendre a fait couler mes pleurs :
Ses mains ont immolé de plus chères victimes,
Et je n'ai pas besoin de lui chercher des crimes **.
Du prix de tant de sang cependant il jouit ;
Innocent ou coupable, il en eut tout le fruit ;
Il régna : d'Alexandre il occupa la place.
La Grèce épouvantée approuva son audace,
Et ses rivaux soumis lui demandant des lois,
Il fut le chef des Grecs et le tyran des rois.
Pour mon malheur alors attiré dans l'Épire,
Il me vit ; il m'offrit son cœur et son empire.
Antinoüs, mon père, insensible à mes pleurs,
Accepta malgré moi ces funestes honneurs ;

* Voltaire a depuis employé ce vers dans *Mérope.*
** Ce vers se trouve dans *la Henriade,* chant iv.

Je me plaignis en vain de sa contrainte austère ;
En me tyrannisant il crut agir en père ;
Il pensait assurer ma gloire et mon bonheur.
A peine il jouissait de sa fatale erreur,
Il la connut bientôt : le soupçonneux Cassandre
Devint son ennemi dès qu'il devint son gendre.
Ne me demande point quels divers intérêts, [crets,
Quels troubles, quels complots, quels mouvemens se-
Dans cette cour trompeuse excitant les orages,
Ont de Larisse en feu désolé les rivages :
Enfin dans ce palais, théâtre des revers,
Mon père infortuné se vit chargé de fers.
Hélas ! il n'eut ici que mes pleurs pour défense.
C'est là que de nos dieux attestant la vengeance,
D'un vainqueur homicide embrassant les genoux,
Je me jetai tremblante au devant de ses coups.
Le cruel repoussant son épouse éplorée...
O crime ! ô souvenir dont je suis déchirée !
Céphise ! en ces lieux même, où tes discours flatteurs
Du trône où tu me vois me vantent les douceurs,
Dans ces funestes lieux, témoins de ma misère,
Mon époux à mes yeux a massacré mon père.
Son trépas fut pour moi le plus grand des malheurs.
. . . .
Mais il n'est pas le seul ; et mon ame attendrie
Doit à ton amitié l'histoire de ma vie.
Céphise, on ne sait point quel coup ce fut pour moi
Lorsqu'au tyran des Grecs on engagea ma foi ;
Le jeune Philotas, avant cet hyménée,
Prétendait à mon sort unir sa destinée.

Ses charmes, ses vertus avaient touché mon cœur ;
Je l'aimais, je l'avoue ; et ma fatale ardeur
Formant d'un doux hymen l'espérance flatteuse,
Artémire sans lui ne pouvait être heureuse.
Tu vois couler mes pleurs à ce seul souvenir ;
Je puis à ce héros les donner sans rougir ;
Je ne m'en défends point : je les dois à sa cendre.
####### CÉPHISE.
Il n'est plus ?
####### ARTÉMIRE.
Il mourut de la main de Cassandre ;
Et lorsque je voulais le rejoindre au tombeau,
Céphise, on m'ordonna d'épouser son bourreau.
####### CÉPHISE.
Et vous pûtes former cet hymen exécrable ?
####### ARTÉMIRE.
J'étais jeune, et mon père était inexorable ;
D'un refus odieux je tremblais de m'armer :
Enfin sans son aveu je rougissais d'aimer.
Que veux-tu ? j'obéis. Pardonne, ombre trop chère,
Pardonne à cet hymen où me força mon père.
Hélas ! il en reçut le cruel châtiment,
Et je pleure à la fois mon père et mon amant.

Cependant elle doit respecter le nœud qui l'unit à Cassandre.

. . . . Hélas ! c'est là mon désespoir.
Je sais que contre lui l'amour et la nature
Excitent dans mon cœur un éternel murmure.
Tout ce que j'adorais est tombé sous ses coups,
Céphise ; cependant Cassandre est mon époux :

Sa parricide main, toujours prompte à me nuire,
A souillé nos liens, et n'a pu les détruire.
Peut-être ai-je en secret le droit de le haïr,
Mais en le haïssant je lui dois obéir.

> Céphise lui parle de sa grandeur : Vous régnez, lui dit-elle,

Quel malheur en régnant ne peut être adouci ?
ARTÉMIRE.
Céphise! moi, régner! moi, commander ici!
Tu connais mal Cassandre! il me laisse en partage
Sur ce trône sanglant la honte et l'esclavage.
Son favori Pallante est ici le seul roi ;
C'est un second tyran qui m'impose la loi.
Que dis-je! tous ces rois, courtisans de Pallante,
Flattant indignement son audace insolente,
Auprès de mon époux implorent son appui,
Et leurs fronts couronnés s'abaissent devant lui.

> Pallante arrive, et fait retirer Céphise; il présente à la reine une lettre de Cassandre. Cette lettre est adressée à Pallante. Artémire lit :

« De tout ce que j'ai fait ma voix doit vous instruire :
« Je reviens triomphant au sein de mon pays ;
« Et voulant me venger de tous mes ennemis,
« J'attends de votre main la tête d'Artémire. »
Ainsi donc mon destin se consomme aujourd'hui !
Je n'attendais pas moins d'un époux tel que lui.
Pallante, c'est à vous qu'il demande ma tête ;
Vous êtes maître ici, votre victime est prête.

> Pallante, depuis long-temps amoureux de la reine, veut l'engager à se soustraire à la mort en s'unissant à lui. Il lui propose de l'af-

franchir de la tyrannie de Cassandre en assassinant le tyran, et de s'emparer du trône. Artémire lui répond :

Vous me connaissez mal, et mon ame est surprise
Bien moins de mon trépas que de votre entreprise.
Permettez qu'Artémire, en ces derniers momens,
Vous découvre son cœur et ses vrais sentimens.
 Si mes yeux, occupés à pleurer ma misère,
Ne voyaient dans le roi que l'assassin d'un père,
Si j'écoutais son crime, et mon cœur irrité,
Cassandre périrait : il l'a trop mérité.
Mais il est mon époux, quoique indigne de l'être ;
Le ciel qui me poursuit me l'a donné pour maître :
Je connais mon devoir, et sais ce que je doi
Aux nœuds infortunés qui l'unissent à moi.
Qu'à son gré dans mon sang il éteigne sa rage ;
Des dieux, par lui bravés, il est pour moi l'image ;
Je n'accepterai point le bras que vous m'offrez :
Il peut trancher mes jours, les siens me sont sacrés ;
Et j'aime mieux, seigneur, dans mon sort déplorable,
Mourir par ses forfaits que de vivre coupable.

PALLANTE.

Il faut sans balancer m'épouser ou périr ;
Je ne puis rien de plus : c'est à vous à choisir.

ARTÉMIRE.

Mon choix est fait; suivez ce que le roi vous mande ;
Il ordonne ma mort, et je vous la demande.
Elle finit, seigneur, un éternel ennui,
Et c'est l'unique bien que j'ai reçu de lui.

PALLANTE.

Mais, madame, songez....

ACTE I.

ARTÉMIRE.

Non, laissez-moi, Pallante.
Je ne suis point à plaindre, et je meurs innocente :
Artémire à vos coups ne veut point échapper.
J'accepte votre main, mais c'est pour me frapper.
(Elle sort.)

Pallante est furieux de ne pouvoir recueillir le fruit des soupçons jaloux qu'il a semés dans le cœur de Cassandre. Cependant il ne désespère pas de vaincre la résistance de la reine; il s'enhardit dans le projet d'assassiner le roi.

Son trône, ses trésors en seront le salaire :
Le crime est approuvé quand il est nécessaire.

Il a besoin d'un complice; il croit ne pouvoir mieux choisir que Ménas, son parent et son ami, qu'il voit paraître. Il lui demande s'il se sent assez de courage pour tenter une grande entreprise. Ménas répond que douter de son zèle et de son amitié, c'est lui faire la plus grave injure. Pallante alors lui confie l'amour dont il brûle pour la reine. Ménas n'en est point étonné; mais il représente à Pallante que la vertu d'Artémire est égale à sa beauté. Pallante ne regarde la vertu des femmes que comme une adroite hypocrisie :

Voilà quelle est souvent la vertu d'une femme :
L'honneur peint dans ses yeux semble être dans son [ame;
Mais de ce faux honneur les dehors fastueux
Ne servent qu'à couvrir la honte de ses feux.
Au seul amant chéri prodiguant sa tendresse,
Pour tout autre elle n'a qu'une austère rudesse;
Et l'amant rebuté prend souvent pour vertu
Les fiers dédains d'un cœur qu'un autre a corrompu.

Il développe ses projets à Ménas, qui lui promet de ne pas le trahir, mais qui refuse d'être complice de ses crimes. Pallante, resté seul, ne regarde plus Ménas que comme un confident dangereux dont il doit prévenir l'indiscrétion.

ACTE SECOND.

Pallante fait de nouveaux efforts auprès d'Artémire ; il lui dit que la mort de Cassandre est résolue, que tout est disposé pour lui arracher le trône et la vie. Artémire répond :

Oui, vous pouvez verser le sang de votre roi;
Mais je vous avertis de commencer par moi.
Dans quelque extrémité que Cassandre me jette,
Artémire est encor sa femme et sa sujette.
J'irai parer les coups que l'on veut lui porter,
Et lui conserverai le jour qu'il veut m'ôter.

Pallante sort : Artémire reste avec Céphise, qui lui apprend que Philotas n'est point mort, qu'il va reparaître ; elle lui conseille de ménager Pallante, de gagner du temps, afin de redevenir maîtresse de sa destinée : elle lui reproche d'avoir trop bravé le favori du roi.

Madame, jusque là deviez-vous l'irriter?

ARTÉMIRE.

Ah! je hâtais les coups que l'on veut me porter;
Céphise, avec plaisir aigrissant sa colère,
Moi-même je pressais le trépas qu'il diffère :
Je rends graces aux dieux dont le cruel secours,
Quand Philotas revient, va terminer mes jours.
Hélas! de mon époux armant la main sanglante,
Du moins ils ont voulu que je meure innocente.

CÉPHISE.

Quand vous pouvez régner, vous périssez ainsi?

ACTE II.

ARTÉMIRE.

Philotas est vivant, Philotas est ici :
Malheureuse ! comment soutiendras-tu sa vue ?
Toi qui, de tant d'amour si long-temps prévenue,
Après tant de sermens, as reçu dans tes bras
Le cruel assassin de ton cher Philotas !
Toi que brûle en secret une flamme infidèle,
Innocente autrefois, aujourd'hui criminelle !
Hélas ! j'étais aimée, et j'ai rompu les nœuds
De l'amour le plus tendre et le plus vertueux.
J'ai trahi mon amant : pour qui ? pour un perfide,
De mon père et de moi meurtrier parricide.
A l'aspect de nos dieux je lui promis ma foi
Et l'empire d'un cœur qui n'était plus à moi ;
Et mon ame, attachée au serment qui me lie,
Lui doit encor sa foi quand il m'ôte la vie.
Non ; c'est trop de tourmens, de trouble et de remords :
Emportons, s'il se peut, ma vertu chez les morts,
Tandis que sur mon cœur, qu'un tendre amour déchire,
Ma timide raison garde encor quelque empire.

CÉPHISE.

Vous vous perdez vous seule, et tout veut vous servir.

ARTÉMIRE.

Je connais ma faiblesse, et je dois m'en punir.

CÉPHISE.

Madame, pensez-vous qu'il vous chérisse encore ?

ARTEMIRE.

Il doit me détester, Céphise, et je l'adore.
Son retour, son nom seul, ce nom cher à mon cœur,
D'un feu trop mal éteint a ranimé l'ardeur.

Ma mort, qu'en même temps Pallante a prononcée,
N'a pas du moindre trouble occupé ma pensée;
Je n'y songeais pas même; et mon ame en çe jour
N'a de tous ses malheurs senti que son amour.
A quelle honte, ô dieux! m'avez-vous fait descendre!
Ingrate à Philotas, infidèle à Cassandre,
Mon cœur, empoisonné d'un amour dangereux,
Fut toujours criminel et toujours malheureux;
Que leurs ressentimens, que leurs haines s'unissent;
Tous deux sont offensés, que tous deux me punissent;
Qu'ils viennent se baigner dans mon sang odieux.

CÉPHISE.

Madame, un étranger s'avance dans ces lieux.

ARTÉMIRE.

Si c'est un assassin que Pallante m'envoie,
Céphise, il peut entrer, je l'attends avec joie.
O mort! avec plaisir je passe dans tes bras...
Céphise, soutiens-moi : grands dieux, c'est Philotas!

Philotas adresse des reproches à Artémire, sur ce qu'elle lui a manqué de foi en passant dans les bras de Cassandre, et lui rappelle l'amour dont ils ont brûlé l'un pour l'autre. Artémire lui répond :

Vous pouvez étaler aux yeux d'une infidèle
La haine et le mépris que vous avez pour elle.
Accablez-moi des noms réservés aux ingrats;
Je les ai mérités, je ne m'en plaindrai pas.
Si pourtant Philotas, à travers sa colère,
Daignait se souvenir combien je lui fus chère,
Quoique indigne du jour et de tant d'amitié,
J'ose espérer encore un reste de pitié.
N'outragez point une ame assez infortunée :

ACTE II.

Le sort qui vous poursuit ne m'a point épargnée;
Il me haïssait trop pour me donner à vous.
. . . .
Je ne m'excuse point, je sais mon injustice.
Dans mon crime, seigneur, j'ai trouvé mon supplice.
Ne me reprochez plus votre amour outragé;
Plaignez-moi bien plutôt, vous êtes trop vengé.
Je ne vous dirai point que mon devoir austère
Attachait mes destins aux ordres de mon père;
A cet ordre inhumain j'ai dû désobéir;
Seigneur, le ciel est juste; il a su m'en punir.
Quittez ces lieux, fuyez loin d'une criminelle.

<small>Philotas lui répète combien Cassandre, un lâche assassin, était indigne d'elle.</small>

ARTÉMIRE.

Cessez de me parler de ce triste hyménée;
Le flambeau s'en éteint; ma course est terminée.
Cassandre me punit de ce malheureux choix,
Et je vous parle ici pour la dernière fois.
Ciel! qui lis dans mon cœur, et qui vois mes alarmes,
Protége Philotas, et pardonne à mes larmes.
Du trépas que j'attends les pressantes horreurs
A mes yeux attendris n'arrachent point ces pleurs;
Seigneur, ils n'ont coulé qu'en vous voyant paraître;
J'en atteste les dieux, qu'ils offensent peut-être.
Mon cœur, depuis long-temps ouvert aux déplaisirs,
N'a connu que pour vous l'usage des soupirs.
Je vous aimai toujours.... Cette fatale flamme
Dans les bras de Cassandre a dévoré mon ame:
Aux portes du tombeau je puis vous l'avouer.

C'est un crime peut-être, et je vais l'expier.
Hélas ! en vous voyant, vers vous seul entraînée,
Je mérite la mort où je suis condamnée.

> Pallante revient, et surprend Philotas avec Artémire. Philotas sort en bravant ce favori, qui presse Artémire d'accepter sa main pour sauver sa vie : elle le refuse. Pallante irrité lui fait entendre qu'il la soupçonne d'avoir appelé Philotas à son secours, qu'il connaît ses sentimens :

Et je vois malgré vous d'où partent vos refus.

ARTÉMIRE.

Que peux-tu soupçonner, lâche ? que peux-tu croire ?
Tranche mes tristes jours, mais respecte ma gloire.
Aussi bien n'attends pas que je puisse jamais
Racheter cette vie au prix de tes forfaits.
Mes yeux, que sur ta rage un faible jour éclaire,
Commencent à percer cet horrible mystère.
Tu n'as pu d'aujourd'hui tramer tes attentats ;
Pour tant de politique un jour ne suffit pas.
Tu t'attendais sans doute à l'ordre de ton maître ;
Je te dirai bien plus, tu l'as dicté peut-être.
Si tu peux t'étonner de mes justes soupçons,
Tes crimes sont connus, ce sont là mes raisons.
C'est toi dont les conseils et dont la calomnie
De mon malheureux père ont fait trancher la vie ;
C'est toi qui, de ton prince infame corrupteur,
Au crime, dès l'enfance, as préparé son cœur ;
C'est toi qui, sur son trône appelant l'injustice,
L'as conduit par degrés au bord du précipice.
Il était né peut-être et juste et généreux ;
Peut-être, sans Pallante, il serait vertueux !

Puisse le ciel enfin, trop lent dans sa justice,
A la Grèce opprimée accorder ton supplice !
Puisse dans l'avenir ta mort épouvanter
Les ministres des rois qui pourraient t'imiter !
Dans cet espoir heureux, traître, je vais attendre
Et l'effet de ta rage, et l'arrêt de Cassandre :
Et la voix de mon sang, s'élevant vers les cieux,
Ira pour ton supplice importuner les dieux.
(Elle sort.)

ACTE TROISIÈME.

ARTÉMIRE, PHILOTAS.

ARTÉMIRE.

Je vous l'ai dit, il m'aime, et, maître de mon sort,
Il ne donne à mon choix que le crime ou la mort.
Dans ces extrémités où le destin me livre,
Vous me connaissez trop pour m'ordonner de vivre.

Philotas lui fait espérer qu'aidé de son courage et de ses amis, il pourra la délivrer.

ARTÉMIRE.

Non, prince; sans retour les dieux m'ont condamnée.
Puisqu'à d'autres qu'à vous les cruels m'ont donnée,
Cet amour, autrefois si tranquille et si doux,
Désormais dans Larisse est un crime pour nous.
Je ne puis sans remords vous voir ni vous entendre;
D'un charme trop fatal j'ai peine à me défendre;
Vous aigrissez mes maux, au lieu de les guérir;
Ah! fuyez Artémire, et laissez-la mourir.

PHILOTAS.

O vertu trop cruelle!

ARTÉMIRE.

O loi trop rigoureuse!

PHILOTAS.

Artémire, vivez!

ACTE III.

ARTÉMIRE.

Et pour qui... malheureuse !

PHILOTAS.

Si jamais votre cœur partagea mes ennuis...

ARTÉMIRE.

Je vous aime, et je meurs : c'est tout ce que je puis.

PHILOTAS.

Au nom de cette amour que les dieux ont trahie....

ARTÉMIRE.

Mon amour est un crime : il faut que je l'expie.

Philotas presse Artémire de fuir Cassandre. Artémire lui cède, à condition qu'il vivra loin d'elle. On annonce l'arrivée du roi. Philotas disparaît pour chercher les moyens de sauver la reine des fureurs de Cassandre. Pallante vient pour consommer le crime ; il propose à Artémire le choix du fer ou du poison. Elle saisit une épée ; et au moment qu'elle va se percer, Hipparque, ministre de Cassandre, la lui arrache des mains. Le roi a révoqué ses ordres sanguinaires. Hipparque s'applaudit d'avoir prévenu le crime.

ACTE QUATRIÈME.

Ménas, envoyé par le traître Pallante vers la reine pour lui communiquer d'importans secrets, se rend dans l'appartement d'Artémire ; Pallante l'y surprend, le poignarde, et persuade à Cassandre que sa femme avait lié avec Ménas une intrigue criminelle. Cassandre a la faiblesse de le croire encore : il ordonne de nouveau la mort d'Artémire. Le quatrième acte commence par l'exposition de ces événemens. On amène Artémire devant le roi.

ARTÉMIRE.
Où suis-je ? où vais-je ? ô dieux, je me meurs, je le voi !

CÉPHISE.
Avançons...

ARTÉMIRE.
Ciel !

CASSANDRE.
Hé bien ! que voulez-vous de moi ?

CÉPHISE.
Dieux justes, protégez une reine innocente !

ARTÉMIRE.
Vous me voyez, seigneur, interdite et mourante ;
Je n'ose jusqu'à vous lever un œil tremblant,
Et ma timide voix expire en vous parlant.

CASSANDRE.
Levez-vous, et quittez ces indignes alarmes.

ARTÉMIRE.
Hélas ! je ne viens point par d'impuissantes larmes,
Craignant votre justice et fuyant le trépas,
Mendier un pardon que je n'obtiendrais pas.

La mort à mes regards s'est déja présentée ;
Tranquille et sans regret je l'aurais acceptée :
Faut-il que votre haine, ardente à me sauver,
Pour un sort plus affreux m'ait voulu réserver?
N'était-ce pas assez de me joindre à mon père?
Au delà de la mort étend-on sa colère?
Écoutez-moi du moins, et souffrez à vos pieds
Ce malheureux objet de tant d'inimitiés.
Seigneur, au nom des dieux que le parjure offense,
Par le ciel qui m'entend, qui sait mon innocence,
Par votre gloire enfin que j'ose conjurer,
Donnez-moi le trépas sans me déshonorer.

CASSANDRE.

N'en accusez que vous, quand je vous rends justice;
La honte est dans le crime, et non dans le supplice.
Levez-vous, et quittez un entretien fâcheux
Qui redouble ma honte et nous pèse à tous deux.
Voilà donc le secret dont vous vouliez m'instruire?

ARTEMIRE.

Eh! que me servira, seigneur, de vous le dire?
J'ignore, en vous parlant, si la main qui me perd
Dans ce projet affreux vous trahit ou vous sert;
J'ignore si vous-même, en poursuivant ma vie,
N'avez point de Pallante armé la calomnie.
Hélas! après deux ans de haine et de malheurs,
Souffrez quelques soupçons qu'excusent vos rigueurs;
Mon cœur même en secret refuse de les croire ;
Vous me déshonorez, et j'aime votre gloire;
Je ne confondrai point Pallante et mon époux;
Je vous respecte encore, en mourant par vos coups.

Je vous plains d'écouter le monstre qui m'accuse;
Et quand vous m'opprimez, c'est moi qui vous excuse;
Mais si vous appreniez que Pallante aujourd'hui
M'offrait contre vous-même un criminel appui,
Que Ménas à mes pieds, craignant votre justice,
D'un heureux scélérat infortuné complice,
Au nom de ce perfide implorait.... Mais, hélas!
Vous détournez les yeux, et ne m'écoutez pas.

CASSANDRE.

Non, je n'écoute point vos lâches impostures :
Cessez; n'empruntez point le secours des parjures :
C'est bien assez pour moi de tous vos attentats;
Par de nouveaux forfaits ne les défendez pas.
Aussi bien c'en est fait, votre perte est certaine,
Toute plainte est frivole, et toute excuse est vaine.

ARTÉMIRE.

Hélas! voilà mon cœur, il ne craint point vos coups;
Faites couler mon sang; barbare, il est à vous.
Mais l'hymen dont le nœud nous unit l'un à l'autre,
Tout malheureux qu'il est, joint mon honneur au vôtre;
Pourquoi d'un tel affront voulez-vous vous couvrir?
Laissez-moi chez les morts descendre sans rougir.
Croyez que pour Ménas une flamme adultère....

CASSANDRE.

Si Ménas m'a trahi, Ménas a dû vous plaire.
Votre cœur m'est connu mieux que vous ne pensez;
Ce n'est pas d'aujourd'hui que vous me haïssez.

ARTÉMIRE.

Hé bien! connaissez donc mon ame toute entière :
Ne cherchez point ailleurs une triste lumière;

De tous mes attentats je vais vous informer.
Oui, Cassandre, il est vrai, je n'ai pu vous aimer ;
Je vous le dis sans feinte, et cet aveu sincère
Doit peu vous étonner, et doit peu vous déplaire
Et quel droit, en effet, aviez-vous sur un cœur
Qui ne voyait en vous que son persécuteur,
Vous qui, de tous les miens ennemi sanguinaire,
Avez jusqu'en mes bras assassiné mon père ;
Vous que je n'ai jamais abordé sans effroi ;
Vous dont j'ai vu le bras toujours levé sur moi ;
Vous, tyran soupçonneux, dont l'affreuse injustice
M'a conduite au trépas de supplice en supplice ?
Je n'ai jamais de vous reçu d'autres bienfaits,
Vous le savez, Cassandre ; apprenez mes forfaits :
Avant qu'un nœud fatal à vos lois m'eût soumise,
Pour un autre que vous mon ame était éprise :
J'étouffai dans vos bras un amour trop puissant ;
Je le combats encore, et même en ce moment :
Ne vous en flattez point, ce n'est pas pour vous plaire :
Vous êtes mon époux, votre gloire m'est chère,
Mon devoir me suffit ; et ce cœur innocent
Vous a gardé sa foi, même en vous haïssant.
J'ai fait plus ; ce matin, à la mort condamnée,
J'ai pu briser les nœuds d'un funeste hyménée ;
Je tenais dans mes mains l'empire et votre sort ;
Si j'avais dit un mot, on vous donnait la mort.
Vos peuples indignés allaient me reconnaître,
Tout me sollicitait ; je l'aurais dû peut-être ;
Du moins, par votre exemple instruite aux attentats,
J'ai pu rompre des lois que vous ne gardez pas :

J'ai voulu cependant respecter votre vie.
Je n'ai considéré ni votre barbarie,
Ni mes périls présens, ni mes périls passés;
J'ai sauvé mon époux; vous vivez, c'est assez.
Le temps, qui perce enfin la nuit la plus obscure,
Peut-être éclaircira cette horrible aventure;
Et vos yeux recevant une triste clarté
Verront trop tard un jour luire la vérité.
Vous connaîtrez alors tous les maux que vous faites;
Et vous en frémirez, tout tyran que vous êtes.

<small>Cassandre persiste dans sa prévention, et laisse la reine seule avec sa confidente.</small>

ARTÉMIRE.

Avec quel artifice, avec quelles noirceurs
Pallante a su tramer ce long tissu d'horreurs!
Non, je ne reviens point de ma surprise extrême.
Quoi! Ménas à mes yeux massacré par lui-même,
Vingt conjurés mourans qui n'accusent que moi!
Ah! c'en est trop, Céphise, et je pardonne au roi.
Hélas! le roi, séduit par ce lâche artifice,
Semble me condamner lui-même avec justice.

CÉPHISE.

Implorez Philotas, à qui votre vertu
Dès long-temps...

ARTÉMIRE.

   Justes dieux! quel nom prononces-tu?
Hélas! voilà le comble à mon sort déplorable;
Philotas m'abandonne et fuit une coupable;
Il déteste sa flamme et mes faibles attraits;
Et pour moi tous les cœurs sont fermés désormais.

ACTE IV.

CÉPHISE.

Pouvez-vous soupçonner qu'un cœur qui vous adore...

ARTEMIRE.

Si Philotas m'aimait, s'il m'estimait encore,
Il me verrait, Céphise, au péril de ses jours.
De ma triste retraite il connaît les détours;
L'amour l'y conduirait, il viendrait m'y défendre;
Il viendrait y braver le courroux de Cassandre.
Je ne demande point ces preuves de sa foi :
Qu'il me croie innocente, et c'est assez pour moi.

CÉPHISE.

Ah! madame, souffrez que je coure lui dire...

ARTEMIRE.

Va, ma chère Céphise; et, devant que j'expire,
Dis-lui, s'il en est temps, qu'il ose encor me voir;
Peins-lui mes sentimens, peins-lui mon désespoir.
Si son cœur obstiné rebute ta prière,
S'il refuse à mes pleurs cette grace dernière,
Retourne, sans tarder, dans ces funestes lieux;
Tu recevras mon ame et mes derniers adieux.
Conserve après ma mort une amitié si tendre;
Dans tes fidèles mains daigne amasser ma cendre;
Remets à Philotas ces restes malheureux,
Seuls gages d'un amour trop fatal à tous deux.
Éclaircis à ses yeux ma douloureuse histoire;
Peut-être après ma mort il pourra mieux t'en croire.
Dis-lui que, sans regret descendant chez les morts,
Si j'ai pu dans la tombe emporter des remords,
Combattant en secret le feu qui me dévore,
Je ne me reprochais que de l'aimer encore.

ACTE CINQUIÈME.

Philotas vient, amené par Céphise; l'imposture de Pallante l'a séduit.

ARTÉMIRE.

Philotas ! et c'est vous qui me traitez ainsi ?
Mon époux me condamne, et vous, seigneur, aussi ?
Je pardonne à Cassandre une erreur excusable ;
Nourri dans les forfaits, il m'en a cru capable ;
Il m'avait offensée, il devait me haïr ;
Il me cherchait un crime afin de m'en punir :
Mais vous, qui, près de moi soupirant dans l'Épire,
Avez lu tant de fois dans le cœur d'Artémire ;
Vous de qui la vertu mérita tous mes soins ;
Vous qui m'aimiez, hélas ! qui le disiez du moins ;
C'est vous qui, redoublant ma honte et mon injure,
Du monstre qui m'accuse écoutez l'imposture ?
Barbare ! vos soupçons manquaient à mon malheur.
Ah ! lorsque de Pallante éprouvant la fureur,
Combattant malgré moi ma flamme et vos alarmes,
Mon cœur désespéré résistait à vos larmes,
Et, trop faible en effet contre un charme si doux,
Cherchait dans le trépas des armes contre vous,
Hélas ! qui m'aurait dit que dans cette journée
Ma vertu par vous-même eût été soupçonnée ?
J'ai cru mieux vous connaître, et n'ai pas dû penser
Qu'entre Pallante et moi vous pussiez balancer.

ACTE V.

Pardonnez-moi, grands dieux, qui m'avez condamnée!
De l'univers entier je meurs abandonnée;
Ma mort, dans le tombeau cachant la vérité,
Fera passer ma honte à la postérité.
Toutefois, dans l'horreur d'un si cruel supplice,
Si du moins Philotas m'avait rendu justice,
S'il pouvait m'estimer et me plaindre en secret,
Je sens que je mourrais avec moins de regret.

Philotas, convaincu de l'innocence de la reine, veut s'armer pour la défendre.

ARTÉMIRE.

Non, demeurez, seigneur.
J'aime mieux vos regrets qu'une audace inutile;
Innocente à vos yeux, je périrai tranquille;
Et le sort qui m'attend pourra me sembler doux,
Puisqu'il me punira de n'être point à vous.
Adieu : le temps approche où l'on veut que j'expire;
Adieu. N'oubliez point l'innocente Artémire :
Que son nom vous soit cher : elle l'a mérité :
A son honneur flétri rendez la pureté,
Et que, malgré l'horreur d'une tache si noire,
Vos larmes quelquefois honorent sa mémoire.

Philotas sort. Artémire reste seule. On vient la chercher pour la conduire à la mort; mais les amis de Philotas l'arrachent des mains de ses gardes. Elle apprend que Philotas a soulevé le peuple, qu'il combat contre Cassandre.

ARTÉMIRE.

Dieux, dont la main sur moi sans cesse appesantie,
Me promène à son gré de la mort à la vie,
Dieux puissans, sur moi seule étendez votre bras!

Rendez-moi mon supplice, et sauvez Philotas;
Éteignez dans mon sang une ardeur infidèle :
Plus son péril est grand, plus je suis criminelle.
Viens, Cassandre, il est temps; viens, frappe, venge-toi :
Je te pardonne tout, et n'immole que moi.

Philotas lui apprend que Pallante est tué, et qu'il a fait en expirant l'aveu de la trame odieuse qu'il avait tissue pour se venger des mépris de la reine, dont il a déclaré l'innocence; que le roi a été détrompé, mais trop tard. Ce prince a reçu dans le combat une blessure mortelle.

Dans la scène dernière, Cassandre mourant se fait apporter près d'Artémire. Il est accompagné d'Hipparque et de ses officiers. Il rend hommage en leur présence aux vertus de la reine; il déclare qu'il lui avait ôté l'honneur sur les délations d'un monstre que le ciel a puni, et qui connaissait trop bien le caractère soupçonneux et jaloux de son maître, et son penchant à la cruauté.

Cassandre pardonne à Philotas, dont il connaît les grandes qualités, et veut engager Artémire à se donner à lui. Il les conjure de lui pardonner ses injustices en faveur de ses remords, et de ne le regarder que comme une déplorable victime de la calomnie : il expie, dit-il, par la mort qu'il a méritée, tous les crimes dont il a souillé sa vie.

FIN DES FRAGMENS D'ARTÉMIRE.

MARIAMNE,

TRAGÉDIE EN CINQ ACTES,

Représentée pour la première fois le 6 mars 1724;
revue et corrigée par l'auteur en 1762.

PRÉFACE
DE LA PREMIÈRE ÉDITION.

Je ne donne cette édition qu'en tremblant. Tant d'ouvrages que j'ai vus applaudis au théâtre, et méprisés à la lecture me font craindre pour le mien le même sort. Une ou deux situations, l'art des acteurs, la docilité que j'ai fait paraître, ont pu m'attirer des suffrages aux représentations; mais il faut un autre mérite pour soutenir le grand jour de l'impression. C'est peu d'une conduite régulière, ce serait peu même d'intéresser. Tout ouvrage en vers, quelque beau qu'il soit d'ailleurs, sera nécessairement ennuyeux, si tous les vers ne sont pas pleins de force et d'harmonie, si l'on n'y trouve pas une élégance continue, si la pièce n'a point ce charme inexprimable de la poésie que le génie seul peut donner, où l'esprit ne saurait jamais atteindre, et sur lequel on raisonne si mal et si inutilement depuis la mort de M. Despréaux.

C'est une erreur bien grossière de s'imaginer que les vers soient la dernière partie d'une pièce de théâtre, et celle qui doit le moins coûter. M. Racine, c'est-à-dire l'homme de la terre qui, après Virgile, a le mieux connu l'art des vers, ne pensait pas ainsi. Deux années entières lui suffirent à peine pour écrire sa *Phèdre*. Pradon se vante d'avoir composé la sienne en moins de trois mois. Comme le succès passager des représentations d'une tragédie ne dépend point du style, mais des acteurs et des situations, il arriva que les deux *Phèdres* semblèrent d'abord avoir une égale destinée; mais l'impression régla bientôt le rang de l'une et de l'autre. Pradon, selon la coutume des mauvais auteurs, eut beau faire une préface insolente, dans laquelle il traitait ses critiques de malhonnêtes gens; sa pièce, tant vantée par sa cabale et par lui, tomba dans le mépris qu'elle mérite, et sans la *Phèdre* de M. Racine, on ignorerait aujourd'hui que Pradon en a composé une.

Mais d'où vient enfin cette distance si prodigieuse entre ces deux ouvrages? La conduite en est à peu près la même : Phèdre est mourante dans l'une et dans l'autre. Thésée est absent dans les premiers actes : il passe pour avoir été aux enfers avec Pirithoüs. Hippolyte, son fils, veut quitter Trézène; il veut fuir Aricie qu'il aime. Il déclare sa passion à Aricie, et reçoit avec horreur celle de Phèdre : il meurt du même genre de mort, et son gouverneur fait le récit de sa mort. Il y a plus : les personnages des deux pièces, se trouvant dans les mêmes situations, disent presque les mêmes choses; mais c'est là qu'on distingue le grand homme et le mauvais poëte. C'est lorsque Racine et Pradon pensent de même qu'ils sont le plus différens. En voici un exemple bien sensible. Dans la déclaration d'Hippolyte à Aricie, M. Racine fait ainsi parler Hippolite :

> Moi qui, contre l'amour fièrement révolté,
> Aux fers de ses captifs ai long-temps insulté;
> Qui, des faibles mortels déplorant les naufrages,
> Pensais toujours du bord contempler les orages;
> Asservi maintenant sous la commune loi,
> Par quel trouble me vois-je emporté loin de moi?
> Un moment a vaincu mon audace imprudente;
> Cette ame si superbe est enfin dépendante.
> Depuis près de six mois, honteux, désespéré,
> Portant partout le trait dont je suis déchiré,
> Contre vous, contre moi, vainement je m'éprouve :

Présente, je vous fuis; absente, je vous trouve;
Dans le fond des forêts votre image me suit;
La lumière du jour, les ombres de la nuit,
Tout retrace à mes yeux les charmes que j'évite;
Tout vous livre à l'envi le rebelle Hippolyte.
Moi-même, pour tout fruit de mes soins superflus,
Maintenant je me cherche, et ne me trouve plus.
Mon arc, mes javelots, mon char, tout m'importune.
Je ne me souviens plus des leçons de Neptune;
Mes seuls gémissemens font retentir les bois,
Et mes coursiers oisifs ont oublié ma voix.

Voici comment Hippolyte s'exprime dans Pradon :

Assez et trop long-temps, d'une bouche profane,
Je méprisai l'amour et j'adorai Diane.
Solitaire, farouche, on me voyait toujours
Chasser dans nos forêts les lions et les ours.
Mais un soin plus pressant m'occupe et m'embarrasse :
Depuis que je vous vois j'abandonne la chasse;
Elle fit autrefois mes plaisirs les plus doux,
Et quand j'y vais, ce n'est que pour penser à vous.

On ne saurait lire ces deux pièces de comparaison sans admirer l'une et sans rire de l'autre. C'est pourtant dans toutes les deux le même fonds de sentiment et de pensées; car, quand il s'agit de faire parler les passions, tous les hommes ont presque les mêmes idées; mais la façon de les exprimer distingue l'homme d'esprit d'avec celui qui n'en a point, l'homme de génie d'avec celui qui n'a que de l'esprit, et le poète d'avec celui qui veut l'être.

Pour parvenir à écrire comme M. Racine, il faudrait avoir son génie, et polir autant que lui ses ouvrages. Quelle défiance ne dois-je donc point avoir, moi qui, né avec des talens si faibles, et accablé par des maladies continuelles, n'ai ni le don de bien imaginer, ni la liberté de corriger, par un travail assidu, les défauts de mes ouvrages ! Je sens avec déplaisir toutes les fautes qui sont dans la contexture de cette pièce, aussi bien que dans la diction. J'en aurais corrigé quelques unes, si j'avais pu retarder cette édition ; mais j'en aurais encore laissé beaucoup. Dans tous les arts, il y a un terme par delà lequel on ne peut plus avancer. On est resserré dans les bornes de son talent ; on voit la perfection au delà de soi, et on fait des efforts impuissans pour y atteindre.

Je ne ferai point une critique détaillée de cette pièce : les lecteurs la feront assez sans moi. Mais je crois qu'il est nécessaire que je parle ici d'une critique générale qu'on a faite sur le choix du sujet de *Mariamne*. Comme le génie des Français est de saisir vivement le côté ridicule des choses les plus sérieuses, on disait que le sujet de *Mariamne* n'était autre chose qu'un vieux mari amoureux et brutal, à qui sa femme refuse avec aigreur le devoir conjugal ; et on ajoutait qu'une querelle de ménage ne pouvait jamais faire une tragédie. Je supplie qu'on fasse avec moi quelques réflexions sur ce préjugé.

Les pièces tragiques sont fondées, ou sur les intérêts de toute une nation, ou sur les intérêts particuliers de quelques princes. De ce premier genre sont l'*Iphigénie en Aulide*, où la Grèce assemblée demande le sang de la fille d'Agamemnon ; *les Horaces*, où trois combattans ont entre les mains le sort de Rome ; l'*OEdipe*, où le salut des Thébains dépend de la découverte du meurtrier de Laïus. Du second genre sont *Britannicus*, *Phèdre*, *Mithridate*, etc.

Dans ces trois dernières, tout l'intérêt est renfermé dans la famille du héros de la pièce ; tout roule sur des passions que des bourgeois ressentent comme les princes ; et l'intrigue de ces ouvrages est aussi propre à la comédie qu'à la tragédie. Otez les noms, « Mithridate « n'est qu'un vieillard amoureux d'une jeune fille : ses « deux fils en sont amoureux aussi ; et il se sert d'une « ruse assez basse pour découvrir celui des deux qui « est aimé. Phèdre est une belle-mère qui, enhardie par « une intrigante, fait des propositions à son beau-fils, « lequel est occupé ailleurs. Néron est un jeune homme « impétueux qui devient amoureux tout d'un coup, qui « dans le moment veut se séparer d'avec sa femme, et « qui se cache derrière une tapisserie pour écouter les « discours de sa maîtresse. » Voilà des sujets que Molière a pu traiter comme Racine. Aussi l'intrigue de l'*Avare* est-elle précisément la même que celle de *Mithridate*. Harpagon et le roi de Pont sont deux vieillards amoureux : l'un et l'autre ont leur fils pour rival ; l'un et l'autre se servent du même artifice pour découvrir l'intelligence qui est entre leur fils et leur maîtresse ; et les deux pièces finissent par le mariage du jeune homme.

Molière et Racine ont également réussi en traitant ces deux intrigues : l'un a amusé, a réjoui, a fait rire les honnêtes gens ; l'autre a attendri, a effrayé, a fait verser des larmes. Molière a joué l'amour ridicule d'un vieil avare ; Racine a représenté les faiblesses d'un grand roi, et les a rendues respectables.

Que l'on donne une noce à peindre à Watteau et à Le Brun : l'un représentera, sous une treille, des paysans pleins d'une joie naïve, grossière et effrénée, autour d'une table rustique, où l'ivresse, l'emportement, la débauche, le rire immodéré, règneront ; l'autre peindra les noces de Thétis et de Pélée, les festins des dieux, leur joie majestueuse : et tous deux seront arrivés à la perfection de leur art par des chemins différens.

On peut appliquer tous ces exemples à *Mariamne*. La mauvaise humeur d'une femme, l'amour d'un vieux mari, les tracasseries d'une belle-sœur, sont de petits objets comiques par eux-mêmes ; mais un roi à qui la terre a donné le nom de *grand*, éperdument amoureux de la plus belle femme de l'univers ; la passion furieuse de ce roi si fameux par ses vertus et par ses crimes ; ses cruautés passées, ses remords présens ; ce passage si continuel et si rapide de l'amour à la haine et de la haine à l'amour ; l'ambition de sa sœur, les intrigues de ses ministres ; la situation cruelle d'une princesse dont la vertu et la beauté sont célèbres encore dans le monde, qui avait vu son père et son frère livrés à la mort par son mari, et qui, pour comble de douleur, se voyait aimée du meurtrier de sa famille : quel champ ! quelle carrière pour un autre génie que le mien ! Peut-on dire qu'un tel sujet soit indigne de la tragédie ? C'est là surtout que, *selon ce qu'on peut être, les choses changent de nom*.

FRAGMENT

DE

LA PRÉFACE DE L'ÉDITION DE 1730.

La destinée de cette pièce a été extraordinaire. Elle fut jouée pour la première fois en 1724, et fut si mal reçue, qu'à peine put-elle être achevée. Elle fut rejouée en 1725 avec quelques changemens, et fut reçue alors avec une extrême indulgence.

J'avoue avec sincérité qu'elle méritait le mauvais accueil que lui fit d'abord le public; et je supplie qu'on me permette d'entrer sur cela dans un détail qui peut-être ne sera pas inutile à ceux qui voudront courir la carrière épineuse du théâtre, où j'ai le malheur de m'être engagé. Ils verront les écueils où j'ai échoué; ce n'est que par là que je puis leur être utile.

Une des premières règles est de peindre les héros connus tels qu'ils ont été, ou plutôt tels que le public les imagine; car il est bien plus aisé de mener les hommes par les idées qu'ils ont, qu'en voulant leur en donner de nouvelles.

> Sit Medea ferox invictaque, flebilis Ino,
> Perfidus Ixion, Io vaga, tristis Orestes, etc.

Fondé sur ces principes, et entraîné par la complaisance respectueuse que j'ai toujours eue pour des personnes qui m'honorent de leur amitié et de leurs conseils, je résolus de m'assujétir entièrement à l'idée que les hommes ont depuis long-temps de Mariamne et d'Hérode, et je ne songeai qu'à les peindre fidèlement d'après le portrait que chacun s'en est fait dans son imagination.

Ainsi Hérode parut, dans cette pièce, cruel et politique; tyran de ses sujets, de sa famille, de sa femme; plein d'amour pour Mariamne, mais plein d'un amour barbare qui ne lui inspirait pas le moindre repentir de ses fureurs. Je ne donnai à Mariamne d'autres sentimens qu'un orgueil imprudent, et qu'une haine inflexible pour son mari. Et enfin, dans la vue de me conformer aux opinions reçues, je ménageai une entrevue entre Hérode et Varus [1], dans laquelle je fis parler ce préteur avec la hauteur qu'on s'imagine que les Romains affectaient avec les rois.

Qu'arriva-t-il de tout cet arrangement? Mariamne intraitable n'intéressa point; Hérode, n'étant que criminel, révolta; et son entretien avec Varus le rendit méprisable. J'étais à la première représentation : je m'aperçus, dès le moment où Hérode parut, qu'il était impossible que la pièce eût du succès; et je compris que je m'étais égaré en marchant trop timidement dans la route ordinaire.

Je sentis qu'il est des occasions où la première règle est de s'écarter des règles prescrites; et que (comme le dit M. Pascal sur un sujet plus sérieux) les vérités se succèdent du pour au contre à mesure qu'on a plus de lumières.

---

[1] M. de Voltaire a, dans la suite, substitué le personnage de Sohème à celui de Varus. On trouvera, dans les variantes, les scènes qu'il a cru devoir sacrifier; mais il a été impossible de retrouver le premier dénoûment.

DE LA PRÉFACE DE 1730.

Il est vrai qu'il faut peindre les héros tels qu'ils ont été; mais il est encore plus vrai qu'il faut adoucir les caractères désagréables; qu'il faut songer au public pour qui l'on écrit, encore plus qu'aux héros que l'on fait paraître, et qu'on doit imiter les peintres habiles, qui embellissent en conservant la ressemblance.

Pour qu'Hérode ressemblât, il était nécessaire qu'il excitât l'indignation; mais, pour plaire, il devait émouvoir la pitié. Il fallait que l'on détestât ses crimes, que l'on plaignît sa passion, qu'on aimât ses remords; et que ces mouvemens si violens, si subits, si contraires, qui sont le caractère d'Hérode, passassent rapidement tour à tour dans l'ame du spectateur.

Si l'on veut suivre l'histoire, Mariamne doit hair Hérode et l'accabler de reproches; mais, si l'on veut que Mariamne intéresse, ses reproches doivent faire espérer une réconciliation, sa haine ne doit pas paraître toujours inflexible. Par là, le spectateur est attendri, et l'histoire n'est point entièrement démentie.

Enfin je crois que Varus ne doit point du tout voir Hérode, et en voici les raisons. S'il parle à ce prince avec hauteur et avec colère, il l'humilie; et il ne faut point avilir un personnage qui doit intéresser. S'il lui parle avec politesse, ce n'est qu'une scène de complimens, qui serait d'autant plus froide, qu'elle serait inutile. Que si Hérode répond en justifiant ses cruautés, il dément la douleur et les remords dont il est pénétré en arrivant; s'il avoue à Varus cette douleur et ce repentir, qu'il ne peut en effet cacher à personne, alors il n'est plus permis au vertueux Varus de contribuer à la fuite de Mariamne, pour laquelle il ne doit plus craindre. De plus, Hérode ne peut faire qu'un très méchant personnage avec l'amant de sa femme; et il ne faut jamais faire rencontrer ensemble sur la scène des acteurs principaux qui n'ont rien d'intéressant à se dire.

La mort de Mariamne, qui, à la première représentation, était empoisonnée et expirait sur le théâtre, acheva de révolter les spectateurs; soit que le public ne pardonne rien lorsqu'une fois il est mécontent, soit qu'en effet il eût raison de condamner cette invention, qui était une faute contre l'histoire, faute qui peut-être n'était rachetée par aucune beauté [1].

J'aurais pu ne pas me rendre sur ce dernier article,

[1] A la première représentation, dans le moment où Mariamne tenait la coupe et prenait le poison, le parterre cria : *La reine boit.* C'était justement la veille de la fête des Rois. La pièce fut interrompue; l'on n'entendit point une scène très pathétique entre Hérode et Mariamne mourante; du moins c'est le jugement que nous en avons entendu porter à ceux qui avaient entendu cette scène avant les représentations.

M. de Voltaire a changé, en 1762, le personnage de Varus; parce que sa défaite et sa mort en Germanie sont trop connues pour que l'on puisse supposer, même dans sa tragédie, qu'il ait été tué en Judée; parce qu'un preteur romain n'aurait pas excité une sédition dans Jérusalem; il eût défendu à Hérode, au nom de Cesar, d'attenter à la vie de sa femme, et Hérode eût obéi : parce qu'un romain amoureux d'une reine ne peut intéresser, à moins que le sacrifice de sa passion ne soit, comme dans *Bérénice,* le sujet de la pièce : enfin parce qu'il fallait ou avilir Hérode devant Varus, ou s'écarter des mœurs connues de ce siècle. Personne n'ignore combien les rois alliés, ou plutôt sujets de Rome, étaient petits auprès des généraux romains envoyés dans les provinces.

M. de Voltaire avait projeté une édition corrigée de ses ouvrages dramatiques, et il voulait distinguer les pièces qu'il regardait comme propres au théâtre, de celles qu'il ne croyait faites que pour être lues; mais il n'appartenait qu'à lui de faire ce choix.

Voici la note qu'il avait placée à la tête de *Mariamne* ·

« Les gens de lettres qui ont présidé à cette edition ont cru devoir re-
« jeter cette tragédie parmi les pièces de l'auteur qui ne sont pas repré-
« sentées sur le théâtre de Paris, et qui ne sont pour la plupart que des
« pièces de société. *Mariamne* fut composee dans le temps de la nouveauté
« d'*OEdipe* . il ne l'a jamais regardée que comme une déclamation. »

et j'avoue que c'est contre mon goût que j'ai mis la mort de Mariamne en récit au lieu de la mettre en action; mais je n'ai voulu combattre en rien le goût du public : c'est pour lui et non pour moi que j'écris; ce sont ses sentimens et non les miens que je dois suivre.

Cette docilité raisonnable, ces efforts que j'ai faits pour rendre intéressant un sujet qui avait paru si ingrat, m'ont tenu lieu du mérite qui m'a manqué, et ont enfin trouvé grace devant des juges prévenus contre la pièce.

PERSONNAGES.

HÉRODE, roi de Palestine.
MARIAMNE, femme d'Hérode.
SALOME, sœur d'Hérode.
SOHÊME, prince de la race des Asmonéens.
MAZAEL, } ministres d'Hérode.
IDAMAS, }
NARBAS, ancien officier des rois Asmonéens.
AMMON, confident de Sohême.
ÉLISE, confidente de Mariamne.
Un Garde d'Hérode, parlant.
Suite d'Hérode.
Suite de Sohême.
Une Suivante de Mariamne, personnage muet.

La scène est à Jérusalem, dans le palais d'Hérode

MARIAMNE,

TRAGÉDIE.

ACTE PREMIER.

SCENE I.

SALOME, MAZAEL.

MAZAEL.
Oui, cette autorité qu'Hérode vous confie,
Jusques à son retour est du moins affermie.
J'ai volé vers Azor, et repassé soudain
Des champs de Samarie aux sources du Jourdain :
Madame, il était temps que du moins ma présence
Des Hebreux inquiets confondît l'espérance.
Hérode votre frère, à Rome retenu,
Déja dans ses états n'était plus reconnu.
Le peuple, pour ses rois toujours plein d'injustices,
Hardi dans ses discours, aveugle en ses caprices,
Publiait hautement qu'à Rome condamné
Hérode à l'esclavage était abandonné;
Et que la reine, assise au rang de ses ancêtres,
Ferait régner sur nous le sang de nos grands-prêtres.
Je l'avoue à regret, j'ai vu dans tous les lieux
Mariamne adorée, et son nom précieux ;

La Judée aime encore avec idolâtrie
Le sang de ces héros dont elle tient la vie ;
Sa beauté, sa naissance, et surtout ses malheurs,
D'un peuple qui nous hait ont séduit tous les cœurs;
Et leurs vœux indiscrets, la nommant souveraine,
Semblaient vous annoncer une chute certaine.
J'ai vu par ces faux bruits tout un peuple ébranlé;
Mais j'ai parlé, madame, et ce peuple a tremblé :
Je leur ai peint Hérode avec plus de puissance,
Rentrant dans ses états suivi de la vengeance;
Son nom seul a partout répandu la terreur,
Et les Juifs en silence ont pleuré leur erreur.

SALOME.

Mazaël, il est vrai qu'Hérode va paraître,
Et ces peuples et moi nous aurons tous un maître.
Ce pouvoir, dont à peine on me voyait jouir,
N'est qu'une ombre qui passe et va s'évanouir.
Mon frère m'était cher, et son bonheur m'opprime;
Mariamne triomphe, et je suis sa victime.

MAZAEL.

Ne craignez point un frère.

SALOME.

Eh! que deviendrons-nous
Quand la reine à ses pieds reverra son époux ?
De mon autorité cette fière rivale
Auprès d'un roi séduit nous fut toujours fatale;
Son esprit orgueilleux, qui n'a jamais plié,
Conserve encor pour nous la même inimitié.
Elle nous outragea, je l'ai trop offensée;
A notre abaissement elle est intéressée.

Eh! ne craignez-vous plus ces charmes tout puissans,
Du malheureux Hérode impérieux tyrans ?
Depuis près de cinq ans qu'un fatal hyménée
D'Hérode et de la reine unit la destinée,
L'amour prodigieux dont ce prince est épris
Se nourrit par la haine et croît par le mépris :
Vous avez vu cent fois ce monarque inflexible
Déposer à ses pieds sa majesté terrible,
Et chercher dans ses yeux irrités ou distraits,
Quelques regards plus doux qu'il ne trouvait jamais.
Vous l'avez vu frémir, soupirer et se plaindre ;
La flatter, l'irriter, la menacer, la craindre ;
Cruel dans son amour, soumis dans ses fureurs ;
Esclave en son palais, héros partout ailleurs.
Que dis-je ! en punissant une ingrate famille,
Fumant du sang du père, il adorait la fille :
Le fer encor sanglant, et que vous excitiez,
Était levé sur elle, et tombait à ses pieds.

MAZAEL.

Mais songez que dans Rome, éloigné de sa vue
Sa chaîne de si loin semble s'être rompue.

SALOME.

Croyez-moi, son retour en resserre les nœuds ;
Et ses trompeurs appas sont toujours dangereux.

MAZAEL.

Oui ; mais cette ame altière, à soi-même inhumaine,
Toujours de son époux a recherché la haine :
Elle l'irritera par de nouveaux dédains,
Et vous rendra les traits qui tombent de vos mains.
La paix n'habite point entre deux caractères

Que le ciel a formés l'un à l'autre contraires.
Hérode, en tous les temps sombre, chagrin, jaloux,
Contre son amour même aura besoin de vous.

SALOME.

Mariamne l'emporte, et je suis confondue.

MAZAEL.

Au trône d'Ascalon vous êtes attendue;
Une retraite illustre, une nouvelle cour,
Un hymen préparé par les mains de l'amour,
Vous mettront aisément à l'abri des tempêtes
Qui pourraient dans Solime éclater sur nos têtes.
Sohême est d'Ascalon paisible souverain,
Reconnu, protégé par le peuple romain,
Indépendant d'Hérode, et cher à sa province;
Il sait penser en sage et gouverner en prince:
Je n'aperçois pour vous que des destins meilleurs;
Vous gouvernez Hérode, ou vous régnez ailleurs.

SALOME.

Ah! connais mon malheur et mon ignominie:
Mariamne en tout temps empoisonne ma vie;
Elle m'enlève tout, rang, dignités, crédit;
Et pour elle, en un mot, Sohême me trahit.

MAZAEL.

Lui, qui pour cet hymen attendait votre frère!
Lui, dont l'esprit rigide et la sagesse austère
Parut tant mépriser ces folles passions
De nos vains courtisans vaines illusions!
Au roi son allié ferait-il cette offense?

SALOME.

Croyez qu'avec la reine il est d'intelligence.

ACTE I, SCÈNE I.

MAZAEL.

Le sang et l'amitié les unissent tous deux ;
Mais je n'ai jamais vu...

SALOME.

          Vous n'avez pas mes yeux !
Sur mon malheur nouveau je suis trop éclairée :
De ce trompeur hymen la pompe différée,
Les froideurs de Sohême et ses discours glacés,
M'ont expliqué ma honte et m'ont instruite assez.

MAZAEL.

Vous pensez en effet qu'une femme sévère
Qui pleure encore ici son aïeul et son frère,
Et dont l'esprit hautain, qu'aigrissent ses malheurs,
Se nourrit d'amertume et vit dans les douleurs,
Recherche imprudemment le funeste avantage
D'enlever un amant qui sous vos lois s'engage !
L'amour est-il connu de son superbe cœur ?

SALOME.

Elle l'inspire au moins, et c'est là mon malheur.

MAZAEL.

Ne vous trompez-vous point ? cette ame impérieuse,
Par excès de fierté semble être vertueuse :
A vivre sans reproche elle a mis son orgueil.

SALOME.

Cet orgueil si vanté trouve enfin son écueil.
Que m'importe, après tout, que son ame hardie
De mon parjure amant flatte la perfidie,
Ou qu'exerçant sur lui son dédaigneux pouvoir
Elle ait fait mes tourmens sans même le vouloir ?
Qu'elle chérisse ou non le bien qu'elle m'enlève,

Je le perds, il suffit; sa fierté s'en élève;
Ma honte fait sa gloire; elle a dans mes douleurs
Le plaisir insultant de jouir de mes pleurs.
Enfin c'est trop languir dans cette indigne gêne;
Je veux voir à quel point on mérite ma haine.
Sohême vient : allez, mon sort va s'éclaircir.

SCÈNE II.

SALOME, SOHÊME, AMMON.

SALOME.

Approchez; votre cœur n'est point né pour trahir,
Et le mien n'est pas fait pour souffrir qu'on l'abuse.
Le roi revient enfin; vous n'avez plus d'excuse :
Ne consultez ici que vos seuls intérêts,
Et ne me cachez plus vos sentimens secrets.
Parlez; je ne crains point l'aveu d'une inconstance
Dont je mépriserais la vaine et faible offense;
Je ne sais point descendre à des transports jaloux,
Ni rougir d'un affront dont la honte est pour vous.

SOHÊME.

Il faut donc m'expliquer, il faut donc vous apprendre
Ce que votre fierté ne craindra point d'entendre.
J'ai beaucoup, je l'avoue, à me plaindre du roi;
Il a voulu, madame, étendre jusqu'à moi
Le pouvoir que César lui laisse en Palestine;
En m'accordant sa sœur, il cherchait ma ruine :
Au rang de ses vassaux il osait me compter.
J'ai soutenu mes droits, il n'a pu l'emporter;

J'ai trouvé, comme lui, des amis près d'Auguste;
Je ne crains point Hérode, et l'empereur est juste :
Mais je ne puis souffrir (je le dis hautement)
L'alliance d'un roi dont je suis mécontent.
D'ailleurs vous connaissez cette cour orageuse;
Sa famille avec lui fut toujours malheureuse;
De tout ce qui l'approche il craint des trahisons :
Son cœur de toutes parts est ouvert aux soupçons;
Au frère de la reine il en coûta la vie;
De plus d'un attentat cette mort fut suivie.
Mariamne a vécu, dans ce triste séjour,
Entre la barbarie et les transports d'amour,
Tantôt sous le couteau, tantôt idolâtrée,
Toujours baignant de pleurs une couche abhorrée;
Craignant et son époux et de vils délateurs,
De leur malheureux roi lâches adulateurs.

SALOME.

Vous parlez beaucoup d'elle!

SOHÊME.

     Ignorez-vous, princesse,
Que son sang est le mien, que son sort m'intéresse?

SALOME.

Je ne l'ignore pas.

SOHÊME.

    Apprenez encor plus :
J'ai craint long-temps pour elle, et je ne tremble plus.
Hérode chérira le sang qui la fit naître;
Il l'a promis du moins à l'empereur son maître :
Pour moi, loin d'une cour objet de mon courroux,
J'abandonne Solime, et votre frère, et vous;

Je pars. Ne pensez pas qu'une nouvelle chaîne
Me dérobe à la vôtre et loin de vous m'entraîne.
Je renonce à la fois à ce prince, à sa cour,
A tout engagement, et surtout à l'amour.
Épargnez le reproche à mon esprit sincère :
Quand je ne m'en fais point, nul n'a droit de m'en faire.

SALOME.

Non, n'attendez de moi ni courroux ni dépit ;
J'en savais beaucoup plus que vous n'en avez dit.
Cette cour, il est vrai, seigneur, a vu des crimes :
Il en est quelquefois où des cœurs magnanimes
Par le malheur des temps se laissent emporter,
Que la vertu répare, et qu'il faut respecter ;
Il en est de plus bas, et de qui la faiblesse
Se pare arrogamment du nom de la sagesse.
Vous m'entendez peut-être ? En vain vous déguisez
Pour qui je suis trahie, et qui vous séduisez :
Votre fausse vertu ne m'a jamais trompée ;
De votre changement mon ame est peu frappée :
Mais si de ce palais, qui vous semble odieux,
Les orages passés ont indigné vos yeux,
Craignez d'en exciter qui vous suivraient peut-être
Jusqu'aux faibles états dont vous êtes le maître.

(Elle sort.)

SCÈNE III.

SOHÊME, AMMON.

SOHÊME.

Où tendait ce discours? que veut-elle? et pourquoi
Pense-t-elle en mon cœur pénétrer mieux que moi?
Qui? moi, que je soupire! et que pour Mariamne
Mon austère amitié ne soit qu'un feu profane!
Aux faiblesses d'amour, moi, j'irais me livrer,
Lorsque de tant d'attraits je cours me séparer!

AMMON.

Salome est outragée; il faut tout craindre d'elle.
La jalousie éclaire, et l'amour se décèle.

SOHÊME.

Non, d'un coupable amour je n'ai point les erreurs;
La secte dont je suis forme en nous d'autres mœurs;
Ces durs Esséniens, stoïques de Judée,
Ont eu de la morale une plus noble idée.
Nos maîtres, les Romains, vainqueurs des nations,
Commandent à la terre, et nous aux passions.
Je n'ai point, grace au ciel, à rougir de moi-même.
Le sang unit de près Mariamne et Sohême;
Je la voyais gémir sous un affreux pouvoir,
J'ai voulu la servir; j'ai rempli mon devoir.

AMMON.

Je connais votre cœur et juste et magnanime;
Il se plaît à venger la vertu qu'on opprime :
Puissiez-vous écouter, dans cette affreuse cour,
Votre noble pitié plutôt que votre amour!

MARIAMNE,

SOHÊME.

Ah! faut-il donc l'aimer pour prendre sa défense?
Qui n'aurait, comme moi, chéri son innocence?
Quel cœur indifférent n'irait à son secours?
Et qui, pour la sauver, n'eût prodigué ses jours?
Ami, mon cœur est pur, et tu connais mon zèle;
Je n'habitais ces lieux que pour veiller sur elle.
Quand Hérode partit incertain de son sort,
Quand il chercha dans Rome ou le sceptre ou la mort,
Plein de sa passion forcenée et jalouse,
Il tremblait qu'après lui sa malheureuse épouse,
Du trône descendue, esclave des Romains,
Ne fût abandonnée à de moins dignes mains.
Il voulut qu'une tombe, à tous deux préparée,
Enfermât avec lui cette épouse adorée.
Phérore fut chargé du ministère affreux
D'immoler cet objet de ses horribles feux.
Phérore m'instruisit de ces ordres coupables :
J'ai veillé sur des jours si chers, si déplorables;
Toujours armé, toujours prompt à la protéger,
Et surtout à ses yeux dérobant son danger.
J'ai voulu la servir sans lui causer d'alarmes ;
Ses malheurs me touchaient encor plus que ses char-
L'amour ne règne point sur mon cœur agité; [mes.
Il ne m'a point vaincu; c'est moi qui l'ai dompté;
Et, plein du noble feu que sa vertu m'inspire,
J'ai voulu la venger, et non pas la séduire.
Enfin l'heureux Hérode a fléchi les Romains;
Le sceptre de Judée est remis en ses mains;
Il revient triomphant sur ce sanglant théâtre;

Il revole à l'objet dont il est idolâtre,
Qu'il opprima souvent, qu'il adora toujours ;
Leurs désastres communs ont terminé leurs cours.
Un nouveau jour va luire à cette cour affreuse :
Je n'ai plus qu'à partir... Mariamne est heureuse.
Je ne la verrai plus... mais à d'autres attraits
Mon cœur, mon triste cœur est fermé pour jamais ;
Tout hymen à mes yeux est horrible et funeste :
Qui connaît Mariamne abhorre tout le reste.
La retraite a pour moi des charmes assez grands :
J'y vivrai vertueux, loin des yeux des tyrans,
Préférant mon partage au plus beau diadême,
Maître de ma fortune, et maître de moi-même.

SCENE IV.

SOHÊME, ÉLISE, AMMON.

ÉLISE.

La mère de la reine, en proie à ses douleurs,
Vous conjure, Sohême, au nom de tant de pleurs,
De vous rendre près d'elle, et d'y calmer la crainte
Dont pour sa fille encore elle a reçu l'atteinte.

SOHÉME.

Quelle horreur jetez-vous dans mon cœur étonné !

ÉLISE.

Elle a su l'ordre affreux qu'Hérode avait donné ;
Par les soins de Salome elle en est informée.

SOHÊME.

Ainsi cette ennemie, au trouble accoutumée,

Par ces troubles nouveaux pense encor maintenir
Le pouvoir emprunté qu'elle veut retenir.
Quelle odieuse cour, et combien d'artifices!
On ne marche en ces lieux que sur des précipices.
Hélas! Alexandra, par des coups inouïs,
Vit périr autrefois son époux et son fils;
Mariamne lui reste, elle tremble pour elle :
La crainte est bien permise à l'amour maternelle.
Élise, je vous suis, je marche sur vos pas...
Grand Dieu qui prenez soin de ces tristes climats,
De Mariamne encore écartez cet orage;
Conservez, protégez votre plus digne ouvrage!

FIN DU PREMIER ACTE.

ACTE SECOND.

SCÈNE I.

SALOME, MAZAEL.

MAZAEL.
Ce nouveau coup porté, ce terrible mystère
Dont vous faites instruire et la fille et la mère,
Ce secret révélé, cet ordre si cruel,
Est désormais le sceau d'un divorce éternel.
Le roi ne croira point que, pour votre ennemie,
Sa confiance en vous soit en effet trahie;
Il n'aura plus que vous dans ses perplexités
Pour adoucir les traits par vous-même portés.
Vous seule aurez fait naître et le calme et l'orage :
Divisez pour régner; c'est là votre partage.

SALOME.
Que sert la politique où manque le pouvoir?
Tous mes soins m'ont trahi; tout fait mon désespoir[1].
Le roi m'écrit, : il veut, par sa lettre fatale,
Que sa sœur se rabaisse aux pieds de sa rivale.
J'espérais de Sohême un noble et sûr appui;
Hérode était le mien; tout me manque aujourd'hui.
Je vois crouler sur moi le fatal édifice
Que mes mains élevaient avec tant d'artifice;

Je vois qu'il est des temps où tout l'effort humain
Tombe sous la fortune et se débat en vain,
Où la prudence échoue, où l'art nuit à soi-même ;
Et je sens ce pouvoir invincible et suprême,
Qui se joue à son gré, dans nos climats voisins [2],
De leurs sables mouvans, comme de nos destins.

MAZAEL.

Obéissez au roi, cédez à la tempête ;
Sous ses coups passagers il faut courber la tête.
Le temps peut tout changer.

SALOME.

     Trop vains soulagemens !
Malheureux qui n'attend son bonheur que du temps !
Sur l'avenir trompeur tu veux que je m'appuie,
Et tu vois cependant les affronts que j'essuie !

MAZAEL.

Sohême part au moins ; votre juste courroux
Ne craint plus Mariamne, et n'en est plus jaloux.

SALOME.

Sa conduite, il est vrai, paraît inconcevable ;
Mais m'en trahit-il moins ? en est-il moins coupable ?
Suis-je moins outragée ! ai-je moins d'ennemis,
Et d'envieux secrets, et de lâches amis ?
Il faut que je combatte et ma chute prochaine,
Et cet affront secret, et la publique haine.
Déja, de Mariamne adorant la faveur,
Le peuple à ma disgrace insulte avec fureur :
Je verrai tout plier sous sa grandeur nouvelle,
Et mes faibles honneurs éclipsés devant elle.
Mais c'est peu que sa gloire irrite mon dépit,

Ma mort va signaler ma chute et son crédit.
Je ne me flatte point ; je sais comme en sa place
De tous mes ennemis je confondrais l'audace :
Ce n'est qu'en me perdant qu'elle pourra régner,
Et son juste courroux ne doit point m'épargner.
Cependant, ô contrainte! ô comble d'infamie!
Il faut donc qu'à ses yeux ma fierté s'humilie!
Je viens avec respect essuyer ses hauteurs,
Et la féliciter sur mes propres malheurs.

MAZAEL.

Elle vient en ces lieux.

SALOME.

    Faut-il que je la voie?

SCÈNE II.

MARIAMNE, ÉLISE, SALOME, MAZAEL, NARBAS.

SALOME.

Je viens auprès de vous partager votre joie :
Rome me rend un frère, et vous rend un époux
Couronné, tout puissant, et digne enfin de vous.
Ses triomphes passés, ceux qu'il prépare encore,
Ce titre heureux de Grand dont l'univers l'honore,
Les droits du sénat même à ses soins confiés,
Sont autant de présens qu'il va mettre à vos pieds.
Possédez désormais son ame et son empire,
C'est ce qu'à vos vertus mon amitié désire;
Et je vais par mes soins serrer l'heureux lien

MARIAMNE,
Qui doit joindre à jamais votre cœur et le sien.
MARIAMNE.
Je ne prétends de vous ni n'attends ce service :
Je vous connais, madame, et je vous rends justice;
Je sais par quels complots, je sais par quels détours
Votre haine impuissante a poursuivi mes jours.
Jugeant de moi par vous, vous me craignez peut-être;
Mais vous deviez du moins apprendre à me connaître.
Ne me redoutez point; je sais également
Dédaigner votre crime et votre châtiment;
J'ai vu tous vos desseins, et je vous les pardonne;
C'est à vos seuls remords que je vous abandonne,
Si toutefois, après de si lâches efforts,
Un cœur comme le vôtre écoute des remords.
SALOME.
C'est porter un peu loin votre injuste colère :
Ma conduite, mes soins, et l'aveu de mon frère,
Peut-être suffiront pour me justifier.
MARIAMNE.
Je vous l'ai déja dit, je veux tout oublier :
Dans l'état où je suis, c'est assez pour ma gloire;
Je puis vous pardonner, mais je ne puis vous croire [3].
MAZAEL.
J'ose ici, grande reine, attester l'Éternel
Que mes soins à regret...
MARIAMNE.
Arrêtez, Mazaël;
Vos excuses pour moi sont un nouvel outrage :
Obéissez au roi, voilà votre partage :
A mes tyrans vendu, servez bien leur courroux;

ACTE II, SCÈNE III.

Je ne m'abaisse pas à me plaindre de vous.
(à Salome.)
Je ne vous retiens point, et vous pouvez, madame,
Aller apprendre au roi les secrets de mon ame;
Dans son cœur aisément vous pouvez ranimer
Un courroux que mes yeux dédaignent de calmer.
De tous vos délateurs armez la calomnie :
J'ai laissé jusqu'ici leur audace impunie,
Et je n'oppose encore à mes vils ennemis
Qu'une vertu sans tache et qu'un juste mépris.

SALOME.

Ah! c'en est trop enfin ; vous auriez dû peut-être
Ménager un peu plus la sœur de votre maître.
L'orgueil de vos attraits pense tout asservir :
Vous me voyez tout perdre, et croyez tout ravir;
Votre victoire un jour peut vous être fatale.
Vous triomphez... Tremblez, imprudente rivale!

SCÈNE III.

MARIAMNE, ÉLISE, NARBAS.

ÉLISE.

Ah, madame ! à ce point pouvez-vous irriter
Des ennemis ardens à vous persécuter ?
La vengeance d'Hérode, un moment suspendue,
Sur votre tête encore est peut-être étendue ;
Et, loin d'en détourner les redoutables coups,
Vous appelez la mort qui s'éloignait de vous.
Vous n'avez plus ici de bras qui vous appuie ;

Ce défenseur heureux de votre illustre vie,
Sohême, dont le nom si craint, si respecté,
Long-temps de vos tyrans contint la cruauté,
Sohême va partir ; nul espoir ne vous reste.
Auguste à votre époux laisse un pouvoir funeste :
Qui sait dans quels desseins il revient aujourd'hui ?
Tout, jusqu'à son amour, est à craindre de lui :
Vous le voyez trop bien ; sa sombre jalousie
Au delà du tombeau portait sa frénésie ;
Cet ordre qu'il donna me fait encor trembler.
Avec vos ennemis daignez dissimuler :
La vertu sans prudence, hélas ! est dangereuse.

MARIAMNE.

Oui, mon ame, il est vrai, fut trop impérieuse ;
Je n'ai point connu l'art, et j'en avais besoin.
De mon sort à Sohême abandonnons le soin ;
Qu'il vienne, je l'attends ; qu'il règle ma conduite.
Mon projet est hardi ; je frémis de la suite.
Faites venir Sohême.

(Élise sort.)

SCÈNE IV.

MARIAMNE, NARBAS.

MARIAMNE.

Et vous, mon cher Narbas,
De mes vœux incertains apaisez les combats :
Vos vertus, votre zèle, et votre expérience,
Ont acquis dès long-temps toute ma confiance.

Mon cœur vous est connu, vous savez mes desseins,
Et les maux que j'éprouve, et les maux que je crains.
Vous avez vu ma mère, au désespoir réduite,
Me presser en pleurant d'accompagner sa fuite;
Son esprit, accablé d'une juste terreur,
Croit à tous les momens voir Hérode en fureur,
Encor tout dégouttant du sang de sa famille,
Venir à ses yeux même assassiner sa fille.
Elle veut à mes fils, menacés du tombeau,
Donner César pour père, et Rome pour berceau.
On dit que l'infortune à Rome est protégée;
Rome est le tribunal où la terre est jugée.
Je vais me présenter au roi des souverains.
Je sais qu'il est permis de fuir ses assassins,
Que c'est le seul parti que le destin me laisse :
Toutefois en secret, soit vertu, soit faiblesse,
Prête à fuir un époux, mon cœur frémit d'effroi,
Et mes pas chancelans s'arrêtent malgré moi.

NARBAS.

Cet effroi généreux n'a rien que je n'admire;
Tout injuste qu'il est, la vertu vous l'inspire.
Ce cœur, indépendant des outrages du sort,
Craint l'ombre d'une faute, et ne craint point la mort.
Bannissez toutefois ces alarmes secrètes;
Ouvrez les yeux, madame, et voyez où vous êtes :
C'est là que, répandu par les mains d'un époux,
Le sang de votre père a rejailli sur vous :
Votre frère en ces lieux a vu trancher sa vie;
En vain de son trépas le roi se justifie,
En vain César trompé l'en absout aujourd'hui;

L'Orient révolté n'en accuse que lui.
Regardez, consultez les pleurs de votre mère,
L'affront fait à vos fils, le sang de votre père,
La cruauté du roi, la haine de sa sœur,
Et (ce que je ne puis prononcer sans horreur,
Mais dont votre vertu n'est point épouvantée)
La mort plus d'une fois à vos yeux présentée.
 Enfin, si tant de maux ne vous étonnent pas,
Si d'un front assuré vous marchez au trépas,
Du moins de vos enfans embrassez la défense.
Le roi leur a du trône arraché l'espérance;
Et vous connaissez trop ces oracles affreux
Qui depuis si long-temps vous font trembler pour eux.
Le ciel vous a prédit qu'une main étrangère
Devait un jour unir vos fils à votre père.
Un Arabe implacable a déja sans pitié,
De cet oracle obscur accompli la moitié :
Madame, après l'horreur d'un essai si funeste,
Sa cruauté sans doute, accomplirait le reste;
Dans ses emportemens rien n'est sacré pour lui.
Eh! qui vous répondra que lui-même aujourd'hui
Ne vienne exécuter sa sanglante menace,
Et des Asmonéens anéantir la race?
Il est temps désormais de prévenir ses coups;
Il est temps d'épargner un meurtre à votre époux,
Et d'éloigner du moins de ces tendres victimes
Le fer de vos tyrans, et l'exemple des crimes.
 Nourri dans ce palais, près des rois vos aïeux,
Je suis prêt à vous suivre en tout temps, en tous lieux.
Partez, rompez vos fers; allez, dans Rome même,

Implorer du sénat la justice suprême,
Remettre de vos fils la fortune en sa main,
Et les faire adopter par le peuple romain ;
Qu'une vertu si pure aille étonner Auguste.
Si l'on vante à bon droit son règne heureux et juste,
Si la terre avec joie embrasse ses genoux,
S'il mérite sa gloire, il fera tout pour vous.

MARIAMNE.

Je vois qu'il n'est plus temps que mon cœur délibère,
Je cède à vos conseils, aux larmes de ma mère,
Au danger de mes fils, au sort, dont les rigueurs
Vont m'entraîner peut-être en de plus grands malheurs.
Retournez chez ma mère, allez ; quand la nuit sombre
Dans ces lieux criminels aura porté son ombre,
Qu'au fond de ce palais on me vienne avertir ;
On le veut, il le faut, je suis prête à partir.

SCÈNE V.

MARIAMNE, SOHÊME, ÉLISE.

SOHÊME.

Je viens m'offrir, madame, à votre ordre suprême ;
Vos volontés pour moi sont les lois du ciel même :
Faut-il armer mon bras contre vos ennemis ?
Commandez, j'entreprends ; parlez, et j'obéis.

MARIAMNE.

Je vous dois tout, seigneur ; et, dans mon infortune,
Ma douleur ne craint point de vous être importune,
Ni de solliciter par d'inutiles vœux

Les secours d'un héros, l'appui des malheureux.
  Lorsque Hérode attendait le trône ou l'esclavage,
Moi-même des Romains j'ai brigué le suffrage;
Malgré ses cruautés, malgré mon désespoir,
Malgré mes intérêts, j'ai suivi mon devoir.
J'ai servi mon époux; je le ferais encore.
Il faut que pour moi-même enfin je vous implore;
Il faut que je dérobe à d'inhumaines lois
Les restes malheureux du pur sang de nos rois.
J'aurais dû dès long-temps, loin d'un lieu si coupable,
Demander au sénat un asile honorable :
Mais, seigneur, je n'ai pu, dans les troubles divers
Dont la guerre civile a rempli l'univers,
Chercher parmi l'effroi, la guerre et les ravages,
Un port aux mêmes lieux d'où partaient les orages.
Auguste au monde entier donne aujourd'hui la paix;
Sur toute la nature il répand ses bienfaits.
Après les longs travaux d'une guerre odieuse,
Ayant vaincu la terre, il veut la rendre heureuse.
Du haut du Capitole il juge tous les rois,
Et de ceux qu'on opprime il prend en main les droits.
Qui peut à ses bontés plus justement prétendre
Que mes faibles enfans, que rien ne peut défendre,
Et qu'une mère en pleurs amène auprès de lui
Du bout de l'univers implorer son appui?
Pour conserver les fils, pour consoler la mère,
Pour finir tous mes maux, c'est en vous que j'espère:
Je m'adresse à vous seul, à vous, à ce grand cœur,
De la simple vertu généreux protecteur;
A vous à qui je dois ce jour que je respire:

Seigneur, éloignez-moi de ce fatal empire.
Ma mère, mes enfans, je mets tout en vos mains;
Enlevez l'innocence au fer des assassins.
Vous ne répondez rien ! Que faut-il que je pense
De ces sombres regards et de ce long silence?
Je vois que mes malheurs excitent vos refus.

SOHÊME.

Non... je respecte trop vos ordres absolus.
Mes gardes vous suivront jusque dans l'Italie ;
Disposez d'eux, de moi, de mon cœur, de ma vie :
Fuyez le roi, rompez vos nœuds infortunés ;
Il est assez puni, si vous l'abandonnez.
Il ne vous verra plus, grace à son injustice ;
Et je sens qu'il n'est point de si cruel supplice...
Pardonnez-moi ce mot, il m'échappe à regret ;
La douleur de vous perdre a trahi mon secret.
J'ai parlé, c'en est fait ; mais, malgré ma faiblesse,
Songez que mon respect égale ma tendresse.
Sohême en vous aimant ne veut que vous servir,
Adorer vos vertus, vous venger, et mourir.

MARIAMNE.

Je me flattais, seigneur, et j'avais lieu de croire
Qu'avec mes intérêts vous chérissiez ma gloire.
Quand Sohême en ces lieux a veillé sur mes jours,
J'ai cru qu'à sa pitié je devais son secours.
Je ne m'attendais pas qu'une flamme coupable
Dût ajouter ce comble à l'horreur qui m'accable,
Ni que dans mes périls il me fallût jamais
Rougir de vos bontés et craindre vos bienfaits.
Ne pensez pas pourtant qu'un discours qui m'offense

Vous ait rien dérobé de ma reconnaissance :
Tout espoir m'est ravi, je ne vous verrai plus ;
J'oublierai votre flamme, et non pas vos vertus.
Je ne veux voir en vous qu'un héros magnanime
Qui jusqu'à ce moment mérita mon estime :
Un plus long entretien pourrait vous en priver,
Seigneur, et je vous fuis pour vous la conserver.

SOHÊME.

Arrêtez, et sachez que je l'ai méritée.
Quand votre gloire parle, elle est seule écoutée :
A cette gloire, à vous, soigneux de m'immoler,
Épris de vos vertus, je les sais égaler.
Je ne fuyais que vous, je veux vous fuir encore.
Je quittais pour jamais une cour que j'abhorre ;
J'y reste, s'il le faut, pour vous désabuser,
Pour vous respecter plus, pour ne plus m'exposer
Au reproche accablant que m'a fait votre bouche.
Votre intérêt, madame, est le seul qui me touche ;
J'y sacrifierai tout. Mes amis, mes soldats,
Vous conduiront aux bords où s'adressent vos pas.
J'ai dans ces murs encore un reste de puissance :
D'un tyran soupçonneux je crains peu la vengeance ;
Et s'il me faut périr des mains de votre époux,
Je périrai du moins en combattant pour vous.
Dans mes derniers momens je vous aurai servie,
Et j'aurai préféré votre honneur à ma vie.

MARIAMNE.

Il suffit, je vous crois : d'indignes passions
Ne doivent point souiller les nobles actions.
Oui, je vous devrai tout ; mais moi je vous expose ;

ACTE II, SCÈNE V.

Vous courez à la mort, et j'en serai la cause.
Comment puis-je vous suivre, et comment demeurer?
Je n'ai de sentiment que pour vous admirer.

SOHÊME.

Venez prendre conseil de votre mère en larmes,
De votre fermeté plus que de ses alarmes,
Du péril qui vous presse, et non de mon danger.
Avec votre tyran rien n'est à ménager :
Il est roi, je le sais; mais César est son juge.
Tout vous menace ici, Rome est votre refuge;
Mais songez que Sohême, en vous offrant ses vœux,
S'il ose être sensible, en est plus vertueux;
Que le sang de nos rois nous unit l'un et l'autre,
Et que le ciel m'a fait un cœur digne du vôtre.

MARIAMNE.

Je n'en veux point douter; et, dans mon désespoir,
Je vais consulter Dieu, l'honneur et le devoir.

SOHÊME.

C'est eux que j'en atteste; ils sont tous trois mes guides;
Ils vous arracheront aux mains des parricides.

FIN DU SECOND ACTE.

ACTE TROISIÈME.

SCÈNE I.

SOHÊME, NARBAS, AMMON; suite.

NARBAS.

Le temps est précieux, seigneur, Hérode arrive :
Du fleuve de Judée il a revu la rive.
Salome, qui ménage un reste de crédit,
Déja par ses conseils assiége son esprit.
Ses courtisans en foule auprès de lui se rendent;
Les palmes dans les mains, nos pontifes l'attendent;
Idamas le devance, et vous le connaissez.

SOHÊME.

Je sais qu'on paya mal ses services passés.
C'est ce même Idamas, cet Hébreu plein de zèle,
Qui toujours à la reine est demeuré fidèle,
Qui, sage courtisan d'un roi plein de fureur,
A quelquefois d'Hérode adouci la rigueur.

NARBAS.

Bientôt vous l'entendrez. Cependant Mariamne
Au moment de partir s'arrête, se condamne;
Ce grand projet l'étonne, et prête à le tenter,
Son austère vertu craint de l'exécuter.
Sa mère est à ses pieds, et, le cœur plein d'alarmes,

ACTE III, SCENE I.

Lui présente ses fils, la baigne de ses larmes,
La conjure en tremblant de presser son départ.
La reine flotte, hésite, et partira trop tard.
C'est vous dont la bonté peut hâter sa sortie ;
Vous avez dans vos mains la fortune et la vie
De l'objet le plus rare et le plus précieux
Que jamais à la terre aient accordé les cieux.
Protégez, conservez une auguste famille ;
Sauvez de tant de rois la déplorable fille.
Vos gardes sont-ils prêts ? puis-je enfin l'avertir ?

SOHÊME.

Oui, j'ai tout ordonné ; la reine peut partir.

NARBAS.

Souffrez donc qu'à l'instant un serviteur fidèle
Se prépare, seigneur, à marcher après elle.

SOHÊME.

Allez ; loin de ces lieux je conduirai vos pas :
Ce séjour odieux ne la méritait pas.
Qu'un dépôt si sacré soit respecté des ondes !
Que le ciel, attendri par ses douleurs profondes,
Fasse lever sur elle un soleil plus serein !
Et vous, vieillard heureux, qui suivez son destin,
Des serviteurs des rois sage et parfait modèle,
Votre sort est trop beau, vous vivrez auprès d'elle.

SCÈNE II.

SOHÊME, AMMON; suite de sohême.

SOHÊME.

Mais déja le roi vient; déja dans ce séjour
Le son de la trompette annonce son retour.
Quel retour, justes dieux! que je crains sa présence!
Le cruel peut d'un coup assurer sa vengeance.
Plût au ciel que la reine eût déja pour jamais
Abandonné ces lieux consacrés aux forfaits :
Oserai-je moi-même accompagner sa fuite ?
Peut-être en la servant il faut que je l'évite...
Est-ce un crime, après tout, de sauver tant d'appas;
De venger sa vertu... Mais je vois Idamas.

SCÈNE III.

SOHÊME, IDAMAS, AMMON; suite.

SOHÈME.

Ami, j'épargne au roi de frivoles hommages,
De l'amitié des grands importuns témoignages,
D'un peuple curieux trompeur amusement,
Qu'on étale avec pompe, et que le cœur dement.
Mais parlez; Rome enfin vient de vous rendre un maître:
Hérode est souverain : est-il digne de l'être?
Vient-il dans un esprit de fureur ou de paix ?
Craint-on des cruautés? attend-on des bienfaits ?

ACTE III, SCÈNE III.

IDAMAS.

Veuille le juste ciel, formidable au parjure,
Écarter loin de lui l'erreur et l'imposture ?
Salome et Mazaël s'empressent d'écarter
Quiconque a le cœur juste et ne sait point flatter.
Ils révèlent, dit-on, des secrets redoutables :
Hérode en a pâli ; des cris épouvantables
Sont sortis de sa bouche, et ses yeux en fureur
A tout ce qui l'entoure inspirent la terreur.
Vous le savez assez, leur cabale attentive
Tint toujours près de lui la vérité captive.
Ainsi ce conquérant qui fit trembler les rois,
Ce roi dont Rome même admira les exploits,
De qui la renommée alarme encor l'Asie,
Dans sa propre maison voit sa gloire avilie :
Haï de son épouse, abusé par sa sœur,
Déchiré de soupçons, accablé de douleur,
J'ignore en ce moment le dessein qui l'entraîne.
On le plaint, on murmure, on craint tout pour la reine ;
On ne peut pénétrer ses secrets sentimens,
Et de son cœur troublé les soudains mouvemens ;
Il observe avec nous un silence farouche ;
Le nom de Mariamne échappe de sa bouche ;
Il menace, il soupire, il donne en frémissant
Quelques ordres secrets qu'il révoque à l'instant.
D'un sang qu'il détestait Mariamne est formée ;
Il voulut la punir de l'avoir trop aimée :
Je tremble encor pour elle.

SOHÊME.

Il suffit, Idamas.

La reine est en danger : Ammon, suivez mes pas;
Venez; c'est à moi seul de sauver l'innocence.

IDAMAS.

Seigneur, ainsi du roi vous fuirez la présence?
Vous de qui la vertu, le rang, l'autorité,
Imposeraient silence à la perversité?

SOHÊME.

Un intérêt plus grand, un autre soin m'anime;
Et mon premier devoir est d'empêcher le crime.

IDAMAS. (il sort.)

Quels orages nouveaux! quel trouble je prévoi!
Puissant Dieu des Hébreux, changez le cœur du roi!

SCÈNE IV.

HÉRODE, MAZAEL, IDAMAS; SUITE D'HÉRODE.

HÉRODE.

Hé quoi, Sohême aussi semble éviter ma vue!
Quelle horreur devant moi s'est partout répandue!
Ciel! ne puis-je inspirer que la haine ou l'effroi?
Tous les cœurs des humains sont-ils fermés pour moi?
En horreur à la reine, à mon peuple, à moi-même,
A regret sur mon front je vois le diadême :
Hérode en arrivant recueille avec terreur
Les chagrins dévorans qu'a semés sa fureur.
Ah, Dieu!

MAZAEL.

Daignez calmer ces injustes alarmes.

HÉRODE.

Malheureux! qu'ai-je fait?

ACTE III, SÈCNE IV.

MAZAEL.

Quoi ! vous versez des larmes !
Vous, ce roi fortuné, si sage en ses desseins !
Vous, la terreur du Parthe et l'ami des Romains !
Songez, seigneur, songez à ces noms pleins de gloire
Que vous donnaient jadis Antoine et la victoire;
Songez que près d'Auguste, appelé par son choix,
Vous marchiez distingué de la foule des rois ;
Revoyez à vos lois Jérusalem rendue,
Jadis par vous conquise et par vous défendue,
Reprenant aujourd'hui sa première splendeur,
En contemplant son prince au faîte du bonheur.
Jamais roi plus heureux dans la paix, dans la guerre...

HÉRODE.

Non, il n'est plus pour moi de bonheur sur la terre.
Le destin ma frappé de ses plus rudes coups,
Et, pour comble d'horreur, je les mérite tous.

IDAMAS.

Seigneur, m'est-il permis de parler sans contrainte?
Ce trône auguste et saint, qu'environne la crainte,
Serait mieux affermi s'il l'était par l'amour :
En fesant des heureux, un roi l'est à son tour.
A d'éternels chagrins votre ame abandonnée
Pourrait tarir d'un mot leur source empoisonnée.
Seigneur, ne souffrez plus que d'indignes discours
Osent troubler la paix et l'honneur de vos jours,
Ni que de vils flatteurs écartent de leur maître
Des cœurs infortunés, qui vous cherchaient peut-être.
Bientôt de vos vertus tout Israël charmé...

HÉRODE.
Eh! croyez-vous encor que je puisse être aimé?
Qu'Hérode est aujourd'hui différent de lui-même!
MAZAEL.
Tout adore à l'envi votre grandeur suprême.
IDAMAS.
Un seul cœur vous résiste, et l'on peut le gagner.
HÉRODE.
Non; je suis un barbare, indigne de régner.
IDAMAS.
Votre douleur est juste; et si pour Mariamne...
HÉRODE.
Et c'est ce nom fatal, hélas! qui me condamne;
C'est ce nom qui reproche à mon cœur agité
L'excès de ma faiblesse et de ma cruauté.
MAZAEL.
Elle sera toujours inflexible en sa haine :
Elle fuit votre vue.
HÉRODE.
Ah! j'ai cherché la sienne.
MAZAEL.
Qui? vous, seigneur?
HÉRODE.
Hé quoi! mes transports furieux,
Ces pleurs que mes remords arrachent de mes yeux,
Ce changement soudain, cette douleur mortelle,
Tout ne te dit-il pas que je viens d'auprès d'elle?
Toujours troublé, toujours plein de haine et d'amour,
J'ai trompé, pour la voir, une importune cour.
Quelle entrevue, ô cieux! quels combats! quel supplice!

Dans ses yeux indignés j'ai lu mon injustice;
Ses regards inquiets n'osaient tomber sur moi;
Et tout, jusqu'à mes pleurs, augmentait son effroi.

MAZAEL.

Seigneur, vous le voyez, sa haine envenimée
Jamais par vos bontés ne sera désarmée;
Vos respects dangereux nourrissent sa fierté.

HÉRODE.

Elle me hait! ah, Dieu! je l'ai trop mérité!
Je lui pardonne, hélas! dans le sort qui l'accable,
De haïr à ce point un époux si coupable.

MAZAEL.

Vous coupable? Eh, seigneur! pouvez-vous oublier
Ce que la reine a fait pour vous justifier?
Ses mépris outrageans, sa superbe colère,
Ses desseins contre vous, les complots de son père?
Le sang qui la forma fut un sang ennemi;
Le dangereux Hircan vous eût toujours trahi :
Et des Asmonéens la brigue était si forte,
Que sans un coup d'état vous n'auriez pu...

HÉRODE.

N'importe;
Hircan était son père, il fallait l'épargner;
Mais je n'écoutai rien que la soif de régner;
Ma politique affreuse a perdu sa famille;
J'ai fait périr le père, et j'ai proscrit la fille;
J'ai voulu la haïr; j'ai trop su l'opprimer :
Le ciel, pour m'en punir, me condamne à l'aimer.

IDAMAS.

Seigneur, daignez m'en croire; une juste tendresse

Devient une vertu, loin d'être une faiblesse :
Digne de tant de biens que le ciel vous a faits,
Mettez votre amour même au rang de ses bienfaits.

HÉRODE.

Hircan, mânes sacrés! fureurs que je déteste!

IDAMAS.

Perdez-en pour jamais le souvenir funeste.

MAZAEL.

Puisse la reine aussi l'oublier comme vous!

HÉRODE.

O père infortuné! plus malheureux époux!
Tant d'horreur, tant de sang, le meurtre de son père,
Les maux que je lui fais, me la rendent plus chère.
Si son cœur... si sa foi... mais c'est trop différer.
Idamas, en un mot, je veux tout réparer.
Va la trouver; dis-lui que mon ame asservie
Met à ses pieds mon trône, et ma gloire, et ma vie.
Je veux dans ses enfans choisir un successeur.
Des maux qu'elle a soufferts elle accuse ma sœur :
C'en est assez; ma sœur, aujourd'hui renvoyée,
A ce cher intérêt sera sacrifiée.
Je laisse à Mariamne un pouvoir absolu.

MAZAEL.

Quoi! seigneur, vous voulez...

HÉRODE.

Oui, je l'ai résolu;
Oui, mon cœur désormais la voit, la considère
Comme un présent des cieux qu'il faut que je révère.
Que ne peut point sur moi l'amour qui m'a vaincu!
A Mariamne enfin je devrai ma vertu.

Il le faut avouer, on m'a vu dans l'Asie
Régner avec éclat, mais avec barbarie.
Craint, respecté du peuple, admiré, mais haï,
J'ai des adorateurs, et n'ai pas un ami.
Ma sœur, que trop long-temps mon cœur a daigné croire,
Ma sœur n'aima jamais ma véritable gloire;
Plus cruelle que moi dans ses sanglans projets,
Sa main fesait couler le sang de mes sujets;
Les accablait du poids de mon sceptre terrible;
Tandis qu'à leurs douleurs Mariamne sensible,
S'occupant de leur peine, et s'oubliant pour eux,
Portait à son époux les pleurs des malheureux.
C'en est fait : je prétends, plus juste et moins sévère,
Par le bonheur public essayer de lui plaire.
L'état va respirer sous un règne plus doux;
Mariamne a changé le cœur de son époux.
Mes mains, loin de mon trône écartant les alarmes,
Des peuples opprimés vont essuyer les larmes.
Je veux sur mes sujets régner en citoyen,
Et gagner tous les cœurs, pour mériter le sien.
Va la trouver, te dis-je, et surtout à sa vue
Peins bien le repentir de mon ame éperdue :
Dis-lui que mes remords égalent ma fureur.
Va, cours, vole, et reviens. Que vois-je ! c'est ma sœur.
  (à Mazaël.)
Sortez... A quels chagrins ma vie est condamnée !

SCÈNE V.

HÉRODE, SALOME.

SALOME.

Je les partage tous ; mais je suis étonnée
Que la reine et Sohême, évitant votre aspect,
Montrent si peu de zèle et si peu de respect.

HÉRODE.

L'un m'offense, il est vrai... mais l'autre est excusable.
N'en parlons plus.

SALOME.

Sohême, à vos yeux condamnable,
A toujours de la reine allumé le courroux.

HÉRODE.

Ah! trop d'horreurs enfin se répandent sur nous ;
Je cherche à les finir. Ma rigueur implacable,
En me rendant plus craint, m'a fait plus misérable.
Assez et trop long-temps sur ma triste maison
La vengeance et la haine ont versé leur poison ;
De la reine et de vous les discordes cruelles
Seraient de mes tourmens les sources éternelles.
Ma sœur, pour mon repos, pour vous, pour toutes deux,
Séparons-nous, quittez ce palais malheureux ;
Il le faut.

SALOME.

Ciel ! qu'entends-je ? Ah, fatale ennemie !

HÉRODE.

Un roi vous le commande, un frère vous en prie.

Que puisse désormais ce frère malheureux
N'avoir point à donner d'ordre plus rigoureux,
N'avoir plus sur les siens de vengeances à prendre,
De soupçons à former, ni de sang à répandre !
Ne persécutez plus mes jours trop agités.
Murmurez, plaignez-vous, plaignez-moi; mais partez.

SALOME.

Moi, seigneur, je n'ai point de plaintes à vous faire.
Vous croyez mon exil et juste et nécessaire;
A vos moindres désirs instruite à consentir,
Lorsque vous commandez, je ne sais qu'obéir.
Vous ne me verrez point, sensible à mon injure,
Attester devant vous le sang et la nature;
Sa voix trop rarement se fait entendre aux rois,
Et, près des passions, le sang n'a point de droits.
Je ne vous vante plus cette amitié sincère,
Dont le zèle aujourd'hui commence à vous déplaire ;
Je rappelle encor moins mes services passés ;
Je vois trop qu'un regard les a tous effacés :
Mais avez-vous pensé que Mariamne oublie
Cet ordre d'un époux donné contre sa vie ?
Vous, qu'elle craint toujours, ne la craignez-vous plus ?
Ses vœux, ses sentimens vous sont-ils inconnus ?
Qui préviendra jamais, par des avis utiles,
De son cœur outragé les vengeances faciles ?
Quels yeux intéressés à veiller sur vos jours
Pourront de ses complots démêler les détours ?
Son courroux aura-t-il quelque frein qui l'arrête ?
Et pensez-vous enfin que, lorsque votre tête
Sera par vos soins même exposée à ses coups,

L'amour qui vous séduit lui parlera pour vous?
Quoi donc ! tant de mépris, cette horreur inhumaine...

HÉRODE.

Ah! laissez-moi douter un moment de sa haine!
Laissez-moi me flatter de regagner son cœur;
Ne me détrompez point, respectez mon erreur.
Je veux croire et je crois que votre haine altière
Entre la reine et moi mettait une barrière;
Que par vos cruautés son cœur s'est endurci;
Et que sans vous enfin j'eusse été moins haï.

SALOME.

Si vous pouviez savoir, si vous pouviez comprendre
A quel point...

HÉRODE.

Non, ma sœur, je ne veux rien entendre.
Mariamne à son gré peut menacer mes jours,
Ils me sont odieux ; qu'elle en tranche le cours,
Je périrai du moins d'une main qui m'est chère.

SALOME.

Ah! c'est trop l'épargner, vous tromper, et me taire.
Je m'expose à me perdre et cherche à vous servir :
Et je vais vous parler, dussiez-vous m'en punir.
Époux infortuné qu'un vil amour surmonte!
Connaissez Mariamne, et voyez votre honte :
C'est peu des fiers dédains dont son cœur est armé,
C'est peu de vous haïr; un autre en est aimé.

HÉRODE.

Un autre en est aimé! Pouvez-vous bien, barbare,
Soupçonner devant moi la vertu la plus rare?
Ma sœur, c'est donc ainsi que vous m'assassinez?

ACTE III, SCÈNE V.

Laissez-vous pour adieux ces traits empoisonnés,
Ces flambeaux de discorde, et la honte et la rage,
Qui de mon cœur jaloux sont l'horrible partage?
Mariamne... Mais non, je ne veux rien savoir :
Vos conseils sur mon ame ont eu trop de pouvoir.
Je vous ai long-temps crue, et les cieux m'en punissent.
Mon sort était d'aimer des cœurs qui me haïssent.
Oui, c'est moi seul ici que vous persécutez.

SALOME.

Hé bien donc! loin de vous...

HÉRODE.

Non, madame, arrêtez.
Un autre en est aimé! montrez-moi donc, cruelle,
Le sang que doit verser ma vengeance nouvelle;
Poursuivez votre ouvrage, achevez mon malheur.

SALOME.

Puisque vous le voulez...

HÉRODE.

Frappe, voilà mon cœur.
Dis-moi qui m'a trahi; mais, quoi qu'il en puisse être,
Songe que cette main t'en punira peut-être.
Oui, je te punirai de m'ôter mon erreur.
Parle à ce prix.

SALOME.

N'importe.

HÉRODE.

Hé bien!

SALOME.

C'est...

SCÈNE VI.

HÉRODE, SALOME, MAZAEL.

MAZAEL.

Ah, seigneur !
Venez, ne souffrez pas que ce crime s'achève :
Votre épouse vous fuit; Sohême vous l'enlève.

HÉRODE.

Mariamne ! Sohême ! où suis-je ? justes cieux !

MAZAEL.

Sa mère, ses enfans quittaient déja ces lieux.
Sohême a préparé cette indigne retraite;
Il a près de ces murs une escorte secrète :
Mariamne l'attend pour sortir du palais;
Et vous allez, seigneur, la perdre pour jamais.

HÉRODE.

Ah ! le charme est rompu; le jour enfin m'éclaire.
Venez; à son courroux connaissez votre frère :
Surprenons l'infidèle; et vous allez juger
S'il est encore Hérode, et s'il sait se venger.

FIN DU TROISIÈME ACTE.

ACTE QUATRIÈME.

SCÈNE I.

SALOME, MAZAEL.

MAZAEL.

Quoi ! lorsque sans retour Mariamne est perdue,
Quand la faveur d'Hérode à vos vœux est rendue,
Dans ces sombres chagrins qui peut donc vous plonger?
Madame, en se vengeant, le roi va vous venger :
Sa fureur est au comble; et moi-même je n'ose
Regarder sans effroi les malheurs que je cause.
Vous avez vu tantôt ce spectacle inhumain;
Ces esclaves tremblans égorgés de sa main;
Près de leurs corps sanglans la reine évanouie;
Le roi, le bras levé, prêt à trancher sa vie;
Ses fils baignés de pleurs, embrassant ses genoux,
Et présentant leur tête au devant de ses coups.
Que vouliez-vous de plus ? que craignez-vous encore?

SALOME.

Je crains le roi; je crains ces charmes qu'il adore,
Ce bras prompt à punir, prompt à se désarmer,
Cette colère enfin facile à s'enflammer,
Mais qui, toujours douteuse, et toujours aveuglée,
En ses transports soudains s'est peut-être exhalée.

Quel fruit me revient-il de ses emportemens?
Sohême a-t-il pour moi de plus doux sentimens?
Il me hait encor plus; et mon malheureux frère,
Forcé de se venger d'une épouse adultère,
Semble me reprocher sa honte et son malheur.
Il voudrait pardonner; dans le fond de son cœur
Il gémit en secret de perdre ce qu'il aime;
Il voudrait, s'il se peut, ne punir que moi-même :
Mon funeste triomphe est encore incertain.
J'ai deux fois en un jour vu changer mon destin;
Deux fois j'ai vu l'amour succéder à la haine;
Et nous sommes perdus s'il voit encor la reine.

SCÈNE II.

HÉRODE, SALOME, MAZAEL; GARDES.

MAZAEL.

Il vient : de quelle horreur il paraît agité !

SALOME.

Seigneur, votre vengeance est-elle en sûreté?

MAZAEL.

Me préserve le ciel que ma voix téméraire,
D'un roi clément et sage irritant la colère,
Ose se faire entendre entre la reine et lui!
Mais, seigneur, contre vous Sohême est son appui.
Non, ne vous vengez point, mais veillez sur vous-même;
Redoutez ses complots et la main de Sohême.

HÉRODE.

Ah! je ne le crains point.

ACTE IV, SCÈNE II.

MAZAEL.

Seigneur, n'en doutez pas,
De l'adultère au meurtre il n'est souvent qu'un pas.

HÉRODE.

Que dites-vous?

MAZAEL.

Sohême, incapable de feindre,
Fut de vos ennemis toujours le plus à craindre;
Ceux dont il s'assura le coupable secours
Ont parlé hautement d'attenter à vos jours.

HÉRODE.

Mariamne me hait, c'est là son plus grand crime.
Ma sœur, vous approuvez la fureur qui m'anime;
Vous voyez mes chagrins, vous en avez pitié;
Mon cœur n'attend plus rien que de votre amitié.
Hélas! plein d'une erreur trop fatale et trop chère,
Je vous sacrifiais au seul soin de lui plaire:
Je vous comptais déja parmi mes ennemis;
Je punissais sur vous sa haine et ses mépris.
Ah! j'atteste à vos yeux ma tendresse outragée
Qu'avant la fin du jour vous en serez vengée;
Je veux surtout, je veux, dans ma juste fureur,
La punir du pouvoir qu'elle avait sur mon cœur.
Hélas! jamais ce cœur ne brûla que pour elle;
J'aimai, je détestai, j'adorai l'infidèle.
Et toi, Sohême, et toi, ne crois pas m'échapper!
Avant le coup mortel dont je dois te frapper,
Va, je te punirai dans un autre toi-même:
Tu verras cet objet qui m'abhorre et qui t'aime,
Cet objet à mon cœur jadis si précieux,

Dans l'horreur des tourmens expirant à tes yeux :
Que sur toi, sous mes coups, tout son sang rejaillisse!
Tu l'aimes, il suffit, sa mort est ton supplice.

MAZAEL.

Ménagez, croyez-moi, des momens précieux;
Et, tandis que Sohême est absent de ces lieux,
Que par lui, loin des murs, sa garde est dispersée,
Saisissez, achevez une vengeance aisée.

SALOME.

Mais au peuple surtout cachez votre douleur.
D'un spectacle funeste épargnez-vous l'horreur;
Loin de ces tristes lieux, témoins de votre outrage,
Fuyez de tant d'affronts la douloureuse image.

HÉRODE.

Je vois quel est son crime et quel fut son projet.
Je vois pour qui Sohême ainsi vous outrageait.

SALOME.

Laissez mes intérêts; songez à votre offense.

HÉRODE.

Elle avait jusqu'ici vécu dans l'innocence;
Je ne lui reprochais que ses emportemens,
Cette audace opposée à tous mes sentimens,
Ses mépris pour ma race, et ses altiers murmures.
Du sang asmonéen j'essuyai trop d'injures.
Mais a-t-elle en effet voulu mon déshonneur?

SALOME.

Écartez cette idée; oubliez-la, seigneur;
Calmez-vous.

HÉRODE.

Non; je veux la voir et la confondre:

ACTE IV, SCÈNE III.

Je veux l'entendre ici, la forcer à répondre:
Qu'elle tremble en voyant l'appareil du trépas;
Qu'elle demande grace, et ne l'obtienne pas.

SALOME.

Quoi! seigneur, vous voulez vous montrer à sa vue?

HÉRODE.

Ah! ne redoutez rien, sa perte est résolue:
Vainement l'infidèle espère en mon amour,
Mon cœur à la clémence est fermé sans retour;
Loin de craindre ces yeux qui m'avaient trop su plaire,
Je sens que sa présence aigrira ma colère.
Gardes, que dans ces lieux on la fasse venir;
Je ne veux que la voir, l'entendre, et la punir.
Ma sœur, pour un moment souffrez que je respire.
Qu'on appelle la reine; et vous, qu'on se retire.

SCÈNE III.

HÉRODE.

Tu veux la voir, Hérode; à quoi te résous-tu?
Conçois-tu les desseins de ton cœur éperdu?
Quoi! son crime à tes yeux n'est-il pas manifeste?
N'es-tu pas outragé? que t'importe le reste?
Quel fruit espères-tu de ce triste entretien?
Ton cœur peut-il douter des sentimens du sien?
Hélas! tu sais assez combien elle t'abhorre.
Tu prétends te venger! pourquoi vit-elle encore?
Tu veux la voir! ah! lâche, indigne de régner,
Va soupirer près d'elle, et cours lui pardonner.

Va voir cette beauté si long-temps adorée.
Non, elle périra; non, sa mort est jurée.
Vous serez répandu, sang de mes ennemis,
Sang des Asmonéens dans ses veines transmis,
Sang qui me haïssez, et que mon cœur déteste.
Mais la voici; grand Dieu! quel spectacle funeste!

SCÈNE IV.

MARIAMNE, HÉRODE, ÉLISE; GARDES.

ÉLISE.

Reprenez vos esprits, madame, c'est le roi.

MARIAMNE.

Où suis-je? où vais-je? ô Dieu! je me meurs! je le voi.

HÉRODE.

D'où vient qu'à son aspect mes entrailles frémissent?

MARIAMNE.

Élise, soutiens-moi, mes forces s'affaiblissent.

ÉLISE.

Avançons.

MARIAMNE.

    Quel tourment!

HÉRODE.

              Que lui dirai-je, ô cieux.

MARIAMNE.

Pourquoi m'ordonnez-vous de paraître à vos yeux?
Voulez-vous de vos mains m'ôter ce faible reste
D'une vie à tous deux également funeste?
Vous le pouvez : frappez, le coup m'en sera doux;

ACTE IV, SCÈNE IV.

Et c'est l'unique bien que je tiendrai de vous.
HÉRODE.
Oui, je me vengerai, vous serez satisfaite :
Mais parlez, défendez votre indigne retraite.
Pourquoi, lorsque mon cœur si long-temps offensé,
Indulgent pour vous seule, oubliait le passé,
Lorsque vous partagiez mon empire et ma gloire,
Pourquoi prépariez-vous cette fuite si noire?
Quel dessein, quelle haine a pu vous posséder?
MARIAMNE.
Ah, seigneur! est-ce à vous à me le demander?
Je ne veux point vous faire un reproche inutile :
Mais si, loin de ces lieux, j'ai cherché quelque asile,
Si Mariamne enfin, pour la première fois,
Du pouvoir d'un époux méconnaissant les droits,
A voulu se soustraire à son obéissance,
Songez à tous ces rois dont je tiens la naissance,
A mes périls présens, à mes malheurs passés,
Et condamnez ma fuite après, si vous l'osez.
HÉRODE.
Quoi! lorsqu'avec un traître un fol amour vous lie!
Quand Sohême...
MARIAMNE.
Arrêtez; il suffit de ma vie.
D'un si cruel affront cessez de me couvrir ;
Laissez-moi chez les morts descendre sans rougir.
N'oubliez pas du moins qu'attachés l'un à l'autre,
L'hymen qui nous unit joint mon honneur au vôtre.
Voilà mon cœur, frappez : mais en portant vos coups,
Respectez Mariamne, et même son époux.

MARIAMNE,

HÉRODE.

Perfide! il vous sied bien de prononcer encore
Ce nom qui vous condamne et qui me déshonore!
Vos coupables dédains vous accusent assez,
Et je crois tout de vous, si vous me haïssez.

MARIAMNE. [taine,

Quand vous me condamnez, quand ma mort est cer-
Que vous importe, hélas! ma tendresse ou ma haine?
Et quel droit désormais avez-vous sur mon cœur,
Vous qui l'avez rempli d'amertume et d'horreur;
Vous qui, depuis cinq ans, insultez à mes larmes;
Qui marquez sans pitié mes jours par mes alarmes;
Vous, de tous mes parens destructeur odieux;
Vous, teint du sang d'un père expirant à mes yeux?
Cruel! ah! si du moins votre fureur jalouse
N'eût jamais attenté qu'aux jours de votre épouse,
Les cieux me sont témoins que mon cœur tout à vous,
Vous chérirait encore en mourant par vos coups.
Mais qu'au moins mon trépas calme votre furie;
N'étendez point mes maux au delà de ma vie:
Prenez soin de mes fils, respectez votre sang;
Ne les punissez pas d'être nés dans mon flanc;
Hérode, ayez pour eux des entrailles de père:
Peut-être un jour, hélas! vous connaîtrez leur mère;
Vous plaindrez, mais trop tard, ce cœur infortuné
Que seul dans l'univers vous avez soupçonné;
Ce cœur qui n'a point su, trop superbe peut-être,
Déguiser ses douleurs et ménager un maître,
Mais qui jusqu'au tombeau conserva sa vertu,
Et qui vous eût aimé si vous l'aviez voulu.

ACTE IV, SCÈNE IV.

HÉRODE.
Qu'ai-je entendu? quel charme et quel pouvoir suprême
Commande à ma colère et m'arrache à moi-même?
Mariamne...

MARIAMNE.
Cruel...

HÉRODE.
O faiblesse! ô fureur!

MARIAMNE.
De l'état où je suis voyez du moins l'horreur.
Otez-moi par pitié cette odieuse vie.

HÉRODE.
Ah! la mienne à la vôtre est pour jamais unie.
C'en est fait, je me rends : bannissez votre effroi ;
Puisque vous m'avez vu, vous triomphez de moi.
Vous n'avez plus besoin d'excuse et de défense ;
Ma tendresse pour vous vous tient lieu d'innocence.
En est-ce assez, ô ciel! en est-ce assez, amour?
C'est moi qui vous implore et qui tremble à mon tour.
Serez-vous aujourd'hui la seule inexorable?
Quand j'ai tout pardonné, serai-je encor coupable?
Mariamne, cessons de nous persécuter :
Nos cœurs ne sont-ils faits que pour se détester?
Nous faudra-t-il toujours redouter l'un et l'autre?
Finissons à la fois ma douleur et la vôtre.
Commençons sur nous-même à régner en ce jour ;
Rendez-moi votre main, rendez-moi votre amour.

MARIAMNE.
Vous demandez ma main! Juste ciel que j'implore,
Vous savez de quel sang la sienne fume encore?

HÉRODE.

Hé bien ! j'ai fait périr et ton père et mon roi ;
J'ai répandu son sang pour régner avec toi ;
Ta haine en est le prix, ta haine est légitime :
Je n'en murmure point, je connais tout mon crime.
Que dis-je ! son trépas, l'affront fait à tes fils,
Sont les moindres forfaits que mon cœur ait commis.
Hérode a jusqu'à toi porté sa barbarie,
Durant quelques momens je t'ai même haïe :
J'ai fait plus, ma fureur a pu te soupçonner ;
Et l'effort des vertus est de me pardonner.
D'un trait si généreux ton cœur seul est capable ;
Plus Hérode à tes yeux doit paraître coupable,
Plus ta grandeur éclate à respecter en moi
Ces nœuds infortunés qui m'unissent à toi.
Tu vois où je m'emporte, et quelle est ma faiblesse ;
Garde-toi d'abuser du trouble qui me presse.
Cher et cruel objet d'amour et de fureur,
Si du moins la pitié peut entrer dans ton cœur,
Calme l'affreux désordre où mon ame s'égare.
Tu détournes les yeux.... Mariamne....

MARIAMNE.

Ah, barbare !
Un juste repentir produit-il vos transports,
Et pourrai-je, en effet, compter sur vos remords ?

HÉRODE.

Oui, tu peux tout sur moi, si j'amollis ta haine.
Hélas ! ma cruauté, ma fureur inhumaine,
C'est toi qui dans mon cœur as su la rallumer ;
Tu m'as rendu barbare en cessant de m'aimer ;

Que ton crime et le mien soient noyés dans mes larmes.
Je te jure...

SCÈNE V.

HÉRODE, MARIAMNE, ÉLISE; UN GARDE.

LE GARDE.

Seigneur, tout le peuple est en armes ;
Dans le sang des bourreaux il vient de renverser
L'échafaud que Salome a déja fait dresser.
Au peuple, à vos soldats, Sohême parle en maître :
Il marche vers ces lieux, il vient, il va paraître.

HÉRODE.

Quoi! dans le moment même où je suis à vos pieds,
Vous auriez pu, perfide...

MARIAMNE.

Ah, seigneur ! vous croiriez...

HÉRODE.

Tu veux ma mort! hé bien, je vais remplir ta haine :
Mais au moins dans ma tombe il faut que je t'entraîne,
Et qu'unis malgré toi... Qu'on la garde, soldats.

SCÈNE VI.

HÉRODE, MARIAMNE, SALOME, MAZAEL, ÉLISE; GARDES.

SALOME.

Ah, mon frère ! aux Hébreux ne vous présentez pas.
Le peuple soulevé demande votre vie ;

MARIAMNE,

Le nom de Mariamne excite leur furie ;
De vos mains, de ces lieux, ils viennent l'arracher.

HÉRODE.

Allons ; ils me verront, et je cours les chercher.
De l'horreur où je suis tu répondras, cruelle !
Ne l'abandonnez pas, ma sœur ; veillez sur elle.

MARIAMNE.

Je ne crains point la mort ; mais j'atteste les cieux...

MAZAEL.

Seigneur, vos ennemis sont déja sous vos yeux.

HÉRODE.

Courons... Mais quoi ! laisser la coupable impunie !
Ah ! je veux dans son sang laver sa perfidie ;
Je veux, j'ordonne... Hélas, dans mon funeste sort,
Je ne puis rien résoudre, et vais chercher la mort.

FIN DU QUATRIÈME ACTE

ACTE CINQUIÈME.

SCÈNE I.

MARIAMNE, ÉLISE; GARDES.

MARIAMNE.
Éloignez-vous, soldats; daignez laisser du moins
Votre reine un moment respirer sans témoins.
(*Les gardes se retirent au fond du théâtre.*)
Voilà donc, juste Dieu, quelle est ma destinée!
La splendeur de mon sang, la pourpre où je suis née,
Enfin ce qui semblait promettre à mes beaux jours
D'un bonheur assuré l'inaltérable cours;
Tout cela n'a donc fait que verser sur ma vie
Le funeste poison dont elle fut remplie!
O naissance! ô jeunesse! et toi, triste beauté [a],
Dont l'éclat dangereux enfla ma vanité,
Flatteuse illusion dont je fus occupée,
Vaine ombre de bonheur, que vous m'avez trompée!
Sur ce trône coupable un éternel ennui
M'a creusé le tombeau que l'on m'ouvre aujourd'hui.
Dans les eaux du Jourdain j'ai vu périr mon frère;
Mon époux à mes yeux a massacré mon père;
Par ce cruel époux condamnée à périr,
Ma vertu me restait, on ose la flétrir.
Grand Dieu! dont les rigueurs éprouvent l'innocence,

MARIAMNE,

Je ne demande point ton aide ou ta vengeance ;
J'appris de mes aïeux, que je sais imiter,
A voir la mort sans crainte et sans la mériter ;
Je t'offre tout mon sang : défends au moins ma gloire ;
Commande à mes tyrans d'épargner ma mémoire ;
Que le mensonge impur n'ose plus m'outrager.
Honorer la vertu, c'est assez la venger.
Mais quel tumulte affreux! quels cris! quelles alarmes !
Ce palais retentit du bruit confus des armes.
Hélas! j'en suis la cause, et l'on périt pour moi.
On enfonce la porte. Ah! qu'est-ce que je vois?

SCÈNE II.

MARIAMNE, SOHÊME, ÉLISE, AMMON;
SOLDATS D'HÉRODE, SOLDATS DE SOHÊME.

SOHÊME.

Fuyez, vils ennemis qui gardez votre reine !
Lâches, disparaissez ! Soldats, qu'on les enchaîne.
(Les gardes et les soldats d'Hérode s'en vont.)
Venez, reine, venez, secondez nos efforts ;
Suivez mes pas, marchons dans la foule des morts.
A vos persécuteurs vous n'êtes plus livrée :
Ils n'ont pu de ces lieux me défendre l'entrée.
Dans son perfide sang Mazaël est plongé,
Et du moins à demi mon bras vous a vengé [4].
D'un instant précieux saisissez l'avantage ;
Mettez ce front auguste à l'abri de l'orage :
Avançons.

ACTE V, SCÈNE II.

MARIAMNE.

Non, Sohême, il ne m'est plus permis
D'accepter vos bontés contre mes ennemis,
Après l'affront cruel et la tache trop noire
Dont les soupçons d'Hérode ont offensé ma gloire :
Je les mériterais, si je pouvais souffrir
Cet appui dangereux que vous venez m'offrir.
Je crains votre secours, et non sa barbarie.
Il est honteux pour moi de vous devoir la vie :
L'honneur m'en fait un crime, il le faut expier.
Et j'attends le trépas pour me justifier.

SOHÊME.

Que faites-vous, hélas! malheureuse princesse?
Un moment peut vous perdre. On combat; le temps presse :
Craignez encore Hérode armé du désespoir.

MARIAMNE.

Je ne crains que la honte, et je sais mon devoir.

SOHÊME.

Faut-il qu'en vous servant toujours je vous offense?
Je vais donc, malgré vous, servir votre vengeance :
Je cours à ce tyran qu'en vain vous respectez;
Je revole au combat; et mon bras...

MARIAMNE.

                              Arrêtez :
Je déteste un triomphe à mes yeux si coupable :
Seigneur, le sang d'Hérode est pour moi respectable :
C'est lui de qui les droits...

SOHÊME.

                    L'ingrat les a perdus.

MARIAMNE.
Par les nœuds les plus saints...

SOHÊME.
Tous vos nœuds sont rompus.

MARIAMNE.
Le devoir nous unit.

SOHÊME.
Le crime vous sépare.
N'arrêtez plus mes pas; vengez-vous d'un barbare :
Sauvez tant de vertus...

MARIAMNE.
Vous les déshonorez.

SOHÊME.
Il va trancher vos jours.

MARIAMNE.
Les siens me sont sacrés.

SOHÊME.
Il a souillé sa main du sang de votre père.

MARIAMNE.
Je sais ce qu'il a fait, et ce que je dois faire;
De sa fureur ici j'attends les derniers traits,
Et ne prends point de lui l'exemple des forfaits.

SOHÊME.
O courage! ô constance! ô cœur inébranlable!
Dieux! que tant de vertu rend Hérode coupable!
Plus vous me commandez de ne point vous servir,
Et plus je vous promets de vous désobéir.
Votre honneur s'en offense, et le mien me l'ordonne;
Il n'est rien qui m'arrête, il n'est rien qui m'étonne;
Et je cours réparer, en cherchant votre époux,

Ce temps que j'ai perdu sans combattre pour vous.
MARIAMNE.
Seigneur...

SCÈNE III.

MARIAMNE, ÉLISE; GARDES.

MARIAMNE.
Mais il m'échappe, il ne veut point m'entendre.
Ciel! ô ciel! épargnez le sang qu'on va répandre!
Épargnez mes sujets; épuisez tout sur moi!
Sauvez le roi lui-même!

SCÈNE IV.

MARIAMNE, ÉLISE, NARBAS; GARDES.

MARIAMNE.
Ah, Narbas! est-ce toi?
Qu'as-tu fait de mes fils, et que devient ma mère?
NARBAS.
Le roi n'a point sur eux étendu sa colère;
Unique et triste objet de ses transports jaloux,
Dans ces extrémités ne craignez que pour vous.
Le seul nom de Sohême augmente sa furie;
Si Sohême est vaincu, c'est fait de votre vie :
Déja même, déja le barbare Zarès
A marché vers ces lieux, chargé d'ordres secrets.
Osez paraître, osez vous secourir vous-même;
Jetez-vous dans les bras d'un peuple qui vous aime;

Faites voir Mariamne à ce peuple abattu ;
Vos regards lui rendront son antique vertu.
Appelons à grands cris nos Hébreux et nos prêtres,
Tout Juda défendra le pur sang de ses maîtres ;
Madame, avec courage il faut vaincre ou périr.
Daignez...

MARIAMNE.

Le vrai courage est de savoir souffrir,
Non d'aller exciter une foule rebelle
A lever sur son prince une main criminelle.
Je rougirais de moi, si, craignant mon malheur,
Quelques vœux pour sa mort avaient surpris mon cœur ;
Si j'avais un moment souhaité ma vengeance,
Et fondé sur sa perte un reste d'espérance.
Narbas, en ce moment le ciel met dans mon sein
Un désespoir plus noble, un plus digne dessein.
Le roi, qui me soupçonne, enfin va me connaître.
Au milieu du combat on me verra paraître :
De Sohême et du roi j'arrêterai les coups ;
Je remettrai ma tête aux mains de mon époux.
Je fuyais ce matin sa vengeance cruelle ;
Ses crimes m'exilaient, son danger me rappelle.
Ma gloire me l'ordonne, et, prompte à l'écouter,
Je vais sauver au roi le jour qu'il veut m'ôter.

NARBAS.

Hélas ! où courez-vous ? dans quel désordre extrême...

MARIAMNE.

Je suis perdue, hélas ! c'est Hérode lui-même.

SCÈNE V.

HÉRODE, MARIAMNE, ÉLISE, NARBAS, IDAMAS; GARDES.

HÉRODE.
Ils se sont vus ! ah Dieu !... Perfide, tu mourras.
MARIAMNE.
Pour la dernière fois, seigneur, ne souffrez pas...
HÉRODE.
Sortez... Vous, qu'on la suive.
NARBAS.
      O justice éternelle !

SCÈNE VI.

HÉRODE, IDAMAS; GARDES.

HÉRODE.
Que je n'entende plus le nom de l'infidèle.
Hé bien, braves soldats, n'ai-je plus d'ennemis ?
IDAMAS.
Seigneur, ils sont défaits ; les Hébreux sont soumis ;
Sohême tout sanglant vous laisse la victoire :
Ce jour vous a comblé d'une nouvelle gloire.
HÉRODE.
Quelle gloire !
IDAMAS.
   Elle est triste ; et tant de sang versé,

Seigneur, doit satisfaire à votre honneur blessé.
Sohême a de la reine attesté l'innocence.
HÉRODE.
De la coupable enfin je vais prendre vengeance.
Je perds l'indigne objet que je n'ai pu gagner,
Et de ce seul moment je commence à régner.
J'étais trop aveuglé; ma fatale tendresse
Était ma seule tache et ma seule faiblesse.
Laissons mourir l'ingrate; oublions ses attraits;
Que son nom dans ces lieux s'efface pour jamais :
Que dans mon cœur surtout sa mémoire périsse.
Enfin tout est-il prêt pour ce juste supplice?
IDAMAS.
Oui, seigneur.
HÉRODE.
Quoi! si tôt on a pu m'obéir?
Infortuné monarque! elle va donc périr!
Tout est prêt, Idamas?
IDAMAS.
Vos gardes l'ont saisie;
Votre vengeance, hélas! sera trop bien servie.
HÉRODE.
Elle a voulu sa perte; elle a su m'y forcer.
Que l'on me venge. Allons, il n'y faut plus penser.
Hélas! j'aurais voulu vivre et mourir pour elle.
A quoi m'as-tu réduit, épouse criminelle?

SCÈNE VII.

HÉRODE, IDAMAS, NARBAS.

HÉRODE.

Narbas, où courez-vous ? juste ciel ! vous pleurez !
De crainte, en le voyant, mes sens sont pénétrés.

NARBAS.

Seigneur...

HÉRODE.

Ah, malheureux ! que venez-vous me dire ?

NARBAS.

Ma voix en vous parlant sur mes lèvres expire.

HÉRODE.

Mariamne...

NARBAS.

O douleur ! ô regrets superflus !

HÉRODE.

Quoi ! c'en est fait ?

NARBAS.

Seigneur, Mariamne n'est plus.

HÉRODE.

Elle n'est plus, grand Dieu !

NARBAS.

Je dois à sa mémoire,
A sa vertu trahie, à vous, à votre gloire,
De vous montrer le bien que vous avez perdu,
Et le prix de ce sang par vos mains répandu.
Non, seigneur, non, son cœur n'était point infidèle.

Hélas! lorsque Sohême a combattu pour elle,
Votre épouse, à mes yeux détestant son secours,
Volait pour vous défendre au péril de ses jours.

HÉRODE.

Qu'entends-je? ah, malheureux! ah, désespoir extrême!
Narbas, que m'as-tu dit?

NARBAS.

C'est dans ce moment même
Où son cœur se fesait ce généreux effort,
Que vos ordres cruels l'ont conduite à la mort.
Salome avait pressé l'instant de son supplice.

HÉRODE.

O monstre, qu'à regret épargna ma justice!
Monstre, quels châtimens sont pour toi réservés!
Que ton sang, que le mien... Ah! Narbas, achevez,
Achevez mon trépas par ce récit funeste.

NARBAS.

Comment pourrai-je, hélas! vous apprendre le reste?
Vos gardes de ces lieux ont osé l'arracher.
Elle a suivi leurs pas sans vous rien reprocher,
Sans affecter d'orgueil, et sans montrer de crainte;
La douce majesté sur son front était peinte;
La modeste innocence et l'aimable pudeur
Régnaient dans ses beaux yeux ainsi que dans son cœur;
Son malheur ajoutait à l'éclat de ses charmes.
Nos prêtres, nos Hébreux, dans les cris, dans les larmes,
Conjuraient vos soldats, levaient les mains vers eux,
Et demandaient la mort avec des cris affreux.
Hélas! de tous côtés, dans ce désordre extrême,
En pleurant Mariamne, on vous plaignait vous-même:

ACTE V, SCÈNE VII.

On disait hautement qu'un arrêt si cruel
Accablerait vos jours d'un remords éternel.
HÉRODE.
Grand Dieu! que chaque mot me porte un coup ter-
NARBAS. [rible!
Aux larmes des Hébreux, Mariamne sensible,
Consolait tout ce peuple en marchant au trépas:
Enfin vers l'échafaud on a conduit ses pas;
C'est là qu'en soulevant ses mains appesanties,
Du poids affreux des fers indignement flétries,
« Cruel, a-t-elle dit, et malheureux époux!
« Mariamne en mourant ne pleure que sur vous;
« Puissiez-vous par ma mort finir vos injustices!
« Vivez, régnez heureux sous de meilleurs auspices;
« Voyez d'un œil plus doux mes peuples et mes fils;
« Aimez-les : je mourrai trop contente à ce prix. »
En achevant ces mots, votre épouse innocente
Tend au fer des bourreaux cette tête charmante
Dont la terre admirait les modestes appas.
Seigneur, j'ai vu lever le parricide bras;
J'ai vu tomber...
HÉRODE.
Tu meurs, et je respire encore!
Mânes sacrés, chère ombre, épouse que j'adore,
Reste pâle et sanglant de l'objet le plus beau,
Je te suivrai du moins dans la nuit du tombeau.
Quoi! vous me retenez? quoi! citoyens perfides,
Vous arrachez ce fer à mes mains parricides?
Ma chère Mariamne, arme-toi, punis-moi;

Viens déchirer ce cœur qui brûle encor pour toi.
Je me meurs.
(Il tombe dans un fauteuil.)

NARBAS.

De ses sens il a perdu l'usage ;
Il succombe à ses maux.

HÉRODE.

Quel funeste nuage
S'est répandu soudain sur mes esprits troublés !
D'un sombre et noir chagrin mes sens sont accablés.
D'où vient qu'on m'abandonne au trouble qui me gêne ?
Je ne vois point ma sœur, je ne vois point la reine :
Vous pleurez ! vous n'osez vous approcher de moi !
Triste Jérusalem, tu fuis devant ton roi !
Qu'ai-je donc fait ? pourquoi suis-je en horreur au
Qui me délivrera de ma douleur profonde ? [monde ?
Par qui ce long tourment sera-t-il adouci ?
Qu'on cherche Mariamne, et qu'on l'amène ici.

NARBAS.

Mariamne, seigneur ?

HÉRODE.

Oui, je sens que sa vue
Va rendre un calme heureux à mon ame éperdue :
Toujours devant ses yeux, que j'aime et que je crains,
Mon cœur est moins troublé, mes jours sont plus sereins :
Déja même à son nom mes douleurs s'affaiblissent ;
Déja de mon chagrin les ombres s'éclaircissent ;
Qu'elle vienne.

NARBAS.

Seigneur...

ACTE V, SCÈNE VII.

HÉRODE.

Je veux la voir.

NARBAS.

Hélas !
Avez-vous pu, seigneur, oublier son trépas ?

HÉRODE.

Cruel ! que dites-vous ?

NARBAS.

La douleur le transporte ;
Il ne se connaît plus.

HÉRODE.

Quoi ! Mariamne est morte[b] ?
Ah ! funeste raison, pourquoi m'éclaires-tu ?
Jour triste, jour affreux, pourquoi m'es-tu rendu ?
Lieux teints de ce beau sang que l'on vient de répandre,
Murs que j'ai relevés, palais, tombez en cendre ;
Cachez sous les débris de vos superbes tours
La place où Mariamne a vu trancher ses jours.
Quoi ! Mariamne est morte, et j'en suis l'homicide !
Punissez, déchirez un monstre parricide,
Armez-vous contre moi, sujets qui la perdez ;
Tonnez, écrasez-moi, cieux qui la possédez !

FIN DE MARIAMNE.

VARIANTES

DES PREMIÈRES ÉDITIONS DE MARIAMNE.

a Mes yeux n'ont jamais vu le jour qu'avec douleur.
L'instant où je naquis commença mon malheur :
Mon berceau fut couvert du sang de ma patrie,
J'ai vu du peuple saint la gloire anéantie :
Sur ce trône coupable. . . . .
                b HÉRODE.
. . . . Quoi ! Mariamne est morte :
Infidèles Hébreux, vous ne la vengez pas !
Cieux qui la possédez, tonnez sur ces ingrats !
Lieux teints de ce beau sang que l'on vient de répandre
Murs que j'ai relevés, palais, tombez en cendre !
Cachez sous les débris de vos superbes tours
La place où Mariamne a vu trancher ses jours !
Temple, que pour jamais tes voûtes se renversent
Que d'Israel détruit les enfans se dispersent ;
Que sans temples, sans rois, errans, persécutés,
Fugitifs en tous lieux, et partout détestés,
Sur leurs fronts égarés portant, dans leur misère,
Des vengeances de Dieu l'effrayant caractère,
Ce peuple aux nations transmette avec terreur,
Et l'horreur de mon nom, et la honte du leur.

SCENES III ET IV DU TROISIÈME ACTE,

Telles qu'elles ont été jouées à la première représentation.

SCÈNE III.

VARUS, HÉRODE, MAZAEL; SUITE.

HÉRODE.
Avant que sur mon front je mette la couronne
Que m'ôta la fortune, et que César me donne,

VARIANTES DE MARIAMNE.

Je viens en rendre hommage au héros dont la voix
De Rome en ma faveur a fait pencher le choix.
De vos lettres, seigneur, les heureux témoignages
D'Auguste et du sénat m'ont gagné les suffrages;
Et pour premier tribut, j'apporte à vos genoux
Un sceptre que ma main n'eût point porté sans vous.
Je vous dois encor plus : vos soins, votre présence,
De mon peuple indocile ont dompté l'insolence;
Vos succès m'ont appris l'art de le gouverner;
Et m'instruire était plus que de me couronner.
Sur vos derniers bienfaits excusez mon silence;
Je sais ce qu'en ces lieux a fait votre prudence;
Et, trop plein de mon trouble et de mon repentir,
Je ne puis à vos yeux que me taire et souffrir.

VARUS.

Puisqu'aux yeux du sénat vous avez trouvé grace,
Sur le trône aujourd'hui reprenez votre place.
Régnez : César le veut. Je remets en vos mains
L'autorité qu'aux rois permettent les Romains.
J'ose espérer de vous qu'un règne heureux et juste
Justifiera mes soins et les bontés d'Auguste;
Je ne me flatte pas de savoir enseigner
A des rois tels que vous le grand art de régner.
On vous a vu long-temps, dans la paix, dans la guerre,
En donner des leçons au reste de la terre :
Votre gloire, en un mot, ne peut aller plus loin;
Mais il est des vertus dont vous avez besoin.
Voici le temps surtout, que sur ce qui vous touche
L'austère vérité doit passer par ma bouche;
D'autant plus, qu'entouré de flatteurs assidus,
Puisque vous êtes roi, vous ne l'entendrez plus.
　On vous a vu long-temps, respecté dans l'Asie,
Régner avec éclat, mais avec barbarie:
Craint de tous vos sujets; admiré, mais haï;
Et par vos flatteurs même à regret obéi.
Jaloux d'une grandeur avec peine achetée,
Du sang de vos parens vous l'avez cimentée.
Je ne dis rien de plus : mais vous devez songer
Qu'il est des attentats que César peut venger;
Qu'il n'a point en vos mains mis son pouvoir suprême,
Pour régner en tyran sur un peuple qu'il aime;

Et que, du haut du trône, un prince en ses états,
Est comptable aux Romains du moindre de ses pas.
Croyez-moi : la Judée est lasse de supplices ;
Vous en fûtes l'effroi ; soyez-en les délices.
Vous connaissez le peuple : on le change en un jour ;
Il prodigue aisément sa haine et son amour :
Si la rigueur l'aigrit, la clémence l'attire.
Enfin souvenez-vous, en reprenant l'empire,
Que Rome à l'esclavage a pu vous destiner,
Et du moins apprenez de Rome à pardonner.

HÉRODE.

Oui, seigneur, il est vrai que les destins sévères
M'ont souvent arraché des rigueurs nécessaires.
Souvent, vous le savez, l'intérêt des états
Dédaigne la justice et veut des attentats.
Rome, que l'univers avec frayeur contemple,
Rome, dont vous voulez que je suive l'exemple,
Aux rois qu'elle gouverne a pris soin d'enseigner
Comme il faut qu'on la craigne, et comme il faut régner.
De ses proscriptions nous gardons la mémoire :
César même, César au comble de la gloire,
N'eût point vu l'univers à ses pieds prosterné,
Si sa bonté facile eût toujours pardonné.
Ce peuple de rivaux, d'ennemis et de traîtres,
Ne pouvait...

VARUS.

Arrêtez, et respectez vos maîtres.
Ne leur reprochez point ce qu'ils ont réparé :
Et, du sceptre aujourd'hui par leurs mains honoré,
Sans rechercher en eux cet exemple funeste,
Imitez leurs vertus, oubliez tout le reste.
Sur votre trône assis, ne vous souvenez plus
Que des biens que sur vous leurs mains ont répandus.
Gouvernez en bon roi, si vous voulez leur plaire.
Commencez par chasser ce flatteur mercenaire
Qui, du masque imposant d'une feinte bonté,
Cache un cœur ténébreux par le crime infecté.
C'est lui qui, le premier, écarta de son maître
Des cœurs infortunés, qui vous cherchaient peut-être.
Le pouvoir odieux dont il est revêtu
A fait fuir devant vous la timide vertu.

Il marche accompagné de délateurs perfides,
Qui, des tristes Hébreux inquisiteurs avides,
Par cent rapports honteux, par cent détours abjects,
Trafiquent avec lui du sang de vos sujets.
Cessez ; n'honorez plus leurs bouches criminelles
D'un prix que vous devez à des sujets fidèles.
De tous ces délateurs le secours tant vanté
Fait la honte du trône, et non la sûreté.
Pour Salome, seigneur, vous devez la connaître :
Et si vous aimez tant à gouverner en maître,
Confiez à des cœurs plus fidèles pour vous,
Ce pouvoir souverain dont vous êtes jaloux.
Après cela, seigneur, je n'ai rien à vous dire ;
Reprenez désormais les rênes de l'empire ;
De Tyr à Samarie allez donner la loi :
Je vous parle en Romain, songez à vivre en roi.

SCÈNE IV.

HÉRODE, MAZAEL.

MAZAEL.

Vous avez entendu ce superbe langage,
Seigneur ; souffrirez-vous qu'un préteur vous outrage,
Et que dans votre cour il ose impunément...
HÉRODE, *à sa suite.*
Sortez, et qu'en ces lieux on nous laisse un moment.
(à Mazaël)
Tu vois ce qu'il m'en coûte, et sans doute on peut croire
Que le joug des Romains offense assez ma gloire ;
Mais je règne à ce prix. Leur orgueil fastueux
Se plaît à voir les rois s'abaisser devant eux.
Leurs dédaigneuses mains jamais ne nous couronnent
Que pour mieux avilir les sceptres qu'ils nous donnent ;
Pour avoir des sujets qu'ils nomment souverains,
Et sur des fronts sacrés signaler leurs dédains.
Il m'a fallu dans Rome, avec ignominie,
Oublier cet éclat tant vanté dans l'Asie :
Tel qu'un vil courtisan, dans la foule jeté,
J'allais des affranchis caresser la fierté ;
J'attendais leurs momens, je briguais leurs suffrages ;

VARIANTES

Tandis qu'accoutumés à de pareils hommages,
Au milieu de vingt rois à leur cour assidus,
A peine ils remarquaient un monarque de plus.
 Je vis César enfin : je sus que son courage
Méprisait tous ces rois qui briguaient l'esclavage.
Je changeai ma conduite : une noble fierté,
De mon rang avec lui soutint la dignité.
Je fus grand sans audace, et soumis sans bassesse ;
César m'en estima ; j'en acquis sa tendresse ;
Et bientôt, dans sa cour appelé par son choix,
Je marchai distingué dans la foule des rois.
Ainsi, selon les temps, il faut qu'avec souplesse
Mon courage docile ou s'élève ou s'abaisse.
Je sais dissimuler, me venger et souffrir ;
Tantôt parler en maître, et tantôt obéir.
Ainsi j'ai subjugué Solime et l'Idumée,
Ainsi j'ai fléchi Rome à ma perte animée :
Et toujours enchaînant la fortune à mon char,
J'étais ami d'Antoine, et le suis de César.
Heureux, après avoir, avec tant d'artifice
Des destins ennemis corrigé l'injustice ;
Quand je reviens en maître à l'Hébreu consterné
Montrer encor le front que Rome a couronné ;
Heureux, si de mon cœur la faiblesse immortelle
Ne mêlait à ma gloire une honte éternelle !
Si mon fatal penchant n'aveuglait pas mes yeux ;
Si Mariamne enfin n'était point en ces lieux !

MAZAEL.

Quoi ! seigneur, se peut-il que votre ame abusée
De ce feu malheureux soit encore embrasée ?

HÉRODE.

Que me demandes-tu ! ma main, ma faible main
A signé son arrêt, et l'a changé soudain.
Je cherche à la punir ; je m'empresse à l'absoudre ;
Je lance en même temps et je retiens la foudre ;
Je mêle malgré moi son nom dans mes discours ;
Et tu peux demander si je l'aime toujours !

MAZAEL.

Seigneur, a-t-elle au moins cherché votre présence ?

HÉRODE.

Non... j'ai cherché la sienne...

MAZAEL.
                    Hé quoi ! son arrogance...
A-t-elle en son palais dédaigné de vous voir ?
            HÉRODE.
Mazaël, je l'ai vue ; et c'est mon désespoir.
Honteux, plein de regret de ma rigueur cruelle,
Interdit et tremblant j'ai paru devant elle.
Ses regards, il est vrai, n'étaient point enflammés
Du courroux dont souvent je les ai vus armés.
. . . .
. . . .
Ces cris désespérés, ces mouvemens d'horreur,
Dont il fallut long-temps essuyer la fureur,
Quand par un coup d'état, peut-être trop sévère,
J'eus fait assassiner et son père et son frère.
De ses propres périls son cœur moins agité
M'a surpris aujourd'hui par sa tranquillité.
Ses beaux yeux, dont l'éclat n'eut jamais tant de charmes,
S'efforçaient devant moi de me cacher leurs larmes.
J'admirais en secret sa modeste douleur :
Qu'en cet état, ô ciel ! elle a touché mon cœur !
Combien je détestais ma fureur homicide !
Je ne le cèle point : plein d'un zèle timide,
Sans rougir, à ses pieds je me suis prosterné :
J'adorais cet objet que j'avais condamné.
Hélas ! mon désespoir la fatiguait encore ;
Elle se détournait d'un époux qu'elle abhorre ;
Ses regards inquiets n'osaient tomber sur moi ;
Et tout, jusqu'à mes pleurs, augmentait son effroi.
            MAZAEL.
Sans doute elle vous hait ; sa haine envenimée
Jamais par vos bontés ne sera désarmée :
Vos respects dangereux nourrissent sa fierté.
            HÉRODE.
Elle me hait ! Ah, dieux ! je l'ai trop mérité ;
Je n'en murmure point : ma jalouse furie
A de malheurs sans nombre empoisonné sa vie.
J'ai dans le sein d'un père enfoncé le couteau ;
Je suis son ennemi, son tyran, son bourreau.
Je lui pardonne, hélas ! dans le sort qui l'accable,
De haïr à ce point un époux si coupable.

MAZAEL.

Étouffez les remords dont vous êtes pressé;
Le sang de ses parens fut justement versé.
Les rois sont affranchis de ces règles austères
Que le devoir inspire aux ames ordinaires.

HÉRODE.

Mariamne me hait! Cependant autrefois,
Quand ce fatal hymen te rangea sous mes lois,
O reine! s'il se peut que ton cœur s'en souvienne,
Ta tendresse en ce temps fut égale à la mienne.
Au milieu des périls, son généreux amour
Aux murs de Massada me conserva le jour.
Mazaël, se peut-il que d'une ardeur si sainte
La flamme sans retour soit pour jamais éteinte?
Le cœur de Mariamne est-il fermé pour moi?

MAZAEL.

Seigneur, m'est-il permis de parler à mon roi?

HÉRODE.

Ne me déguise rien, parle; que faut-il faire?
Comment puis-je adoucir sa trop juste colère?
Par quel charme, à quel prix puis-je enfin l'apaiser?

MAZAEL.

Pour la fléchir, seigneur, il la faut mépriser:
Des superbes beautés tel est le caractère.
Sa rigueur se nourrit de l'orgueil de vous plaire;
Sa main, qui vous enchaîne et que vous caressez,
Appesantit le joug sous qui vous gémissez.
Osez humilier son imprudente audace,
Forcez cette ame altière à vous demander grace;
Par un juste dédain songez à l'accabler,
Et que devant son maître elle apprenne à trembler.
Quoi donc! ignorez-vous tout ce que l'on publie?
Cet Hérode, dit-on, si vanté dans l'Asie,
Si grand dans ses exploits, si grand dans ses desseins,
Qui sut dompter l'Arabe et fléchir les Romains,
Aux pieds de son épouse, esclave sur son trône,
Reçoit d'elle en tremblant les ordres qu'il nous donne!

HÉRODE.

Malheureux, à mon cœur cesse de retracer
Ce que de tout mon sang je voudrais effacer:
Ne me parle jamais de ces temps déplorables.

Mes rigueurs n'ont été que trop impitoyables.
Je n'ai que trop bien mis mes soins à l'opprimer ;
Le ciel pour m'en punir me condamne à l'aimer.
Ses chagrins, sa prison, la perte de son père,
Les maux que je lui fais, me la rendent plus chère.
Enfin, c'est trop vous craindre et trop vous déchirer,
Mariamne, en un mot, je veux tout réparer.
Va la trouver : dis-lui que mon ame asservie
Met à ses pieds mon sceptre, et ma gloire et ma vie.
Des maux qu'elle a soufferts elle accuse ma sœur ;
Je sais qu'elle a pour elle une invincible horreur ;
C'en est assez : ma sœur, aujourd'hui renvoyée,
A ses chers intérêts sera sacrifiée.
Je laisse à Mariamne un pouvoir absolu...

MAZAEL.

Quoi ! seigneur, vous voulez...

HÉRODE.

Oui, je l'ai résolu.
Va la trouver, te dis-je : et surtout à sa vue
Peins bien le repentir de mon ame éperdue ;
Dis-lui que mes remords égalent ma fureur :
Va, cours, vole et reviens... Juste ciel ! c'est ma sœur.

VARIANTES

CONTENANT LES CHANGEMENS OCCASIONNÉS PAR LA SUBSTITUTION
DU RÔLE DE SOHÊME A CELUI DE VARUS.

ACTE PREMIER.

SCÈNE I.

SALOME, MAZAEL.

. . . .
. . . .

SALOME.

Vous ne vous trompez point; Hérode va paraître :
L'indocile Sion va trembler sous son maître.
Il enchaîne à jamais la fortune à son char ;
Le favori d'Antoine est l'ami de César.
Sa politique habile, égale à son courage,
De sa chute imprévue a réparé l'outrage.
Le sénat le couronne.

MAZAEL.

. . . .
. . . .
Mais c'en est fait, madame, il rentre en ses états.
Il l'aimait, il verra ses dangereux appas.
Ces yeux toujours puissans, toujours sûrs de lui plaire,
Reprendront malgré vous leur empire ordinaire ;
Et tous ses ennemis, bientôt humiliés,
A ses moindres regards seront sacrifiés.
Otons-lui, croyez-moi, l'intérêt de nous nuire ;
Songeons à la gagner, n'ayant pu la détruire ;
Et par de vains respects, par des soins assidus...

SALOME.

Il est d'autres moyens de ne la craindre plus.

VARIANTES DE MARIAMNE.

MAZAEL.

Quel est donc ce dessein ? Que prétendez-vous dire ?

SALOME.

Peut-être en ce moment notre ennemie expire.

MAZAEL.

D'un coup si dangereux osez-vous vous charger,
Sans que le roi...

SALOME.

   Le roi consent à me venger.
Zarès est arrivé, Zarès est dans Solime;
Ministre de ma haine, il attend sa victime;
Le lieu, le temps, le bras, tout est choisi par lui :
Il vint hier de Rome, et nous venge aujourd'hui.

MAZAEL.

Quoi ! vous avez enfin gagné cette victoire ?
Quoi ! malgré son amour, Hérode a pu vous croire ?
Il vous la sacrifie ! Il prend de vous des lois !

SALOME.

Je puis encor sur lui bien moins que tu ne crois.
Pour arracher de lui cette lente vengeance,
Il m'a fallu choisir le temps de son absence.
Tant qu'Hérode en ces lieux demeurait exposé
Aux charmes dangereux qui l'ont tyrannisé,
Mazael, tu m'as vue, avec inquiétude,
Traîner de mon destin la triste incertitude.
Quand par mille détours assurant mes succès,
De son cœur soupçonneux j'avais trouvé l'accès ;
Quand je croyais son ame à moi seule rendue,
Il voyait Mariamne, et j'étais confondue :
Un coup d'œil renversait ma brigue et mes desseins.
La reine a vu cent fois mon sort entre ses mains ;
Et si sa politique avait avec adresse
D'un époux amoureux ménagé la tendresse,
Cet ordre, cet arrêt prononcé par son roi,
Ce coup que je lui porte aurait tombé sur moi.
Mais son farouche orgueil a servi ma vengeance :
J'ai su mettre a profit sa fatale imprudence :
Elle a voulu se perdre, et je n'ai fait enfin
Que lui lancer les traits qu'a préparés sa main.
 Tu te souviens assez de ce temps plein d'alarmes,
Lorsqu'un bruit si funeste à l'espoir de nos armes,

Apprit à l'Orient étonné de son sort,
Qu'Auguste était vainqueur, et qu'Antoine était mort.
Tu sais comme à ce bruit nos peuples se troublèrent;
De l'Orient vaincu les monarques tremblèrent.
Mon frère, enveloppé dans ce commun malheur,
Crut perdre sa couronne avec son protecteur.
Il fallut, sans s'armer d'une inutile audace,
Au vainqueur de la terre aller demander grace.
Rappelle en ton esprit ce jour infortuné;
Songe à quel désespoir Hérode abandonné,
Vit son épouse altière, abhorrant ses approches,
Détestant ses adieux, l'accablant de reproches,
Redemander encore, en ce moment cruel,
Et le sang de son frère, et le sang paternel.
Hérode auprès de moi vint déplorer sa peine;
Je saisis cet instant précieux à ma haine;
Dans son cœur déchiré je repris mon pouvoir;
J'enflammai son courroux, j'aigris son désespoir;
J'empoisonnai le trait dont il sentait l'atteinte.
Tu le vis plein de trouble, et d'horreur et de crainte,
Jurer d'exterminer les restes dangereux
D'un sang toujours trop cher aux perfides Hébreux:
Et, dès ce même instant, sa facile colère
Déshérita les fils et condamna la mère.
  Mais sa fureur encor flattait peu mes souhaits;
L'amour qui la causait en repoussait les traits:
De ce fatal objet telle était la puissance,
Un regard de l'ingrate arrêtait sa vengeance.
Je pressai son départ; il partit, et depuis,
Mes lettres chaque jour ont nourri ses ennuis.
Ne voyant plus la reine, il vit mieux son outrage;
Il eut honte en secret de son peu de courage:
De moment en moment ses yeux se sont ouverts,
J'ai levé le bandeau qui les avait couverts.
Zarès, étudiant le moment favorable,
A peint à son esprit cette reine implacable,
Son crédit, ses amis, ces Juifs séditieux,
Du sang asmonéen partisans factieux.
J'ai fait plus; j'ai moi-même armé sa jalousie:
Il a craint pour sa gloire, il a craint pour sa vie.
Tu sais que dès long-temps, en butte aux trahisons,

Son cœur de toutes parts est ouvert aux soupçons :
Il croit ce qu'il redoute ; et, dans sa défiance,
Il confond quelquefois le crime et l'innocence.
Enfin j'ai su fixer son courroux incertain :
Il a signé l'arrêt, et j'ai conduit sa main.

MAZAEL.

Il n'en faut point douter, ce coup est nécessaire :
Mais avez-vous prévu si ce préteur austère
Qui sous les lois d'Auguste a remis cet état,
Verrait d'un œil tranquille un pareil attentat ?
Varus, vous le savez, est ici votre maître.
En vain le peuple hébreu, prompt à vous reconnaître,
Tremble encor sous le poids de ce trône ébranlé :
Votre pouvoir n'est rien, si Rome n'a parlé.
Avant qu'en ce palais, des mains de Varus même,
Votre frère ait repris l'autorité suprême,
Il ne peut, sans blesser l'orgueil du nom romain,
Dans ses états encore agir en souverain.
Varus souffrira-t-il que l'on ose à sa vue
Immoler une reine en sa garde reçue ?
Je connais les Romains : leur esprit irrité
Vengera le mépris de leur autorité.
Vous allez sur Hérode attirer la tempête :
Dans leurs superbes mains la foudre est toujours prête ;
Ces vainqueurs soupçonneux sont jaloux de leurs droits,
Et surtout leur orgueil aime à punir les rois.

SALOME.

Non, non, l'heureux Hérode à César a su plaire ;
Varus en est instruit, Varus le considère.
Croyez-moi, ce Romain voudra le ménager ;
Mais, quoi qu'il fasse enfin, songeons à nous venger.
Je touche à ma grandeur, et je crains ma disgrace ;
Demain, dès aujourd'hui, tout peut changer de face.
Qui sait même, qui sait, si, passé ce moment,
Je pourrai satisfaire à mon ressentiment ?
Qui nous a répondu qu'Hérode en sa colère
D'un esprit si constant jusqu'au bout persévère ?
Je connais sa tendresse, il la faut prévenir,
Et ne lui point laisser le temps du repentir.
Qu'après, Rome menace et que Varus foudroie ;
Leur courroux passager troublera peu ma joie :

VARIANTES

Mes plus grands ennemis ne sont pas les Romains :
Mariamne en ces lieux est tout ce que je crains.
Il faut que je périsse, ou que je la prévienne ;
Et si je n'ai sa tête, elle obtiendra la mienne.
Mais Varus vient à nous : il le faut éviter.
Zarès à mes regards devait se présenter ;
Je vais l'attendre : allez, et qu'aux moindres alarmes
Mes soldats en secret puissent prendre les armes.

SCÈNE II.

VARUS, ALBIN, MAZAEL; SUITE DE VARUS.

VARUS.

Salome et Mazaël semblent fuir devant moi ;
Dans leurs yeux étonnés je lis leur juste effroi :
Le crime à mes regards doit craindre de paraître.
Mazael, demeurez. Mandez à votre maître
Que ses cruels desseins sont déja découverts ;
Que son ministre infame est ici dans les fers ;
Et que Varus, peut-être, au milieu des supplices,
Eût dû faire expirer ce monstre... et ses complices.
Mais je respecte Hérode assez pour me flatter
Qu'il connaîtra le piége où l'on veut l'arrêter ;
Qu'un jour il punira les traîtres qui l'abusent,
Et vengera sur eux la vertu qu'ils accusent.
Vous, si vous m'en croyez, pour lui, pour son honneur,
Calmez de ses chagrins la honteuse fureur :
Ne l'empoisonnez plus de vos lâches maximes.
Songez que les Romains sont les vengeurs des crimes ;
Que Varus vous connaît ; qu'il commande en ces lieux,
Et que sur vos complots il ouvrira les yeux.
Allez : que Mariamne en reine soit servie,
Et respectez ses lois si vous aimez la vie.

MAZAEL.

Seigneur...

VARUS.

Vous entendez mes ordres absolus ;
Obéissez, vous dis-je, et ne répliquez plus.

DE MARIAMNE.

SCÈNE III.

VARUS, ALBIN.

VARUS.

Ainsi donc, sans tes soins, sans ton avis fidèle,
Mariamne expirait sous cette main cruelle?

ALBIN.

Le retour de Zarès n'était que trop suspect :
Le soin mystérieux d'éviter votre aspect,
Son trouble, son effroi fut mon premier indice.

VARUS.

Que ne te dois-je point pour un si grand service !
C'est par toi qu'elle vit : c'est par toi que mon cœur
A goûté, cher Albin, ce solide bonheur,
Ce bien si précieux pour un cœur magnanime,
D'avoir pu secourir la vertu qu'on opprime.

ALBIN.

Je reconnais Varus à ces soins généreux :
Votre bras fut toujours l'appui des malheureux.
Quand de Rome en vos mains vous portiez le tonnerre,
Vous étiez occupé du bonheur de la terre.
Puissiez-vous seulement écouter en ce jour, etc.

. . . .
. . . .

ALBIN.

Ainsi l'amour trompeur dont vous sentez la flamme,
Se déguise en vertu pour mieux vaincre votre ame ;
Et ce feu malheureux...

VARUS.

    Je ne m'en défends pas :
L'infortuné Varus adore ses appas :
Je l'aime, il est trop vrai ; mon ame toute nue
Ne craint point, cher Albin, de paraître à ta vue :
Juge si son péril a dû troubler mon cœur ;
Moi, qui borne à jamais mes vœux à son bonheur ;
Moi, qui rechercherais la mort la plus affreuse,
Si ma mort un moment pouvait la rendre heureuse !

VARIANTES

ALBIN.

Seigneur, que dans ces lieux ce grand cœur est changé!
Qu'il venge bien l'amour qu'il avait outragé!
Je ne reconnais plus ce Romain si sévère,
Qui, parmi tant d'objets empressés à lui plaire,
N'a jamais abaissé ses superbes regards
Sur ces beautés que Rome enferme en ses remparts.

VARUS.

Ne t'en étonne point; tu sais que mon courage
A la seule vertu réserva son hommage.
Dans nos murs corrompus, ces coupables beautés
Offraient de vains attraits à mes yeux révoltés;
Je fuyais leurs complots, leurs brigues éternelles,
Leurs amours passagers, leurs vengeances cruelles.
Je voyais leur orgueil, accru du déshonneur,
Se montrer triomphant sur leur front sans pudeur;
L'altière ambition, l'intérêt, l'artifice,
La folle vanité, le frivole caprice,
Chez les Romains séduits prenant le nom d'amour,
Gouverner Rome entière, et régner tour à tour.
J'abhorrais, il est vrai, leur indigne conquête;
A leur joug odieux je dérobais ma tête :
L'amour dans l'Orient fut enfin mon vainqueur.
De la triste Syrie établi gouverneur,
J'arrivai dans ces lieux, quand le droit de la guerre
Eut au pouvoir d'Auguste abandonné la terre,
Et qu'Hérode à ses pieds, au milieu de cent rois,
De son sort incertain vint attendre des lois.
Lieu funeste à mon cœur! malheureuse contrée!
C'est là que Mariamne à mes yeux s'est montrée.
L'univers était plein du bruit de ses malheurs;
Son parricide époux fesait couler ses pleurs.
Ce roi si redoutable au reste de l'Asie,
Fameux par ses exploits et par sa jalousie,
Prudent, mais soupçonneux, vaillant, mais inhumain,
Au sang de son beau-père avait trempé sa main.
Sur ce trône sanglant, il laissait en partage
A la fille des rois la honte et l'esclavage.
Du sort qui la poursuit tu connais la rigueur;
Sa vertu, cher Albin, surpasse son malheur.
Loin de la cour des rois, la vérité proscrite,

L'aimable vérité sur ses lèvres habite ;
Son unique artifice est le soin généreux
D'assurer des secours aux jours des malheureux ;
Son devoir est sa loi ; sa tranquille innocence
Pardonne à son tyran, méprise sa vengeance,
Et près d'Auguste encore implore mon appui
Pour ce barbare époux qui l'immole aujourd'hui.
   Tant de vertus enfin, de malheurs et de charmes,
Contre ma liberté sont de trop fortes armes.
Je l'aime, cher Albin, mais non d'un fol amour
Que le caprice enfante et détruise en un jour ;
Non d'une passion que mon ame troublée
Reçoive avidement, par les sens aveuglée.
Ce cœur qu'elle a vaincu, sans l'avoir amolli,
Par un amour honteux ne s'est point avili ;
Et, plein du noble feu que sa vertu m'inspire,
Je prétends la venger, et non pas la séduire.

              ALBIN.

Mais si le roi, seigneur, a fléchi les Romains,
S'il rentre en ses états...

              VARUS.

              Et c'est ce que je crains.
Hélas ! près du sénat je l'ai servi moi-même !
Sans doute il a déja reçu son diadème ;
Et cet indigne arrêt que sa bouche a dicté
Est le premier essai de son autorité.
Ah ! son retour ici lui peut être funeste :
Mon pouvoir va finir, mais mon amour me reste.
Reine, pour vous défendre on me verra périr.
L'univers doit vous plaindre, et je dois vous servir.

ACTE SECOND.

SCÈNE I.

SALOME, MAZAEL.

SALOME.

Enfin vous le voyez, ma haine est confondue ;
Mariamne triomphe, et Salome est perdue.
Zarès fut sur les eaux trop long-temps arrêté ;
La mer alors tranquille à regret l'a porté.
Mais Hérode, en partant pour son nouvel empire,
Revole avec les vents vers l'objet qui l'attire ;
Et les mers, et l'amour, et Varus, et le roi,
Le ciel, les élémens sont armés contre moi.
Fatale ambition, que j'ai trop écoutée,
Dans quel abîme affreux m'as-tu précipitée !
Je vous l'avais bien dit, que dans le fond du cœur
Le roi se repentait de sa juste rigueur.
De son fatal penchant l'ascendant ordinaire
A révoqué l'arrêt dicté dans sa colère.
J'en ai déja reçu les funestes avis ;
Et Zarès à son roi, renvoyé par mépris,
Ne me laisse en ces lieux qu'une douleur stérile,
Et le danger qui suit un éclat inutile.
. . . .

MAZAEL.

Contre elle encor, madame, il vous reste des armes.
J'ai toujours redouté le pouvoir de ses charmes,
J'ai toujours craint du roi les sentimens secrets ;
Mais, si je m'en rapporte aux avis de Zarès,
La colère d'Hérode, autrefois peu durable,
Est enfin devenue une haine implacable :
Il déteste la reine, il a juré sa mort ;
Et s'il suspend le coup qui terminait son sort,
C'est qu'il veut ménager sa nouvelle puissance,

Et lui-même en ces lieux assurer sa vengeance.
Mais soit qu'enfin son cœur, en ce funeste jour,
Soit aigri par la haine ou fléchi par l'amour,
C'est assez qu'une fois il ait proscrit sa tête :
Mariamne aisément grossira la tempête ;
La foudre gronde encore : un arrêt si cruel
Va mettre entre eux, madame, un divorce éternel.
Vous verrez Mariamne, à soi-même inhumaine,
Forcer le cœur d'Hérode à ranimer sa haine ;
Irriter son époux par de nouveaux dédains,
Et vous rendre les traits qui tombent de vos mains.
De sa perte, en un mot, reposez-vous sur elle.

SALOME.

Non, cette incertitude est pour moi trop cruelle ;
Non, c'est par d'autres coups que je veux la frapper ;
Dans un piége plus sûr il faut l'envelopper.
Contre mes ennemis mon intérêt m'éclaire.
Si j'ai bien de Varus observé la colère,
Ce transport violent de son cœur agité
N'est point un simple effet de générosité :
La tranquille pitié n'a point ce caractère.
La reine a des appas ; Varus a su lui plaire.
Ce n'est pas que mon cœur, injuste en son dépit,
Dispute à sa beauté cet éclat qui la suit ;
Que j'envie à ses yeux le pouvoir de leurs armes,
Ni ce flatteur encens qu'on prodigue à ses charmes ;
Elle peut payer cher ce bonheur dangereux :
Et soit que de Varus elle écoute les vœux,
Soit que sa vanité de ce pompeux hommage
Tire indiscrètement un frivole avantage,
Il suffit ; c'est par là que je peux maintenir
Ce pouvoir qui m'échappe, et qu'il faut retenir.
  Faites veiller surtout les regards mercenaires
De tous ces délateurs aujourd'hui nécessaires,
Qui vendent les secrets de leurs concitoyens,
Et dont cent fois les yeux ont éclairé les miens.
Mais la voici. Pourquoi faut-il que je la voie ?

VARIANTES

SCÈNE II.

MARIAMNE, ÉLISE, SALOME, MAZAEL, NABAL.

SALOME.

. . . .
Son amour méprisé, son trop de défiance,
Avait contre vos jours allumé sa vengeance;
Mais ce feu violent s'est bientôt consumé :
L'amour arma son bras, l'amour l'a désarmé.
. . . .
. . . .

MAZAEL.

Quel orgueil !

SALOME.

Il aura sa juste récompense :
Viens, c'est à l'artifice à punir l'imprudence.

SCÈNE III.

MARIAMNE, ÉLISE, NABAL.

ÉLISE.

Ah, madame ! à ce point pouvez-vous irriter
Des ennemis ardens à vous persécuter ?
La vengeance d'Hérode, un moment suspendue,
Sur votre tête encore est peut-être étendue :
. . . .
Varus, aux nations qui bornent cet état,
Ira porter bientôt les ordres du sénat.
Hélas ! grace à ses soins, grace à vos bontés même,
Rome à votre tyran donne un pouvoir suprême;
Il revient plus terrible et plus fier que jamais.
Vous le verrez armé de vos propres bienfaits;
Vous dépendrez ici de ce superbe maître,
D'autant plus dangereux qu'il vous aime peut-être,
Et que cet amour même, aigri par vos refus...

MARIAMNE.

Chère Élise, en ces lieux faites venir Varus;
Je conçois vos raisons, j'en demeure frappée;
Mais d'un autre intérêt mon ame est occupée;

DE MARIAMNE.

Par de plus grands objets mes vœux sont attirés :
Que Varus vienne ici. Vous, Nabal, demeurez.

SCÈNE IV.

MARIAMNE, NABAL.

MARIAMNE.

. . . .
Elle veut que mes fils, portés entre nos bras,
S'éloignent avec nous de ces affreux climats.
Les vaisseaux des Romains, des bords de la Syrie,
Nous ouvrent sur les eaux les chemins d'Italie.
J'attends tout de Varus, d'Auguste et des Romains.
. . . .

SCÈNE V.

MARIAMNE, VARUS, ÉLISE.

MARIAMNE.

. . . .
Loin de ces lieux sanglans que le crime environne,
Je mettrai leur enfance à l'ombre de son trône ;
Ses généreuses mains pourront sécher nos pleurs.
Je ne demande point qu'il venge mes malheurs,
Que sur mes ennemis son bras s'appesantisse ;
C'est assez que mes fils, témoins de sa justice,
Formés par son exemple, et devenus Romains,
Apprennent à régner des maîtres des humains.
. . . .
. . . .
Donnez-moi dans la nuit des guides assurés,
Jusque sur vos vaisseaux dans Sidon préparés.
. . . .
. . . .
Je ne m'attendais pas que vous dussiez vous-même
Mettre aujourd'hui le comble à ma douleur extrême.
. . . .
Ma constante amitié respecte encor Varus.
. . . .

VARIANTES

SCÈNE VI.

VARUS, ALBIN.

ALBIN.
Vous vous troublez, seigneur, et changez de visage.
VARUS.
J'ai senti, je l'avoue, ébranler mon courage.
Ami, pardonne au feu dont je suis consumé
Ces faiblesses d'un cœur qui n'avait point aimé.
Je ne connaissais pas tout le poids de ma chaîne,
Je le sens a regret, je la romps avec peine.
Avec quelle douceur, avec quelle bonté,
Elle imposait silence à ma témérité !
Sans trouble et sans courroux, sa tranquille sagesse
M'apprenait mon devoir, et plaignait ma faiblesse ;
J'adorais, cher Albin, jusques à ses refus :
J'ai perdu l'espérance, et je l'aime encor plus.
A quelle épreuve, ô dieux ! ma constance est réduite !
ALBIN.
Êtes-vous résolu de préparer sa fuite ?
VARUS
Quel emploi !
ALBIN.
Pourrez-vous respecter ses rigueurs,
Jusques à vous charger du soin de vos malheurs ?
Quel est votre dessein ?
VARUS.
Moi ! que je l'abandonne !
Que je désobéisse aux lois qu'elle me donne !
Non, non ; mon cœur encore est trop digne du sien ;
Mariamne a parlé, je n'examine rien.
Que loin de ses tyrans elle aille auprès d'Auguste ;
Sa fuite est raisonnable, et ma douleur injuste ;
L'amour me parle en vain, je vole à mon devoir :
Je servirai la reine, et même sans la voir.
Elle me laisse, au moins, la douceur éternelle
D'avoir tout entrepris, d'avoir tout fait pour elle.
Je brise ses liens, je lui sauve le jour ;
Je fais plus, je lui veux immoler mon amour :

Et fuyant sa beauté, qui me séduit encore,
Égaler, s'il se peut, sa vertu que j'adore.

ACTE TROISIÈME.

SCÈNE III.

VARUS, IDAMAS, ALBIN; suite de Varus.

IDAMAS.

Avant que dans ces lieux mon roi vienne lui-même
Recevoir de vos mains le sacré diadème,
Et vous soumettre un rang qu'il doit à vos bontés,
Seigneur, souffrirez-vous...

VARUS.

Idamas, arrêtez.
Le roi peut s'épargner ces frivoles hommages.
. . . .
La reine en ce moment est-elle en sûreté ?
Et le sang innocent sera-t-il respecté ?

IDAMAS.
. . . .
Le perfide Zarès par votre ordre arrêté,
Et par votre ordre enfin remis en liberté,
Artisan de la fraude et de la calomnie,
De Salome avec soin servira la furie.
Mazaël en secret leur prête son secours ;
Le soupçonneux Hérode écoute leurs discours ;
. . . .

VARUS.

Je sais qu'en ce palais je dois le recevoir ;
Le sénat me l'ordonne, et tel est mon devoir.

VARIANTES

SCÈNE IV.

HÉRODE, MAZAEL, IDAMAS; SUITE D'HÉRODE.

....
....

MAZAEL.

Seigneur, à vos desseins Zarès toujours fidèle,
Renvoyé près de vous, et plein d'un même zèle,
De la part de Salome attend pour vous parler.

HÉRODE.

Quoi! tous deux sans relâche ils veulent m'accabler!
Que jamais devant moi ce monstre ne paraisse.
Je l'ai trop écouté. Sortez tous, qu'on me laisse.
Ciel! qui pourra calmer un trouble si cruel...
Demeurez, Idamas; demeurez, Mazaël.

SCÈNE V.

HÉRODE, MAZAEL, IDAMAS.

HÉRODE.

Hé bien, voilà ce roi si fier et si terrible!
Ce roi dont on craignait le courage inflexible,
Qui sut vaincre et régner, qui sut briser ses fers,
Et dont la politique étonna l'univers!
....
....

(à Mazaël)
Sortez. Termine, ô ciel! les chagrins de ma vie.

SCÈNE VI.

HÉRODE, SALOME.

SALOME.

Hé bien, vous avez vu votre chère ennemie!
Avez-vous essuyé des outrages nouveaux?

HÉRODE.

Madame, il n'est plus temps d'appesantir mes maux.
....
....

ACTE QUATRIÈME.

SCÈNE I.

SALOME, MAZAEL.

MAZAEL.
Jamais, je l'avouerai, plus heureuse apparence
N'a d'un mensonge adroit soutenu la prudence.
Ma bouche, auprès d'Hérode, avec dextérité,
Confondait l'artifice avec la vérité.
. . . .
. . . .

SCÈNE II.

HÉRODE, SALOME, MAZAEL; GARDES.

MAZAEL.
Non, ne vous vengez point; mais sauvez votre vie,
Prévenez de Varus l'indiscrète furie :
Ce superbe préteur, ardent à tout tenter,
Se fait une vertu de vous persécuter.

HÉRODE.
Ah, ma sœur ! à quel point ma flamme était trahie !
Venez contre une ingrate animer ma furie.
. . . .
Et toi, Varus, et toi, faudra-t-il que ma main
Respecte ici ton crime, et le sang d'un Romain ?
. . . .
Mais... Croyez-vous qu'Auguste approuve ma rigueur ?

SALOME.
Il la conseillerait; n'en doutez point, seigneur.
Auguste a des autels où le Romain l'adore,
Mais de ses ennemis le sang y fume encore.
Auguste à tous les rois a pris soin d'enseigner
Comme il faut qu'on les craigne, et comme il faut régner :

VARIANTES DE MARIAMNE.

Imitez son exemple, assurez votre vie.
Tout condamne la reine, et tout vous justifie.
. . . .
Ne montrez qu'à des yeux éclairés et discrets
Un cœur encor percé de ces indignes traits.

ACTE CINQUIÈME.

SCÈNE VI.

HÉRODE, IDAMAS; GARDES.

. . . .
. . . .

IDAMAS.

Mais le sang de Varus, répandu par vos mains,
Peut attirer sur vous le courroux des Romains.
Songez y bien, seigneur, et qu'une telle offense...

FIN DES VARIANTES DE MARIAMNE.

NOTES
DE LA TRAGÉDIE DE MARIAMNE.

¹ *Tous mes soins m'ont trahi.* M. de La Harpe fait observer qu'il y a ici un solécisme, et qu'il fallait dire *trahie*.

² Quoique toutes les éditions portent *nos climats*, il est visible que c'est une faute de copiste qui s'est perpétuée; et nous avons cru devoir la corriger, d'après les observations de M. de La Harpe, et de M. de Croix, l'un des éditeurs de l'édition de Kehl.

³ C'est la réponse de Louis XIII à Anne d'Autriche, qui voulait se justifier d'avoir trempé dans la conjuration de Chalais.

⁴ M. de La Harpe remarque encore ici un solécisme, et dit qu'il faut absolument *vous a vengée*.

(Ces quatre notes sont de la dernière édition in-8º en 41 vol.)

FIN DES NOTES DE MARIAMNE.

L'INDISCRET,

COMÉDIE EN UN ACTE,

Représentée pour la première fois au mois d'auguste 1725.

A Mme LA MARQUISE DE PRIE.

Vous qui possédez la beauté,
Sans être vaine ni coquette,
Et l'extrême vivacité,
Sans être jamais indiscrète;
Vous à qui donnèrent les dieux
Tant de lumières naturelles,
Un esprit juste, gracieux,
Solide dans le sérieux,
Et charmant dans les bagatelles,
Souffrez qu'on présente à vos yeux
L'aventure d'un téméraire
Qui, pour s'être vanté de plaire,
Perdit ce qu'il aimait le mieux.

Si l'héroïne de la pièce,
De Prie, eût eu votre beauté,
On excuserait la faiblesse
Qu'il eut de s'être un peu vanté.
Quel amant ne serait tenté
De parler de telle maîtresse,
Par un excès de vanité,
Ou par un excès de tendresse?

PERSONNAGES.

EUPHÉMIE.
DAMIS.
HORTENSE.
TRASIMON.
CLITANDRE.
NÉRINE.
PASQUIN.
Plusieurs laquais de Damis.

L'INDISCRET,

COMÉDIE.

SCÈNE I.

EUPHÉMIE, DAMIS.

EUPHÉMIE.
N'attendez pas, mon fils, qu'avec un ton sévère
Je déploie à vos yeux l'autorité de mère :
Toujours prête à me rendre à vos justes raisons,
Je vous donne un conseil, et non pas des leçons ;
C'est mon cœur qui vous parle, et mon expérience
Fait que ce cœur pour vous se trouble par avance.
Depuis deux mois au plus vous êtes à la cour :
Vous ne connaissez pas ce dangereux séjour ;
Sur un nouveau venu le courtisan perfide [1]
Avec malignité jette un regard avide,
Pénètre ses défauts, et, dès le premier jour,
Sans pitié le condamne, et même sans retour.
Craignez de ces messieurs la malice profonde.
Le premier pas, mon fils, que l'on fait dans le monde,
Est celui dont dépend le reste de nos jours :
Ridicule une fois, on vous le croit toujours ;
L'impression demeure. En vain croissant en âge,
On change de conduite, on prend un air plus sage,
On souffre encor long-temps de ce vieux préjugé ;

On est suspect encor lorsqu'on est corrigé ;
Et j'ai vu quelquefois payer dans la vieillesse
Le tribut des défauts qu'on eut dans la jeunesse.
Connaissez donc le monde, et songez qu'aujourd'hui
Il faut que vous viviez pour vous moins que pour lui.

DAMIS.

Je ne sais où peut tendre un si long préambule.

EUPHÉMIE.

Je vois qu'il vous paraît injuste et ridicule;
Vous méprisez des soins pour vous bien importans :
Vous m'en croirez un jour; il n'en sera plus temps.
Vous êtes indiscret : ma trop longue indulgence
Pardonna ce défaut au feu de votre enfance ;
Dans un âge plus mûr il cause ma frayeur.
Vous avez des talens, de l'esprit et du cœur ;
Mais croyez qu'en ce lieu tout rempli d'injustices
Il n'est point de vertu qui rachète les vices,
Qu'on cite nos défauts en toute occasion,
Que le pire de tous est l'indiscrétion,
Et qu'à la cour, mon fils, l'art le plus nécessaire
N'est pas de bien parler, mais de savoir se taire.
Ce n'est pas en ce lieu que la société
Permet ces entretiens remplis de liberté :
Le plus souvent ici l'on parle sans rien dire;
Et les plus ennuyeux savent s'y mieux conduire.
Je connais cette cour : on peut fort la blâmer;
Mais lorsqu'on y demeure, il faut s'y conformer :
Pour les femmes surtout, plein d'un égard extrême,
Parlez-en rarement, encor moins de vous-même.
Paraissez ignorer ce qu'on fait, ce qu'on dit;

SCÈNE I.

Cachez vos sentimens, et même votre esprit;
Surtout de vos secrets soyez toujours le maître;
Qui dit celui d'autrui doit passer pour un traître;
Qui dit le sien, mon fils, passe ici pour un sot.
Qu'avez-vous à répondre à cela?

DAMIS.

                      Pas le mot;
Je suis de votre avis : je hais le caractère
De quiconque n'a pas le pouvoir de se taire;
Ce n'est pas là mon vice, et, loin d'être entiché
Du défaut qui par vous m'est ici reproché,
Je vous avoue enfin, madame, en confidence,
Qu'avec vous trop long-temps j'ai gardé le silence
Sur un fait dont pourtant j'aurais dû vous parler :
Mais souvent dans la vie il faut dissimuler.
Je suis amant aimé d'une veuve adorable,
Jeune, charmante, riche, aussi sage qu'aimable;
C'est Hortense. A ce nom jugez de mon bonheur;
Jugez, s'il était su, de la vive douleur
De tous nos courtisans qui soupirent pour elle;
Nous leur cachons à tous notre ardeur mutuelle :
L'amour depuis deux jours a serré ce lien,
Depuis deux jours entiers; et vous n'en savez rien.

EUPHÉMIE.

Mais j'étais à Paris depuis deux jours.

DAMIS.

                                 Madame,
On n'a jamais brûlé d'une si belle flamme.
Plus l'aveu vous en plaît, plus mon cœur est content;
Et mon bonheur s'augmente en vous le racontant.

EUPHÉMIE.

Je suis sûre, Damis, que cette confidence
Vient de votre amitié, non de votre imprudence.

DAMIS.

En doutez-vous?

EUPHÉMIE.

Eh, eh... mais enfin, entre nous,
Songez au vrai bonheur qui vient s'offrir à vous :
Hortense a des appas; mais de plus cette Hortense
Est le meilleur parti qui soit pour vous en France.

DAMIS.

Je le sais.

EUPHÉMIE.

D'elle seule elle reçoit des lois,
Et le don de sa main dépendra de son choix.

DAMIS.

Et tant mieux.

EUPHÉMIE.

Vous saurez flatter son caractère,
Ménager son esprit ?

DAMIS.

Je fais mieux, je sais plaire.

EUPHÉMIE.

C'est bien dit; mais, Damis, elle fuit les éclats;
Et les airs trop bruyans ne l'accommodent pas :
Elle peut, comme une autre, avoir quelque faiblesse;
Mais jusque dans ses goûts elle a de la sagesse,
Craint surtout de se voir en spectacle à la cour,
Et d'être le sujet de l'histoire du jour;
Le secret, le mystère est tout ce qui la flatte.

SCÈNE I.
DAMIS.
Il faudra bien pourtant qu'enfin la chose éclate.
EUPHÉMIE.
Mais près d'elle, en un mot, quel sort vous a produit?
Nul jeune homme jamais n'est chez elle introduit,
Elle fuit avec soin, en personne prudente,
De nos jeunes seigneurs la cohue éclatante.
DAMIS.
Ma foi! chez elle encor je ne suis point reçu;
Je l'ai long-temps lorgnée, et, grace au ciel, j'ai plu.
D'abord elle rendit mes billets sans les lire;
Bientôt elle les lut, et daigne enfin m'écrire.
Depuis près de deux jours je goûte un doux espoir;
Et je dois, en un mot, l'entretenir ce soir.
EUPHÉMIE.
Hé bien, je veux aussi l'aller trouver moi-même.
La mère d'un amant qui nous plaît, qui nous aime,
Est toujours, que je crois, reçue avec plaisir.
De vous adroitement je veux l'entretenir,
Et disposer son cœur à presser l'hyménée
Qui fera le bonheur de votre destinée.
Obtenez au plus tôt et sa main et sa foi,
Je vous y servirai; mais n'en parlez qu'à moi.
DAMIS.
Non, il n'est point ailleurs, madame, je vous jure,
Une mère plus tendre, une amitié plus pure:
A vous plaire à jamais je borne tous mes vœux.
EUPHÉMIE.
Soyez heureux, mon fils, c'est tout ce que je veux.

SCÈNE II.

DAMIS.

Ma mère n'a point tort; je sais bien qu'en ce monde
Il faut, pour réussir, une adresse profonde.
Hors dix ou douze amis à qui je puis parler,
Avec toute la cour je vais dissimuler.
Çà, pour mieux essayer cette prudence extrême,
De nos secrets ici ne parlons qu'à nous-même;
Examinons un peu, sans témoins, sans jaloux,
Tout ce que la fortune a prodigué pour nous.
Je hais la vanité; mais ce n'est point un vice
De savoir se connaître et se rendre justice.
On n'est pas sans esprit, on plaît; on a, je croi,
Aux petits cabinets l'air de l'ami du roi.
Il faut bien s'avouer que l'on est fait à peindre;
On danse, on chante, on boit, on sait parler et feindre [a].
Colonel à treize ans, je pense avec raison
Que l'on peut à trente ans m'honorer d'un bâton.
Heureux en ce moment, heureux en espérance,
Je garderai Julie, et vais avoir Hortense;
Possesseur une fois de toutes ses beautés,
Je lui ferai par jour vingt infidélités,
Mais sans troubler en rien la douceur du ménage,
Sans être soupçonné, sans paraître volage;
Et mangeant en six mois la moitié de son bien,
J'aurai toute la cour sans qu'on en sache rien [b].

SCÈNE III.

DAMIS, TRASIMON.

DAMIS.

Hé! bonjour, commandeur.

TRASIMON.

      Aye! ouf! on m'estropie...

DAMIS.

Embrassons-nous encor, commandeur, je te prie.

TRASIMON.

Souffrez...

DAMIS.

   Que je t'étouffe une troisième fois.

TRASIMON.

Mais quoi?

DAMIS.

    Déride un peu ce renfrogné minois;
Réjouis-toi, je suis le plus heureux des hommes.

TRASIMON.

Je venais pour vous dire...

DAMIS.

      Oh! parbleu, tu m'assommes
Avec ce front glacé que tu portes ici.

TRASIMON.

Mais je ne prétends pas vous réjouir aussi;
Vous avez sur les bras une fâcheuse affaire.

DAMIS.

Eh! eh! pas si fâcheuse.

TRASIMON.

Erminie et Valère
Contre vous en ces lieux déclament hautement :
Vous avez parlé d'eux un peu légèrement ;
Et même depuis peu le vieux seigneur Horace
M'a prié...

DAMIS.

Voilà bien de quoi je m'embarrasse !
Horace est un vieux fou, plutôt qu'un vieux seigneur,
Tout chamarré d'orgueil, pétri d'un faux honneur,
Assez bas à la cour, important à la ville,
Et non moins ignorant qu'il veut paraître habile.
Pour madame Erminie, on sait assez comment
Je l'ai prise et quittée un peu trop brusquement.
Qu'elle est aigre, Erminie ! et qu'elle est tracassière !
Pour son petit amant, mon cher ami Valère,
Tu le connais un peu ; parle : as-tu jamais vu
Un esprit plus guindé, plus gauche, plus tortu...
A propos, on m'a dit hier, en confidence,
Que son grand frère aîné, cet homme d'importance,
Est reçu chez Clarisse avec quelque faveur ;
Que la grosse comtesse en crève de douleur.
Et toi, vieux commandeur, comment va la tendresse ?

TRASIMON.
Vous savez que le sexe assez peu m'intéresse.

DAMIS.
Je ne suis pas de même ; et le sexe, ma foi,
A la ville, à la cour, me donne assez d'emploi.
Écoute ; il faut ici que mon cœur te confie
Un secret dont dépend le bonheur de ma vie.

SCÈNE III.

TRASIMON.

Puis-je vous y servir?

DAMIS.

Toi? point du tout.

TRASIMON.

Hé bien,
Damis, s'il est ainsi, ne m'en dites donc rien.

DAMIS.

Le droit de l'amitié...

TRASIMON.

C'est cette amitié même
Qui me fait éviter avec un soin extrême
Le fardeau d'un secret au hasard confié,
Qu'on me dit par faiblesse, et non par amitié,
Dont tout autre que moi serait dépositaire,
Qui de mille soupçons est la source ordinaire,
Et qui peut nous combler de honte et de dépit,
Moi d'en avoir trop su, vous d'en avoir trop dit.

DAMIS.

Malgré toi, commandeur, quoi que tu puisses dire,
Pour te faire plaisir, je veux du moins te lire
Le billet qu'aujourd'hui...

TRASIMON.

Par quel empressement...

DAMIS.

Ah! tu le trouveras écrit bien tendrement.

TRASIMON.

Puisque vous le voulez enfin...

DAMIS.

C'est l'Amour même,

Ma foi, qui la dicté. Tu verras comme on m'aime.
La main qui me l'écrit le rend d'un prix... vois-tu...
Mais d'un prix... eh, morbleu! je crois l'avoir perdu.
Je ne le trouve point... Holà, La Fleur, La Brie!

SCÈNE IV.

DAMIS, TRASIMON; PLUSIEURS LAQUAIS.

UN LAQUAIS.
Monseigneur?
DAMIS.
Remontez vite à la galerie,
Retournez chez tous ceux que j'ai vus ce matin;
Allez chez ce vieux duc... Ah! je le trouve enfin;
Ces marauds l'ont mis là par pure étourderie.
(à ses gens.)
Laissez-nous. Commandeur, écoute, je te prie.

SCÈNE V.

DAMIS, TRASIMON, CLITANDRE, PASQUIN.

CLITANDRE, *à Pasquin, tenant un billet à la main.*
Oui, tout le long du jour demeure en ce jardin;
Observe tout, vois tout, redis-moi tout, Pasquin;
Rends-moi compte, en un mot, de tous les pas d'Hor-
Ah! je saurai...   [tense.

SCÈNE VI.

DAMIS, TRASIMON, CLITANDRE.

DAMIS.

Voici le marquis qui s'avance.
Bonjour, marquis.

CLITANDRE, *un billet à la main.*

Bonjour.

DAMIS.

Qu'as-tu donc aujourd'hui ?
Sur ton front à longs traits qui diable a peint l'ennui ?
Tout le monde m'aborde avec un air si morne,
Que je crois...

CLITANDRE, *bas.*

Ma douleur, hélas ! n'a point de borne.

DAMIS.

Que marmottes-tu là ?

CLITANDRE, *bas.*

Que je suis malheureux !

DAMIS.

Çà, pour vous égayer, pour vous plaire à tous deux,
Le marquis entendra le billet de ma belle.

CLITANDRE, *bas, en regardant le billet qu'il a entre*
les mains.

Quel congé ! quelle lettre ! Hortense... Ah, la cruelle !

DAMIS, *à Clitandre.*

C'est un billet à faire expirer un jaloux.

CLITANDRE.

Si vous êtes aimé, que votre sort est doux !

DAMIS.

Il le faut avouer, les femmes de la ville,
Ma foi, ne savent point écrire de ce style.
(Il lit.)

« Enfin je cède aux feux dont mon cœur est épris;
« Je voulais le cacher, mais j'aime à vous le dire;
    « Eh! pourquoi ne vous point écrire
« Ce que cent fois mes yeux vous ont sans doute appris?
    « Oui, mon cher Damis, je vous aime,   [mer,
« D'autant plus que mon cœur, peu propre à s'enflam-
« Craignant votre jeunesse, et se craignant lui-même,
« A fait ce qu'il a pu pour ne vous point aimer.
« Puissé-je, après l'aveu d'une telle faiblesse,
    « Ne me la jamais reprocher!
    « Plus je vous montre ma tendresse,
« Et plus à tous les yeux vous devez la cacher. »

TRASIMON.

Vous prenez très grand sein d'obéir à la dame,
Sans doute, et vous brûlez d'une discrète flamme.

CLITANDRE.

Heureux qui, d'une femme adorant les appas,
Reçoit de tels billets, et ne les montre pas!

DAMIS.

Vous trouvez donc la lettre...

TRASIMON.
Un peu forte.

CLITANDRE.
Adorable.

SCÈNE VI.

DAMIS.

Celle qui me l'écrit est cent fois plus aimable.
Que vous seriez charmés si vous saviez son nom !
Mais dans ce monde il faut de la discrétion.

TRASIMON.

Oh! nous n'exigeons point de telle confidence.

CLITANDRE.

Damis, nous nous aimons, mais c'est avec prudence.

TRASIMON.

Loin de vouloir ici vous forcer de parler...

DAMIS.

Non, je vous aime trop pour rien dissimuler.
Je vois que vous pensez, et la cour le publie,
Que je n'ai d'autre affaire ici qu'avec Julie.

CLITANDRE.

On le dit d'après vous, mais nous n'en croyons rien.

DAMIS.

Oh! crois... Jusqu'à présent, la chose allait fort bien;
Nous nous étions aimés, quittés, repris encore :
On en parle partout.

TRASIMON.

    Non, tout cela s'ignore.

DAMIS.

Tu crois qu'à cet oison je suis fort attaché;
Mais, par ma foi, j'en suis très faiblement touché.

TRASIMON.

Ou fort, ou faiblement, il ne m'importe guère.

DAMIS.

La Julie est aimable, il est vrai, mais légère;

L'autre est ce qu'il me faut, et c'est solidement
Que je l'aime.

CLITANDRE.

Enfin donc cet objet si charmant...

DAMIS.

Vous m'y forcez; allons, il faut bien vous l'apprendre:
Regarde ce portrait, mon cher ami Clitandre;
Çà, dis-moi si jamais tu vis de tes deux yeux
Rien de plus adorable et de plus gracieux?
C'est Macé* qui l'a peint; c'est tout dire, et je pense
Que tu reconnaîtras...

CLITANDRE.

Juste ciel! c'est Hortense.

DAMIS.

Pourquoi t'en étonner?

TRASIMON.

Vous oubliez, monsieur,
Qu'Hortense est ma cousine, et chérit son honneur,
Et qu'un pareil aveu...

DAMIS.

Vous nous la donnez bonne;
J'ai six cousines, moi, que je vous abandonne;
Et je vous les verrais lorgner, tromper, quitter,
Imprimer leurs billets, sans m'en inquiéter.
Il nous ferait beau voir, dans nos humeurs chagrines,
Prendre avec soin sur nous l'honneur de nos cousines!
Nous aurions trop à faire à la cour; et, ma foi,
C'est assez que chacun réponde ici pour soi.

* Jean-Baptiste Macé, peintre du roi, fort en vogue alors par l'élégance de ses miniatures

SCÈNE VII.

TRASIMON.

Mais Hortense, monsieur...

DAMIS.

Hé bien, oui, je l'adore;
Elle n'aime que moi, je vous le dis encore;
Et je l'épouserai pour vous faire enrager.

CLITANDRE, *à part.*

Ah! plus cruellement pouvait-on m'outrager?

DAMIS.

Nos noces, croyez-moi, ne seront point secrètes;
Et vous n'en serez pas, tout cousin que vous êtes.

TRASIMON.

Adieu, monsieur Damis : on peut vous faire voir
Que sur une cousine on a quelque pouvoir.

SCÈNE VII.

DAMIS, CLITANDRE.

DAMIS.

Que je hais ce censeur, et son air pédantesque,
Et tous ces faux éclats de vertu romanesque!
Qu'il est sec! qu'il est brut! et qu'il est ennuyeux!
Mais tu vois ce portrait d'un œil bien curieux?

CLITANDRE, *à part.*

Comme ici de moi-même il faut que je sois maître!
Qu'il faut dissimuler!

DAMIS.

Tu remarques peut-être
Qu'au coin de cette boîte il manque un des brillans?

Mais tu sais que la chasse hier dura long-temps;
A tout moment on tombe, on se heurte, on s'accroche:
J'avais quatre portraits ballottés dans ma poche;
Celui-ci, par malheur, fut un peu maltraité;
La boîte s'est rompue, un brillant a sauté.
Parbleu, puisque demain tu t'en vas à la ville,
Passe chez La Frenaye; il est cher, mais habile;
Choisis, comme pour toi, l'un de ses diamans:
Je lui dois, entre nous, plus de vingt mille francs.
Adieu : ne montre au moins ce portrait à personne.

CLITANDRE, *à part.*

Où suis-je!

DAMIS.

Adieu, marquis : à toi je m'abandonne;
Sois discret.

CLITANDRE, *à part.*

Se peut-il...

DAMIS, *revenant.*

J'aime un ami prudent:
Va, de tous mes secrets tu seras confident.
Eh! peut-on posséder ce que le cœur désire,
Être heureux, et n'avoir personne à qui le dire?
Peut-on garder pour soi, comme un dépôt sacré,
L'insipide plaisir d'un amour ignoré?
C'est n'avoir point d'amis qu'être sans confiance;
C'est n'être point heureux que de l'être en silence.
Tu n'as vu qu'un portrait et qu'un seul billet doux.

CLITANDRE.

Hé bien?

SCÈNE VII.
DAMIS.

L'on m'a donné, mon cher, un rendez-vous.
CLITANDRE, *à part.*

Ah, je frémis !

DAMIS.

Ce soir, pendant le bal qu'on donne,
Je dois, sans être vu ni suivi de personne,
Entretenir Hortense, ici, dans ce jardin.
CLITANDRE, *à part.*

Voici le dernier coup. Ah, je succombe enfin !
DAMIS.

Là, n'es-tu pas charmé de ma bonne fortune ?
CLITANDRE.

Hortense doit vous voir ?
DAMIS.

Oui, mon cher, sur la brune :
Mais le soleil qui baisse amène ces momens,
Ces momens fortunés, désirés si long-temps.
Adieu. Je vais chez toi rajuster ma parure,
De deux livres de poudre orner ma chevelure,
De cent parfums exquis mêler la douce odeur ;
Puis paré, triomphant, tout plein de mon bonheur,
Je reviendrai soudain finir notre aventure.
Toi, rôde près d'ici, marquis, je t'en conjure.
Pour te faire un peu part de ces plaisirs si doux,
Je te donne le soin d'écarter les jaloux.

SCÈNE VIII.

CLITANDRE.

Ai-je assez retenu mon trouble et ma colère?
Hélas! après un an de mon amour sincère,
Hortense en ma faveur enfin s'attendrissait;
Las de me résister, son cœur s'amollissait.
Damis en un moment la voit, l'aime, et sait plaire;
Ce que n'ont pu deux ans, un moment l'a su faire.
On le prévient! On donne à ce jeune éventé
Ce portrait que ma flamme avait tant mérité!
Il reçoit une lettre... Ah! celle qui l'envoie
Par un pareil billet m'eût fait mourir de joie:
Et, pour combler l'affront dont je suis outragé,
Ce matin par écrit j'ai reçu mon congé.
De cet écervelé la voilà donc coiffée!
Elle veut à mes yeux lui servir de trophée.
Hortense, ah, que mon cœur vous connaissait bien mal!

SCÈNE IX.

CLITANDRE, PASQUIN.

CLITANDRE.
Enfin, mon cher Pasquin, j'ai trouvé mon rival.
PASQUIN.
Hélas! monsieur. tant pis.

SCÈNE IX.

CLITANDRE.

C'est Damis que l'on aime ;
Oui, c'est cet étourdi.

PASQUIN.

Qui vous l'a dit ?

CLITANDRE.

Lui-même.
L'indiscret, à mes yeux de trop d'orgueil enflé,
Vient se vanter à moi du bien qu'il m'a volé.
Vois ce portrait, Pasquin. C'est par vanité pure
Qu'il confie à mes mains cette aimable peinture ;
C'est pour mieux triompher. Hortense ! eh ! qui l'eût cru
Que jamais près de vous Damis m'aurait perdu ?

PASQUIN.

Damis est bien joli.

CLITANDRE, *prenant Pasquin à la gorge.*

Comment ! tu prétends, traître,
Qu'un jeune fat...

PASQUIN.

Aye ! ouf ! il est vrai que peut-être...
Eh, ne m'étranglez pas ! Il n'a que du caquet...
Mais son air... entre nous, c'est un vrai freluquet.

CLITANDRE.

Tout freluquet qu'il est, c'est lui qu'on me préfère.
Il faut montrer ici ton adresse ordinaire.
Pasquin, pendant le bal que l'on donne ce soir,
Hortense et mon rival doivent ici se voir.
Console-moi, sers-moi, rompons cette partie.

PASQUIN.

Mais, monsieur...

L'INDISCRET,

CLITANDRE.

Ton esprit est rempli d'industrie ;
Tout est à toi : voilà de l'or à pleines mains.
D'un rival imprudent dérangeons les desseins ;
Tandis qu'il va parer sa petite personne,
Tâchons de lui voler les momens qu'on lui donne.
Puisqu'il est indiscret, il en faut profiter ;
De ces lieux, en un mot, il le faut écarter.

PASQUIN.

Croyez-vous me charger d'une facile affaire ?
J'arrêterais, monsieur, le cours d'une rivière,
Un cerf dans une plaine, un oiseau dans les airs,
Un poëte entêté qui récite ses vers,
Une plaideuse en feu qui crie à l'injustice,
Un Manceau tonsuré qui court un bénéfice,
La tempête, le vent, le tonnerre et ses coups,
Plutôt qu'un petit maître allant en rendez-vous.

CLITANDRE.

Veux-tu m'abandonner à ma douleur extrême ?

PASQUIN.

Attendez. Il me vient en tête un stratagème.
Hortense ni Damis ne m'ont jamais vu ?

CLITANDRE.

Non.

PASQUIN.

Vous avez en vos mains un sien portrait ?

CLITANDRE.

Oui.

PASQUIN.

Bon.

SCÈNE IX.

Vous avez un billet que vous écrit la belle?

CLITANDRE.

Hélas! il est trop vrai.

PASQUIN.

Cette lettre cruelle
Est un ordre bien net de ne lui parler plus?

CLITANDRE.

Eh! oui, je le sais bien.

PASQUIN.

La lettre est sans dessus?

CLITANDRE.

Eh, oui, bourreau !

PASQUIN.

Prêtez vite et portrait et lettre.
Donnez.

CLITANDRE.

En d'autres mains, qui, moi, j'irais remettre
Un portrait confié...

PASQUIN.

Voilà bien des façons :
Le scrupule est plaisant. Donnez-moi ces chiffons.

CLITANDRE.

Mais...

PASQUIN.

Mais reposez-vous de tout sur ma prudence.

CLITANDRE.

Tu veux...

PASQUIN.

Hé! dénichez. Voici madame Hortense.

SCÈNE X.

HORTENSE, NÉRINE.

HORTENSE.

Nérine, j'en conviens, Clitandre est vertueux;
Je connais la constance et l'ardeur de ses feux:
Il est sage, discret, honnête homme, sincère;
Je le dois estimer; mais Damis sait me plaire:
Je sens trop, aux transports de mon cœur combattu,
Que l'amour n'est jamais le prix de la vertu.
C'est par les agrémens que l'on touche une femme;
Et pour une de nous que l'amour prend par l'ame,
Nérine, il en est cent qu'il séduit par les yeux.
J'en rougis. Mais Damis ne vient point en ces lieux!

NÉRINE.

Quelle vivacité! quoi! cette humeur si fière...

HORTENSE.

Non, je ne devais pas arriver la première.

NÉRINE.

Au premier rendez-vous vous avez du dépit?

HORTENSE.

Damis trop fortement occupe mon esprit.
Sa mère, ce jour même, a su, par sa visite,
De son fils dans mon cœur augmenter le mérite.
Je vois bien qu'elle veut avancer le moment
Où je dois pour époux accepter mon amant:
Mais je veux en secret lui parler à lui-même,
Sonder ses sentimens.

SCÈNE XI.

NÉRINE.

Doutez-vous qu'il vous aime?

HORTENSE.

Il m'aime, je le crois, je le sais. Mais je veux
Mille fois de sa bouche entendre ses aveux;
Voir s'il est en effet si digne de me plaire;
Connaître son esprit, son cœur, son caractère;
Ne point céder, Nérine, à ma prévention,
Et juger, si je puis, de lui sans passion.

SCÈNE XI.

HORTENSE, NÉRINE, PASQUIN.

PASQUIN.

Madame, en grand secret, monsieur Damis mon maî-
HORTENSE.   [tre...
Quoi! ne viendrait-il pas?

PASQUIN.

Non.

NÉRINE.

Ah, le petit traître!

HORTENSE.

Il ne viendra point?

PASQUIN.

Non; mais, par bon procédé,
Il vous rend ce portrait dont il est excédé.

HORTENSE.

Mon portrait!

PASQUIN.

Reprenez vite la miniature.

HORTENSE.

Je doute si je veille.

PASQUIN.

Allons, je vous conjure.
Dépêchez-moi, j'ai hâte; et, de sa part, ce soir,
J'ai deux portraits à rendre, et deux à recevoir.
Jusqu'au revoir. Adieu.

HORTENSE.

Ciel! quelle perfidie!
J'en mourrai de douleur.

PASQUIN.

De plus, il vous supplie
De finir la lorgnade, et chercher aujourd'hui,
Avec vos airs pincés, d'autres dupes que lui.

SCÈNE XII.

HORTENSE, NÉRINE, DAMIS, PASQUIN.

DAMIS, *dans le fond du théâtre.*
Je verrai dans ce lieu la beauté qui m'engage.

PASQUIN.
C'est Damis. Je suis pris. Ne perdons point courage.
(il court à Damis, et le tire à part.)
Vous voyez, monseigneur, un des grisons secrets
Qui d'Hortense partout va portant les poulets [2].
J'ai certain billet doux de sa part à vous rendre.

HORTENSE.
Quel changement! quel prix de l'amour le plus tendre!

DAMIS.
Lisons.

SCÈNE XII.

(il lit.)

Hom... hom... « Vous méritez de me charmer.
« Je sens à vos vertus ce que je dois d'estime...
        « Mais je ne saurais vous aimer. »
Est-il un trait plus noir et plus abominable ?
Je ne me croyais pas à ce point estimable.
Je veux que tout ceci soit public à la cour,
Et j'en informerai le monde dès ce jour.
La chose assurément vaut bien qu'on la publie.

HORTENSE, *à l'autre bout du théâtre.*

A-t-il pu jusque là pousser son infamie ?

DAMIS.

Tenez ; c'est là le cas qu'on fait de tels écrits.
                    (il déchire le billet.)

PASQUIN, *allant à Hortense.*

Je suis honteux pour vous d'un si cruel mépris.
Madame, vous voyez de quel air il déchire
Les billets qu'à l'ingrat vous daignâtes écrire.

HORTENSE.

Il me rend mon portrait ! Ah ! périsse à jamais
Ce malheureux crayon de mes faibles attraits !
                    (elle jette son portrait.)

PASQUIN, *revenant à Damis.*

Vous voyez : devant vous l'ingrate met en pièces
Votre portrait, monsieur.

DAMIS.

            Il est quelques maîtresses
Par qui l'original est un peu mieux reçu.

HORTENSE.

Nérine, quel amour mon cœur avait conçu !

(à Pasquin.)
Prends ma bourse. Dis-moi pour qui je suis trahie,
A quel heureux objet Damis me sacrifie.

PASQUIN.

A cinq ou six beautés, dont il se dit l'amant,
Qu'il sert toutes bien mal, qu'il trompe également;
Mais surtout à la jeune, à la belle Julie.

DAMIS, *s'étant avancé vers Pasquin.*

Prends ma bague, et dis-moi, mais sans friponnerie,
A quel impertinent, à quel fat de la cour
Ta maîtresse aujourd'hui prodigue son amour.

PASQUIN.

Vous méritez, ma foi, d'avoir la préférence;
Mais un certain abbé lorgne de près Hortense;
Et chez elle, de nuit, par le mur du jardin,
Je fais entrer parfois Trasimon son cousin.

DAMIS.

Parbleu, j'en suis ravi. J'en apprends là de belles,
Et je veux en chansons mettre un peu ces nouvelles.

HORTENSE.

C'est le comble, Nérine, au malheur de mes feux,
De voir que tout ceci va faire un bruit affreux.
Allons, loin de l'ingrat je vais cacher mes larmes.

DAMIS.

Allons, je vais au bal montrer un peu mes charmes.

PASQUIN, *à Hortense.*

Vous n'avez rien, madame, à désirer de moi?
(à Damis.)
Vous n'avez nul besoin de mon petit emploi?
Le ciel vous tienne en paix.

SCÈNE XIII.

HORTENSE, DAMIS, NÉRINE.

HORTENSE, *revenant*.
D'où vient que je demeure ?
DAMIS.
Je devrais être au bal, et danser à cette heure.
HORTENSE.
Il rêve. Hélas ! d'Hortense il n'est point occupé.
DAMIS.
Elle me lorgne encore, ou je suis fort trompé.
Il faut que je m'approche.
HORTENSE.
Il faut que je le fuie.
DAMIS.
Fuir, et me regarder ! ah, quelle perfidie !
Arrêtez. A ce point pouvez-vous me trahir ?
HORTENSE.
Laissez-moi m'efforcer, cruel, à vous haïr.
DAMIS.
Ah ! l'effort n'est pas grand, graces à vos caprices.
HORTENSE.
Je le veux, je le dois, grace à vos injustices.
DAMIS.
Ainsi, du rendez-vous prompts à nous en aller,
Nous n'étions donc venus que pour nous quereller ?
HORTENSE.
Que ce discours, ô ciel ! est plein de perfidie,

Alors que l'on m'outrage, et qu'on aime Julie !
DAMIS.
Mais l'indigne billet que de vous j'ai reçu ?
HORTENSE.
Mais mon portrait enfin que vous m'avez rendu ?
DAMIS.
Moi ! je vous ai rendu votre portrait, cruelle ?
HORTENSE.
Moi ! j'aurais pu jamais vous écrire, infidèle,
Un billet, un seul mot qui ne fût point d'amour ?
DAMIS.
Je consens de quitter le roi, toute la cour,
La faveur où je suis, les postes que j'espère,
N'être jamais de rien, cesser partout de plaire,
S'il est vrai qu'aujourd'hui je vous ai renvoyé
Ce portrait à mes mains par l'amour confié.
HORTENSE.
Je fais plus. Je consens de n'être point aimée
De l'amant dont mon ame est malgré moi charmée,
S'il a reçu de moi ce billet prétendu.
Mais voilà le portrait, ingrat, qui m'est rendu ;
Ce prix trop méprisé d'une amitié trop tendre,
Le voilà : pouvez-vous...
DAMIS.
Ah ! j'aperçois Clitandre.

SCÈNE XIV.

HORTENSE, DAMIS, CLITANDRE, NÉRINE, PASQUIN.

DAMIS.

Viens çà, marquis, viens çà. Pourquoi fuis-tu d'ici?
Madame, il peut d'un mot débrouiller tout ceci.

HORTENSE.

Quoi! Clitandre saurait...

DAMIS.

Ne craignez rien, madame;
C'est un ami prudent à qui j'ouvre mon ame :
Il est mon confident, qu'il soit le vôtre aussi.
Il faut...

HORTENSE.

Sortons, Nérine : ô ciel! quel étourdi!

SCÈNE XV.

DAMIS, CLITANDRE, PASQUIN.

DAMIS.

Ah, marquis! je ressens la douleur la plus vive :
Il faut que je te parle... il faut que je la suive.
(à Hortense.)
Attends-moi. Demeurez. Ah! je suivrai vos pas.

SCÈNE XVI.

CLITANDRE, PASQUIN.

CLITANDRE.
Je suis, je l'avouerai, dans un grand embarras.
Je les croyais tous deux brouillés sur ta parole.
PASQUIN.
Je le croyais aussi. J'ai bien joué mon rôle;
Ils se devraient haïr tous deux assurément :
Mais pour se pardonner il ne faut qu'un moment.
CLITANDRE.
Voyons un peu tous deux le chemin qu'ils vont prendre.
PASQUIN.
Vers son appartement Hortense va se rendre.
CLITANDRE.
Damis marche après elle; Hortense au moins le fuit.
PASQUIN.
Elle fuit faiblement, et son amant la suit.
CLITANDRE.
Damis en vain lui parle; on détourne la tête.
PASQUIN.
Il est vrai; mais Damis de temps en temps l'arrête.
CLITANDRE.
Il se met à genoux; il reçoit des mépris.
PASQUIN.
Ah! vous êtes perdu, l'on regarde Damis.
CLITANDRE.
Hortense entre chez elle enfin, et le renvoie.

Je sens des mouvemens de chagrin et de joie,
D'espérance et de crainte, et ne puis deviner
Où cette intrigue-ci pourra se terminer.

SCÈNE XVII.

CLITANDRE, DAMIS, PASQUIN.

DAMIS.

Ah! marquis, cher marquis, parle; d'où vient qu'Hor-
M'ordonne en grand secret d'éviter sa présence; [tense
D'où vient que son portrait, que je fie à ta foi,
Se trouve entre ses mains? Parle, réponds, dis-moi.

CLITANDRE.

Vous m'embarrassez fort.

DAMIS, *à Pasquin.*

Et vous, monsieur le traître,
Vous, le valet d'Hortense, ou qui prétendez l'être,
Il faut que vous mouriez en ce lieu de ma main.

PASQUIN, *à Clitandre.*

Monsieur, protégez-nous.

CLITANDRE, *à Damis.*

Eh! monsieur...

DAMIS.

C'est en vain...

CLITANDRE.

Épargnez ce valet, c'est moi qui vous en prie.

DAMIS.

Quel si grand intérêt peux-tu prendre à sa vie?

CLITANDRE.

Je vous en prie encore, et sérieusement.

DAMIS.

Par amitié pour toi je diffère un moment.
Çà, maraud, apprends-moi la noirceur effroyable...

PASQUIN.

Ah, monsieur! cette affaire est embrouillée en diable;
Mais je vous apprendrai de surprenans secrets,
Si vous me promettez de n'en parler jamais.

DAMIS.

Non, je ne promets rien, et je veux tout apprendre.

PASQUIN.

Monsieur, Hortense arrive, et pourrait nous entendre.
   (à Clitandre.)
Ah, monsieur! que dirai-je? Hélas! je suis à bout.
Allons tous trois au bal, et je vous dirai tout.

SCÈNE XVIII.

HORTENSE, *un masque à la main et en domino;*
TRASIMON, NÉRINE.

TRASIMON.

Oui, croyez, ma cousine, et faites votre compte
Que ce jeune éventé nous couvrira de honte.
Comment! montrer partout et lettres et portrait!
En public! à moi-même! Après un pareil trait,
Je prétends de ma main lui brûler la cervelle.

HORTENSE, *à Nérine.*

Est-il vrai que Julie à ses yeux soit si belle,
Qu'il en soit amoureux?

SCÈNE XVIII.

TRASIMON.

Il importe fort peu :
Mais qu'il vous déshonore, il m'importe, morbleu !
Et je sais l'intérêt qu'un parent peut y prendre.

HORTENSE, *à Nérine.*

Crois-tu que pour Julie il ait eu le cœur tendre ?
Qu'en penses-tu ? dis-moi.

NÉRINE.

Mais l'on peut aujourd'hui
Aisément, si l'on veut, savoir cela de lui.

HORTENSE.

Son indiscrétion, Nérine, fut extrême :
Je devrais le haïr ; peut-être que je l'aime.
Tout à l'heure, en pleurant, il jurait devant toi
Qu'il m'aimerait toujours, et sans parler de moi ;
Qu'il voulait m'adorer, et qu'il saurait se taire.

TRASIMON.

Il vous a promis là bien plus qu'il ne peut faire.

HORTENSE.

Pour la dernière fois je le veux éprouver.
Nérine, il est au bal ; il faut l'aller trouver.
Déguise-toi ; dis-lui qu'avec impatience
Julie ici l'attend dans l'ombre et le silence.
L'artifice est permis sous ce masque trompeur,
Qui du moins de mon front cachera la rougeur :
Je paraîtrai Julie aux yeux de l'infidèle ;
Je saurai ce qu'il pense et de moi-même et d'elle :
C'est de cet entretien que dépendra mon choix.

(à Trasimon.)

Ne vous écartez point, restez près de ce bois ;

Tâchez auprès de vous de retenir Clitandre :
L'un et l'autre en ces lieux daignez un peu m'attendre ;
Je vous appellerai quand il en sera temps.

SCÈNE XIX.

HORTENSE, *seule, en domino, et son masque à la main.*

Il faut fixer enfin mes vœux trop inconstans.
Sachons, sous cet habit, à ses yeux travestie,
Sous ce masque, et surtout sous le nom de Julie,
Si l'indiscrétion de ce jeune éventé
Fut un excès d'amour ou bien de vanité,
Si je dois le haïr ou lui donner sa grace.
Mais déja je le vois.

SCÈNE XX.

HORTENSE, *en domino et masquée* ; DAMIS.

DAMIS, *sans voir Hortense.*
    C'est donc ici la place
Où toutes les beautés donnent leurs rendez-vous ?
Ma foi, je suis assez à la mode, entre nous.
Oui, la mode fait tout, décide tout en France ;
Elle règle les rangs, l'honneur, la bienséance,
Le mérite, l'esprit, les plaisirs.
  HORTENSE, *à part.*
    L'étourdi !

SCÈNE XX.

DAMIS.

Ah! si pour mon bonheur on peut savoir ceci,
Je veux qu'avant deux ans la cour n'ait point de belle
A qui l'amour pour moi ne tourne la cervelle.
Il ne s'agit ici que de bien débuter.
Bientôt Églé, Doris... Mais qui les peut compter?
Quels plaisirs! quelle file!

HORTENSE, *à part.*

Ah, la tête légère!

DAMIS.

Ah, Julie! est-ce vous? vous qui m'êtes si chère!
Je vous connais malgré ce masque trop jaloux,
Et mon cœur amoureux m'avertit que c'est vous.
Otez, Julie, ôtez ce masque impitoyable;
Non, ne me cachez point ce visage adorable,
Ce front, ces doux regards, cet aimable souris,
Qui de mon tendre amour sont la cause et le prix.
Vous êtes en ces lieux la seule que j'adore.

HORTENSE.

Non, de vous mon humeur n'est pas connue encore.
Je ne voudrais jamais accepter votre foi,
Si vous aviez un cœur qui n'eût aimé que moi.
Je veux que mon amant soit bien plus à la mode,
Que de ses rendez-vous le nombre l'incommode,
Que par trente grisons tous ses pas soient comptés,
Que mon amour vainqueur l'arrache à cent beautés,
Qu'il me fasse surtout de brillans sacrifices;
Sans cela je ne puis accepter ses services:
Un amant moins couru ne me saurait flatter.

DAMIS.

Oh! j'ai sur ce pied-là de quoi vous contenter :
J'ai fait en peu de temps d'assez belles conquêtes ;
Je pourrais me vanter de fortunes honnêtes ;
Et nous sommes courus de plus d'une beauté
Qui pourraient de tout autre enfler la vanité.
Nous en citerions bien qui font les difficiles,
Et qui sont avec nous passablement faciles.

HORTENSE.

Mais encore ?

DAMIS.

Eh... ma foi, vous n'avez qu'à parler,
Et je suis prêt, Julie, à vous tout immoler.
Voulez-vous qu'à jamais mon cœur vous sacrifie
La petite Isabelle et la vive Erminie,
Clarisse, Églé, Doris...

HORTENSE.

Quelle offrande est-ce là ?
On m'offre tous les jours ces sacrifices-là ;
Ces dames, entre nous, sont trop souvent quittées.
Nommez-moi des beautés qui soient plus respectées,
Et dont je puisse au moins triompher sans rougir.
Ah! si vous aviez pu forcer à vous chérir
Quelque femme à l'amour jusque alors insensible,
Aux manéges de cour toujours inaccessible,
De qui la bienséance accompagnât les pas,
Qui, sage en sa conduite, évitât les éclats,
Enfin qui pour vous seul eût eu quelque faiblesse...

DAMIS, *s'asseyant auprès d'Hortense.*

Écoutez. Entre nous, j'ai certaine maîtresse

SCÈNE XX.

A qui ce portrait-là ressemble trait pour trait :
Mais vous m'accuseriez d'être trop indiscret.

HORTENSE.

Point, point.

DAMIS.

   Si je n'avais quelque peu de prudence,
Si je voulais parler, je nommerais Hortense.
Pourquoi donc à ce nom vous éloigner de moi ?
Je n'aime point Hortense alors que je vous voi ;
Elle n'est près de vous ni touchante ni belle :
De plus, certain abbé fréquente trop chez elle ;
Et de nuit, entre nous, Trasimon son cousin
Passe un peu trop souvent par le mur du jardin.

HORTENSE, *à part.*

A l'indiscrétion joindre la calomnie !

(haut.)

Contraignons-nous encore. Écoutez, je vous prie,
Comment avec Hortense êtes-vous, s'il vous plaît ?

DAMIS.

Du dernier bien : je dis la chose comme elle est.

HORTENSE, *à part.*

Peut-on pousser plus loin l'audace et l'imposture !

DAMIS.

Non, je ne vous mens point ; c'est la vérité pure.

HORTENSE, *à part.*

Le traître !

DAMIS.

   Eh ! sur cela quel est votre souci ?
Pour parler d'elle enfin sommes-nous donc ici ?
Daignez, daignez plutôt...

L'INDISCRET,

HORTENSE.

Non, je ne saurais croire
Qu'elle vous ait cédé cette entière victoire.

DAMIS.

Je vous dis que j'en ai la preuve par écrit.

HORTENSE.

Je n'en crois rien du tout.

DAMIS.

Vous m'outrez de dépit.

HORTENSE.

Je veux voir par mes yeux.

DAMIS.

C'est trop me faire injure.
(il lui donne la lettre.)
Tenez donc : vous pouvez connaître l'écriture.

HORTENSE, *se démasquant*.

Oui, je la connais, traître! et je connais ton cœur.
J'ai réparé ma faute, enfin; et mon bonheur
M'a rendu pour jamais le portrait et la lettre
Qu'à ces indignes mains j'avais osé commettre.
Il est temps; Trasimon, Clitandre, montrez-vous.

SCÈNE XXI.

HORTENSE, DAMIS, TRASIMON, CLITANDRE.

HORTENSE, *à Clitandre*.

Si je ne vous suis point un objet de courroux,
Si vous m'aimez encore, à vos lois asservie,
Je vous offre ma main, ma fortune et ma vie.

SCÈNE XXI.

CLITANDRE.

Ah, madame! à vos pieds un malheureux amant
Devrait mourir de joie et de saisissement.

TRASIMON, *à Damis.*

Je vous l'avais bien dit que je la rendrais sage.
C'est moi seul, mons Damis, qui fais ce mariage.
Adieu : possédez mieux l'art de dissimuler.

DAMIS.

Juste ciel! désormais à qui peut-on parler?

FIN DE L'INDISCRET.

VARIANTES

DE LA COMÉDIE DE L'INDISCRET.

a Premières éditions :

    Je suis dans une cour qu'une reine nouvelle
    Va rendre plus brillante, et plus vive, et plus belle.
    Je ne suis pas trop vain; mais, entre nous, je croi
    Avoir tout-à-fait l'air d'un favori du roi.
    Je suis jeune, assez beau, vif, galant, fait à peindre;
    Je sais plaire au beau sexe, et surtout je sais feindre.

b Ibid.

    Avec cet air aisé que j'attrape si bien,
    Je vais être de plus maître d'un très gros bien.
    Ah! que je vais tenir une table excellente!
    Hortense a bien, je crois, cent mille francs de rente :
    J'en aurai tout autant, mais d'un bien clair et net :
    Que je vais désormais couper au lansquenet!

c Ibid.

CLITANDRE.

Il est vrai qu'on le dit.

DAMIS.

              On a quelque raison ;
    Mais vous auriez de moi méchante opinion,
    Si je me contentais d'une seule maîtresse ;
    J'aurais trop à rougir de pareille faiblesse.
    A Julie en public je parais attaché ;
    Mais, par ma foi, j'en suis très faiblement touché.

TRASIMON.

Ou fort ou faiblement, il ne m'importe guère.

DAMIS.

    La Julie est coquette, et paraît bien légère ;
    L'autre est très différente, et c'est solidement
    Que je l'aime.

FIN DES VARIANTES DE L'INDISCRET.

NOTES
DE LA COMÉDIE DE L'INDISCRET.

[1] Imitation de ces vers de Jocaste dans *OEdipe*, pag. 105 de ce vol.

Des courtisans sur nous les indiscrets regards, etc.

[2] On donnait, il y a près d'un siècle, le nom de *Grisons* à des laquais vêtus de gris, pour qu'ils ne fussent pas reconnus aux couleurs de leur livrée. — Les *Poulets*, ou billets d'amour, étaient ainsi appelés, dit-on, parce qu'ils étaient portés par des marchands de poulets qui s'introduisaient dans les maisons à la faveur de leur commerce, et qui savaient, au besoin, les cacher sous les ailes de ces oiseaux. Il est toujours bon de rappeler l'origine de certaines expressions qui tiennent à des usages anciens, et dont la tradition même s'est effacée : ces sortes de remarques ont du moins le mérite d'en fixer le sens.

(Ces deux notes sont tirées des deux dernières éditions.)

FIN DES NOTES DE L'INDISCRET.

BRUTUS,

TRAGÉDIE EN CINQ ACTES,

Représentée pour la première fois le 11 décembre 1730.

AVERTISSEMENT.

Cette tragédie fut jouée pour la première fois en 1730. C'est de toutes les pièces de l'auteur celle qui eut en France le moins de succès aux représentations ; elle ne fut jouée que seize fois : et c'est celle qui a été traduite en plus de langues, et que les nations étrangères aiment le mieux. Elle est ici fort différente des premières éditions.

DISCOURS
SUR LA TRAGÉDIE,

A MILORD BOLINGBROCKE.

Si je dédie à un Anglais un ouvrage représenté à Paris, ce n'est pas, milord, qu'il n'y ait aussi dans ma patrie des juges très éclairés, et d'excellens esprits auxquels j'eusse pu rendre cet hommage ; mais vous savez que la tragédie de *Brutus* est née en Angleterre. Vous vous souvenez que lorsque j'étais retiré à Wandsworth, chez mon ami M. Falkener, ce digne et vertueux citoyen, je m'occupai chez lui à écrire en prose anglaise le premier acte de cette pièce, à peu près tel qu'il est aujourd'hui en vers français. Je vous en parlais quelquefois, et nous nous étonnions qu'aucun Anglais n'eût traité ce sujet, qui de tous est peut-être le plus convenable à votre théâtre [1]. Vous m'encouragiez à continuer un ouvrage susceptible de si grands sentimens. Souffrez donc que je vous présente *Brutus*, quoique écrit dans une autre langue, *docte sermonis utriusque linguæ*, à vous qui me donneriez des leçons de français aussi bien que d'anglais, à vous qui m'apprendriez du moins à rendre à ma langue cette force et cette énergie qu'inspire la noble liberté de penser : car les sentimens vigoureux de l'ame passent toujours dans le langage ; et qui pense fortement parle de même.

Je vous avoue, milord, qu'à mon retour d'Angleterre, où j'avais passé près de deux années dans une étude continuelle

---

[1] Il y a un *Brutus* d'un auteur nommé Lee, mais c'est un ouvrage ignoré, qu'on ne représente jamais à Londres.

de votre langue, je me trouvai embarrassé lorsque je voulus composer une tragédie française. Je m'étais presque accoutumé à penser en anglais; je sentais que les termes de ma langue ne venaient plus se présenter à mon imagination avec la même abondance qu'auparavant : c'était comme un ruisseau dont la source avait été détournée ; il me fallut du temps et de la peine pour le faire couler dans son premier lit. Je compris bien alors que, pour réussir dans un art, il le faut cultiver toute sa vie.

De la rime et de la difficulté de la versification française.

Ce qui m'effraya le plus en rentrant dans cette carrière, ce fut la sévérité de notre poésie, et l'esclavage de la rime. Je regrettais cette heureuse liberté que vous avez d'écrire vos tragédies en vers non rimés; d'allonger, et surtout d'accourcir presque tous vos mots ; de faire enjamber les vers les uns sur les autres, et de créer, dans le besoin, des termes nouveaux, qui sont toujours adoptés chez vous lorsqu'ils sont sonores, intelligibles et nécessaires. Un poëte anglais, disais-je, est un homme libre qui asservit sa langue à son génie; le Français est un esclave de la rime, obligé de faire quelquefois quatre vers pour exprimer une pensée qu'un Anglais peut rendre en une seule ligne. L'Anglais dit tout ce qu'il veut, le Français ne dit que ce qu'il peut; l'un court dans une carrière vaste, et l'autre marche avec des entraves dans un chemin glissant et étroit.

Malgré toutes ces réflexions et toutes ces plaintes, nous ne pourrons jamais secouer le joug de la rime ; elle est essentielle à la poésie française. Notre langue ne comporte que peu d'inversions, nos vers ne souffrent point d'enjambement, du moins cette liberté est très rare; nos syllabes ne peuvent produire une harmonie sensible par leurs mesures longues ou brèves ; nos césures et un certain nombre de pieds ne suffiraient pas pour distinguer la prose d'avec la versification · la rime est donc nécessaire aux vers français. De plus, tant de grands maîtres qui ont fait des vers rimés, tels que les Corneille, les Racine, les Despréaux, ont tellement accoutumé nos oreilles à cette harmonie que nous n'en pourrions pas supporter d'autres; et, je le répète encore, quiconque voudrait se délivrer d'un fardeau qu'a porté le grand Corneille serait regardé avec raison, non pas comme un génie hardi qui s'ouvre une route nouvelle, mais comme un homme très faible qui ne peut marcher dans l'ancienne carrière.

Tragédies en prose.

On a tenté de nous donner des tragédies en prose; mais je ne crois pas que cette entreprise puisse désormais réussir : qui a le plus ne saurait se contenter du moins. On sera toujours mal venu à dire au public : Je viens diminuer votre plaisir. Si au milieu des tableaux de Rubens ou de Paul Véronèse quelqu'un venait placer ses dessins au crayon, n'aurait-il pas tort de s'égaler à ces peintres? On est accoutumé dans les fêtes à des danses et à des chants; serait-ce assez de marcher et de parler, sous prétexte qu'on marcherait et qu'on parlerait bien, et que cela serait plus aisé et plus naturel?

Il y a grande apparence qu'il faudra toujours des vers sur tous les théâtres tragiques, et de plus toujours des rimes sur le nôtre. C'est même à cette contrainte de la rime et à cette sévérité extrême de notre versification que nous devons ces excellens ouvrages que nous avons dans notre langue. Nous voulons que la rime ne coûte jamais rien aux pensées, qu'elle ne soit ni triviale ni trop recherchée; nous exigeons rigoureusement dans un vers la même pureté, la même exactitude que dans la prose. Nous ne permettons pas la moindre licence; nous demandons qu'un auteur porte sans discontinuer toutes ces chaînes, et cependant qu'il paraisse *toujours libre*; et nous ne reconnaissons pour poëtes que ceux qui ont rempli toutes ces conditions.

Exemple de la difficulté des vers français.

Voilà pourquoi il est plus aisé de faire cent vers en toute autre langue que quatre vers en français. L'exemple de notre abbé Regnier Desmarais, de l'Académie française et de celle de la Crusca, en est une preuve bien évidente : il traduisit Anacréon en italien avec succès, et ses vers français sont, à l'exception de deux ou trois quatrains, au rang des plus médiocres. Notre Ménage était dans le même cas. Combien de nos beaux esprits ont fait de très beaux vers latins, et n'ont pu être supportables en leur langue !

La rime plaît aux Français, même dans les comédies.

Je sais combien de disputes j'ai essuyées sur notre versification en Angleterre, et quels reproches me fait souvent le savant évêque de Rochester sur cette contrainte puérile, qu'il prétend que nous nous imposons de gaîté de cœur. Mais soyez persuadé, milord, que plus un étranger connaîtra notre langue, et plus il se réconciliera avec cette rime qui l'effraie d'abord. Non seulement elle est nécessaire à notre tragédie, mais elle embellit nos comédies mêmes. Un bon mot en vers en est retenu plus aisément : les portraits de la vie humaine seront toujours plus frappans en vers qu'en prose ; et qui dit *vers*, en français, dit nécessairement des vers rimés : en un mot, nous avons des comédies en prose du célèbre Molière, que l'on a été obligé de mettre en vers après sa mort, et qui ne sont plus jouées que de cette manière nouvelle.

Caractère du Théâtre anglais.

Ne pouvant, milord, hasarder sur le théâtre français des vers non rimés, tels qu'ils sont en usage en Italie et en Angleterre, j'aurais du moins voulu transporter sur notre scène certaines beautés de la vôtre. Il est vrai, et je l'avoue, que le théâtre anglais est bien défectueux. J'ai entendu de votre bouche que vous n'aviez pas une bonne tragédie; mais en récompense, dans ces pièces si monstrueuses, vous avez des scènes admirables. Il a manqué jusqu'à présent à presque tous les auteurs tragiques de votre nation cette pureté, cette conduite régulière, ces bienséances de l'action et du style, cette élégance, et toutes ces finesses de l'art qui ont établi la réputation du théâtre français depuis le grand Corneille; mais vos pièces les plus irrégulières ont un grand mérite, c'est celui de l'action.

Défaut du théâtre français.

Nous avons en France des tragédies estimées, qui sont plutôt des conversations qu'elles ne sont la représentation d'un événement. Un auteur italien m'écrivait dans une lettre sur les théâtres : « Un critico del nostro Pastor Fido disse che « quel componimento era un riassunto di bellissimi madri- « gali; credo, se vivesse, che direbbe delle tragedie francese « che sono un riassunto di belle elegie e sontuosi epitalami. » J'ai bien peur que cet Italien n'ait trop raison. Notre délicatesse excessive nous force quelquefois à mettre en récit ce que nous voudrions exposer aux yeux. Nous craignons de hasarder sur la scène des spectacles nouveaux devant une nation accoutumée à tourner en ridicule tout ce qui n'est pas d'usage.

L'endroit où l'on joue la comédie, et les abus qui s'y sont glissés, sont encore une cause de cette sécheresse qu'on peut reprocher à quelques unes de nos pièces. Les bancs qui sont sur le théâtre, destinés aux spectateurs, rétrécissent la scène, et rendent toute action presque impraticable [1]. Ce défaut est cause que les décorations, tant recommandées par les anciens, sont rarement convenables à la pièce. Il empêche

---

[1] Enfin ces plaintes réitérées de Voltaire ont opéré la réforme du théâtre en France, et ces abus ne subsistent plus.

surtout que les acteurs ne passent d'un appartement dans un autre aux yeux des spectateurs, comme les Grecs et les Romains le pratiquaient sagement, pour conserver à la fois l'unité de lieu et la vraisemblance.

Exemple du Caton *anglais.*

Comment oserions-nous, sur nos théâtres, faire paraître, par exemple, l'ombre de Pompée, ou le génie de Brutus, au milieu de tant de jeunes gens qui ne regardent jamais les choses les plus sérieuses que comme l'occasion de dire un bon mot? Comment apporter au milieu d'eux sur la scène le corps de Marcus devant Caton son père, qui s'écrie : « Heu-« reux jeune homme, tu es mort pour ton pays! O mes amis, « laissez-moi compter ces glorieuses blessures! Qui ne vou-« drait mourir ainsi pour la patrie? Pourquoi n'a-t-on qu'une « vie à lui sacrifier... Mes amis, ne pleurez point ma perte, « ne regrettez point mon fils; pleurez Rome : la maîtresse du « monde n'est plus. O liberté! ô ma patrie! ô vertu! etc. » Voilà ce que feu M. Addison ne craignit point de faire représenter à Londres; voilà ce qui fut joué, traduit en italien, dans plus d'une ville d'Italie. Mais si nous hasardions à Paris un tel spectacle, n'entendez-vous pas déjà le parterre qui se récrie, et ne voyez-vous pas nos femmes qui détournent la tête?

Comparaison du Manlius *de M. de La Fosse avec la* Venise sauvée *de M. Otway.*

Vous n'imagineriez pas à quel point va cette délicatesse. L'auteur de notre tragédie de *Manlius* prit son sujet de la pièce anglaise de M. Otway, intitulée *Venise-sauvée.* Le sujet est tiré de l'histoire de la conjuration du marquis de Bedmar, écrite par l'abbé de Saint-Réal; et permettez-moi de dire en passant que ce morceau d'histoire, égal peut-être à Salluste, est fort au dessus de la pièce d'Otway et de notre *Manlius.*

Premièrement, vous remarquez le préjugé qui a forcé l'auteur français à déguiser sous des noms romains une aventure connue, que l'anglais a traitée naturellement sous les noms véritables. On n'a point trouvé ridicule au théâtre de Londres qu'un ambassadeur espagnol s'appelât Bedmar, et que des conjurés eussent le nom de Jaffier, de Jacques-Pierre, d'Elliot; cela seul en France eût pu faire tomber la pièce.

Mais voyez qu'Otway ne craint point d'assembler tous les conjurés. Renaud prend leur serment, assigne à chacun son poste, prescrit l'heure du carnage, et jette de temps en temps des regards inquiets et soupçonneux sur Jaffier, dont il se défie. Il leur fait à tous ce discours pathétique, traduit mot pour mot de l'abbé de Saint-Réal : « Jamais repos si profond « ne précéda un trouble si grand. Notre bonne destinée a « aveuglé les plus clairvoyans de tous les hommes, rassuré « les plus timides, endormi les plus soupçonneux, confondu « les plus subtils : nous vivons encore, mes chers amis : nous « vivons, et notre vie sera bientôt funeste aux tyrans de ces « lieux, etc. »

Qu'a fait l'auteur français ? Il a craint de hasarder tant de personnages sur la scène ; il se contente de faire réciter par Renaud, sous le nom de Rutile, une faible partie de ce même discours, qu'il vient, dit-il, de tenir aux conjurés. Ne sentez-vous pas, par ce seul exposé, combien cette scène anglaise est au dessus de la française, la pièce d'Otway fût-elle d'ailleurs monstrueuse ?

Examen du Jules César *de Shakespeare.*

Avec quel plaisir n'ai-je point vu à Londres votre tragédie de *Jules César*, qui depuis cent cinquante années fait les délices de votre nation ! Je ne prétends pas assurément approuver les irrégularités barbares dont elle est remplie ; il est seulement étonnant qu'il ne s'en trouve pas davantage dans un ouvrage composé dans un siècle d'ignorance, par un homme qui même ne savait pas le latin, et qui n'eut de maître que son génie. Mais, au milieu de tant de fautes grossières, avec quel ravissement je voyais Brutus, tenant encore un poignard teint du sang de César, assembler le peuple romain, et lui parler ainsi du haut de la tribune aux harangues :

« Romains, compatriotes, amis, s'il est quelqu'un de vous
« qui ait été attaché à César, qu'il sache que Brutus ne l'était
« pas moins : oui, je l'aimais, Romains ; et si vous me de-
« mandez pourquoi j'ai versé son sang, c'est que j'aimais
« Rome davantage. Voudriez-vous voir César vivant, et mourir
« ses esclaves, plutôt que d'acheter votre liberté par sa mort?
« César était mon ami, je le pleure ; il était heureux, j'ap-
« plaudis à ses triomphes; il était vaillant, je l'honore : mais
« il était ambitieux, je l'ai tué. Y a-t-il quelqu'un parmi vous
« assez lâche pour regretter la servitude ? S'il en est un
« seul, qu'il parle, qu'il se montre ; c'est lui que j'ai offensé :
« y a-t-il quelqu'un assez infame pour oublier qu'il est Romain?
« qu'il parle ; c'est lui seul qui est mon ennemi.

CHOEUR DES ROMAINS.

« Personne ! non, Brutus, personne.

BRUTUS.

« Ainsi donc je n'ai offensé personne. Voici le corps du dic-
« tateur qu'on vous apporte ; les derniers devoirs lui seront
« rendus par Antoine, par cet Antoine qui, n'ayant point eu
« de part au châtiment de César, en retirera le même avantage
« que moi; et que chacun de vous sente le bonheur inesti-
« mable d'être libre. Je n'ai plus qu'un mot à vous dire : j'ai
« tué de cette main mon meilleur ami pour le salut de Rome;
« je garde ce même poignard pour moi quand Rome de-
« mandera ma vie.

LE CHOEUR.

« Vivez, Brutus, vivez à jamais ! »

Après cette scène, Antoine vient émouvoir de pitié ces mêmes Romains à qui Brutus avait inspiré sa rigueur et sa barbarie. Antoine, par un discours artificieux, ramène insensiblement ces esprits superbes; et quand il les voit radoucis, alors il leur montre le corps de César; et, se servant des figures les plus pathétiques, il les excite au tumulte et à la vengeance. Peut-être les Français ne souffriraient pas que l'on fît paraître sur leurs théâtres un chœur composé d'artisans et de plébéiens romains; que le corps sanglant de César y fût exposé aux yeux du peuple, et qu'on excitât ce peuple à la vengeance, du haut de la tribune aux harangues : c'est à la coutume, qui est la reine de ce monde, à changer le goût des nations, et à tourner en plaisir les objets de notre aversion.

Les Grecs ont hasardé des spectacles non moins révoltans pour nous. Hippolyte, brisé par sa chute, vient compter ses blessures et pousser des cris douloureux. Philoctète tombe dans ses accès de souffrances; un sang noir coule de sa plaie. OEdipe, couvert du sang qui dégoutte encore des restes de ses yeux qu'il vient d'arracher, se plaint des dieux et des hommes. On entend les cris de Clytemnestre que son propre fils égorge; et Électre crie sur le théâtre : « Frappez, ne « l'épargnez pas, elle n'a pas épargné notre père. » Prométhée est attaché sur un rocher avec des clous qu'on lui enfonce dans l'estomac et dans les bras. Les furies répondent à l'ombre sanglante de Clytemnestre par des hurlemens sans aucune articulation. Beaucoup de tragédies grecques, en un mot, sont remplies de cette terreur portée à l'excès.

Je sais bien que les tragiques grecs, d'ailleurs supérieurs aux anglais, ont erré en prenant souvent l'horreur pour la terreur, et le dégoûtant et l'incroyable pour le tragique et le merveilleux. L'art était dans son enfance du temps d'Eschyle, comme à Londres du temps de Shakespeare; mais, parmi les grandes fautes des poëtes grecs, et même des vôtres, on trouve un vrai pathétique et de singulières beautés; et si quelques Français qui ne connaissent les tragédies et les mœurs étrangères que par des traductions et sur des oui-dire les condamnent sans aucune restriction, ils sont, ce me semble, comme des aveugles qui assureraient qu'une rose ne peut avoir de couleurs vives, parce qu'ils en compteraient les épines à tâtons. Mais si les Grecs et vous, vous passez les bornes de la bienséance, et si les Anglais surtout ont donné des spectacles effroyables, voulant en donner de terribles, nous autres Français, aussi scrupuleux que vous avez été téméraires, nous nous arrêtons trop, de peur de nous emporter; et quelquefois nous n'arrivons pas au tragique, dans la crainte d'en passer les bornes.

Je suis bien loin de proposer que la scène devienne un lieu de carnage, comme elle l'est dans Shakespeare et dans ses successeurs, qui, n'ayant pas son génie, n'ont imité que ses défauts; mais j'ose croire qu'il y a des situations qui ne paraissent encore que dégoûtantes et horribles aux Français, et qui, bien ménagées, représentées avec art, et surtout adoucies par le charme des beaux vers, pourraient nous faire une sorte de plaisir dont nous ne nous doutons pas.

> Il n'est point de serpent, ni de monstre odieux,
> Qui, par l'art imité, ne puisse plaire aux yeux.

Bienséances et unités.

Du moins, que l'on me dise pourquoi il est permis à nos héros et à nos héroïnes de théâtre de se tuer, et qu'il est défendu de tuer personne? La scène est-elle moins ensanglantée par la mort d'Atalide qui se poignarde pour son amant, qu'elle ne le serait par le meurtre de César? et si le spectacle du fils de Caton, qui paraît mort aux yeux de son père, est l'occasion d'un discours admirable de ce vieux Romain; si ce morceau a été applaudi en Angleterre et en Italie par ceux qui sont les plus grands partisans de la bienséance française; si les femmes les plus délicates n'en ont point été choquées, pourquoi les Français ne s'y accoutumeraient-ils pas? La nature n'est-elle pas la même dans tous les hommes?

Toutes ces lois, de ne point ensanglanter la scène, de ne point faire parler plus de trois interlocuteurs, etc., sont des lois qui, ce me semble, pourraient avoir quelques exceptions parmi nous, comme elles en ont eu chez les Grecs. Il n'en est pas des règles de la bienséance, toujours un peu arbitraires, comme des règles fondamentales du théâtre, qui sont les trois unités : il y aurait de la faiblesse et de la stérilité à étendre une action au delà de l'espace de temps et du lieu convenable. Demandez à quiconque aura inséré dans une pièce trop d'événemens, la raison de cette faute : s'il est de bonne foi, il vous dira qu'il n'a pas eu assez de génie pour remplir sa pièce d'un seul fait; et s'il prend deux jours et deux villes pour son action, croyez que c'est parce qu'il n'aurait pas eu l'adresse de la resserrer dans l'espace de trois heures et dans l'enceinte d'un palais, comme l'exige la vraisemblance. Il en est tout autrement de celui qui hasarderait un spectacle horrible sur le théâtre : il ne choquerait point la vraisemblance; et cette hardiesse, loin de supposer de la faiblesse dans l'auteur, demanderait au contraire un grand génie pour mettre, par ses vers, de la véritable grandeur dans une action qui, sans un style sublime, ne serait qu'atroce et dégoûtante.

Cinquième acte de Rodogune.

Voilà ce qu'a osé tenter une fois notre grand Corneille dans sa *Rodogune*. Il fait paraître une mère qui, en présence de la cour et d'un ambassadeur, veut empoisonner son fils et sa belle-fille, après avoir tué son autre fils de sa propre main. Elle leur présente la coupe empoisonnée; et, sur leur refus et leurs soupçons, elle la boit elle-même, et meurt du poison qu'elle leur destinait. Des coups aussi terribles ne doivent pas être prodigués, et il n'appartient pas à tout le monde d'oser les frapper. Ces nouveautés demandent une grande circonspection, et une exécution de maître. Les Anglais eux-mêmes avouent que Shakespeare, par exemple, a été le seul parmi eux qui ait su évoquer et faire parler des ombres avec succès :

> Within that circle none durst move but he.

Pompe et dignité du spectacle dans la tragédie.

Plus une action théâtrale est majestueuse ou effrayante, plus elle deviendrait insipide si elle était souvent répétée; à peu près comme les détails des batailles, qui, étant par eux-mêmes ce qu'il y a de plus terrible, deviennent froids et ennuyeux à force de reparaître souvent dans les histoires. La seule pièce où M. Racine ait mis du spectacle, c'est son chef-d'œuvre d'*Athalie*. On y voit un enfant sur un trône, sa nourrice et des prêtres qui l'environnent, une reine qui commande à ses soldats de le massacrer, des lévites armés qui accourent pour le défendre. Toute cette action est pathétique; mais si le style ne l'était pas aussi, elle ne serait que puérile.

Plus on veut frapper les yeux par un appareil éclatant, plus on s'impose la nécessité de dire de grandes choses; autrement on ne serait qu'un décorateur, et non un poëte tragique. Il y a près de trente années qu'on représenta la tragédie de *Montezume* à Paris; la scène ouvrait par un spectacle nouveau; c'était un palais d'un goût magnifique et barbare : Montezume paraissait avec un habit singulier; des esclaves armés de flèches étaient dans le fond; autour de lui étaient huit grands de sa cour, prosternés le visage contre terre : Montezume commençait la pièce en leur disant :

> Levez-vous; votre roi vous permet aujourd'hui
> Et de l'envisager, et de parler à lui.

Ce spectacle charma : mais voilà tout ce qu'il y eut de beau dans cette tragédie.

Pour moi, j'avoue que ce n'a pas été sans quelque crainte que j'ai introduit sur la scène française le sénat de Rome, en robes rouges, allant aux opinions. Je me souvenais que lorsque j'introduisis autrefois dans *OEdipe* un chœur de Thébains qui disait :

> O mort, nous implorons ton funeste secours!
> O mort, viens nous sauver, viens terminer nos jours!

le parterre, au lieu d'être frappé du pathétique qui pouvait être en cet endroit, ne sentit d'abord que le prétendu ridicule d'avoir mis ces vers dans la bouche d'acteurs peu accoutumés, et il fit un éclat de rire. C'est ce qui m'a empêché, dans *Brutus*, de faire parler les sénateurs quand Titus est accusé devant eux, et d'augmenter la terreur de la situation en exprimant l'étonnement et la douleur de ces pères de Rome, qui sans doute devaient marquer leur surprise autrement que par un jeu muet, qui même n'a pas été exécuté [1].

[1] *Nous croyons convenable de rappeler ici le morceau suivant, que M. de Voltaire a retranché dans les éditions postérieures à 1738:*

« Au reste, milord, s'il y a quelques endroits passables dans cet ouvrage, il faut que j'avoue que j'en ai l'obligation à des amis qui pensent comme vous. Ils m'encourageaient à tempérer l'austérité de Brutus par l'amour paternel, afin qu'on admirât et qu'on plaignît l'effort qu'il se fait en condamnant son fils. Ils m'exhortaient à donner à la jeune Tullie un caractère de tendresse et d'innocence, parce que si j'en avais fait une héroïne altière qui n'eût parlé à Titus que comme un sujet qui devait servir son prince, alors Titus aurait été avili, et l'ambassadeur eût été inutile. Ils voulaient que Titus fût un jeune homme furieux dans ses passions, aimant Rome et son père, adorant Tullie, se fesant un devoir d'être fidèle au sénat même dont il se plaignait, et emporté loin de son devoir par une passion dont il avait cru être le maître. En effet, si Titus avait été de l'avis de sa maîtresse, et s'était dit à lui-même de bonnes raisons en faveur des rois, Brutus alors n'eût été regardé que comme un chef de rebelles, Titus n'aurait plus eu de remords, son père n'eût plus excité la pitié.

« Gardez, me disaient-ils, que les deux enfans de Brutus paraissent sur la scène; vous savez que l'intérêt est perdu quand il se partage. Mais surtout que votre pièce soit simple; imitez cette beauté des Grecs, croyez que la multiplicité des événemens et des intérêts compliqués n'est que la ressource des génies stériles qui ne savent pas tirer d'une seule passion de quoi faire cinq actes. Tâchez de travailler chaque scène comme si c'etait la seule que vous eussiez à écrire. Ce sont les beautés de détail, etc. »

Les Anglais donnent beaucoup plus à l'action que nous, ils parlent plus aux yeux : les Français donnent plus à l'élégance, à l'harmonie, au charme des vers. Il est certain qu'il est plus difficile de bien écrire que de mettre sur le théâtre des assassinats, des roues, des potences, des sorciers et des revenans. Aussi la tragédie de *Caton*, qui fait tant d'honneur à M. Addison, votre successeur dans le ministère, cette tragédie, la seule bien écrite d'un bout à l'autre chez votre nation, à ce que je vous ai entendu dire à vous-même, ne doit sa grande réputation qu'à ses beaux vers, c'est-à-dire à des pensées fortes et vraies, exprimées en vers harmonieux. Ce sont les beautés de détail qui soutiennent les ouvrages en vers, et qui les font passer à la postérité. C'est souvent la manière singulière de dire des choses communes, c'est cet art d'embellir par la diction ce que pensent et ce que sentent tous les hommes qui fait les grands poètes. Il n'y a ni sentimens recherchés ni aventure romanesque dans le quatrième livre de Virgile; il est tout naturel, et c'est l'effort de l'esprit humain. M. Racine n'est si au dessus des autres qui ont tous dit les mêmes choses que lui, que parce qu'il les a mieux dites. Corneille n'est véritablement grand que quand il s'exprime aussi bien qu'il pense. Souvenons-nous de ce précepte de Despréaux :

> Et que tout ce qu'il dit, facile à retenir,
> De son ouvrage en nous laisse un long souvenir.

Voilà ce que n'ont point tant d'ouvrages dramatiques que l'art d'un acteur et la figure et la voix d'une actrice ont fait valoir sur nos théâtres. Combien de pièces mal écrites ont eu plus de représentations que *Cinna* et *Britannicus !* Mais on n'a jamais retenu deux vers de ces faibles poëmes, au lieu qu'on sait une partie de *Britannicus* et de *Cinna* par cœur. En vain le *Régulus* de Pradon a fait verser des larmes par quelques situations touchantes; cet ouvrage et tous ceux qui lui ressemblent sont méprisés, tandis que leurs auteurs s'applaudissent dans leurs préfaces.

De l'amour.

Des critiques judicieux pourraient me demander pourquoi j'ai parlé d'amour dans une tragédie dont le titre est *Junius Brutus*; pourquoi j'ai mêlé cette passion avec l'austère vertu du sénat romain et la politique d'un ambassadeur.

On reproche à notre nation d'avoir amolli le théâtre par trop de tendresse; et les Anglais méritent bien le même reproche depuis plus d'un siècle, car vous avez toujours un peu pris nos modes et nos vices. Mais me permettez-vous de vous dire mon sentiment sur cette matière?

Vouloir de l'amour dans toutes les tragédies me paraît un goût efféminé; l'en proscrire toujours est une mauvaise humeur bien déraisonnable.

Le théâtre, soit tragique, soit comique, est la peinture vivante des passions humaines. L'ambition d'un prince est représentée dans la tragédie; la comédie tourne en ridicule la vanité d'un bourgeois. Ici, vous riez de la coquetterie et des intrigues d'une citoyenne; là, vous pleurez la malheureuse passion de Phèdre : de même, l'amour vous amuse dans un roman, et il vous transporte dans la Didon de Virgile. L'amour dans une tragédie n'est pas plus un défaut essentiel que dans l'*Énéide*; il n'est à reprendre que quand il est amené mal à propos, ou traité sans art.

Les Grecs ont rarement hasardé cette passion sur le théâtre d'Athènes : premièrement, parce que leurs tragédies n'ayant roulé d'abord que sur des sujets terribles, l'esprit des spectateurs était plié à ce genre de spectacles; secondement, parce que les femmes menaient une vie beaucoup plus retirée que les nôtres, et qu'ainsi, le langage de l'amour n'étant pas, comme aujourd'hui, le sujet de toutes les conversations, les poëtes en étaient moins invités à traiter cette passion, qui de toutes est la plus difficile à représenter, par les ménagemens délicats qu'elle demande. Une troisième raison, qui me paraît assez forte, c'est que l'on n'avait point de comédiennes;

les rôles des femmes étaient joués par des hommes masqués : il semble que l'amour eût été ridicule dans leur bouche.

C'est tout le contraire à Londres et à Paris ; et il faut avouer que les auteurs n'auraient guère entendu leurs intérêts, ni connu leur auditoire, s'ils n'avaient jamais fait parler les Oldfield, ou les Duclos et les Le Couvreur, que d'ambition et de politique.

Le mal est que l'amour n'est souvent chez nos héros de théâtre que de la galanterie, et que chez les vôtres il dégénère quelquefois en débauche. Dans notre *Alcibiade*, pièce très suivie, mais faiblement écrite, et ainsi peu estimée, on a admiré long-temps ces mauvais vers que récitait d'un ton séduisant l'Ésopus[1] du dernier siècle :

> Ah ! lorsque, pénétré d'un amour véritable,
> Et gémissant aux pieds d'un objet adorable,
> J'ai connu dans ses yeux timides ou distraits,
> Que mes soins de son cœur ont pu troubler la paix ;
> Que, par l'aveu secret d'une ardeur mutuelle,
> La mienne a pris encore une force nouvelle :
> Dans ces momens si doux, j'ai cent fois éprouvé
> Qu'un mortel peut goûter un bonheur achevé.

Dans votre *Venise sauvée*, le vieux Renaud veut violer la femme de Jaffier, et elle s'en plaint en termes assez indécens, jusqu'à dire qu'il est venu à elle *unbutton'd*, déboutonné.

Pour que l'amour soit digne du théâtre tragique, il faut qu'il soit le nœud nécessaire de la pièce, et non qu'il soit amené par force, pour remplir le vide de vos tragédies et des nôtres, qui sont toutes trop longues ; il faut que ce soit une passion véritablement tragique, regardée comme une faiblesse, et combattue par des remords. Il faut ou que l'amour conduise aux malheurs et aux crimes, pour faire voir combien il est dangereux ; ou que la vertu en triomphe, pour montrer qu'il n'est pas invincible ; sans cela, ce n'est plus qu'un amour d'églogue ou de comédie.

[1] Le comédien Baron.

C'est à vous, milord, à décider si j'ai rempli quelques unes de ces conditions; mais que vos amis daignent surtout ne point juger du génie et du goût de notre nation par ce discours et par cette tragédie que je vous envoie. Je suis peut-être un de ceux qui cultivent les lettres en France avec moins de succès; et si les sentimens que je soumets ici à votre censure sont désapprouvés, c'est à moi seul qu'en appartient le blâme.

PERSONNAGES.

JUNIUS BRUTUS,
VALÉRIUS PUBLICOLA, } consuls.
TITUS, fils de Brutus.
TULLIE, fille de Tarquin.
ALGINE, confidente de Tullie.
ARONS, ambassadeur de Porsenna.
MESSALA, ami de Titus.
PROCULUS, tribun militaire.
ALBIN, confident d'Arons.
Sénateurs.
Licteurs.

La scène est à Rome.

BRUTUS,

TRAGÉDIE.

ACTE PREMIER.

SCÈNE I.

Le théâtre représente une partie de la maison des consuls sur le mont Tarpéien ; le temple du Capitole se voit dans le fond. Les sénateurs sont assemblés entre le temple et la maison, devant l'autel de Mars. Brutus et Valérius Publicola, consuls, président à cette assemblée : les sénateurs sont rangés en demi-cercle. Des licteurs avec leurs faisceaux sont debout derrière les sénateurs.

BRUTUS, VALÉRIUS PUBLICOLA ;
LES SÉNATEURS.

BRUTUS.

Destructeurs des tyrans, vous qui n'avez pour rois
Que les dieux de Numa, vos vertus et nos lois,
Enfin notre ennemi commence à nous connaître.
Ce superbe Toscan qui ne parlait qu'en maître,
Porsenna, de Tarquin ce formidable appui,
Ce tyran, protecteur d'un tyran comme lui,
Qui couvre de son camp les rivages du Tibre,
Respecte le sénat et craint un peuple libre.
Aujourd'hui, devant vous abaissant sa hauteur,

Il demande à traiter par un ambassadeur.
Arons, qu'il nous député, en ce moment s'avance ;
Aux sénateurs de Rome il demande audience :
Il attend dans ce temple, et c'est à vous de voir
S'il le faut refuser, s'il le faut recevoir.

VALÉRIUS PUBLICOLA.

Quoi qu'il vienne annoncer, quoi qu'on puisse en at-
Il le faut à son roi renvoyer sans l'entendre : [tendre,
Tel est mon sentiment. Rome ne traite plus
Avec ses ennemis que quand ils sont vaincus.
Votre fils, il est vrai, vengeur de sa patrie,
A deux fois repoussé le tyran d'Étrurie ;
Je sais tout ce qu'on doit à ses vaillantes mains ;
Je sais qu'à votre exemple il sauva les Romains :
Mais ce n'est point assez ; Rome assiégée encore,
Voit dans les champs voisins ces tyrans qu'elle abhorre.
Que Tarquin satisfasse aux ordres du sénat;
Exilé par nos lois, qu'il sorte de l'état;
De son coupable aspect qu'il purge nos frontières,
Et nous pourrons ensuite écouter ses prières.
Ce nom d'ambassadeur a paru vous frapper;
Tarquin n'a pu vous vaincre, il cherche à vous tromper.
L'ambassadeur d'un roi m'est toujours redoutable;
Ce n'est qu'un ennemi, sous un titre honorable,
Qui vient, rempli d'orgueil ou de dextérité,
Insulter ou trahir avec impunité.
Rome, n'écoute point leur séduisant langage :
Tout art t'est étranger; combattre est ton partage :
Confonds tes ennemis de ta gloire irrités;
Tombe, ou punis les rois : ce sont là tes traités.

ACTE I, SCÈNE I.

BRUTUS.

Rome sait à quel point sa liberté m'est chère :
Mais, plein du même esprit, mon sentiment diffère.
Je vois cette ambassade, au nom des souverains,
Comme un premier hommage aux citoyens romains.
Accoutumons des rois la fierté despotique
A traiter en égale avec la république;
Attendant que, du ciel remplissant les décrets,
Quelque jour avec elle ils traitent en sujets.
Arons vient voir ici Rome encor chancelante,
Découvrir les ressorts de sa grandeur naissante,
Épier son génie, observer son pouvoir;
Romains, c'est pour cela qu'il le faut recevoir.
L'ennemi du sénat connaîtra qui nous sommes,
Et l'esclave d'un roi va voir enfin des hommes.
Que dans Rome à loisir il porte ses regards;
Il la verra dans vous : vous êtes ses remparts.
Qu'il révère en ces lieux le dieu qui nous rassemble;
Qu'il paraisse au sénat, qu'il écoute, et qu'il tremble.

(Les sénateurs se lèvent, et s'approchent un moment pour donner leurs voix.)

VALÉRIUS PUBLICOLA.

Je vois tout le sénat passer à votre avis;
Rome et vous, l'ordonnez : à regret j'y souscris.
Licteurs, qu'on l'introduise; et puisse sa présence
N'apporter en ces lieux rien dont Rome s'offense !

(à Brutus.)

C'est sur vous seul ici que nos yeux sont ouverts;
C'est vous qui le premier avez rompu nos fers :
De notre liberté soutenez la querelle;
Brutus en est le père, et doit parler pour elle.

SCÈNE II.

LE SÉNAT, ARONS, ALBIN; SUITE.

Arons entre par le côté du théâtre, précédé de deux licteurs et d'Albin son confident; il passe devant les consuls et le sénat qu'il salue, et il va s'asseoir sur un siége préparé pour lui sur le devant du théâtre.

ARONS.

Consuls, et vous sénat, qu'il m'est doux d'être admis
Dans ce conseil sacré de sages ennemis,
De voir tous ces héros dont l'équité sévère
N'eut jusques aujourd'hui qu'un reproche à se faire;
Témoin de leurs exploits, d'admirer leurs vertus;
D'écouter Rome enfin par la voix de Brutus!
Loin des cris de ce peuple indocile et barbare,
Que la fureur conduit, réunit et sépare,
Aveugle dans sa haine, aveugle en son amour,
Qui menace et qui craint, règne et sert en un jour;
Dont l'audace...

BRUTUS.

    Arrêtez; sachez qu'il faut qu'on nomme
Avec plus de respect les citoyens de Rome.
La gloire du sénat est de représenter
Ce peuple vertueux que l'on ose insulter.
Quittez l'art avec nous; quittez la flatterie;
Ce poison qu'on prépare à la cour d'Étrurie
N'est point encor connu dans le sénat romain.
Poursuivez.

ARONS.

    Moins piqué d'un discours si hautain,

ACTE I, SCÈNE II.

Que touché des malheurs où cet état s'expose,
Comme un de ses enfans j'embrasse ici sa cause.
 Vous voyez quel orage éclate autour de vous ;
C'est en vain que Titus en détourna les coups :
Je vois avec regret sa valeur et son zèle
N'assurer aux Romains qu'une chute plus belle.
Sa victoire affaiblit vos remparts désolés ;
Du sang qui les inonde ils semblent ébranlés.
Ah ! ne refusez plus une paix nécessaire ;
Si du peuple romain le sénat est le père,
Porsenna l'est des rois que vous persécutez.
 Mais vous, du nom romain vengeurs si redoutés,
Vous des droits des mortels éclairés interprètes,
Vous qui jugez les rois, regardez où vous êtes.
Voici ce Capitole et ces mêmes autels
Où jadis, attestant tous les dieux immortels,
J'ai vu chacun de vous, brûlant d'un autre zèle,
A Tarquin votre roi jurer d'être fidèle.
Quels dieux ont donc changé les droits des souverains?
Quel pouvoir a rompu des nœuds jadis si saints ?
Qui du front de Tarquin ravit le diadème ?
Qui peut de vos sermens vous dégager ?

BRUTUS.

                              Lui-même.
N'alléguez point ces nœuds que le crime a rompus,
Ces dieux qu'il outragea, ces droits qu'il a perdus.
Nous avons fait, Arons, en lui rendant hommage,
Serment d'obéissance, et non point d'esclavage ;
Et puisqu'il vous souvient d'avoir vu dans ces lieux
Le sénat à ses pieds fesant pour lui des vœux,

Songez qu'en ce lieu même, à cet autel auguste,
Devant ces mêmes dieux, il jura d'être juste.
De son peuple et de lui tel était le lien :
Il nous rend nos sermens lorsqu'il trahit le sien ;
Et dès qu'aux lois de Rome il ose être infidèle,
Rome n'est plus sujette, et lui seul est rebelle.

ARONS.

Ah ! quand il serait vrai que l'absolu pouvoir
Eût entraîné Tarquin par delà son devoir,
Qu'il en eût trop suivi l'amorce enchanteresse,
Quel homme est sans erreur, et quel roi sans faiblesse?
Est-ce à vous de prétendre au droit de le punir?
Vous, nés tous ses sujets; vous, faits pour obéir !
Un fils ne s'arme point contre un coupable père ;
Il détourne les yeux, le plaint et le révère.
Les droits des souverains sont-ils moins précieux?
Nous sommes leurs enfans; leurs juges sont les dieux.
Si le ciel quelquefois les donne en sa colère,
N'allez pas mériter un présent plus sévère,
Trahir toutes les lois en voulant les venger,
Et renverser l'état au lieu de le changer.
Instruit par le malheur, ce grand maître de l'homme,
Tarquin sera plus juste et plus digne de Rome.
Vous pouvez raffermir, par un accord heureux ,
Des peuples et des rois les légitimes nœuds,
Et faire encor fleurir la liberté publique
Sous l'ombrage sacré du pouvoir monarchique.

BRUTUS.

Arons, il n'est plus temps : chaque état a ses lois [1],
Qu'il tient de sa nature, ou qu'il change à son choix.

ACTE I, SCÈNE II.

Esclaves de leurs rois, et même de leurs prêtres,
Les Toscans semblent nés pour servir sous des maîtres,
Et de leur chaîne antique adorateurs heureux,
Voudraient que l'univers fût esclave comme eux.
La Grèce entière est libre, et la molle Ionie
Sous un joug odieux languit assujettie.
Rome eut ses souverains, mais jamais absolus.
Son premier citoyen fut le grand Romulus :
Nous partagions le poids de sa grandeur suprême.
Numa, qui fit nos lois, y fut soumis lui-même.
Rome enfin, je l'avoue, a fait un mauvais choix :
Chez les Toscans, chez vous elle a choisi ses rois;
Ils nous ont apporté du fond de l'Étrurie
Les vices de leur cour avec la tyrannie.
                        (Il se lève.)
Pardonnez-nous, grands dieux, si le peuple romain
A tardé si long-temps à condamner Tarquin !
Le sang qui regorgea sous ses mains meurtrières
De notre obéissance a rompu les barrières.
Sous un sceptre de fer tout ce peuple abattu
A force de malheurs a repris sa vertu.
Tarquin nous a remis dans nos droits légitimes;
Le bien public est né de l'excès de ses crimes,
Et nous donnons l'exemple à ces mêmes Toscans,
S'ils pouvaient à leur tour être las des tyrans.
        (Les consuls descendent vers l'autel, et le sénat se lève.)
O Mars ! dieu des héros, de Rome et des batailles,
Qui combats avec nous, qui défends ces murailles,
Sur ton autel sacré, Mars, reçois nos sermens
Pour ce sénat, pour moi, pour tes dignes enfans.

Si dans le sein de Rome il se trouvait un traître,
Qui regrettât les rois et qui voulût un maître,
Que le perfide meure au milieu des tourmens !
Que sa cendre coupable, abandonnée aux vents,
Ne laisse ici qu'un nom plus odieux encore
Que le nom des tyrans que Rome entière abhorre !

ARONS, *avançant vers l'autel.*

Et moi, sur cet autel qu'ainsi vous profanez,
Je jure au nom du roi que vous abandonnez,
Au nom de Porsenna vengeur de sa querelle,
A vous, à vos enfans, une guerre immortelle.

(Les sénateurs font un pas vers le Capitole.)

Sénateurs, arrêtez, ne vous séparez pas ;
Je ne me suis pas plaint de tous vos attentats.
La fille de Tarquin, dans vos mains demeurée,
Est-elle une victime à Rome consacrée ?
Et donnez-vous des fers à ses royales mains
Pour mieux braver son père et tous les souverains ?
Que dis-je ! tous ces biens, ces trésors, ces richesses
Que des Tarquins dans Rome épuisaient les largesses,
Sont-ils votre conquête, ou vous sont-ils donnés ?
Est-ce pour les ravir que vous le détrônez ?
Sénat, si vous l'osez, que Brutus les dénie.

BRUTUS, *se tournant vers Arons.*

Vous connaissez bien mal et Rome et son génie.
Ces pères des Romains, vengeurs de l'équité,
Ont blanchi dans la pourpre et dans la pauvreté ;
Au dessus des trésors, que sans peine ils vous cèdent,
Leur gloire est de dompter les rois qui les possèdent[2].
Prenez cet or, Arons ; il est vil à nos yeux.

ACTE I, SCÈNE II.

Quant au malheureux sang d'un tyran odieux,
Malgré la juste horreur que j'ai pour sa famille,
Le sénat à mes soins a confié sa fille;
Elle n'a point ici de ces respects flatteurs
Qui des enfans des rois empoisonnent les cœurs;
Elle n'a point trouvé la pompe et la mollesse
Dont la cour des Tarquins enivra sa jeunesse;
Mais je sais ce qu'on doit de bontés et d'honneur
A son sexe, à son âge, et surtout au malheur.
Dès ce jour, en son camp que Tarquin la revoie;
Mon cœur même en conçoit une secrète joie :
Qu'aux tyrans désormais rien ne reste en ces lieux
Que la haine de Rome et le courroux des dieux.
Pour emporter au camp l'or qu'il faut y conduire,
Rome vous donne un jour; ce temps doit vous suffire :
Ma maison cependant est votre sûreté;
Jouissez-y des droits de l'hospitalité.
Voilà ce que par moi le sénat vous annonce.
Ce soir à Porsenna rapportez ma réponse :
Reportez-lui la guerre, et dites à Tarquin
Ce que vous avez vu dans le sénat romain.

(aux sénateurs.)

Et nous, du Capitole allons orner le faîte
Des lauriers dont mon fils vient de ceindre sa tête;
Suspendons ces drapeaux et ces dards tout sanglans
Que ses heureuses mains ont ravis aux Toscans.
Ainsi puisse toujours, plein du même courage,
Mon sang, digne de vous, vous servir d'âge en âge!
Dieux, protégez ainsi contre nos ennemis
Le consulat du père et les armes du fils!

SCÈNE III.

ARONS, ALBIN, *qui sont supposés être entrés de la salle d'audience dans un autre appartement de la maison de Brutus.*

ARONS.

As-tu bien remarqué cet orgueil inflexible,
Cet esprit d'un sénat qui se croit invincible?
Il le serait, Albin, si Rome avait le temps
D'affermir cette audace au cœur de ses enfans.
Crois-moi, la liberté, que tout mortel adore,
Que je veux leur ôter, mais que j'admire encore,
Donne à l'homme un courage, inspire une grandeur,
Qu'il n'eût jamais trouvés dans le fond de son cœur.
Sous le joug des Tarquins, la cour et l'esclavage
Amollissaient leurs mœurs, énervaient leur courage;
Leurs rois, trop occupés à dompter leurs sujets,
De nos heureux Toscans ne troublaient point la paix:
Mais si ce fier sénat réveille leur génie,
Si Rome est libre, Albin, c'est fait de l'Italie.
Ces lions, que leur maître avait rendus plus doux,
Vont reprendre leur rage et s'élancer sur nous.
Étouffons dans leur sang la semence féconde
Des maux de l'Italie et des troubles du monde;
Affranchissons la terre, et donnons aux Romains
Ces fers qu'ils destinaient au reste des humains.
Messala viendra-t-il? Pourrai-je ici l'entendre?
Osera-t-il...

ACTE I, SCÈNE IV.

ALBIN.
Seigneur, il doit ici se rendre ;
A toute heure il y vient : Titus est son appui.

ARONS.
As-tu pu lui parler ? puis-je compter sur lui ?

ALBIN.
Seigneur, ou je me trompe, ou Messala conspire
Pour changer ses destins plus que ceux de l'empire :
Il est ferme, intrépide, autant que si l'honneur
Ou l'amour du pays excitait sa valeur ;
Maître de son secret, et maître de lui-même,
Impénétrable, et calme en sa fureur extrême.

ARONS.
Tel autrefois dans Rome il parut à mes yeux,
Lorsque Tarquin régnant me reçut dans ces lieux ;
Et ses lettres depuis... Mais je le vois paraître.

SCÈNE IV.

ARONS, MESSALA, ALBIN.

ARONS.
Généreux Messala, l'appui de votre maître,
Hé bien ! l'or de Tarquin, les présens de mon roi,
Des sénateurs romains n'ont pu tenter la foi ?
Les plaisirs d'une cour, l'espérance, la crainte,
A ces cœurs endurcis n'ont pu porter d'atteinte ?
Ces fiers patriciens sont-ils autant de dieux,
Jugeant tous les mortels, et ne craignant rien d'eux ?
Sont-ils sans passions, sans intérêt, sans vice ?

MESSALA.

Ils osent s'en vanter; mais leur feinte justice,
Leur âpre austérité que rien ne peut gagner,
N'est dans ces cœurs hautains que la soif de régner;
Leur orgueil foule aux pieds l'orgueil du diadème,
Ils ont brisé le joug pour l'imposer eux-même.
De notre liberté ces illustres vengeurs,
Armés pour la défendre, en sont les oppresseurs.
Sous les noms séduisans de patrons et de pères,
Ils affectent des rois les démarches altières.
Rome a changé de fers; et, sous le joug des grands,
Pour un roi qu'elle avait, a trouvé cent tyrans.

ARONS.

Parmi vos citoyens en est-il d'assez sage
Pour détester tout bas cet indigne esclavage?

MESSALA.

Peu sentent leur état; leurs esprits égarés
De ce grand changement sont encore enivrés;
Le plus vil citoyen, dans sa bassesse extrême,
Ayant chassé les rois, pense être roi lui-même.
Mais, je vous l'ai mandé, seigneur, j'ai des amis
Qui sous ce joug nouveau sont à regret soumis;
Qui, dédaignant l'erreur des peuples imbéciles,
Dans ce torrent fougueux restent seuls immobiles;
Des mortels éprouvés, dont la tête et les bras
Sont faits pour ébranler ou changer les états.

ARONS.

De ces braves Romains que faut-il que j'espère?
Serviront-ils leur prince?

MESSALA.

       Ils sont prêts à tout faire;
Tout leur sang est à vous : mais ne prétendez pas
Qu'en aveugles sujets ils servent des ingrats;
Ils ne se piquent point du devoir fanatique [3]
De servir de victime au pouvoir despotique,
Ni du zèle insensé de courir au trépas
Pour venger un tyran qui ne les connaît pas.
Tarquin promet beaucoup; mais, devenu leur maître,
Il les oubliera tous, ou les craindra peut-être.
Je connais trop les grands : dans le malheur amis,
Ingrats dans la fortune, et bientôt ennemis :
Nous sommes de leur gloire un instrument servile,
Rejeté par dédain dès qu'il est inutile,
Et brisé sans pitié s'il devient dangereux.
A des conditions on peut compter sur eux :
Ils demandent un chef digne de leur courage,
Dont le nom seul impose à ce peuple volage;
Un chef assez puissant pour obliger le roi,
Même après le succès, à nous tenir sa foi;
Ou, si de nos desseins la trame est découverte,
Un chef assez hardi pour venger notre perte.

ARONS.

Mais vous m'aviez écrit que l'orgueilleux Titus...

MESSALA.

Il est l'appui de Rome, il est fils de Brutus;
Cependant...

ARONS.

    De quel œil voit-il les injustices
Dont ce sénat superbe a payé ses services?

Lui seul a sauvé Rome, et toute sa valeur
En vain du consulat lui mérita l'honneur ;
Je sais qu'on le refuse.
MESSALA.
Et je sais qu'il murmure ;
Son cœur altier et prompt est plein de cette injure ;
Pour toute récompense il n'obtient qu'un vain bruit,
Qu'un triomphe frivole, un éclat qui s'enfuit.
J'observe d'assez près son ame impérieuse,
Et de son fier courroux la fougue impétueuse :
Dans le champ de la gloire il ne fait que d'entrer ;
Il y marche en aveugle; on l'y peut égarer.
La bouillante jeunesse est facile à séduire :
Mais que de préjugés nous aurions à détruire !
Rome, un consul, un père, et la haine des rois,
Et l'horreur de la honte, et surtout ses exploits.
Connaissez donc Titus; voyez toute son ame,
Le courroux qui l'aigrit, le poison qui l'enflamme;
Il brûle pour Tullie.
ARONS.
Il l'aimerait ?
MESSALA.
Seigneur,
A peine ai-je arraché ce secret de son cœur :
Il en rougit lui-même, et cette ame inflexible
N'ose avouer qu'elle aime, et craint d'être sensible.
Parmi les passions dont il est agité,
Sa plus grande fureur est pour la liberté.
ARONS.
C'est donc des sentimens et du cœur d'un seul homme

ACTE I, SCÈNE IV.

Qu'aujourd'hui, malgré moi, dépend le sort de Rome!
(à Albin.)
Ne nous rebutons pas. Préparez-vous, Albin,
A vous rendre sur l'heure aux tentes de Tarquin.
(à Messala.)
Entrons chez la princesse. Un peu d'expérience
M'a pu du cœur humain donner quelque science :
Je lirai dans son ame, et peut-être ses mains
Vont former l'heureux piége où j'attends les Romains.

FIN DU PREMIER ACTE.

ACTE SECOND.

SCÈNE I.

Le théâtre représente ou est supposé représenter un appartement du palais des consuls.

TITUS, MESSALA.

MESSALA.
Non, c'est trop offenser ma sensible amitié;
Qui peut de son secret me cacher la moitié,
En dit trop et trop peu, m'offense et me soupçonne.

TITUS.
Va, mon cœur à ta foi tout entier s'abandonne;
Ne me reproche rien.

MESSALA.
            Quoi! vous dont la douleur
Du sénat avec moi détesta la rigueur,
Qui versiez dans mon sein ce grand secret de Rome,
Ces plaintes d'un héros, ces larmes d'un grand homme!
Comment avez-vous pu dévorer si long-temps
Une douleur plus tendre, et des maux plus touchans?
De vos feux devant moi vous étouffiez la flamme.
Quoi donc! l'ambition qui domine en votre ame
Éteignait-elle en vous de si chers sentimens?
Le sénat a-t-il fait vos plus cruels tourmens?

ACTE II, SCÈNE I.

Le haïssez-vous plus que vous n'aimez Tullie?

TITUS.

Ah! j'aime avec transport, je hais avec furie:
Je suis extrême en tout, je l'avoue, et mon cœur
Voudrait en tout se vaincre, et connaît son erreur.

MESSALA.

Et pourquoi, de vos mains déchirant vos blessures,
Déguiser votre amour, et non pas vos injures?

TITUS.

Que veux-tu, Messala? J'ai, malgré mon courroux,
Prodigué tout mon sang pour ce sénat jaloux :
Tu le sais, ton courage eut part à ma victoire.
Je sentais du plaisir à parler de ma gloire;
Mon cœur, enorgueilli des succès de mon bras,
Trouvait de la grandeur à venger des ingrats;
On confie aisément des malheurs qu'on surmonte :
Mais qu'il est accablant de parler de sa honte!

MESSALA.

Quelle est donc cette honte et ce grand repentir?
Et de quels sentimens auriez-vous à rougir?

TITUS.

Je rougis de moi-même et d'un feu téméraire,
Inutile, imprudent, à mon devoir contraire.

MESSALA.

Quoi donc! l'ambition, l'amour et ses fureurs,
Sont-ce des passions indignes des grands cœurs?

TITUS.

L'ambition, l'amour, le dépit, tout m'accable;
De ce conseil de rois l'orgueil insupportable
Méprise ma jeunesse et me refuse un rang

Brigué par ma valeur, et payé par mon sang.
Au milieu du dépit dont mon ame est saisie,
Je perds tout ce que j'aime, on m'enlève Tullie :
On te l'enlève, hélas ! trop aveugle courroux !
Tu n'osais y prétendre, et ton cœur est jaloux.
Je l'avouerai, ce feu, que j'avais su contraindre,
S'irrite en s'échappant, et ne peut plus s'éteindre.
Ami, c'en était fait, elle partait; mon cœur
De sa funeste flamme allait être vainqueur;
Je rentrais dans mes droits, je sortais d'esclavage [a].
Le ciel a-t-il marqué ce terme à mon courage ?
Moi, le fils de Brutus; moi, l'ennemi des rois [b],
C'est du sang de Tarquin que j'attendrais des lois !
Elle refuse encor de m'en donner, l'ingrate !
Et partout dédaigné, partout ma honte éclate.
Le dépit, la vengeance, et la honte, et l'amour,
De mes sens soulevés disposent tour à tour.

MESSALA.

Puis-je ici vous parler, mais avec confiance ?

TITUS.

Toujours de tes conseils j'ai chéri la prudence.
Hé bien ! fais-moi rougir de mes égaremens.

MESSALA.

J'approuve et votre amour et vos ressentimens.
Faudra-t-il donc toujours que Titus autorise
Ce sénat de tyrans dont l'orgueil nous maîtrise ?
Non; s'il vous faut rougir, rougissez en ce jour
De votre patience, et non de votre amour.
Quoi ! pour prix de vos feux et de tant de vaillance,
Citoyen sans pouvoir, amant sans espérance,

Je vous verrais languir victime de l'état,
Oublié de Tullie, et bravé du sénat?
Ah! peut-être, seigneur, un cœur tel que le vôtre
Aurait pu gagner l'une, et se venger de l'autre.

TITUS.

De quoi viens-tu flatter mon esprit éperdu?
Moi, j'aurais pu fléchir sa haine ou sa vertu!
N'en parlons plus : tu vois les fatales barrières
Qu'élèvent entre nous nos devoirs et nos pères :
Sa haine désormais égale mon amour.
Elle va donc partir?

MESSALA.

Oui, seigneur, dès ce jour.

TITUS.

Je n'en murmure point. Le ciel lui rend justice;
Il la fit pour régner.

MESSALA.

Ah! ce ciel plus propice
Lui destinait peut-être un empire plus doux;
Et sans ce fier sénat, sans la guerre, sans vous...
Pardonnez : vous savez quel est son héritage;
Son frère ne vit plus, Rome était son partage.
Je m'emporte, seigneur; mais si pour vous servir,
Si pour vous rendre heureux il ne faut que périr;
Si mon sang...

TITUS.

Non, ami, mon devoir est le maître.
Non, crois-moi, l'homme est libre au moment qu'il veut
Je l'avoue, il est vrai, ce dangereux poison   [l'être.
A pour quelques momens égaré ma raison;

Mais le cœur d'un soldat sait dompter la mollesse,
Et l'amour n'est puissant que par notre faiblesse.

MESSALA.

Vous voyez des Toscans venir l'ambassadeur;
Cet honneur qu'il vous rend...

TITUS.

Ah, quel funeste honneur!
Que me veut-il? C'est lui qui m'enlève Tullie:
C'est lui qui met le comble au malheur de ma vie.

SCÈNE II.

TITUS, ARONS.

ARONS.

Après avoir en vain, près de votre sénat,
Tenté ce que j'ai pu pour sauver cet état,
Souffrez qu'à la vertu rendant un juste hommage,
J'admire en liberté ce généreux courage,
Ce bras qui venge Rome, et soutient son pays
Au bord du précipice où le sénat l'a mis.
Ah! que vous étiez digne et d'un prix plus auguste,
Et d'un autre adversaire, et d'un parti plus juste!
Et que ce grand courage, ailleurs mieux employé,
D'un plus digne salaire aurait été payé!
Il est, il est des rois, j'ose ici vous le dire,
Qui mettraient en vos mains le sort de leur empire,
Sans craindre ces vertus qu'ils admirent en vous,
Dont j'ai vu Rome éprise, et le sénat jaloux.
Je vous plains de servir sous ce maître farouche,

Que le mérite aigrit, qu'aucun bienfait ne touche;
Qui, né pour obéir, se fait un lâche honneur
D'appesantir sa main sur son libérateur;
Lui qui, s'il n'usurpait les droits de la couronne,
Devrait prendre de vous les ordres qu'il vous donne.

TITUS.

Je rends grace à vos soins, seigneur, et mes soupçons
De vos bontés pour moi respectent les raisons.
Je n'examine point si votre politique
Pense armer mes chagrins contre ma république,
Et porter mon dépit, avec un art si doux,
Aux indiscrétions qui suivent le courroux.
Perdez moins d'artifice à tromper ma franchise;
Ce cœur est tout ouvert, et n'a rien qu'il déguise.
Outragé du sénat, j'ai droit de le haïr;
Je le hais : mais mon bras est prêt à le servir.
Quand la cause commune au combat nous appelle,
Rome au cœur de ses fils éteint toute querelle;
Vainqueurs de nos débats, nous marchons réunis;
Et nous ne connaissons que vous pour ennemis.
Voilà ce que je suis, et ce que je veux être.
Soit grandeur, soit vertu, soit préjugé peut-être,
Né parmi les Romains, je périrai pour eux :
J'aime encor mieux, seigneur, ce sénat rigoureux,
Tout injuste pour moi, tout jaloux qu'il peut être,
Que l'éclat d'une cour et le sceptre d'un maître.
Je suis fils de Brutus, et je porte en mon cœur
La liberté gravée, et les rois en horreur.

ARONS.

Ne vous flattez-vous point d'un charme imaginaire?

Seigneur, ainsi qu'à vous la liberté m'est chère :
Quoique né sous un roi, j'en goûte les appas ;
Vous vous perdez pour elle, et n'en jouissez pas.
Est-il donc, entre nous, rien de plus despotique
Que l'esprit d'un état qui passe en république ?
Vos lois sont vos tyrans ; leur barbare rigueur
Devient sourde au mérite, au sang, à la faveur :
Le sénat vous opprime, et le peuple vous brave ;
Il faut s'en faire craindre, ou ramper leur esclave.
Le citoyen de Rome, insolent ou jaloux,
Ou hait votre grandeur, ou marche égal à vous.
Trop d'éclat l'effarouche ; il voit d'un œil sévère,
Dans le bien qu'on lui fait, le mal qu'on lui peut faire :
Et d'un bannissement le décret odieux
Devient le prix du sang qu'on a versé pour eux.

 Je sais bien que la cour, seigneur, a ses naufrages ;
Mais ses jours sont plus beaux, son ciel a moins d'orages.
Souvent la liberté, dont on se vante ailleurs,
Étale auprès d'un roi ses dons les plus flatteurs ;
Il récompense, il aime, il prévient les services :
La gloire auprès de lui ne fuit point les délices.
Aimé du souverain, de ses rayons couvert,
Vous ne servez qu'un maître, et le reste vous sert.
Ébloui d'un éclat qu'il respecte et qu'il aime,
Le vulgaire applaudit jusqu'à nos fautes même :
Nous ne redoutons rien d'un sénat trop jaloux ;
Et les sévères lois se taisent devant nous.
Ah ! que, né pour la cour, ainsi que pour les armes,
Des faveurs de Tarquin vous goûteriez les charmes !
Je vous l'ai déja dit ; il vous aimait, seigneur ;

Il aurait avec vous partagé sa grandeur :
Du sénat à vos pieds la fierté prosternée
Aurait...

TITUS.

J'ai vu sa cour, et je l'ai dédaignée.
Je pourrais, il est vrai, mendier son appui,
Et, son premier esclave, être tyran sous lui.
Grace au ciel, je n'ai point cette indigne faiblesse;
Je veux de la grandeur, et la veux sans bassesse :
Je sens que mon destin n'était point d'obéir;
Je combattrai vos rois; retournez les servir.

ARONS.

Je ne puis qu'approuver cet excès de constance;
Mais songez que lui-même éleva votre enfance.
Il s'en souvient toujours : hier encor, seigneur,
En pleurant avec moi son fils et son malheur,
Titus, me disait-il, soutiendrait ma famille,
Et lui seul méritait mon empire et ma fille.

TITUS, *en se détournant.*

Sa fille! dieux! Tullie! O vœux infortunés!

ARONS, *en regardant Titus.*

Je la ramène au roi que vous abandonnez;
Elle va, loin de vous et loin de sa patrie,
Accepter pour époux le roi de Ligurie :
Vous cependant ici servez votre sénat,
Persécutez son père, opprimez son état.
J'espère que bientôt ces voûtes embrasées,
Ce Capitole en cendre, et ces tours écrasées,
Du sénat et du peuple éclairant les tombeaux,
A cet hymen heureux vont servir de flambeaux.

SCÈNE III.

TITUS, MESSALA.

TITUS.

Ah, mon cher Messala, dans quel trouble il me laisse
Tarquin me l'eût donnée! ô douleur qui me presse!
Moi, j'aurais pu... mais non, ministre dangereux,
Tu venais épier le secret de mes feux.
Hélas! en me voyant se peut-il qu'on l'ignore!
Il a lu dans mes yeux l'ardeur qui me dévore.
Certain de ma faiblesse, il retourne à sa cour
Insulter aux projets d'un téméraire amour.
J'aurais pu l'épouser, lui consacrer ma vie!
Le ciel à mes désirs eût destiné Tullie!
Malheureux que je suis!

MESSALA.

Vous pourriez être heureux;
Arons pourrait servir vos légitimes feux.
Croyez-moi.

TITUS.

Bannissons un espoir si frivole:
Rome entière m'appelle aux murs du Capitole;
Le peuple, rassemblé sous ces arcs triomphaux
Tout chargés de ma gloire, et pleins de mes travaux,
M'attend pour commencer les sermens redoutables,
De notre liberté garans inviolables.

MESSALA.

Allez servir ces rois.

ACTE II, SCÈNE IV.

TITUS.

Oui, je les veux servir;
Oui, tel est mon devoir, et je le veux remplir.

MESSALA.

Vous gémissez pourtant!

TITUS.

Ma victoire est cruelle.

MESSALA.

Vous l'achetez trop cher.

TITUS.

Elle en sera plus belle.
Ne m'abandonne point dans l'état où je suis.

MESSALA.

Allons, suivons ses pas; aigrissons ses ennuis;
Enfonçons dans son cœur le trait qui le déchire.

SCÈNE IV.

BRUTUS, MESSALA.

BRUTUS.

Arrêtez, Messala; j'ai deux mots à vous dire.

MESSALA.

A moi, seigneur?

BRUTUS.

A vous. Un funeste poison
Se répand en secret sur toute ma maison.
Tibérinus, mon fils, aigri contre son frère,
Laisse éclater déja sa jalouse colère :
Et Titus, animé d'un autre emportement,

Suit contre le sénat son fier ressentiment.
L'ambassadeur toscan, témoin de leur faiblesse,
En profite avec joie autant qu'avec adresse;
Il leur parle, et je crains les discours séduisans
D'un ministre vieilli dans l'art des courtisans.
Il devait dès demain retourner vers son maître :
Mais un jour quelquefois est beaucoup pour un traître.
Messala, je prétends ne rien craindre de lui;
Allez lui commander de partir aujourd'hui :
Je le veux.

MESSALA.

C'est agir sans doute avec prudence,
Et vous serez content de mon obéissance.

BRUTUS.

Ce n'est pas tout : mon fils avec vous est lié;
Je sais sur son esprit ce que peut l'amitié.
Comme sans artifice, il est sans défiance :
Sa jeunesse est livrée à votre expérience.
Plus il se fie à vous, plus je dois espérer
Qu'habile à le conduire, et non à l'égarer,
Vous ne voudrez jamais, abusant de son âge,
Tirer de ses erreurs un indigne avantage,
Le rendre ambitieux et corrompre son cœur.

MESSALA.

C'est de quoi dans l'instant je lui parlais, seigneur.
Il sait vous imiter, servir Rome et lui plaire;
Il aime aveuglément sa patrie et son père.

BRUTUS.

Il le doit : mais surtout il doit aimer les lois;
Il doit en être esclave, en porter tout le poids.

ACTE II, SCÈNE IV.

Qui veut les violer n'aime point sa patrie.
MESSALA.
Nous avons vu tous deux si son bras l'a servie.
BRUTUS.
Il a fait son devoir.
MESSALA.
    Et Rome eût fait le sien
En rendant plus d'honneurs à ce cher citoyen.
BRUTUS.
Non, non : le consulat n'est point fait pour son âge ;
J'ai moi-même à mon fils refusé mon suffrage.
Croyez-moi, le succès de son ambition
Serait le premier pas vers la corruption.
Le prix de la vertu serait héréditaire :
Bientôt l'indigne fils du plus vertueux père,
Trop assuré d'un rang d'autant moins mérité,
L'attendrait dans le luxe et dans l'oisiveté :
Le dernier des Tarquins en est la preuve insigne.
Qui naquit dans la pourpre en est rarement digne.
Nous préservent les cieux d'un si funeste abus,
Berceau de la mollesse et tombeau des vertus !
Si vous aimez mon fils, je me plais à le croire,
Représentez-lui mieux sa véritable gloire ;
Étouffez dans son cœur un orgueil insensé :
C'est en servant l'état qu'il est récompensé.
De toutes les vertus mon fils doit un exemple :
C'est l'appui des Romains que dans lui je contemple ;
Plus il a fait pour eux, plus j'exige aujourd'hui.
Connaissez à mes vœux l'amour que j'ai pour lui ;
Tempérez cette ardeur de l'esprit d'un jeune homme :

BRUTUS,
Le flatter, c'est le perdre, et c'est outrager Rome.
MESSALA.
Je me bornais, seigneur, à le suivre aux combats ;
J'imitais sa valeur, et ne l'instruisais pas.
J'ai peu d'autorité ; mais, s'il daigne me croire,
Rome verra bientôt comme il chérit la gloire.
BRUTUS.
Allez donc, et jamais n'encensez ses erreurs ;
Si je hais les tyrans, je hais plus les flatteurs.

SCÈNE V.

MESSALA.

Il n'est point de tyran plus dur, plus haïssable,
Que la sévérité de ton cœur intraitable.
Va, je verrai peut-être à mes pieds abattu
Cet orgueil insultant de ta fausse vertu.
Colosse, qu'un vil peuple éleva sur nos têtes,
Je pourrai t'écraser, et les foudres sont prêtes.

FIN DU SECOND ACTE.

ACTE TROISIÈME.

SCÈNE I.

ARONS, ALBIN, MESSALA.

ARONS, *une lettre à la main.*
Je commence à goûter une juste espérance;
Vous m'avez bien servi par tant de diligence.
Tout succède à mes vœux. Oui, cette lettre, Albin,
Contient le sort de Rome et celui de Tarquin.
Avez-vous dans le camp réglé l'heure fatale?
A-t-on bien observé la porte Quirinale?
L'assaut sera-t-il prêt, si par nos conjurés
Les remparts cette nuit ne nous sont point livrés?
Tarquin est-il content? crois-tu qu'on l'introduise
Ou dans Rome sanglante, ou dans Rome soumise?

ALBIN.
Tout sera prêt, seigneur, au milieu de la nuit.
Tarquin de vos projets goûte déja le fruit;
Il pense de vos mains tenir son diadème;
Il vous doit, a-t-il dit, plus qu'à Porsenna même.

ARONS.
Ou les dieux, ennemis d'un prince malheureux,
Confondront des desseins si grands, si dignes d'eux,
Ou demain sous ses lois Rome sera rangée;
Rome en cendres peut-être, et dans son sang plongée.

Mais il vaut mieux qu'un roi, sur le trône remis,
Commande à des sujets malheureux et soumis,
Que d'avoir à dompter, au sein de l'abondance,
D'un peuple trop heureux l'indocile arrogance.
(à Albin.)
Allez; j'attends ici la princesse en secret.
(à Messala.)
Messala, demeurez.

SCÈNE II.

ARONS, MESSALA.

ARONS.
Hé bien, qu'avez-vous fait?
Avez-vous de Titus fléchi le fier courage?
Dans le parti des rois pensez-vous qu'il s'engage?

MESSALA.
Je vous l'avais prédit; l'inflexible Titus
Aime trop sa patrie, et tient trop de Brutus.
Il se plaint du sénat, il brûle pour Tullie;
L'orgueil, l'ambition, l'amour, la jalousie,
Le feu de son jeune âge et de ses passions,
Semblaient ouvrir son ame à mes séductions.
Cependant, qui l'eût cru? la liberté l'emporte;
Son amour est au comble, et Rome est la plus forte.
J'ai tenté par degrés d'effacer cette horreur
Que pour le nom de roi Rome imprime en son cœur.
En vain j'ai combattu ce préjugé sévère;
Le seul nom des Tarquins irritait sa colère;
De son entretien même il m'a soudain privé;

ACTE III, SCÈNE II.

Et je hasardais trop, si j'avais achevé.

ARONS.

Ainsi de le fléchir Messala désespère.

MESSALA.

J'ai trouvé moins d'obstacle à vous donner son frère,
Et j'ai du moins séduit un des fils de Brutus.

ARONS.

Quoi! vous auriez déja gagné Tibérinus?
Par quels ressorts secrets, par quelle heureuse intrigue?

MESSALA.

Son ambition seule a fait toute ma brigue.
Avec un œil jaloux il voit, depuis long-temps,
De son frère et de lui les honneurs différens;
Ces drapeaux suspendus à ces voûtes fatales,
Ces festons de lauriers, ces pompes triomphales,
Tous les cœurs des Romains, et celui de Brutus
Dans ces solennités volant devant Titus,
Sont pour lui des affronts qui, dans son ame aigrie,
Échauffent le poison de sa secrète envie.
Et cependant Titus, sans haine et sans courroux,
Trop au dessus de lui pour en être jaloux,
Lui tend encor la main de son char de victoire,
Et semble en l'embrassant l'accabler de sa gloire.
J'ai saisi ces momens; j'ai su peindre à ses yeux
Dans une cour brillante un rang plus glorieux;
J'ai pressé, j'ai promis, au nom de Tarquin même,
Tous les honneurs de Rome après le rang suprême:
Je l'ai vu s'éblouir, je l'ai vu s'ébranler:
Il est à vous, seigneur, et cherche à vous parler.

ARONS.

Pourra-t-il nous livrer la porte Quirinale?

MESSALA.

Titus seul y commande, et sa vertu fatale
N'a que trop arrêté le cours de vos destins :
C'est un dieu qui préside au salut des Romains.
Gardez de hasarder cette attaque soudaine,
Sûre avec son appui, sans lui trop incertaine.

ARONS.

Mais si du consulat il a brigué l'honneur,
Pourrait-il dédaigner la suprême grandeur,
Et Tullie, et le trône, offerts à son courage?

MESSALA.

Le trône est un affront à sa vertu sauvage.

ARONS.

Mais il aime Tullie.

MESSALA.

Il l'adore, seigneur :
Il l'aime d'autant plus qu'il combat son ardeur.
Il brûle pour la fille en détestant le père;
Il craint de lui parler, il gémit de se taire;
Il la cherche, il la fuit; il dévore ses pleurs,
Et de l'amour encore il n'a que les fureurs.
Dans l'agitation d'un si cruel orage,
Un moment quelquefois renverse un grand courage.
Je sais quel est Titus : ardent, impétueux,
S'il se rend, il ira plus loin que je ne veux.
La fière ambition qu'il renferme dans l'ame
Au flambeau de l'amour peut rallumer sa flamme.
Avec plaisir sans doute il verrait à ses pieds

Des sénateurs tremblans les fronts humiliés :
Mais je vous tromperais, si j'osais vous promettre
Qu'à cet amour fatal il veuille se soumettre.
Je peux parler encore, et je vais aujourd'hui...
．．．．．．ARONS.
Puisqu'il est amoureux, je compte encor sur lui.
Un regard de Tullie, un seul mot de sa bouche
Peut plus pour amollir cette vertu farouche
Que les subtils détours et tout l'art séducteur
D'un chef de conjurés et d'un ambassadeur.
N'espérons des humains rien que par leur faiblesse.
L'ambition de l'un, de l'autre la tendresse,
Voilà des conjurés qui serviront mon roi;
C'est d'eux que j'attends tout : ils sont plus forts que moi.
．．．．．．(Tullie entre. Messala se retire.)

SCÈNE III.

TULLIE, ARONS, ALGINE.

．．．．．．ARONS.
Madame, en ce moment je reçois cette lettre
Qu'en vos augustes mains mon ordre est de remettre,
Et que jusqu'en la mienne a fait passer Tarquin.
．．．．．．TULLIE.
Dieux! protégez mon père, et changez son destin!
．．．(Elle lit.)
« Le trône des Romains peut sortir de sa cendre :
« Le vainqueur de son roi peut en être l'appui :
« Titus est un héros; c'est à lui de défendre
« Un sceptre que je veux partager avec lui.

« Vous, songez que Tarquin vous a donné la vie ;
« Songez que mon destin va dépendre de vous.
« Vous pourriez refuser le roi de Ligurie ;
« Si Titus vous est cher, il sera votre époux. »
  Ai-je bien lu... Titus... seigneur... est-il possible?
Tarquin, dans ses malheurs jusqu'alors inflexible,
Pourrait... Mais d'où sait-il... et comment... Ah, sei-
Ne veut-on qu'arracher les secrets de mon cœur? [gneur!
Épargnez les chagrins d'une triste princesse;
Ne tendez point de piége à ma faible jeunesse.

ARONS.

Non, madame; à Tarquin je ne sais qu'obéir,
Écouter mon devoir, me taire, et vous servir;
Il ne m'appartient point de chercher à comprendre
Des secrets qu'en mon sein vous craignez de répandre.
Je ne veux point lever un œil présomptueux
Vers le voile sacré que vous jetez sur eux;
Mon devoir seulement m'ordonne de vous dire
Que le ciel veut par vous relever cet empire,
Que ce trône est un prix qu'il met à vos vertus.

TULLIE.

Je servirais mon père, et serais à Titus !
Seigneur, il se pourrait...

ARONS.

     N'en doutez point, princesse.
Pour le sang de ses rois ce héros s'intéresse.
De ces républicains la triste austérité
De son cœur généreux révolte la fierté;
Les refus du sénat ont aigri son courage :
Il penche vers son prince : achevez cet ouvrage.

ACTE III, SCÈNE IV.

Je n'ai point dans son cœur prétendu pénétrer;
Mais puisqu'il vous connaît, il vous doit adorer.
Quel œil, sans s'éblouir, peut voir un diadème
Présenté par vos mains, embelli par vous-même?
Parlez-lui seulement, vous pourrez tout sur lui;
De l'ennemi des rois triomphez aujourd'hui;
Arrachez au sénat, rendez à votre père
Ce grand appui de Rome et son dieu tutélaire;
Et méritez l'honneur d'avoir entre vos mains
Et la cause d'un père, et le sort des Romains.

SCÈNE IV.

TULLIE, ALGINE.

TULLIE.

Ciel! que je dois d'encens à ta bonté propice!
Mes pleurs t'ont désarmé, tout change; et ta justice,
Aux feux dont j'ai rougi rendant leur pureté,
En les récompensant, les met en liberté.
    (à Algine.)
Va le chercher, va, cours. Dieux! il m'évite encore!
Faut-il qu'il soit heureux, hélas! et qu'il l'ignore!
Mais... n'écouté-je point un espoir trop flatteur?
Titus pour le sénat a-t-il donc tant d'horreur?
Que dis-je! hélas! devrais-je au dépit qui le presse
Ce que j'aurais voulu devoir à sa tendresse?

ALGINE.

Je sais que le sénat alluma son courroux,
Qu'il est ambitieux, et qu'il brûle pour vous.

TULLIE.

Il fera tout pour moi, n'en doute point; il m'aime.
(Algine sort.)
Va, dis-je... Cependant ce changement extrême...
Ce billet... De quels soins mon cœur est combattu!
Éclatez, mon amour, ainsi que ma vertu!
La gloire, la raison, le devoir, tout l'ordonne.
Quoi! mon père à mes feux va devoir sa couronne!
De Titus et de lui je serais le lien!
Le bonheur de l'état va donc naître du mien!
Toi que je peux aimer, quand pourrai-je t'apprendre
Ce changement du sort où nous n'osions prétendre?
Quand pourrai-je, Titus, dans mes justes transports,
T'entendre sans regrets, te parler sans remords?
Tous mes maux sont finis : Rome, je te pardonne;
Rome, tu vas servir si Titus t'abandonne;
Sénat, tu vas tomber si Titus est à moi :
Ton héros m'aime; tremble, et reconnais ton roi.

SCÈNE V.

TITUS, TULLIE.

TITUS.

Madame, est-il bien vrai? daignez-vous voir encore
Cet odieux Romain que votre cœur abhorre,
Si justement haï, si coupable envers vous,
Cet ennemi...

TULLIE.

Seigneur, tout est changé pour nous.

ACTE III, SCÈNE V.

Le destin me permet... Titus... il faut me dire
Si j'avais sur votre ame un véritable empire.

TITUS.

Eh! pouvez-vous douter de ce fatal pouvoir,
De mes feux, de mon crime, et de mon désespoir?
Vous ne l'avez que trop, cet empire funeste;
L'amour vous a soumis mes jours, que je déteste:
Commandez, épuisez votre juste courroux;
Mon sort est en vos mains.

TULLIE.

          Le mien dépend de vous.

TITUS.

De moi! Titus tremblant ne vous en croit qu'à peine;
Moi, je ne serais plus l'objet de votre haine!
Ah, princesse! achevez : quel espoir enchanteur
M'élève en un moment au faîte du bonheur!

TULLIE, *en donnant la lettre.*

Lisez, rendez heureux, vous, Tullie, et mon père.
   (Tandis qu'il lit.)
Je puis donc me flatter... Mais quel regard sévère!
D'où vient ce morne accueil, et ce front consterné?
Dieux...

TITUS.

      Je suis des mortels le plus infortuné;
Le sort, dont la rigueur à m'accabler s'attache,
M'a montré mon bonheur et soudain me l'arrache;
Et, pour combler les maux que mon cœur a soufferts,
Je puis vous posséder, je vous aime, et vous perds.

TULLIE.

Vous, Titus?

TITUS.

Ce moment a condamné ma vie
Au comble des horreurs ou de l'ignominie,
A trahir Rome ou vous; et je n'ai désormais
Que le choix des malheurs, ou celui des forfaits.

TULLIE.

Que dis-tu? quand ma main te donne un diadème,
Quand tu peux m'obtenir, quand tu vois que je t'aime!
Je ne m'en cache plus; un trop juste pouvoir,
Autorisant mes vœux, m'en a fait un devoir.
Hélas! j'ai cru ce jour le plus beau de ma vie;
Et le premier moment où mon ame ravie
Peut de ses sentimens s'expliquer sans rougir,
Ingrat, est le moment qu'il m'en faut repentir!
Que m'oses-tu parler de malheur et de crime?
Ah! servir des ingrats contre un roi légitime,
M'opprimer, me chérir, détester mes bienfaits,
Ce sont là mes malheurs, et voilà tes forfaits.
Ouvre les yeux, Titus, et mets dans la balance
Les refus du sénat, et la toute puissance.
Choisis de recevoir ou de donner la loi,
D'un vil peuple ou d'un trône, et de Rome ou de moi.
Inspirez-lui, grands dieux! le parti qu'il doit prendre.

TITUS, *en lui rendant la lettre.*

Mon choix est fait.

TULLIE.

Hé bien! crains-tu de me l'apprendre?
Parle, ose mériter ta grace ou mon courroux.
Quel sera ton destin...

ACTE III, SCÈNE V.

TITUS.

D'être digne de vous,
Digne encor de moi-même, à Rome encor fidèle;
Brûlant d'amour pour vous, de combattre pour elle;
D'adorer vos vertus, mais de les imiter;
De vous perdre, madame, et de vous mériter.

TULLIE.

Ainsi donc pour jamais...

TITUS.

Ah! pardonnez, princesse:
Oubliez ma fureur, épargnez ma faiblesse;
Ayez pitié d'un cœur de soi-même ennemi,
Moins malheureux cent fois quand vous l'avez haï.
Pardonnez, je ne puis vous quitter ni vous suivre:
Ni pour vous, ni sans vous, Titus ne saurait vivre;
Et je mourrai plutôt qu'un autre ait votre foi.

TULLIE.

Je te pardonne tout, elle est encore à toi.

TITUS.

Hé bien! si vous m'aimez, ayez l'ame romaine,
Aimez ma république, et soyez plus que reine;
Apportez-moi pour dot, au lieu du rang des rois,
L'amour de mon pays, et l'amour de mes lois.
Acceptez aujourd'hui Rome pour votre mère,
Son vengeur pour époux, Brutus pour votre père:
Que les Romains, vaincus en générosité,
A la fille des rois doivent leur liberté.

TULLIE.

Qui, moi! j'irais trahir...

TITUS.

Mon désespoir m'égare.
Non, toute trahison est indigne et barbare.
Je sais ce qu'est un père, et ses droits absolus;
Je sais... que je vous aime... et ne me connais plus.

TULLIE.

Écoute au moins ce sang qui m'a donné la vie.

TITUS.

Eh! dois-je écouter moins mon sang et ma patrie?

TULLIE.

Ta patrie! ah, barbare! en est-il donc sans moi?

TITUS.

Nous sommes ennemis... La nature, la loi
Nous impose à tous deux un devoir si farouche.

TULLIE.

Nous ennemis! ce nom peut sortir de ta bouche!

TITUS.

Tout mon cœur la dément.

TULLIE.

Ose donc me servir;
Tu m'aimes, venge-moi.

SCÈNE VI.

BRUTUS, ARONS, TITUS, TULLIE, MESSALA,
ALBIN, PROCULUS; LICTEURS.

BRUTUS, *à Tullie.*

Madame, il faut partir.
Dans les premiers éclats des tempêtes publiques,

Rome n'a pu vous rendre à vos dieux domestiques;
Tarquin même en ce temps, prompt à vous oublier,
Et du soin de nous perdre occupé tout entier,
Dans nos calamités confondant sa famille,
N'a pas même aux Romains redemandé sa fille.
Souffrez que je rappelle un triste souvenir :
Je vous privai d'un père, et dus vous en servir.
Allez, et que du trône, où le ciel vous appelle,
L'inflexible équité soit la garde éternelle.
Pour qu'on vous obéisse, obéissez aux lois;
Tremblez en contemplant tout le devoir des rois;
Et si de vos flatteurs la funeste malice
Jamais dans votre cœur ébranlait la justice,
Prête alors d'abuser du pouvoir souverain,
Souvenez-vous de Rome, et songez à Tarquin :
Et que ce grand exemple, où mon espoir se fonde,
Soit la leçon des rois et le bonheur du monde.
 (à Arons.)
Le sénat vous la rend, seigneur; et c'est à vous
De la remettre aux mains d'un père et d'un époux.
Proculus va vous suivre à la porte Sacrée.

TITUS, *éloigné.*

O de ma passion fureur désespérée !
(Il va vers Arons.)
Je ne souffrirai point, non... permettez, seigneur...
(Brutus et Tullie sortent avec leur suite; Arons et Messala restent.)
Dieux ! ne mourrai-je point de honte et de douleur !
 (à Arons.)
Pourrai-je vous parler?

ARONS.

Seigneur, le temps me presse.

Il me faut suivre ici Brutus et la princesse;
Je puis d'une heure encor retarder son départ;
Craignez, seigneur, craignez de me parler trop tard.
Dans son appartement nous pouvons l'un et l'autre
Parler de ses destins, et peut-être du vôtre.

(Il sort.)

SCÈNE VII.

TITUS, MESSALA.

TITUS.

Sort qui nous a rejoints, et qui nous désunis!
Sort, ne nous as-tu faits que pour être ennemis?
Ah! cache, si tu peux, ta fureur et tes larmes.

MESSALA.

Je plains tant de vertus, tant d'amour et de charmes;
Un cœur tel que le sien méritait d'être à vous.

TITUS.

Non, c'en est fait; Titus n'en sera point l'époux.

MESSALA.

Pourquoi? Quel vain scrupule à vos désirs s'oppose?

TITUS.

Abominables lois que la cruelle impose!
Tyrans que j'ai vaincus, je pourrais vous servir!
Peuples que j'ai sauvés, je pourrais vous trahir!
L'amour dont j'ai six mois vaincu la violence,
L'amour aurait sur moi cette affreuse puissance!
J'exposerais mon père à ses tyrans cruels!
Et quel père! un héros, l'exemple des mortels,
L'appui de son pays, qui m'instruisit à l'être,

Que j'imitai, qu'un jour j'eusse égalé peut-être.
Après tant de vertus quel horrible destin !

MESSALA.

Vous eûtes les vertus d'un citoyen romain ;
Il ne tiendra qu'à vous d'avoir celles d'un maître :
Seigneur, vous serez roi dès que vous voudrez l'être.
Le ciel met dans vos mains, en ce moment heureux,
La vengeance, l'empire, et l'objet de vos feux.
Que dis-je ! ce consul, ce héros que l'on nomme
Le père, le soutien, le fondateur de Rome,
Qui s'enivre à vos yeux de l'encens des humains,
Sur les débris d'un trône écrasé par vos mains,
S'il eût mal soutenu cette grande querelle,
S'il n'eût vaincu par vous, il n'était qu'un rebelle.
Seigneur, embellissez ce grand nom de vainqueur
Du nom plus glorieux de pacificateur ;
Daignez nous ramener ces jours où nos ancêtres
Heureux, mais gouvernés, libres, mais sous des maîtres,
Pesaient dans la balance, avec un même poids,
Les intérêts du peuple et la grandeur des rois.
Rome n'a point pour eux une haine immortelle ;
Rome va les aimer, si vous régnez sur elle.
Ce pouvoir souverain que j'ai vu tour à tour
Attirer de ce peuple et la haine et l'amour,
Qu'on craint en des états, et qu'ailleurs on desire,
Est des gouvernemens le meilleur ou le pire ;
Affreux sous un tyran, divin sous un bon roi.

TITUS.

Messala, songez-vous que vous parlez à moi ?
Que désormais en vous je ne vois plus qu'un traître,

Et qu'en vous épargnant je commence de l'être?
####### MESSALA.

Hé bien, apprenez donc que l'on va vous ravir
L'inestimable honneur dont vous n'osez jouir;
Qu'un autre accomplira ce que vous pouviez faire.
####### TITUS.

Un autre! arrête; dieux! parle... qui?
####### MESSALA.
Votre frère.

####### TITUS.

Mon frère?
####### MESSALA.
A Tarquin même il a donné sa foi.
####### TITUS.

Mon frère trahit Rome?
####### MESSALA.
Il sert Rome et son roi.
Et Tarquin, malgré vous, n'acceptera pour gendre
Que celui des Romains qui l'aura pu défendre.
####### TITUS.

Ciel!.. perfide!.. écoutez : mon cœur long-temps séduit
A méconnu l'abyme où vous m'avez conduit.
Vous pensez me réduire au malheur nécessaire
D'être ou le délateur, ou complice d'un frère :
Mais plutôt votre sang...
####### MESSALA.
Vous pouvez m'en punir;
Frappez, je le mérite en voulant vous servir.
Du sang de votre ami que cette main fumante
Y joigne encor le sang d'un frère et d'une amante;

ACTE III, SCÈNE VIII.

Et, leur tête à la main, demandez au sénat,
Pour prix de vos vertus, l'honneur du consulat;
Ou moi-même à l'instant, déclarant les complices,
Je m'en vais commencer ces affreux sacrifices.

TITUS.

Demeure, malheureux, ou crains mon désespoir.

SCÈNE VIII.

TITUS, MESSALA, ALBIN.

ALBIN.

L'ambassadeur toscan peut maintenant vous voir :
Il est chez la princesse.

TITUS.

...Oui, je vais chez Tullie...
J'y cours. O dieux de Rome! ô dieux de ma patrie!
Frappez, percez ce cœur de sa honte alarmé,
Qui serait vertueux, s'il n'avait point aimé.
C'est donc à vous, sénat, que tant d'amour s'immole?
(a Messala.)
A vous, ingrats... Allons... Tu vois ce Capitole
Tout plein des monumens de ma fidélité.

MESSALA.

Songez qu'il est rempli d'un sénat détesté.

TITUS.

Je le sais. Mais... du ciel qui tonne sur ma tête
J'entends la voix qui crie : Arrête, ingrat, arrête!
Tu trahis ton pays... Non, Rome! non, Brutus!
Dieux qui me secourez, je suis encor Titus.

La gloire a de mes jours accompagné la course;
Je n'ai point de mon sang déshonoré la source,
Votre victime est pure; et s'il faut qu'aujourd'hui
Titus soit aux forfaits entraîné malgré lui;
S'il faut que je succombe au destin qui m'opprime;
Dieux! sauvez les Romains; frappez avant le crime!

FIN DU TROISIÈME ACTE.

ACTE QUATRIÈME.

SCÈNE I.

TITUS, ARONS, MESSALA.

TITUS.
Oui, j'y suis résolu, partez ; c'est trop attendre :
Honteux, désespéré, je ne veux rien entendre ;
Laissez-moi ma vertu, laissez-moi mes malheurs.
Fort contre vos raisons, faible contre ses pleurs,
Je ne la verrai plus. Ma fermeté trahie
Craint moins tous vos tyrans qu'un regard de Tullie.
Je ne la verrai plus ! oui, qu'elle parte... Ah, dieux !

ARONS.
Pour vos intérêts seuls arrêté dans ces lieux,
J'ai bientôt passé l'heure avec peine accordée
Que vous-même, seigneur, vous m'aviez demandée.

TITUS
Moi, je l'ai demandée !

ARONS.
Hélas ! que pour vous deux
J'attendais en secret un destin plus heureux [d] !
J'espérais couronner des ardeurs si parfaites ;
Il n'y faut plus penser.

TITUS.
Ah, cruel que vous êtes !

Vous avez vu ma honte et mon abaissement ;
Vous avez vu Titus balancer un moment.
Allez, adroit témoin de mes lâches tendresses,
Allez à vos deux rois annoncer mes faiblesses ;
Contez à ces tyrans terrassés par mes coups
Que le fils de Brutus a pleuré devant vous [4].
Mais ajoutez au moins que, parmi tant de larmes
Malgré vous et Tullie, et ses pleurs, et ses charmes,
Vainqueur encor de moi, libre, et toujours Romain,
Je ne suis point soumis par le sang de Tarquin ;
Que rien ne me surmonte, et que je jure encore
Une guerre éternelle à ce sang que j'adore.

ARONS.

J'excuse la douleur où vos sens sont plongés ;
Je respecte en partant vos tristes préjugés.
Loin de vous accabler, avec vous je soupire :
Elle en mourra, c'est tout ce que je peux vous dire.
Adieu, seigneur.

MESSALA.
O ciel !

SCÈNE II.

TITUS, MESSALA.

TITUS.

Non, je ne puis souffrir
Que des remparts de Rome on la laisse sortir :
Je veux la retenir au péril de ma vie.

ACTE IV, SCÈNE II.

MESSALA.

Vous voulez...

TITUS.

Je suis loin de trahir ma patrie.
Rome l'emportera, je le sais; mais enfin
Je ne puis séparer Tullie et mon destin.
Je respire, je vis, je périrai pour elle.
Prends pitié de mes maux, courons, et que ton zèle
Soulève nos amis, rassemble nos soldats :
En dépit du sénat je retiendrai ses pas;
Je prétends que dans Rome elle reste en otage :
Je le veux.

MESSALA.

Dans quels soins votre amour vous engage !
Et que prétendez-vous par ce coup dangereux,
Que d'avouer sans fruit un amour malheureux?

TITUS.

Hé bien, c'est au sénat qu'il faut que je m'adresse.
Va de ces rois de Rome adoucir la rudesse;
Dis-leur que l'intérêt de l'état, de Brutus...
Hélas! que je m'emporte en desseins superflus!

MESSALA.

Dans la juste douleur où votre ame est en proie,
Il faut, pour vous servir...

TITUS.

Il faut que je la voie;
Il faut que je lui parle. Elle passe en ces lieux;
Elle entendra du moins mes éternels adieux.

MESSALA.

Parlez-lui, croyez-moi.

TITUS.

Je suis perdu, c'est elle.

SCÈNE III.

TITUS, MESSALA, TULLIE, ALGINE.

ALGINE.

On vous attend, madame.

TULLIE.

Ah, sentence cruelle!
L'ingrat me touche encore, et Brutus à mes yeux
Paraît un dieu terrible armé contre nous deux.
J'aime, je crains, je pleure, et tout mon cœur s'égare.
Allons.

TITUS.

Non, demeurez.

TULLIE.

Que me veux-tu, barbare?
Me tromper, me braver?

TITUS.

Ah! dans ce jour affreux
Je sais ce que je dois, et non ce que je veux;
Je n'ai plus de raison, vous me l'avez ravie.
Hé bien, guidez mes pas, gouvernez ma furie;
Régnez donc en tyran sur mes sens éperdus;
Dictez, si vous l'osez, les crimes de Titus.
Non, plutôt que je livre aux flammes, au carnage,

ACTE IV, SCÈNE III.

Ces murs, ces citoyens qu'a sauvés mon courage;
Qu'un père abandonné par un fils furieux,
Sous le fer de Tarquin...

TULLIE.

M'en préservent les dieux !
La nature te parle, et sa voix m'est trop chère;
Tu m'as trop bien appris à trembler pour un père;
Rassure-toi; Brutus est désormais le mien;
Tout mon sang est à toi, qui te répond du sien :
Notre amour, mon hymen, mes jours en sont le gage;
Je serai dans tes mains sa fille, son otage.
Peux-tu délibérer? Penses-tu qu'en secret
Brutus te vît au trône avec tant de regret?
Il n'a point sur son front placé le diadème;
Mais, sous un autre nom, n'est-il pas roi lui-même?
Son règne est d'une année, et bientôt... Mais, hélas !
Que de faibles raisons, si tu ne m'aimes pas !
Je ne dis plus qu'un mot. Je pars... et je t'adore.
Tu pleures, tu frémis; il en est temps encore :
Achève, parle, ingrat ! que te faut-il de plus?

TITUS.

Votre haine; elle manque au malheur de Titus.

TULLIE.

Ah! c'est trop essuyer tes indignes murmures,
Tes vains engagemens, tes plaintes, tes injures;
Je te rends ton amour dont le mien est confus,
Et tes trompeurs sermens, pires que tes refus.
Je n'irai point chercher au fond de l'Italie
Ces fatales grandeurs que je te sacrifie,
Et pleurer loin de Rome, entre les bras d'un roi,

Cet amour malheureux que j'ai senti pour toi.
J'ai réglé mon destin : Romain dont la rudesse
N'affecte de vertu que contre ta maîtresse,
Héros pour m'accabler, timide à me servir;
Incertain dans tes vœux, apprends à les remplir.
Tu verras qu'une femme, à tes yeux méprisable,
Dans ses projets au moins était inébranlable ;
Et par la fermeté dont ce cœur est armé,
Titus, tu connaîtras comme il t'aurait aimé.
Au pied de ces murs même où régnaient mes ancêtres,
De ces murs que ta main défend contre leurs maîtres,
Où tu m'oses trahir, et m'outrager comme eux,
Où ma foi fut séduite, où tu trompas mes feux,
Je jure à tous les dieux qui vengent les parjures,
Que mon bras, dans mon sang effaçant mes injures,
Plus juste que le tien, mais moins irrésolu,
Ingrat, va me punir de t'avoir mal connu;
Et je vais...

TITUS, *l'arrêtant.*

Non, madame, il faut vous satisfaire :
Je le veux, j'en frémis, et j'y cours pour vous plaire;
D'autant plus malheureux, que, dans ma passion,
Mon cœur n'a pour excuse aucune illusion;
Que je ne goûte point, dans mon désordre extrême,
Le triste et vain plaisir de me tromper moi-même;
Que l'amour aux forfaits me force de voler;
Que vous m'avez vaincu sans pouvoir m'aveugler;
Et qu'encore indigné de l'ardeur qui m'anime,
Je chéris la vertu, mais j'embrasse le crime.
Haïssez-moi, fuyez, quittez un malheureux

ACTE IV, SCÈNE IV.

Qui meurt d'amour pour vous et déteste ses feux ;
Qui va s'unir à vous sous ces affreux augures,
Parmi les attentats, le meurtre et les parjures.

TULLIE.

Vous insultez, Titus, à ma funeste ardeur ;
Vous sentez à quel point vous régnez dans mon cœur.
Oui, je vis pour toi seul, oui, je te le confesse ;
Mais malgré ton amour, mais malgré ma faiblesse,
Sois sûr que le trépas m'inspire moins d'effroi
Que la main d'un époux qui craindrait d'être à moi ;
Qui se repentirait d'avoir servi son maître,
Que je fais souverain, et qui rougit de l'être.

Voici l'instant affreux qui va nous éloigner.
Souviens-toi que je t'aime, et que tu peux régner.
L'ambassadeur m'attend ; consulte, délibère :
Dans une heure avec moi tu reverras mon père.
Je pars, et je reviens sous ces murs odieux
Pour y rentrer en reine, ou périr à tes yeux.

TITUS.

Vous ne périrez point. Je vais...

TULLIE.

Titus, arrête ;
En me suivant plus loin tu hasardes ta tête ;
On peut te soupçonner ; demeure : adieu ; résous
D'être mon meurtrier ou d'être mon époux.

SCÈNE IV.

TITUS.

Tu l'emportes, cruelle, et Rome est asservie;
Reviens régner sur elle ainsi que sur ma vie ;
Reviens : je vais me perdre, ou vais te couronner :
Le plus grand des forfaits est de t'abandonner.
Qu'on cherche Messala; ma fougueuse imprudence
A de son amitié lassé la patience.
Maîtresse, amis, Romains, je perds tout en un jour.

SCÈNE V.

TITUS, MESSALA.

TITUS.
Sers ma fureur enfin, sers mon fatal amour;
Viens, suis-moi.
MESSALA.
　　　　　Commandez, tout est prêt; mes cohortes
Sont au mont Quirinal et livreront les portes.
Tous nos braves amis vont jurer avec moi
De reconnaître en vous l'héritier de leur roi.
Ne perdez point de temps; déja la nuit plus sombre
Voile nos grands desseins du secret de son ombre.
TITUS.
L'heure approche; Tullie en compte les momens...
Et Tarquin, après tout, eut mes premiers sermens.
　　　　　　(Le fond du théâtre s'ouvre.)
Le sort en est jeté. Que vois-je ? c'est mon père !

SCÈNE VI.

BRUTUS, TITUS, MESSALA; LICTEURS.

BRUTUS.

Viens, Rome est en danger; c'est en toi que j'espère.
Par un avis secret le sénat est instruit
Qu'on doit attaquer Rome au milieu de la nuit.
J'ai brigué pour mon sang, pour le héros que j'aime,
L'honneur de commander dans ce péril extrême :
Le sénat te l'accorde; arme-toi, mon cher fils;
Une seconde fois va sauver ton pays ;
Pour notre liberté va prodiguer ta vie;
Va, mort ou triomphant, tu feras mon envie.

TITUS.

Ciel!...

BRUTUS.

Mon fils !...

TITUS.

Remettez, seigneur, en d'autres mains
Les faveurs du sénat et le sort des Romains.

MESSALA.

Ah! quel désordre affreux de son ame s'empare!

BRUTUS.

Vous pourriez refuser l'honneur qu'on vous prépare?

TITUS.

Qui? moi, seigneur !

BRUTUS.

Hé quoi! votre cœur égaré
Des refus du sénat est encore ulcéré!

De vos prétentions je vois les injustices.
Ah, mon fils! est-il temps d'écouter vos caprices?
Vous avez sauvé Rome et n'êtes pas heureux?
Cet immortel honneur n'a pas comblé vos vœux?
Mon fils au consulat a-t-il osé prétendre
Avant l'âge où les lois permettent de l'attendre?
Va, cesse de briguer une injuste faveur;
La place où je t'envoie est ton poste d'honneur;
Va, ce n'est qu'aux tyrans que tu dois ta colère :
De l'état et de toi je sens que je suis père.
Donne ton sang à Rome, et n'en exige rien;
Sois toujours un héros; sois plus, sois citoyen.
Je touche, mon cher fils, au bout de ma carrière;
Tes triomphantes mains vont fermer ma paupière;
Mais, soutenu du tien, mon nom ne mourra plus;
Je renaîtrai pour Rome, et vivrai dans Titus.
Que dis-je! je te suis. Dans mon âge débile
Les dieux ne m'ont donné qu'un courage inutile;
Mais je te verrai vaincre, ou mourrai, comme toi,
Vengeur du nom romain, libre encore, et sans roi.

TITUS.

Ah, Messala!

SCÈNE VII.

BRUTUS, VALÉRIUS, TITUS, MESSALA.

VALÉRIUS.

Seigneur, faites qu'on se retire.

BRUTUS, *à son fils*.

Cours, vole...

(Titus et Messala sortent.)

ACTE IV, SCÈNE VII.

VALÉRIUS.

On trahit Rome.

BRUTUS.

Ah, qu'entends-je !

VALÉRIUS.

On conspire,
Je n'en saurais douter ; on nous trahit, seigneur.
De cet affreux complot j'ignore encor l'auteur ;
Mais le nom de Tarquin vient de se faire entendre,
Et d'indignes Romains ont parlé de se rendre.

BRUTUS.

Des citoyens romains ont demandé des fers !

VALÉRIUS.

Les perfides m'ont fui par des chemins divers ;
On les suit. Je soupçonne et Ménas et Lélie,
Ces partisans des rois et de la tyrannie,
Ces secrets ennemis du bonheur de l'état,
Ardens à désunir le peuple et le sénat.
Messala les protége ; et, dans ce trouble extrême,
J'oserais soupçonner jusqu'à Messala même,
Sans l'étroite amitié dont l'honore Titus.

BRUTUS.

Observons tous leurs pas ; je ne puis rien de plus :
La liberté, la loi dont nous sommes les pères,
Nous défend des rigueurs peut-être nécessaires :
Arrêter un Romain sur de simples soupçons,
C'est agir en tyrans, nous qui les punissons.
Allons parler au peuple, enhardir les timides,
Encourager les bons, étonner les perfides.
Que les pères de Rome et de la liberté

Viennent rendre aux Romains leur intrépidité ;
Quels cœurs en nous voyant ne reprendront courage ?
Dieux ! donnez-nous la mort plutôt que l'esclavage !
Que le sénat vous suive.

SCÈNE VIII.

BRUTUS, VALÉRIUS, PROCULUS.

PROCULUS.
Un esclave, seigneur,
D'un entretien secret implore la faveur.

BRUTUS.
Dans la nuit ? à cette heure ?

PROCULUS.
Oui, d'un avis fidèle
Il apporte, dit-il, la pressante nouvelle.

BRUTUS.
Peut-être des Romains le salut en dépend :
Allons, c'est les trahir que tarder un moment.
(à Proculus.)
Vous, allez vers mon fils ; qu'à cette heure fatale
Il défende surtout la porte Quirinale,
Et que la terre avoue, au bruit de ses exploits,
Que le sort de mon sang est de vaincre les rois.

FIN DU QUATRIÈME ACTE

ACTE CINQUIÈME.

SCÈNE I.

BRUTUS, les sénateurs, PROCULUS;
licteurs, l'esclave VINDEX.

BRUTUS.
Oui, Rome n'était plus ; oui, sous la tyrannie
L'auguste liberté tombait anéantie ;
Vos tombeaux se rouvraient; c'en était fait : Tarquin
Rentrait dès cette nuit, la vengeance à la main.
C'est cet ambassadeur, c'est lui dont l'artifice
Sous les pas des Romains creusait ce précipice.
Enfin, le croirez-vous ? Rome avait des enfans
Qui conspiraient contre elle, et servaient les tyrans ;
Messala conduisait leur aveugle furie,
A ce perfide Arons il vendait sa patrie :
Mais le ciel a veillé sur Rome et sur vos jours ;
(en montrant l'esclave.)
Cet esclave a d'Arons écouté les discours ;
Il a prévu le crime, et son avis fidèle
A réveillé ma crainte, a ranimé mon zèle.
Messala, par mon ordre arrêté cette nuit,
Devant vous à l'instant allait être conduit;
J'attendais que du moins l'appareil des supplices
De sa bouche infidèle arrachât ses complices ;

Mes licteurs l'entouraient, quand Messala soudain,
Saisissant un poignard qu'il cachait dans son sein,
Et qu'à vous, sénateurs, il destinait peut-être :
« Mes secrets, a-t-il dit, que l'on cherche à connaître,
« C'est dans ce cœur sanglant qu'il faut les découvrir :
« Et qui sait conspirer, sait se taire et mourir. »
On s'écrie, on s'avance : il se frappe, et le traître
Meurt encore en Romain, quoique indigne de l'être.
Déja des murs de Rome Arons était parti :
Assez loin vers le camp nos gardes l'ont suivi;
On arrête à l'instant Arons avec Tullie.
Bientôt, n'en doutez point, de ce complot impie
Le ciel va découvrir toutes les profondeurs;
Publicola partout en cherche les auteurs.
Mais quand nous connaîtrons le nom des parricides,
Prenez garde, Romains, point de grace aux perfides;
Fussent-ils nos amis, nos frères, nos enfans,
Ne voyez que leur crime, et gardez vos sermens.
Rome, la liberté, demandent leur supplice;
Et qui pardonne au crime en devient le complice.
(à l'esclave.)
Et toi, dont la naissance, et l'aveugle destin
N'avait fait qu'un esclave, et dut faire un Romain,
Par qui le sénat vit, par qui Rome est sauvée,
Reçois la liberté que tu m'as conservée;
Et prenant désormais des sentimens plus grands,
Sois l'égal de mes fils, et l'effroi des tyrans.
Mais qu'est-ce que j'entends ? quelle rumeur soudaine ?

PROCULUS.

Arons est arrêté, seigneur, et je l'amène.

BRUTUS.
De quel front pourra-t-il...

SCÈNE II.

BRUTUS, LES SÉNATEURS, ARONS; LICTEURS.

ARONS.
                    Jusques à quand, Romains,
Voulez-vous profaner tous les droits des humains?
D'un peuple révolté conseils vraiment sinistres,
Pensez-vous abaisser les rois dans leurs ministres?
Vos licteurs insolens viennent de m'arrêter :
Est-ce mon maître ou moi que l'on veut insulter?
Et chez les nations ce rang inviolable...
BRUTUS.
Plus ton rang est sacré, plus il te rend coupable;
Cesse ici d'attester des titres superflus.
ARONS.
L'ambassadeur d'un roi...
BRUTUS.
                    Traître, tu ne l'es plus;
Tu n'es qu'un conjuré paré d'un nom sublime,
Que l'impunité seule enhardissait au crime.
Les vrais ambassadeurs, interprètes des lois,
Sans les déshonorer savent servir leurs rois;
De la foi des humains discrets dépositaires,
La paix seule est le fruit de leurs saints ministères;
Des souverains du monde ils sont les nœuds sacrés,
Et, partout bienfesans, sont partout révérés.

A ces traits, si tu peux, ose te reconnaître :
Mais si tu veux au moins rendre compte à ton maître
Des ressorts, des vertus, des lois de cet état,
Comprends l'esprit de Rome, et connais le sénat.
Ce peuple auguste et saint sait respecter encore
Les lois des nations que ta main déshonore :
Plus tu les méconnais, plus nous les protégeons;
Et le seul châtiment qu'ici nous t'imposons,
C'est de voir expirer les citoyens perfides
Qui liaient avec toi leurs complots parricides.
Tout couvert de leur sang répandu devant toi,
Va d'un crime inutile entretenir ton roi;
Et montre en ta personne, aux peuples d'Italie,
La sainteté de Rome et ton ignominie.
Qu'on l'emmène, licteurs.

SCÈNE III.

LES SÉNATEURS, BRUTUS, VALÉRIUS, PROCULUS.

BRUTUS.

Hé bien! Valérius,
Ils sont saisis sans doute, ils sont au moins connus?
Quel sombre et noir chagrin, couvrant votre visage,
De maux encor plus grands semble être le présage?
Vous frémissez.

VALÉRIUS.

Songez que vous êtes Brutus.

BRUTUS.

Expliquez-vous...

ACTE V, SCÈNE III.

VALÉRIUS.

Je tremble à vous en dire plus.
(Il lui donne des tablettes.)
Voyez, seigneur; lisez, connaissez les coupables.

BRUTUS, *prenant les tablettes.*

Me trompez-vous, mes yeux? O jours abominables!
O père infortuné! Tibérinus? mon fils!
Sénateurs, pardonnez... Le perfide est-il pris?

VALÉRIUS.

Avec deux conjurés il s'est osé défendre;
Ils ont choisi la mort plutôt que de se rendre;
Percé de coups, seigneur, il est tombé près d'eux :
Mais il reste à vous dire un malheur plus affreux,
Pour vous, pour Rome entière et pour moi plus sensible.

BRUTUS.

Qu'entends-je!

VALÉRIUS.

Reprenez cette liste terrible
Que chez Messala même a saisi Proculus.

BRUTUS.

Lisons donc... Je frémis, je tremble. Ciel! Titus!
(Il se laisse tomber entre les bras de Proculus.)

VALÉRIUS.

Assez près de ces lieux je l'ai trouvé sans armes,
Errant, désespéré, plein d'horreur et d'alarmes.
Peut-être il détestait cet horrible attentat.

BRUTUS.

Allez, Pères conscrits, retournez au sénat;
Il ne m'appartient plus d'oser y prendre place :
Allez, exterminez ma criminelle race;

Punissez-en le père, et jusque dans mon flanc
Recherchez sans pitié la source de leur sang.
Je ne vous suivrai point, de peur que ma présence
Ne suspendît de Rome ou fléchît la vengeance.

SCÈNE IV.

BRUTUS.

Grands dieux! à vos décrets tous mes vœux sont soumis!
Dieux vengeurs de nos lois, vengeurs de mon pays,
C'est vous qui par mes mains fondiez sur la justice
De notre liberté l'éternel édifice :
Voulez-vous renverser ses sacrés fondemens?
Et contre votre ouvrage armez-vous mes enfans?
Ah! que Tibérinus, en sa lâche furie,
Ait servi nos tyrans, ait trahi sa patrie,
Le coup en est affreux, le traître était mon fils!
Mais Titus! un héros! l'amour de son pays!
Qui dans ce même jour, heureux et plein de gloire,
A vu par un triomphe honorer sa victoire!
Titus, qu'au Capitole ont couronné mes mains!
L'espoir de ma vieillesse, et celui des Romains!
Titus! dieux!

SCÈNE V.

BRUTUS, VALÉRIUS; suite, licteurs.

VALÉRIUS.

Du sénat la volonté suprême
Est que sur votre fils vous prononciez vous-même.

ACTE V, SCÈNE V.

BRUTUS.

Moi?

VALÉRIUS.

Vous seul.

BRUTUS.

Et du reste en a-t-il ordonné?

VALÉRIUS.

Des conjurés, seigneur, le reste est condamné;
Au moment où je parle, ils ont vécu peut-être.

BRUTUS.

Et du sort de mon fils le sénat me rend maître?

VALÉRIUS.

Il croit à vos vertus devoir ce rare honneur.

BRUTUS.

O patrie!

VALÉRIUS.

Au sénat que dirai-je, seigneur?

BRUTUS.

Que Brutus voit le prix de cette grace insigne,
Qu'il ne la cherchait pas... mais qu'il s'en rendra digne...
Mais mon fils s'est rendu sans daigner résister;
Il pourrait... Pardonnez si je cherche à douter;
C'était l'appui de Rome, et je sens que je l'aime.

VALÉRIUS.

Seigneur, Tullie...

BRUTUS.

Hé bien...

VALÉRIUS.

Tullie, au moment même,
N'a que trop confirmé ces soupçons odieux.

BRUTUS.

Comment, seigneur?

VALÉRIUS.

A peine elle a revu ces lieux,
A peine elle aperçoit l'appareil des supplices,
Que, sa main consommant ces tristes sacrifices,
Elle tombe, elle expire, elle immole à nos lois
Ce reste infortuné de nos indignes rois.
Si l'on nous trahissait, seigneur, c'était pour elle.
Je respecte en Brutus la douleur paternelle ;
Mais, tournant vers ces lieux ses yeux appesantis,
Tullie en expirant a nommé votre fils.

BRUTUS.

Justes dieux !

VALÉRIUS.

C'est à vous à juger de son crime.
Condamnez, épargnez, ou frappez la victime ;
Rome doit approuver ce qu'aura fait Brutus.

BRUTUS.

Licteurs, que devant moi l'on amène Titus.

VALÉRIUS.

Plein de votre vertu, seigneur, je me retire :
Mon esprit étonné vous plaint et vous admire ;
Et je vais au sénat apprendre avec terreur
La grandeur de votre ame et de votre douleur.

SCÈNE VI.

BRUTUS, PROCULUS.

BRUTUS.

Non, plus j'y pense encore, et moins je m'imagine
Que mon fils des Romains ait tramé la ruine :
Pour son père et pour Rome il avait trop d'amour ;
On ne peut à ce point s'oublier en un jour.
Je ne le puis penser, mon fils n'est point coupable.

PROCULUS.

Messala, qui forma ce complot détestable,
Sous ce grand nom peut-être a voulu se couvrir ;
Peut-être on hait sa gloire, on cherche à la flétrir.

BRUTUS.

Plût au ciel !

PROCULUS.

De vos fils c'est le seul qui vous reste.
Qu'il soit coupable ou non de ce complot funeste,
Le sénat indulgent vous remet ses destins :
Ses jours sont assurés, puisqu'ils sont dans vos mains ;
Vous saurez à l'état conserver ce grand homme,
Vous êtes père enfin.

BRUTUS.

Je suis consul de Rome.

SCÈNE VII.

BRUTUS, PROCULUS, TITUS, *dans le fond du théâtre, avec des licteurs.*

PROCULUS.

Le voici.

TITUS.

    C'est Brutus ! O douloureux momens !
O terre, entr'ouvre-toi sous mes pas chancelans !
Seigneur, souffrez qu'un fils...

BRUTUS.

       Arrête, téméraire.
De deux fils que j'aimai les dieux m'avaient fait père ;
J'ai perdu l'un ; que dis-je ! ah, malheureux Titus !
Parle : ai-je encore un fils ?

TITUS.

      Non, vous n'en avez plus.

BRUTUS.

Réponds donc à ton juge, opprobre de ma vie.
        (Il s'assied.)
Avais-tu résolu d'opprimer ta patrie,
D'abandonner ton père au pouvoir absolu,
De trahir tes sermens ?

TITUS.

     Je n'ai rien résolu.
Plein d'un mortel poison dont l'horreur me dévore,
Je m'ignorais moi-même, et je me cherche encore ;
Mon cœur, encor surpris de son égarement,

ACTE V, SCÈNE VII.

Emporté loin de soi, fut coupable un moment;
Ce moment m'a couvert d'une honte éternelle;
A mon pays que j'aime il m'a fait infidèle :
Mais, ce moment passé, mes remords infinis
Ont égalé mon crime et vengé mon pays.
Prononcez mon arrêt. Rome, qui vous contemple,
A besoin de ma perte, et veut un grand exemple;
Par mon juste supplice il faut épouvanter
Les Romains, s'il en est qui puissent m'imiter.
Ma mort servira Rome autant qu'eût fait ma vie;
Et ce sang, en tout temps utile à sa patrie,
Dont je n'ai qu'aujourd'hui souillé la pureté,
N'aura coulé jamais que pour la liberté.

BRUTUS.

Quoi! tant de perfidie avec tant de courage!
De crimes, de vertus, quel horrible assemblage!
Quoi! sous ces lauriers même, et parmi ces drapeaux,
Que ton sang à mes yeux rendait encor plus beaux,
Quel démon t'inspira cette horrible inconstance?

TITUS.

Toutes les passions, la soif de la vengeance,
L'ambition, la haine, un instant de fureur...

BRUTUS.

Achève, malheureux.

TITUS.

          Une plus grande erreur,
Un feu qui de mes sens est même encor le maître,
Qui fit tout mon forfait, qui l'augmente peut-être.
C'est trop vous offenser par cet aveu honteux,
Inutile pour Rome, indigne de nous deux.

Mon malheur est au comble ainsi que ma furie :
Terminez mes forfaits, mon désespoir, ma vie,
Votre opprobre est le mien. Mais si dans les combats
J'avais suivi la trace où m'ont conduit vos pas,
Si je vous imitai, si j'aimai ma patrie,
D'un remords assez grand si ma faute est suivie,
(Il se jette à genoux.)
A cet infortuné daignez ouvrir les bras;
Dites du moins : Mon fils, Brutus ne te hait pas;
Ce mot seul, me rendant mes vertus et ma gloire,
De la honte où je suis défendra ma mémoire :
On dira que Titus, descendant chez les morts,
Eut un regard de vous pour prix de ses remords,
Que vous l'aimiez encore, et que, malgré son crime,
Votre fils dans la tombe emporta votre estime.

BRUTUS.

Son remords me l'arrache. O Rome! ô mon pays!
Proculus... à la mort que l'on mène mon fils.
Lève-toi, triste objet d'horreur et de tendresse;
Lève-toi, cher appui qu'espérait ma vieillesse;
Viens embrasser ton père : il t'a dû condamner;
Mais, s'il n'était Brutus, il t'allait pardonner.
Mes pleurs, en te parlant, inondent ton visage :
Va, porte à ton supplice un plus mâle courage;
Va, ne t'attendris point, sois plus Romain que moi,
Et que Rome t'admire en se vengeant de toi.

TITUS.

Adieu : je vais périr digne encor de mon père.
(On l'emmène.)

SCÈNE VIII.

BRUTUS, PROCULUS.

PROCULUS.
Seigneur, tout le sénat, dans sa douleur sincère,
En frémissant du coup qui doit vous accabler...
BRUTUS.
Vous connaissez Brutus et l'osez consoler !
Songez qu'on nous prépare une attaque nouvelle :
Rome seule a mes soins; mon cœur ne connaît qu'elle.
Allons, que les Romains, dans ces momens affreux,
Me tiennent lieu du fils que j'ai perdu pour eux;
Que je finisse au moins ma déplorable vie
Comme il eût dû mourir, en vengeant la patrie.

SCÈNE IX.

BRUTUS, PROCULUS; UN SÉNATEUR.

LE SÉNATEUR.
Seigneur...
BRUTUS.
    Mon fils n'est plus ?
LE SÉNATEUR.
        C'en est fait... et mes yeux...
BRUTUS.
Rome est libre : il suffit... Rendons graces aux dieux.

FIN DE BRUTUS.

VARIANTES

DE LA TRAGÉDIE DE BRUTUS.

a Édition de 1738 :

Je devenais Romain, je sortais d'esclavage

b Ibid.

Quoi ! le fils de Brutus, un soldat, un Romain,
Aime, idolâtre ici la fille de Tarquin !
Coupable envers Tullie, envers Rome et moi-même,
Le sénat que je hais, ce fier objet que j'aime,
Le dépit, etc.

c Ibid.

Hélas ! ne vois-tu pas les fatales barrières ?

d Ibid.

J'attendais un destin plus digne et plus heureux.

NOTES
DE LA TRAGÉDIE DE BRUTUS.

[1] Imitation de ces vers de *Cinna* :

> . . . . Et par tous les climats
> Ne sont pas bien reçus toutes sortes d'états.
> Chaque peuple a le sien conforme à sa nature,
> Qu'on ne sauroit changer sans lui faire une injure.
> Telle est la loi du ciel dont la sage équité
> Sème dans l'univers cette diversité.
> Les Macédoniens aiment le monarchique,
> Et le reste des Grecs la liberté publique :
> Les Parthes, les Persans, veulent des souverains,
> Et le seul consulat est bon pour les Romains.

[2] Curius répond aux ambassadeurs des Samnites qui lui offraient des richesses :

> J'aime mieux commander a ceux qui les possèdent.

[3] Imitation de ces vers d'Acomat dans *Bajazet* :

> Je sais rendre aux sultans de fidèles services,
> Mais je laisse au vulgaire adorer leurs caprices,
> Et ne me pique point du scrupule insensé
> De bénir mon trépas, quand ils l'ont prononcé.

[4] Ces vers ont été imités dans *Warwick*, par M. de La Harpe :

> Et s'il faut encor plus pour réveiller leur foi,
> Dis que le fier Warwick a pleuré devant toi

FIN DES NOTES DE BRUTUS

ERYPHILE,

TRAGÉDIE EN CINQ ACTES,

Représentée pour la première fois le 7 mars 1732

AVERTISSEMENT

DES ÉDITEURS DE L'ÉDITION DE KEHL.

Cette pièce fut jouée avec succès en 1732, quoique l'ombre d'Amphiaraüs et les cris d'Éryphile immolée par son fils ne pussent produire d'effet sur un théâtre alors rempli de spectateurs. Malgré ce succès, M. de Voltaire, plus difficile que ses critiques, vit tous les défauts d'*Éryphile*; il retira la pièce, ne voulut point la donner au public, et fit *Sémiramis*.

Nous donnons *Éryphile* d'après un manuscrit trouvé dans les papiers de M. de Voltaire [1]. Il ne peut y avoir d'autres variantes dans cette tragédie que les changemens faits par l'auteur entre les représentations. Nous en avons rassemblé les principales, d'après les copies les plus correctes.

On a indiqué par des astérisques * les vers d'*Éryphile* que M. de Voltaire a placés dans d'autres tragédies.

---

[1] Cette pièce parut pour la première fois en 1779 avec cette étrange note : *Pièce que l'auteur s'était opposé qu'elle fût imprimée de son vivant.*

Il est probable que cette première édition furtive a été faite à Paris, d'après la copie que Le Kain avait de cette tragédie. Ce grand acteur était mort en 1778, presque en même temps que M. de Voltaire. Long-temps auparavant, il m'avait permis d'en prendre une copie, que je portai à Ferney en 1777. Je la remis à M. de Voltaire, qui n'avait rien conservé de cette tragédie. C'est cette même copie, retrouvée dans ses papiers, après sa mort, qui a servi pour l'édition de Kehl. (DEC.)

DISCOURS

PRONONCÉ

AVANT LA REPRÉSENTATION D'ÉRYPHILE.

Juges plus éclairés que ceux qui dans Athène
Firent naître et fleurir les lois de Melpomène,
Daignez encourager des jeux et des écrits
Qui de votre suffrage attendent tout leur prix.
De vos décisions le flambeau salutaire
Est le guide assuré qui mène à l'art de plaire.
En vain contre son juge un auteur mutiné
Vous accuse ou se plaint quand il est condamné;
Un peu tumultueux, mais juste et respectable,
Ce tribunal est libre, et toujours équitable.

Si l'on vit quelquefois des écrits ennuyeux
Trouver, par d'heureux traits, grace devant vos yeux,
Ils n'obtinrent jamais grace en votre mémoire :
Applaudis sans mérite, ils sont restés sans gloire;
Et vous vous empressez seulement à cueillir
Ces fleurs que vous sentez qu'un moment va flétrir.
D'un acteur quelquefois la séduisante adresse
D'un vers dur et sans grace adoucit la rudesse;
Des défauts embellis ne vous révoltent plus :
C'est Baron qu'on aimait, ce n'est pas Régulus.
Sous le nom de Couvreur, Constance a pu paraître;
Le public est séduit, mais alors il doit l'être;
Et, se livrant lui-même à ce charmant attrait,
Écoute avec plaisir ce qu'il lit à regret.

Souvent vous démêlez, dans un nouvel ouvrage,
De l'or faux et du vrai le trompeur assemblage :

On vous voit tour à tour applaudir, réprouver,
Et pardonner sa chute à qui peut s'élever.

Des sons fiers et hardis du théâtre tragique,
Paris court avec joie aux graces du comique.
C'est là qu'il veut qu'on change et d'esprit et de ton :
Il se plaît au naïf, il s'égaie au bouffon ;
Mais il aime surtout qu'une main libre et sûre
Trace des mœurs du temps la riante peinture.
Ainsi dans ce sentier, avant lui peu battu,
Molière en se jouant conduit à la vertu.

Folâtrant quelquefois sous un habit grotesque,
Une muse descend au faux goût du burlesque :
On peut à ce caprice en passant s'abaisser,
Moins pour être applaudi, que pour se délasser.
Heureux ces purs écrits que la sagesse anime,
Qui font rire l'esprit, qu'on aime et qu'on estime !
Tel est du *Glorieux* le chaste et sage auteur :
Dans ses vers épurés la vertu parle au cœur.
Voilà ce qui nous plaît, voilà ce qui nous touche ;
Et non ces froids bons mots dont l'honneur s'effarouche,
Insipide entretien des plus grossiers esprits,
Qui font naître à la fois le rire et le mépris.
Ah ! qu'à jamais la scène, ou sublime ou plaisante,
Soit des vertus du monde une école charmante !

Français, c'est dans ces lieux qu'on vous peint tour à tour
La grandeur des héros, les dangers de l'amour.
Souffrez que la terreur aujourd'hui reparaisse ;
Que d'Eschyle au tombeau l'audace ici renaisse.
Si l'on a trop osé, si dans nos faibles chants,
Sur des tons trop hardis nous montons nos accens,
Ne découragez point un effort téméraire.
Eh ! peut-on trop oser quand on cherche à vous plaire !
Daignez vous transporter dans ces temps, dans ces lieux,
Chez ces premiers humains vivant avec les dieux :

Et que votre raison se ramène, à des fables
Que Sophocle et la Grèce ont rendu vénérables.
Vous n'aurez point ici ce poison si flatteur
Que la main de l'Amour apprête avec douceur.

Souvent dans l'art d'aimer Melpomène avilie,
Farda ses nobles traits du pinceau de Thalie.
On vit des courtisans, des héros déguisés,
Pousser de froids soupirs en madrigaux usés.
Non, ce n'est point ainsi qu'il est permis qu'on aime;
L'amour n'est excusé que quand il est extrême.
Mais ne vous plairez-vous qu'aux fureurs des amans,
A leurs pleurs, à leur joie, à leurs emportemens?
N'est-il point d'autres coups pour ébranler une ame?
Sans les flambeaux d'Amour, il est des traits de flamme;
Il est des sentimens, des vertus, des malheurs
Qui d'un cœur élevé savent tirer des pleurs.
Aux sublimes accens des chantres de la Grèce
On s'attendrit en homme, on pleure sans faiblesse;
Mais pour suivre les pas de ces premiers auteurs,
De ce spectacle utile illustres inventeurs,
Il faudrait pouvoir joindre en sa fougue tragique,
L'élégance moderne avec la force antique.
D'un œil critique et juste il faut s'examiner,
Se corriger cent fois, ne se rien pardonner;
Et soi-même avec fruit se jugeant par avance,
Par ses sévérités gagner votre indulgence.

PERSONNAGES.

ÉRYPHILE, reine d'Argos.
ALCMÉON, fils inconnu d'Amphiaraüs et d'Éryphile.
HERMOGIDE, prince du sang d'Argos.
LE GRAND-PRÊTRE de Jupiter.
POLÉMON, officier de la maison de la reine.
THÉANDRE, cru père d'Alcméon.
ZÉLONIDE, confidente d'Éryphile.
EUPHORBE, confident d'Hermogide.
L'ombre d'Amphiaraus.
Suite de la reine.
Suite du grand-prêtre.
Soldats de la suite d'Alcméon.
Soldats de la suite d'Hermogide.
Chœur d'Argiens.

La scene est à Argos.

ÉRYPHILE,

TRAGÉDIE.

ACTE PREMIER.

SCÈNE I.

LE GRAND-PRÊTRE, THÉANDRE; SUITE DU GRAND-PRÊTRE.

LE GRAND-PRÊTRE.

Allez, ministres saints, annoncez à la terre
La justice du ciel et la fin de la guerre.
Des pompes de la paix que ces murs soient parés.
Quelle paix! dieux vengeurs... Théandre, demeurez.
Le sort va s'accomplir : la sagesse éternelle
A béni de vos soins la piété fidèle [a].
Alcméon désormais est le soutien d'Argos ;
La victoire a suivi le char de ce héros ;
Et lorsque devant lui deux rois vaincus fléchissent,
De sa gloire sur vous les rayons rejaillissent :
Alcméon dans Argos passe pour votre fils.

THÉANDRE.

Depuis qu'entre mes mains cet enfant fut remis,
Ses vertus m'ont donné des entrailles de père.

Je m'indigne en secret de son destin sévère ;
J'ose accuser des dieux l'irrévocable loi
Qui le fit naître esclave avec l'ame d'un roi ;
Qui se plut à produire au sein de la bassesse
Le plus grand des héros dont s'honora la Grèce.

LE GRAND-PRÊTRE.

Aux yeux des immortels et devant leur splendeur,
Il n'est point de bassesse, il n'est point de grandeur.
Le plus vil des humains, le roi le plus auguste,
Tout est égal pour eux; rien n'est grand que le juste.
Quels que soient ses aïeux, les destins aujourd'hui
De leurs ordres sacrés se reposent sur lui.
Songez à cet oracle, à cette loi suprême
Que la reine autrefois a reçu des dieux même :
« Lorsqu'en un même jour deux rois seront vaincus,
« Tes mains prépareront un second hyménée :
« Ces temps, ce jour affreux, feront la destinée
« Et des peuples d'Argos, et du sang d'Inachus. »
Ce jour est arrivé. Votre élève intrépide
A vaincu les deux rois de Pylos et d'Élide.
Tous vos chefs divisés qui désolaient Argos,
Ce puissant Hermogide et tous ces rois rivaux,
Dans une ombre de paix ont assoupi leur haine ;
Ils ont remis leur sort à la voix de la reine ;
Et l'hymen d'Éryphile est bientôt déclaré.
Vous, si du dernier roi le nom vous est sacré,
D'Amphiaraüs encor si vous aimez la gloire,
Si ce roi malheureux vit dans votre mémoire,
Dans le cœur d'Alcméon gravez ces sentimens :
Conduisez sa vertu... mais tremblez...

ACTE I, SCÈNE I.

THÉANDRE.

Dieux puissans !
Que nous annoncez-vous?

LE GRAND-PRÊTRE.

Voici le jour peut-être
Qui va redemander le sang de votre maître.
La vengeance implacable, et qui marche à pas lents,
Descend du haut des cieux après plus de quinze ans.
Gardez que d'Alcméon le courage inutile
Contre ces dieux vengeurs ne protège Éryphile.

THÉANDRE.

Quoi! ce jour qui semblait marqué par leurs bienfaits...

LE GRAND-PRÊTRE.

Jamais jour ne sera plus terrible aux forfaits :
Il faut d'Amphiaraüs venger la mort funeste.
Dans une obscure nuit les dieux cachent le reste.

THÉANDRE.

Il n'est donc que trop vrai : ce prince infortuné,
Ce grand Amphiaraüs est mort assassiné.
Quoi ! sa femme elle-même aurait pu... la barbare !
Hélas ! quand de bons rois le ciel toujours avare
A ses tristes sujets ravit Amphiaraüs,
Il m'en souvient assez; un murmure confus,
Quelques secrètes voix que je croyais à peine,
De cette mort funeste osaient charger la reine.
Mais quel mortel hardi pouvait jeter les yeux
Dans la nuit qui couvrait ce mystère odieux ?
Nos timides soupçons ont tremblé de paraître;
Ce bruit s'est dissipé.

ÉRYPHILE,

LE GRAND-PRÊTRE.
>Le ciel l'a fait renaître.
La Vérité terrible, avec des yeux vengeurs,
Vient sur l'aile du Temps, et lit au fond des cœurs.
Son flambeau redoutable éclaire enfin l'abyme
Où dans l'impunité s'était caché le crime [1].

THÉANDRE.
O mon maître! ô grand roi lâchement égorgé,
Je mourrai satisfait si vous êtes vengé [b] !
Comment dois-tu finir, solennelle journée
Que le destin fixa pour ce grand hyménée?
Ah! pour ce nouveau choix quel étrange appareil!
Ce matin, devançant le retour du soleil,
La reine était en pleurs, interdite, éperdue;
Elle a d'Amphiaraüs embrassé la statue;
Dans son appartement elle n'osait rentrer;
Une secrète horreur semblait la pénétrer.
Tel est des criminels le partage effroyable :
Ciel! qu'elle doit souffrir si son cœur est coupable!

LE GRAND-PRÊTRE.
Bientôt de ces horreurs vous serez éclairci.
Suivez-moi dans ce temple.

THÉANDRE.
>Ah, seigneur, la voici!

SCÈNE II.

ÉRYPHILE, ZÉLONIDE, LE GRAND-PRÊTRE, THÉANDRE; SUITE DE LA REINE.

(Éryphile paraît accablée de tristesse.)

ZÉLONIDE, *à la reine*.
* Princesse, rappelez votre force première :
* Que vos yeux sans frémir s'ouvrent à la lumière.

ÉRYPHILE.
Ah, dieux!

ZÉLONIDE.
Puissent ces dieux dissiper votre effroi!

ÉRYPHILE, *au grand-prêtre*.
* Hé quoi, ministre saint, vous fuyez devant moi!
Demeurez; secourez votre reine éperdue :
Écartez cette main sur ma tête étendue.
* Un spectre épouvantable en tous lieux me poursuit :
* Les dieux l'ont déchaîné de l'éternelle nuit.
* Je l'ai vu, ce n'est point une erreur passagère
* Que produit du sommeil la vapeur mensongère :
* Le sommeil à mes yeux refusant ses douceurs,
* N'a point sur mon esprit répandu ses erreurs.
Je l'ai vu, je le vois... Cette image effrayante
A mes sens égarés demeure encor présente.
Du sein de ces tombeaux de cent rois mes aïeux,
Il a percé l'abyme, il marche dans ces lieux.
Ces voiles malheureux qu'ici l'hymen m'apprête,
Sanglans et déchirés semblaient couvrir sa tête,

Et cachaient son visage à mon œil alarmé :
D'un glaive étincelant son bras était armé :
J'entends encor ses cris et ses plaintes funestes.
Vous, confident sacré des volontés célestes,
Répondez : quel est donc ce fantôme cruel ?
Est-ce un dieu des enfers, ou l'ombre d'un mortel ?
* Quel pouvoir a brisé l'éternelle barrière
* Dont le ciel sépara l'enfer et la lumière ?
* Les mânes des humains, malgré l'arrêt du sort,
* Peuvent-ils revenir du séjour de la mort ?

LE GRAND-PRÊTRE.

* Oui : du ciel quelquefois la justice suprême
* Suspend l'ordre éternel établi par lui-même.
* Il permet à la mort d'interrompre ses lois,
* Pour l'effroi de la terre et l'exemple des rois.

ÉRYPHILE.

Hélas ! lorsque le ciel à vos autels m'entraîne,
Et d'un second hymen me fait subir la chaîne,
M'annonce-t-il la mort, ou défend-il mes jours ?
S'arme-t-il pour ma perte, ou bien pour mon secours ?
Que veut cet habitant du ténébreux abyme ?
Que vient-il m'annoncer ?

LE GRAND-PRÊTRE.

     Il vient punir le crime.
(Il sort.)

SCÈNE III.

ÉRYPHILE, ZÉLONIDE.

ÉRYPHILE.
Quelle réponse, ô ciel! et quel présage affreux!
ZÉLONIDE.
Ce jour semblait pour vous des jours le plus heureux.
De ces rois ennemis l'audace est confondue;
Par les mains d'Alcméon la paix vous est rendue *;
Ces princes qui briguaient l'empire et votre main,
D'un mot de votre bouche attendent leur destin.
ÉRYPHILE.
Le bras d'Alcméon seul a fait tous ces miracles.
ZÉLONIDE.
Les destins à vos vœux ne mettront plus d'obstacles.
Songez à votre gloire, à tous ces rois rivaux,
A l'hymen qui pour vous rallume ses flambeaux.
ÉRYPHILE.
Moi, rallumer encor ces flammes détestées!
Moi, porter aux autels des mains ensanglantées!
Moi, choisir un époux! ce nom cher et sacré
Par ma faiblesse horrible est trop déshonoré :
Qu'on détruise à jamais ces pompes solennelles.
Quelles mains s'uniraient à mes mains criminelles!
Je ne puis...
ZÉLONIDE.
Rassurez votre cœur éperdu :
Hermogide bientôt...

ÉRYPHILE.

Quel nom prononces-tu ?
Hermogide, grands dieux ! lui de qui la furie
Empoisonna les jours de ma fatale vie;
Hermogide ! ah ! sans lui, sans ses coupables feux,
Mon cœur, mon triste cœur eût été vertueux.

ZÉLONIDE.

Quel trouble vous saisit? quel remords vous tour-
[mente?
ÉRYPHILE.

Pardonne, Amphiaraüs, pardonne, ombre sanglante !
Cesse de m'effrayer du sein de ce tombeau :
Je n'ai point dans tes flancs enfoncé le couteau ;
Je n'ai point consenti... que dis-je, misérable !

ZÉLONIDE.

Quoi, vous! de quels forfaits seriez-vous donc coupable?

ÉRYPHILE.

Je n'ai pu jusqu'ici t'avouer tant d'horreurs.
Les malheureux sans peine exhalent leurs douleurs;
Mais, hélas ! qu'il en coûte à déclarer sa honte² !

ZÉLONIDE.

Une douleur injuste, un vain effroi vous dompte :
La vertu la plus pure eut toujours tous vos soins :
Votre cœur n'aime qu'elle.

ÉRYPHILE.

Il le voudrait du moins.
Tu n'étais pas à moi lorsqu'un triste hyménée
Au sage Amphiaraüs unit ma destinée.

ZÉLONIDE.

Vous sortiez de l'enfance, et de vos heureux jours
Seize printemps à peine avaient marqué le cours.

ÉRYPHILE.

C'est cet âge fatal et sans expérience,
Ouvert aux passions, faible, plein d'imprudence ;
C'est cet âge indiscret qui fit tout mon malheur.
Un traître avait surpris le chemin de mon cœur :
Hélas ! qui l'aurait cru que ce fier Hermogide,
Race des demi-dieux, issu du sang d'Alcide,
Sous l'appât d'un amour si tendre, si flatteur,
Des plus noirs sentimens cachât la profondeur !
On lui promit ma main : mon cœur faible et sincère,
Dans ses rapides vœux soumis aux lois d'un père,
Trompé par son devoir et trop tôt enflammé,
Brûla pour un barbare indigne d'être aimé :
Et lorsqu'à l'oublier on voulut me contraindre,
Mes feux trop allumés ne pouvaient plus s'éteindre *d*.
Amphiaraüs parut et changea mon destin ;
Il obtint de mon père et l'empire et ma main.
Il régna : je l'armai de ce fer redoutable,
Du fer sacré des rois, dont une main coupable
Osa depuis... Enfin je lui donnai ma foi ;
Je lui devais mon cœur, il n'était plus à moi.
Ingrate à ce héros qui seul m'aurait dû plaire,
Je portais dans ses bras une amour étrangère.
Objet de mes remords, objet de ma pitié,
Demi-dieu dont je fus la coupable moitié,
Quand tu quittas ces lieux, quand ce traître Hermogide
Te fit abandonner les champs de l'Argolide,
Pourquoi le vis-je encor ? Trop faible que je suis,
Mon front mal déguisé fit parler mes ennuis.
L'aveugle ambition dont il brûlait dans l'ame

De son fatal amour empoisonna la flamme ;
Il entrevit le trône ouvert à ses désirs ;
Il expliqua mes pleurs, mes regrets, mes soupirs,
Comme un ordre secret que ma timide bouche
Hésitait de prescrire à sa rage farouche.
Je t'en ai dit assez; et mon époux est mort.

ZÉLONIDE.

Le roi dans un combat vit terminer son sort?

ÉRYPHILE.

Argos le croit ainsi ; mais une main impie,
Ou plutôt ma faiblesse a terminé sa vie.
Hermogide en secret l'immola sous ses coups.
Le cruel, tout couvert du sang de mon époux,
Vint armé de ce fer, instrument de sa rage,
Qui des droits à l'empire était l'auguste gage ;
Et d'un assassinat pour moi seule entrepris
Au pied de nos autels il demanda le prix.
Grands dieux! qui m'inspirez des remords légitimes,
Mon cœur, vous le savez, n'est point fait pour les
Il est né vertueux : je vis avec horreur   [crimes;
Le coupable ennemi qui fut mon séducteur ;
Je détestai l'amour, et le trône, et la vie.

ZÉLONIDE.

Eh! ne pouviez-vous point punir sa barbarie?
Étiez-vous sourde aux cris de ce sang innocent?

ÉRYPHILE.

Celui qui le versa fut toujours trop puissant;
Et son habileté, secondant son audace,
De ce crime aux mortels a dérobé la trace.
Je ne puis que pleurer, me taire et le haïr.

ACTE I, SCÈNE III.

Le ciel en même temps s'arma pour me punir;
La main des dieux sur moi toujours appesantie
Opprima mes sujets, persécuta ma vie.
Les princes de Cyrrha, d'Élide et de Pylos
Se disputaient mon cœur et l'empire d'Argos;
De nos chefs divisés les brigues et les haines
De l'état qui chancelle embarrassaient les rênes *e* :
Le barbare Hermogide a disputé contre eux
Et le prix de son crime, et l'objet de ses feux.
Et moi, sur mon hymen, sur le sort de la guerre,
Je consultai la voix du maître du tonnerre :
A sa divinité, dont ces lieux sont remplis,
J'offris en frémissant mon encens et mes cris.
Sans doute tu l'appris : cet oracle funeste,
Ce triste avant-coureur du châtiment céleste,
Cet oracle me dit de ne choisir un roi
Que quand deux rois vaincus fléchiraient sous ma loi;
Mais qu'alors, d'un époux vengeant le sang qui crie,
Mon fils, mon propre fils m'arracherait la vie.

ZÉLONIDE.

Juste ciel! Eh! que faire en cette extrémité?

ÉRYPHILE.

O mon fils! que de pleurs ton destin m'a coûté *f*!
Trop de crainte, peut-être, et trop de prévoyance
M'ont fait injustement éloigner son enfance.
Je n'osais ni trancher ni sauver ses destins;
J'abandonnai son sort à d'étrangères mains;
Il mourut pour sa mère; et ma bouche infidèle
De son trépas ici répandit la nouvelle.
Je l'arrachai pleurant de mes bras maternels.

Quelle perte, grands dieux ! et quels destins cruels !
J'ôte à mon fils le trône, à mon époux la vie;
Et ma seule faiblesse a fait ma barbarie.
Mais tant d'horreurs encor ne peuvent égaler
Ce détestable hymen dont tu m'oses parler.

SCÈNE IV.

ÉRYPHILE, ZÉLONIDE, POLÉMON.

ÉRYPHILE.

Hé bien, cher Polémon, que venez-vous me dire?

POLÉMON.

J'apporte à vos genoux les vœux de cet empire;
Son sort dépend de vous : le don de votre foi
Fait la paix de la Grèce et le bonheur d'un roi.
Ce long retardement à vous-même funeste,
De nos divisions peut ranimer le reste.
Euryale, Tydée, et ces rois repoussés,
Vaincus par Alcméon, ne sont point terrassés.
Dans Argos incertain leur parti peut renaître;
Hermogide est puissant, le peuple veut un maître :
Il se plaint, il murmure, et, prompt à s'alarmer,
Bientôt malgré vous-même il pourrait le nommer.
Veuve d'Amphiaraüs, et digne de ce titre,
De ces grands différends et la cause et l'arbitre,
Reine, daignez d'Argos accomplir les souhaits.
Que le droit de régner soit un de vos bienfaits!
Que votre voix décide, et que cet hyménée
De la Grèce et de vous règle la destinée!

ACTE I, SCÈNE IV.

ÉRYPHILE.

Pour qui penche ce peuple?

POLÉMON.

Il attend votre choix :
Mais on sait qu'Hermogide est du sang de nos rois.
Du souverain pouvoir il est dépositaire;
Cet hymen à l'état semble être nécessaire.

ÉRYPHILE.

On veut que je l'épouse, et qu'il soit votre roi?

POLÉMON.

Madame, avec respect on suivra votre loi.
Prononcez : un seul mot règlera nos hommages.

ÉRYPHILE.

Mais du peuple Hermogide a-t-il tous les suffrages?

POLÉMON.

S'il faut parler, madame, avec sincérité,
Ce prince est dans ces lieux moins cher que redouté.
On croit qu'à son hymen il vous faudra souscrire ;
Mais, madame, on le croit plus qu'on ne le désire.

ÉRYPHILE.

Alcméon ne vient point! l'a-t-on fait avertir?

POLÉMON.

Déja du camp, madame, il aura dû partir.

ÉRYPHILE.

Ce n'est qu'en sa vertu que j'ai quelque espérance.
Puisse-t-il de sa reine embrasser la defense!
Puisse-t-il me sauver de tous mes ennemis !
O dieux de mon époux! et vous, dieux de mon fils!

ÉRYPHILE,

Prenez de cet état les rênes languissantes;
Remettez-les vous-même en des mains innocentes;
Ou si dans ce grand jour il me faut déclarer,
Conduisez donc mon cœur, et daignez l'inspirer.

FIN DU PREMIER ACTE.

ACTE SECOND.

SCÈNE I.

ALCMÉON, THÉANDRE.

THÉANDRE.
Alcméon, j'ai pitié de voir tant de faiblesse.
L'erreur qui vous séduit, la douleur qui vous presse,
De vos désirs secrets l'orgueil présomptueux,
Éclatent malgré vous et parlent dans vos yeux;
Et j'ai tremblé cent fois que la reine offensée
Ne punît de vos vœux la fureur insensée.
Qui? vous, jeter sur elle un œil audacieux?
Vous cherchez à vous perdre. Ah, jeune ambitieux!
Faut-il vous voir ôter par vos fougueux caprices
L'honneur de vos exploits, le fruit de vos services,
Le prix de tant de sang versé dans les combats!

ALCMÉON.
Cher ami, pardonnez : je ne me connais pas.
La reine, oui, je l'avoue, oui, sa fatale vue
Porte au fond de mon ame une atteinte inconnue.
Je ne veux point voiler à vos regards discrets
L'erreur de mon jeune âge, et mes troubles secrets.
Je vous dirai bien plus : l'aspect du diadème
Semble emporter mon ame au delà de moi-même.

J'ignore pour quel roi ce bras a triomphé :
Mais pressé d'un dépit avec peine étouffé,
A mon cœur étonné c'est un secret outrage
Qu'un autre emporte ici le prix de mon courage,
Que ce trône ébranlé, dont je fus le rempart,
Dépende d'un coup d'œil, ou se donne au hasard.
Que dis-je ! hélas ! peut-être il est le prix du crime !
Mais non, n'écoutons point le transport qui m'anime ;
Bannissons loin de moi le funeste soupçon
Qui règne en mon esprit et trouble ma raison.
Ah ! si la vertu seule, et non pas la naissance...

THÉANDRE.

Écoutez : j'ai moi-même élevé votre enfance ;
Souffrez-moi quelquefois, généreux Alcméon,
L'autorité d'un père aussi bien que le nom.
Vous passez pour mon fils ; la fortune sévère,
Inégale en ses dons, pour vous marâtre et mère,
De vos jours conservés voulut mêler le fil
De l'éclat le plus grand et du sort le plus vil.
J'ai d'un profond secret couvert votre origine ;
Mais vous la connaissez ; et cette ame divine,
Du haut de sa fortune et parmi tant d'éclat,
Devrait baisser les yeux sur son premier état.
Gardez que quelque jour cet orgueil téméraire
N'attire sur vous-même une triste lumière,
N'éclaire enfin l'envie, et montre à l'univers
Sous vos lauriers pompeux la honte de vos fers.

ALCMÉON.

Ah ! c'est ce qui m'accable et qui me désespère.
Il faut rougir de moi, trembler au nom d'un père ;

ACTE II, SCÈNE I.

Me cacher par faiblesse aux moindres citoyens,
Et reprocher ma vie à ceux dont je la tiens.
Préjugés malheureux! éclatante chimère
Que l'orgueil inventa, que le faible révère,
Par qui je vois languir le mérite abattu
Aux pieds d'un prince indigne ou d'un grand sans vertu.
* Les mortels sont égaux : ce n'est point la naissance,
* C'est la seule vertu qui fait leur différence.
C'est elle qui met l'homme au rang des demi-dieux;
* Et qui sert son pays n'a pas besoin d'aïeux.
Princes, rois, la fortune a fait votre partage :
Mes grandeurs sont à moi; mon sort est mon ouvrage :
Et ces fers si honteux, ces fers où je naquis,
Je les ai fait porter aux mains des ennemis.
* Je n'ai plus rien du sang qui m'a donné la vie;
* Il a dans les combats coulé pour la patrie :
* Je vois ce que je suis et non ce que je fus,
* Et crois valoir au moins des rois que j'ai vaincus.

THÉANDRE.

Alcméon, croyez-moi, l'orgueil qui vous inspire,
Que je dois condamner, et que pourtant j'admire,
Ce principe éclatant de tant d'exploits fameux,
En vous rendant si grand, vous fait trop malheureux.
Pliez à votre état ce fougueux caractère
Qui d'un brave guerrier ferait un téméraire :
C'est un des ennemis qu'il vous faut subjuguer.
Né pour servir le trône, et non pour le briguer,
Sachez vous contenter de votre destinée;
D'une gloire assez haute elle est environnée :
N'en recherchez point d'autre. Et qui sait si les dieux,

Qui toujours sur vos pas ont attaché les yeux,
Qui pour venger Argos, et pour calmer la Grèce,
Ont voulu vous tirer du sein de la bassesse,
N'ont point encor sur vous quelques secrets desseins ?
Peut-être leur vengeance est mise entre vos mains.
Le sang de votre roi, dont la terre est fumante,
Élève encore au ciel une voix gémissante ;
Sa voix est entendue ; et les dieux aujourd'hui
Contre ses assassins se déclarent pour lui.
Le grand-prêtre déja voit la foudre allumée,
Qui se cache à nos yeux dans la nue enfermée.
Enfin, que feriez-vous si les arrêts du ciel
Vous pressaient de punir un meurtre si cruel ?
Si, chargé malgré vous de leur ordre suprême,
Vous vous trouviez entre eux et la reine elle-même ?
S'il vous fallait choisir...

SCÈNE II.

ALCMÉON, THÉANDRE, POLÉMON.

POLÉMON.

      La reine en ce moment
Vous mande de l'attendre en cet appartement.
Elle vient : il s'agit du salut de l'empire.

THÉANDRE, *à part.*

Prête à nommer un roi, qu'aurait-elle à lui dire ?
D'Amphiaraüs, ô dieux, daignez vous souvenir !

ALCMÉON.

Pour la dernière fois je vais l'entretenir.

SCÈNE III.

ÉRYPHILE, ALCMÉON, ZÉLONIDE.

ÉRYPHILE.

C'est à vous, Alcméon, c'est à votre victoire
Qu'Argos doit son bonheur, Éryphile sa gloire.
C'est par vous que, maîtresse et du trône et de moi,
Dans ces murs relevés je puis choisir un roi.
Mais, prête à le nommer, ma juste prévoyance
Veut s'assurer ici de votre obéissance.
J'ai de nommer un roi le dangereux honneur :
Faites plus, Alcméon, soyez son défenseur.

ALCMÉON.

D'un prix trop glorieux ma vie est honorée :
A vous servir, madame, elle fut consacrée.
* Je vous devais mon sang, et quand je l'ai versé,
* Puisqu'il coulait pour vous, je fus récompensé.
Mais telle est de mon sort la dure violence,
Qu'il faut que je vous trompe ou que je vous offense.
Reine, je vais parler : des rois humiliés
Briguent votre suffrage et tombent à vos pieds ;
Tout vous rit : que pourrais-je, en ce séjour tranquille,
Vous offrir qu'un vain zèle et qu'un bras inutile ?
Laissez-moi fuir des lieux où le destin jaloux
Me ferait, malgré moi, trop coupable envers vous.

ÉRYPHILE.

Vous me quittez ! ô dieux ! dans quel temps !

ALCMÉON.

Les orages

Ont cessé de gronder sur ces heureux rivages ;
Ma main les écarta. La Grèce en ce grand jour
Va voir enfin l'Hymen, et peut-être l'Amour,
Par votre auguste voix nommer un nouveau maître.
Reine, jusqu'aujourd'hui vous avez pu connaître
Quelle fidélité m'attachait à vos lois,
Quel zèle inaltérable échauffait mes exploits.
J'espérais à jamais vivre sous votre empire :
Mes vœux pourraient changer, et j'ose ici vous dire
Que cet heureux époux, sur ce trône monté,
Éprouverait en moi moins de fidélité ;
Et qu'un sujet soumis, dévoué, plein de zèle,
Peut-être à d'autres lois deviendrait un rebelle.

ÉRYPHILE.

Vous me quittez ! hé quoi ! pourriez-vous donc penser
Qu'Éryphile hésitât à vous récompenser ?
Que craignez-vous ? parlez : il faut ne me rien taire.

ALCMÉON.

Je ne dois point lever un regard téméraire
Sur les secrets du trône, et sur ces nouveaux nœuds
Préparés par vos mains pour un roi trop heureux.
Mais de ce jour enfin la pompe solennelle
De votre choix au peuple annonce la nouvelle.
Ce secret dans Argos est déja répandu :
Princesse, à cet hymen on s'était attendu [e].
Ce choix sans doute est juste, et la raison le guide ;
Mais je ne serai point le sujet d'Hermogide.
Voilà mes sentimens : et mon bras aujourd'hui,
Ayant vaincu pour vous, ne peut servir sous lui.
Punissez ma fierté, d'autant plus condamnable,

ACTE II, SCÈNE IV.

Qu'ayant osé paraître, elle est inébranlable.

ÉRYPHILE.

Alcméon, demeurez; j'atteste ici les dieux,
Ces dieux qui sur le crime ouvrent toujours les yeux,
Qu'Hermogide jamais ne sera votre maître;
Sachez que c'est à vous à l'empécher de l'être :
Et contre ses rivaux, et surtout contre lui,
Songez que votre reine implore votre appui.

ALCMÉON.

Qu'entends-je! ah! disposez de mon sang, de ma vie.
Que je meure à vos pieds en vous ayant servie!
Que ma mort soit utile au bonheur de vos jours!

ÉRYPHILE.

C'est de vous seul ici que j'attends du secours.
Allez : assurez-vous des soldats dont le zèle
Se montre à me servir aussi prompt que fidèle.
Que de tous vos amis ces murs soient entourés;
Qu'à tout événement leurs bras soient préparés.
Dans l'horreur où je suis, sachez que je suis prête
A marcher s'il le faut, à mourir à leur tête.
Allez.

SCÈNE IV.

ÉRYPHILE, ZÉLONIDE.

ZÉLONIDE.

Que faites-vous? Quel est votre dessein?
Que veut cet ordre affreux?

ÉRYPHILE.

Ah! je succombe enfin.

Dieux ! comme en lui parlant, mon ame déchirée
Par des nœuds inconnus se sentait attirée !
De quels charmes secrets mon cœur est combattu !
Quel état... Achevons ce que j'ai résolu.
Je le veux : étouffons ces indignes alarmes.

ZÉLONIDE.

Vous parlez d'Alcméon, et vous versez des larmes !
Que je crains qu'en secret une fatale erreur...

ÉRYPHILE.

Ah ! que jamais l'amour ne rentre dans mon cœur !
Il m'en a trop coûté : que ce poison funeste
De mes jours languissans n'accable point le reste !
Jours trop infortunés, vous ne fûtes remplis
Qu'à pleurer mon époux, qu'à regretter mon fils !
* Leur souvenir fatal a toutes mes tendresses.
* Malheureuse ! est-ce à toi d'éprouver des faiblesses ?
Pénétré des remords qui viennent m'alarmer,
Ce cœur plein d'amertume est-il fait pour aimer ?

ZÉLONIDE.

Pourquoi donc à son nom redoublez-vous vos plaintes?
Pardonnez à mon zèle, et permettez mes craintes.
Songez que si l'amour décidait aujourd'hui...

ÉRYPHILE.

* Non, ce n'est point l'amour qui m'entraîne vers lui ;
Non, un dieu plus puissant me contraint à me rendre.
L'amour n'est pas si pur, l'amour n'est pas si tendre.
Non, plus je m'examine, et plus j'ose approuver
Les sentimens secrets qui m'ont su captiver.
* Ce n'est point par les yeux que mon ame est vaincue.
* Ne crois pas qu'à ce point de mon rang descendue,

* Écoutant de mes sens le charme empoisonneur,
* Je donne à la beauté le prix de la valeur.
Je chéris sa vertu, j'aime ce que j'admire.
ZÉLONIDE.
Ah, dieux! oseriez-vous le nommer à l'empire *h* ?
ÉRYPHILE.
En de si pures mains ce sceptre enfin remis
Deviendrait respectable à nos dieux ennemis.
Mais une loi plus sainte et m'éclaire et me guide :
Je chéris Alcméon, je déteste Hermogide ;
Et je vais rejeter, en ce funeste jour,
Les conseils de la haine et la voix de l'amour.
Nature, dans mon cœur si long-temps combattue,
Sentimens partagés d'une mère éperdue,
Tendre ressouvenir, amour de mon devoir,
Reprenez sur mon ame un absolu pouvoir.
Moi régner! moi bannir l'héritier véritable!
Ce sceptre ensanglanté pèse à ma main coupable.
Réparons tout : allons ; et vous, dieux dont je sors,
Pardonnez des forfaits moindres que mes remords.
Qu'on cherche Polémon. Ciel! que vois-je? Hermogide!

SCÈNE V.

ÉRYPHILE, HERMOGIDE, ZELONIDE, EUPHORBE.

HERMOGIDE.
Madame, je vois trop le transport qui vous guide ;
Je vois que votre cœur sait peu dissimuler ;

Mais les momens sont chers, et je dois vous parler.
Souffrez de mon respect un conseil salutaire ;
Votre destin dépend du choix qu'il vous faut faire.
Je ne viens point ici rappeler des sermens
Dictés par votre père, effacés par le temps ;
Mon cœur ainsi que vous doit oublier, madame,
Les jours infortunés d'une inutile flamme ;
Et je rougirais trop, et pour vous et pour moi,
Si c'était à l'amour à nous donner un roi.
Un sentiment plus digne et de l'un et de l'autre
Doit gouverner mon sort et commander au vôtre.
Vos aïeux et les miens, les dieux dont nous sortons,
Cet état périssant si nous nous divisons ;
Le sang qui nous a joints, l'intérêt qui nous lie,
Nos ennemis communs, l'amour de la patrie,
Votre pouvoir, le mien, tous deux à redouter,
Ce sont là les conseils qu'il vous faut écouter.
Bannissez pour jamais un souvenir funeste ;
Le présent nous appelle, oublions tout le reste.
Le passé n'est plus rien : maîtres de l'avenir,
Le grand art de régner doit seul nous réunir.
Les plaintes, les regrets, les vœux sont inutiles :
C'est par la fermeté qu'on rend les dieux faciles [1].
Ce fantôme odieux qui vous trouble en ce jour,
Qui naquit de la crainte, et l'enfante à son tour,
Doit-il nous alarmer par tous ses vains prestiges ?
Pour qui ne les craint point il n'est point de prodiges :
Ils sont l'appât grossier des peuples ignorans,
L'invention du fourbe, et le mépris des grands.
Pensez en roi, madame, et laissez au vulgaire

ACTE II, SCÈNE V.

Des superstitions le joug imaginaire.

ÉRYPHILE.

Quoi ! vous...

HERMOGIDE.

Encore un mot, madame, et je me tais.
Le seul bien de l'état doit remplir vos souhaits :
Vous n'avez plus les noms et d'épouse et de mère ;
Le ciel vous honora d'un plus grand caractère,
Vous régnez ; mais songez qu'Argos demande un roi.
Vous avez à choisir : vos ennemis, ou moi ;
Moi, né près de ce trône, et dont la main sanglante
A soutenu quinze ans sa grandeur chancelante ;
Moi, dis-je, ou l'un des rois, sans force et sans appui,
Que mon lieutenant seul a vaincus aujourd'hui.
* Je me connais, je sais que, blanchi sous les armes,
* Ce front triste et sévère a pour vous peu de charmes.
* Je sais que vos appas, encor dans leur printemps,
* Devraient s'effaroucher de l'hiver de mes ans :
* Mais la raison d'état connaît peu ces caprices ;
* Et de ce front guerrier les nobles cicatrices
* Ne peuvent se couvrir que du bandeau des rois.
Vous connaissez mon rang, mes attentats, mes droits ;
Sachant ce que j'ai fait, et voyant où j'aspire,
Vous me devez, madame, ou la mort, ou l'empire.
Quoi ! vos yeux sont en pleurs ; et vos esprits troublés...

ÉRYPHILE.

Non, seigneur, je me rends ; mes destins sont réglés :
On le veut, il le faut ; ce peuple me l'ordonne,
C'en est fait : à mon sort, seigneur, je m'abandonne.
Vous, lorsque le soleil descendra dans les flots,

ÉRYPHILE,

Trouvez-vous dans ce temple avec les chefs d'Argos.
A mes aïeux, à vous, je vais rendre justice :
Je prétends qu'à mon choix l'univers applaudisse ;
Et vous pourrez juger si ce cœur abattu
Sait conserver sa gloire, et connaît la vertu.

HERMOGIDE.

Mais, madame, voyez...

ÉRYPHILE.

Dans mon inquiétude,
Mon esprit a besoin d'un peu de solitude ;
Mais jusqu'à ces momens que mon ordre a fixés,
Si je suis reine encor, seigneur, obéissez.

SCÈNE VI.

HERMOGIDE, EUPHORBE.

HERMOGIDE.

Demeure : ce n'est pas au gré de son caprice
Qu'il faut que mon courage et que mon sort fléchisse :
Et je n'ai pas versé tout le sang de mes rois,
Pour dépendre aujourd'hui du hasard de son choix.
Parle : as-tu disposé cette troupe intrépide,
Ces compagnons hardis du destin d'Hermogide ?
Contre la reine même osent-ils me servir ?

EUPHORBE.

Pour vos intérêts seuls ils sont prêts à périr.

HERMOGIDE.

Je saurai me sauver du reproche et du blâme
D'attendre pour régner les bontés d'une femme.

Je fus quinze ans sans maître, et ne puis obéir.
Le fruit de tant de soins est lent à recueillir.
Argos n'a plus de rois, et c'était trop attendre
Pour les suivre aux enfers, ou régner sur leur cendre.
Je n'ai plus, il est vrai, ce fer si révéré
Qu'on croit ici du trône être un gage assuré ;
Mais je conserve, au moins, de cette auguste place
Des gages plus certains, la constance et l'audace.
Mon destin se décide ; et si le premier pas
Ne m'élève à l'empire, il m'entraîne au trépas.
Entre l'empire et moi tu vois le précipice :
* Allons, que ma fortune y tombe, ou le franchisse !

FIN DU SECOND ACTE.

ACTE TROISIÈME.

SCÈNE I.

HERMOGIDE, EUPHORBE; suite d'Hermogide.

HERMOGIDE.
Enfin donc voici l'heure où, dans ce temple même,
La reine avec sa main donne son diadème.
Euphorbe, ou je me trompe, ou de bien des horreurs
Ces dangereux momens sont les avant-coureurs.
EUPHORBE.
Polémon de sa part flatte votre espérance.
HERMOGIDE.
Polémon veut en vain tromper ma défiance.
EUPHORBE.
Hé! qui choisir que vous? Cet empire aujourd'hui
Demande un bras puissant qui lui serve d'appui.
Que dis-je! Vous l'aimiez, seigneur, et tant de flamme...
HERMOGIDE.
Moi! que cette faiblesse ait amolli mon ame!
Hermogide amoureux! Ah! qui veut être roi,
Ou n'est pas fait pour l'être, ou sait régner sur soi.
* A la reine engagé, je pris sur sa jeunesse
* Cet heureux ascendant que les soins, la souplesse,
* L'attention, le temps, savent si bien donner

* Sur un cœur sans desseins, facile à gouverner.
Le bandeau de l'Amour, et l'art trompeur de plaire,
De mes vastes desseins ont voilé le mystère.
Mais de tout temps, crois-moi, la soif de la grandeur
Fut le seul sentiment qui régna dans mon cœur.

EUPHORBE.

Tout vous portait au trône; et les vœux de l'armée,
Et la voix de ce peuple et de la renommée,
Et celle de la reine en qui vous espériez.

HERMOGIDE.

Par quels funestes nœuds mes destins sont liés !
* Son époux et son fils, privés de la lumière,
* Du trône à mon courage entr'ouvraient la barrière,
* Quand la main de nos dieux la ferma sous mes pas.
Je sais que j'eus les vœux du peuple et des soldats ;
Mais la voix de ces dieux, ou plutôt de nos prêtres,
M'a dépouillé quinze ans du rang de mes ancêtres.
Il fallut succomber aux superstitions,
* Qui sont, bien plus que nous, les rois des nations *k* ;
Et le zèle aveuglé d'un peuple fanatique
Fut plus fort que mon bras et que ma politique.

EUPHORBE.

En faveur de vos droits ce peuple enfin s'unit ;
Du trône devant vous le chemin s'aplanit ;
Argos, par votre main fait à la servitude,
Long-temps de votre joug prit l'heureuse habitude :
Nos chefs seront pour vous.

HERMOGIDE.

                Je compte sur leur foi,
Tant que leur intérêt les peut joindre avec moi.

L'un d'eux, je l'avouerai, me trouble et m'importune ;
Son destin qui s'élève étonne ma fortune.
Je le crains malgré moi.

EUPHORBE.

Quoi ! ce jeune Alcméon,
Ce soldat qui vous doit sa grandeur et son nom ?

HERMOGIDE.

Oui, ce fils de Théandre, et qui fut mon ouvrage,
Qui sous moi de la guerre a fait l'apprentissage,
Maître de trop de cœurs à mon char arrachés,
Au bonheur qui le suit les a tous attachés.
Par ses heureux exploits ma grandeur est ternie ;
Son ascendant vainqueur impose à mon génie :
Son seul aspect ici commence à m'alarmer.
Je le hais d'autant plus qu'il sait se faire aimer,
Que des peuples séduits l'estime est son partage ;
Sa gloire m'avilit, et sa vertu m'outrage.
Je ne sais, mais le nom de ce fier citoyen,
Tout obscur qu'il était, semble égaler le mien.
Et moi, près de ce trône où je dois seul prétendre,
* J'ai lassé ma fortune à force de l'attendre.
Mon crédit, mon pouvoir adoré si long-temps,
N'est qu'un colosse énorme ébranlé par les ans,
Qui penche vers sa chute, et dont le poids immense
Veut, pour se soutenir, la suprême puissance [3] ;
Mais du moins en tombant je saurai me venger [4].

EUPHORBE.

Qu'allez-vous faire ici ?

HERMOGIDE.

Ne plus rien ménager ;

Déchirer, s'il le faut, le voile heureux et sombre
Qui couvrit mes forfaits du secret de son ombre;
Les justifier tous par un nouvel effort,
Par les plus grands succès, ou la plus belle mort,
Et, dans le désespoir où je vois qu'on m'entraîne,
Ma fureur... Mais on entre, et j'aperçois la reine.

SCÈNE III.

ÉRYPHILE, ALCMÉON, HERMOGIDE, POLÉMON, EUPHORBE; chœur d'argiens.

ALCMÉON.

Oui, ce peuple, madame, et les chefs et les rois,
Sont prêts à confirmer, à chérir votre choix;
Et je viens, en leur nom, présenter leur hommage
A votre heureux époux, leur maître et votre ouvrage.
Ce jour va de la Grèce assurer le repos.

ÉRYPHILE.

Vous, chefs qui m'écoutez, et vous, peuple d'Argos,
Qui venez en ces lieux reconnaître l'empire
Du nouveau souverain que ma main doit élire,
Je n'ai point à choisir : je n'ai plus qu'à quitter
Un sceptre que mes mains n'avaient pas dû porter.
Votre maître est vivant, mon fils respire encore.
Ce fils infortuné, qu'à sa première aurore
Par un trépas soudain vous crûtes enlevé,
Loin des yeux de sa mère en secret élevé [m],
Fut porté, fut nourri dans l'enceinte sacrée
Dont le ciel à mon sexe a défendu l'entrée.

Celui que je chargeai de ses tristes destins
Ignorait quel dépôt fut mis entre ses mains.
Je voulus qu'avec lui renfermé dès l'enfance,
Mon fils de ses parens n'eût jamais connaissance.
Mon amour maternel, timide et curieux,
A cent fois sur sa vie interrogé les cieux;
Aujourd'hui même encore ils m'ont dit qu'il respire.
Je vais mettre en ses mains mes jours et mon empire.
Je sais trop que ce dieu, maître éternel des dieux,
Jupiter, dont l'oracle est présent en ces lieux,
Me prédit, m'assura que ce fils sanguinaire
Porterait le poignard dans le sein de sa mère.
Puisse aujourd'hui, grand dieu, l'effort que je me fais
Vaincre l'affreux destin qui l'entraîne aux forfaits!
Oui, peuple, je le veux : oui, le roi va paraître :
Je vais à le montrer obliger le grand-prêtre.
Les dieux qui m'ont parlé veillent encor sur lui.
Ce secret au grand jour va briller aujourd'hui.
De mon fils désormais il n'est rien que je craigne;
Qu'on me rende mon fils, qu'il m'immole, et qu'il règne.

HERMOGIDE.

Peuple, chefs, il faut donc m'expliquer à mon tour :
L'affreuse vérité va donc paraître au jour.
Ce fils qu'on redemande afin de mieux m'exclure,
Cet enfant dangereux, l'horreur de la nature,
Né pour le parricide, et dont la cruauté
Devait verser le sang du sein qui l'a porté :
Il n'est plus. Son supplice a prévenu son crime.

ÉRYPHILE.

Ciel!

ACTE III, SCÈNE II.

HERMOGIDE.

Aux portes du temple on frappa la victime.
Celui qui l'enlevait le suivit au tombeau [n].
Il fallait étouffer ce monstre en son berceau;
A la reine, à l'état son sang fut nécessaire;
Les dieux le demandaient : je servis leur colère.
Peuple, n'en doutez point : Euphorbe, Nicétas,
Sont les secrets témoins de ce juste trépas.
J'atteste mes aïeux et ce jour qui m'éclaire,
Que j'immolai le fils, que j'ai sauvé la mère;
Que si ce sang coupable a coulé sous nos coups,
J'ai prodigué le mien pour la Grèce et pour vous.
Vous m'en devez le prix : vous voulez tous un maître;
L'oracle en promet un, je vais périr, ou l'être;
Je vais venger mes droits contre un roi supposé;
Je vais rompre un vain charme à moi seul opposé.
Soldat par mes travaux, et roi par ma naissance,
De vingt ans de combats j'attends la récompense.
Je vous ai tous servis. Ce rang des demi-dieux
Défendu par mon bras, fondé par mes aïeux,
Cimenté de mon sang, doit être mon partage.
Je le tiendrai de vous, de moi, de mon courage,
De ces dieux dont je sors, et qui seront pour moi.
Amis, suivez mes pas, et servez votre roi.

(Il sort suivi des siens.)

SCÈNE III.

ÉRYPHILE, ALCMÉON, POLÉMON;
CHOEUR D'ARGIENS.

ÉRYPHILE.

Où suis-je? De quels traits le cruel m'a frappée!
Mon fils ne serait plus! Dieux! m'auriez-vous trompée?
(à Polémon.)
Et vous que j'ai chargé de rechercher son sort...

POLÉMON.

On l'ignore en ce temple, et sans doute il est mort.

ALCMÉON.

Reine, c'est trop souffrir qu'un monstre vous outrage:
Confondez son orgueil et punissez sa rage.
Tous vos guerriers sont prêts; permettez que mon bras...

ÉRYPHILE.

Es-tu lasse, Fortune? Est-ce assez d'attentats?
Ah! trop malheureux fils, et toi, cendre sacrée,
Cendre de mon époux de vengeance altérée,
Mânes sanglans, faut-il que votre meurtrier
Règne sur votre tombe et soit votre héritier?
Le temps, le péril presse, il faut donner l'empire
Un dieu dans ce moment, un dieu parle et m'inspire
Je cède; je ne puis, dans ce jour de terreur,
Résister à la voix qui s'explique à mon cœur.
C'est vous, maître des rois et de la destinée,
C'est vous qui me forcez à ce grand hyménée.
Alcméon, si mon fils est tombé sous ses coups...
Seigneur... vengez mon fils, et le trône est à vous.

ACTE III, SCÈNE IV.

ALCMÉON.

Grande reine, est-ce à moi que ces honneurs insignes...

ÉRYPHILE.

Ah! quels rois dans la Grèce en seraient aussi dignes°?
Ils n'ont que des aïeux, vous avez des vertus.
Ils sont rois, mais c'est vous qui les avez vaincus.
C'est vous que le ciel nomme et qui m'allez défendre :
C'est vous qui de mon fils allez venger la cendre.
Peuple, voilà ce roi si long-temps attendu,
Qui seul vous a fait vaincre, et seul vous était dû,
Le vainqueur de deux rois, prédit par les dieux même.
Qu'il soit digne à jamais de ce saint diadème !
Que je retrouve en lui les biens qu'on m'a ravis,
Votre appui, votre roi, mon époux et mon fils !

SCÈNE IV.

ÉRYPHILE, ALCMÉON, POLÉMON, THÉANDRE;
CHOEUR D'ARGIENS.

THÉANDRE.

Que faites-vous, madame? et qu'allez-vous résoudre?
Le jour fuit, le ciel gronde : entendez-vous la foudre?
De la tombe du roi le pontife a tiré
Un fer que sur l'autel ses mains ont consacré.
Sur l'autel à l'instant ont paru les furies :
Les flambeaux de l'hymen sont dans leurs mains impies.
Tout le peuple tremblant, d'un saint respect touché,
Baisse un front immobile, à la terre attaché.

ÉRYPHILE.

Jusqu'où veux-tu pousser ta fureur vengeresse,

O ciel! Peuple, rentrez : Théandre, qu'on me laisse.
Quel juste effroi saisit mes esprits égarés!
Quel jour pour un hymen!

SCÈNE V.

ÉRYPHILE. ALCMÉON.

ÉRYPHILE.

                Ah! seigneur, demeurez.
Hé quoi! je vois les dieux, les enfers et la terre
S'élever tous ensemble et m'apporter la guerre;
Mes ennemis, les morts contre moi déchainés;
Tout l'univers m'outrage, et vous m'abandonnez!

ALCMÉON.

Je vais périr pour vous, ou punir Hermogide,
Vous servir, vous venger, vous sauver d'un perfide.

ÉRYPHILE.

Je vous fesais son roi; mais, helas! mais, seigneur,
Arrêtez; connaissez mon trouble et ma douleur.
Le désespoir, la mort, le crime m'environne;
J'ai cru les écarter en vous plaçant au trône;
J'ai cru même apaiser ces mânes en courroux,
Ces mânes soulevés de mon premier époux.
Hélas! combien de fois, de mes douleurs pressée,
Quand le sort de mon fils accablait ma pensée,
Et qu'un léger sommeil venait enfin couvrir
Mes yeux trempés de pleurs et lassés de s'ouvrir;
Combien de fois ces dieux ont semblé me prescrire
De vous donner ma main, mon cœur et mon empire!

ACTE III, SCÈNE V.

Cependant, quand je touche au moment fortuné
Où vous montez au trône à mon fils destiné,
Le ciel et les enfers alarment mon courage;
Je vois les dieux armés condamner leur ouvrage :
* Et vous seul m'inspirez plus de trouble et d'effroi
* Que le ciel et ces morts irrités contre moi.
* Je tremble en vous donnant ce sacré diadème:
* Ma bouche en frémissant prononce «Je vous aime.»
* D'un pouvoir inconnu l'invincible ascendant
* M'entraîne ici vers vous, m'en repousse à l'instant;
* Et, par un sentiment que je ne puis comprendre,
* Mêle une horreur affreuse à l'amour le plus tendre.

ALCMÉON.

Quels momens! quel mélange, ô dieux qui m'écoutez,
D'étonnement, d'horreurs, et de félicités!
L'orgueil de vous aimer, le bonheur de vous plaire,
Vos terreurs, vos bontés, la céleste colère,
Tant de biens, tant de maux me pressent à la fois,
Que mes sens accablés succombent sous leur poids.
Encor loin de ce rang que vos bontés m'apprêtent,
C'est sur vos seuls dangers que mes regards s'arrêtent.
C'est pour vous délivrer de ce péril nouveau
Que votre époux lui-même a quitté le tombeau.
Vous avez d'un barbare entendu la menace;
Où ne peut point aller sa criminelle audace?
Souffrez qu'au palais même assemblant vos soldats,
J'assure au moins vos jours contre ses attentats;
Que du peuple étonné j'apaise les alarmes;
Que, prêts au moindre bruit, mes amis soient en armes.
C'est en vous défendant que je dois mériter

Le trône où votre choix m'ordonne de monter.
ÉRYPHILE.
Allez : je vais au temple, où d'autres sacrifices
Pourront rendre les dieux à mes vœux plus propices.
Ils ne recevront pas d'un regard de courroux
Un encens que mes mains n'offriront que pour vous.

FIN DU TROISIÈME ACTE

ACTE QUATRIÈME.

SCÈNE I.

ALCMÉON, THÉANDRE.

ALCMÉON.
Tout est en sûreté : ce palais est tranquille,
Et je réponds du peuple, et surtout d'Éryphile.
THÉANDRE.
Pensez plus au péril dont vous êtes pressé;
Il est rival et prince, et de plus offensé.
Il songe à la vengeance : il la jure, il l'apprête :
J'entends gronder l'orage autour de votre tête :
Son rang lui donne ici des soutiens trop puissans,
Et ses heureux forfaits lui font des partisans.
Cette foule d'amis qu'à force d'injustices...
ALCMÉON.
Lui, des amis ! Théandre, il n'a que des complices,
Plus prêts à le trahir que prompts à le venger;
Des cœurs nés pour le crime, et non pour le danger.
Je compte sur les miens : la guerre et la victoire
Nous ont long-temps unis par les nœuds de la gloire,
Avant que tant d'honneurs, sur ma tête amassés,
Traînassent après moi des cœurs intéressés :
Ils sont tous éprouvés, vaillans, incorruptibles;

La vertu qui nous joint nous rend tous invincibles :
Leurs bras victorieux m'aideront à monter
A ce rang qu'avec eux j'appris à mériter.
Mon courage a franchi cet intervalle immense
Que mit du trône à moi mon indigne naissance :
L'hymen va me payer le prix de ma valeur :
Je ne vois qu'Éryphile, un sceptre, et mon bonheur.

THÉANDRE.

Mais ne craignez-vous point ces prodiges funestes
Qu'étalent à vos yeux les vengeances celestes ?
Ces tremblemens soudains, ces spectres menaçans,
Ces morts dont le retour est l'effroi des vivans ?
Du ciel qui nous poursuit la vengeance obstinée
Semble se déclarer contre votre hyménée.

ALCMÉON.

Mon cœur fut toujours pur; il honora les dieux :
J'espère en leur justice, et je ne crains rien d'eux.
De quel indigne effroi ton ame est-elle atteinte ?
Ah! les cœurs vertueux sont-ils nés pour la crainte ?
Mon orgueilleux rival ne saurait me troubler :
Tout chargé de forfaits, c'est à lui de trembler.
C'est sur ses attentats que mon espoir se fonde ;
C'est lui qu'un dieu menace ; et si la foudre gronde,
La foudre me rassure ; et le ciel que tu crains,
Pour l'en mieux écraser, la mettra dans mes mains.

THÉANDRE.

Le ciel n'a pas toujours puni les plus grands crimes :
Il frappe quelquefois d'innocentes victimes.
Amphiaraüs fut juste, et vous ne savez pas
Par quelles mains ce ciel a permis son trépas.

ACTE IV, SCÈNE I.

ALCMÉON.

Hermogide !

THÉANDRE.

Souffrez que, laissant la contrainte.
Seigneur, un vieux soldat vous parle ici sans feinte.

ALCMÉON.

Tu sais combien mon cœur chérit la vérité.

THÉANDRE.

Je connais de ce cœur toute la pureté.
Des héros de la Grèce imitateur fidèle,
Vous jurez aux forfaits une guerre immortelle;
Vous vous croyez, seigneur, armé pour les venger;
Gardez de les défendre et de les partager.

ALCMÉON.

Comment ! que dites-vous ?

THÉANDRE.

Vous êtes jeune encore :
A peine aviez-vous vu votre première aurore.
Quand ce roi malheureux descendit chez les morts.
Peut-être ignorez-vous ce qu'on disait alors,
Et de la cour du roi quel fut l'affreux langage.

ALCMÉON.

Hé bien ?

THÉANDRE.

Je vais vous faire un trop sensible outrage:
Mais je vous trahirais à le dissimuler :
Je vous tiens lieu de père, et je dois vous parler.

ALCMÉON.

Hé bien. que disait-on ? achève.

THÉANDRE.

Que la reine
Avait lié son cœur d'une coupable chaîne;
Qu'au barbare Hermogide elle promit sa main,
Et jusqu'à son époux conduisit l'assassin.

ALCMÉON.

Rends grace à l'amitié qui pour toi m'intéresse :
Si tout autre que toi soupçonnait la princesse,
Si quelque audacieux avait pu l'offenser...
Mais que dis-je! toi-même, as-tu pu le penser?
Peux-tu me présenter ce poison que l'envie
Répand aveuglément sur la plus belle vie?
J'ai peu connu la cour; mais la crédulité
Aiguise ici les traits de la malignité;
Vos oisifs courtisans, que les chagrins dévorent,
S'efforcent d'obscurcir les astres qu'ils adorent :
Là, si vous en croyez leur coup d'œil pénétrant,
Tout ministre est un traître, et tout prince un tyran:
L'hymen n'est entouré que de feux adultères,
Le frère à ses rivaux est vendu par ses frères;
Et sitôt qu'un grand roi penche vers son déclin,
Ou son fils, ou sa femme, ont hâté son destin.
Je hais de ces soupçons la barbare imprudence :
Je crois que sur la terre il est quelque innocence;
Et mon cœur, repoussant ces sentimens cruels,
Aime à juger par lui du reste des mortels.
Qui croit toujours le crime en paraît trop capable.
A mes yeux comme aux tiens Hermogide est coupable:
Lui seul a pu commettre un meurtre si fatal;
Lui seul est parricide.

ACTE IV, SCÈNE II.

THÉANDRE.

Il est votre rival :
Vous écoutez sur lui vos soupçons légitimes ;
Vous trouvez du plaisir à détester ses crimes.
Mais un objet trop cher...

ALCMÉON.

Ah ! ne l'outragez plus,
Et gardez le silence, ou vantez ses vertus.

SCÈNE II.

ÉRYPHILE, ALCMÉON, THÉANDRE,
ZÉLONIDE ; SUITE DE LA REINE.

ÉRYPHILE.

Roi d'Argos, paraissez, et portez la couronne ;
Vos mains l'ont défendue, et mon cœur vous la donne.
Je ne balance plus : je mets sous votre loi
L'empire d'Inachus, et vos rivaux, et moi.
J'ai fléchi de nos dieux les redoutables haines ;
Leurs vertus sont en vous, leur sang coule en mes veines ;
Et jamais sur la terre on n'a formé de nœuds
Plus chers aux immortels, et plus dignes des cieux.

ALCMÉON.

Ils lisent dans mon cœur : ils savent que l'empire
Est le moindre des biens où mon courage aspire.
Puissent tomber sur moi leurs plus funestes traits,
Si ce cœur infidèle oubliait vos bienfaits !
Ce peuple qui m'entend, et qui m'appelle au temple,
Me verra commander, pour lui donner l'exemple ;

Et, déja par mes mains instruit à vous servir.
N'apprendra de son roi qu'à vous mieux obéir.

ÉRYPHILE.

Enfin la douce paix vient rassurer mon ame :
Dieux! vous favorisez une si pure flamme!
Vous ne rejetez plus mon encens et mes vœux!
Suivez mes pas : entrons...

(Le temple s'ouvre; l'ombre d'Amphiaraüs paraît dans une posture menaçante.)

L'OMBRE.

Arrête, malheureux!

ÉRYPHILE.

Amphiaraüs lui-même! Où suis-je?

ALCMÉON.

Ombre fatale.
Quel dieu te fait sortir de la nuit infernale?
Quel est ce sang qui coule? et quel es-tu?

L'OMBRE.

Ton roi.
Si tu prétends régner, arrête, obeis-moi.

ALCMÉON.

Hé bien, mon bras est prêt; parle, que faut-il faire?

L'OMBRE.

Me venger sur ma tombe.

ALCMÉON.

Et de qui?

L'OMBRE.

De ta mère.

ALCMÉON.

Ma mère! que dis-tu? quel oracle confus!

ACTE IV, SCÈNE II.

Mais l'enfer le dérobe à mes yeux éperdus.
(Le temple se referme.)
Les dieux ferment leur temple!

THÉANDRE.

O prodige effroyable!

ALCMÉON.

O d'un pouvoir funeste oracle impénétrable!

ÉRYPHILE.

A peine ai-je repris l'usage de mes sens!
Quel ordre ont prononcé ces horribles accens?
De qui demandent-ils le sanglant sacrifice?

ALCMÉON.

Ciel! peux-tu commander que ma mère périsse!
Que prétendez-vous donc, mânes trop irrités?
Je commence à percer dans ces obscurités :
Je commence à sentir que les destins sont justes,
Que mon sort est trop loin de ces grandeurs augustes.
J'eusse été trop heureux; mais les mânes jaloux,
Du sein de leurs tombeaux s'élèvent contre nous,
Préviennent votre honte, et rompent l'hyménée
Dont s'offensaient ces dieux de qui vous êtes née.

ÉRYPHILE.

Ah! que me dites-vous? hélas!

ALCMÉON.

Souffrez du moins
Que je puisse un moment vous parler sans témoins.
Pour la dernière fois vous m'entendez peut-être;
Je vous avais trompée, et vous m'allez connaître.

ÉRYPHILE.

Sortez. De toutes parts ai-je donc à trembler?

SCÈNE III.

ÉRYPHILE, ALCMÉON.

ALCMÉON.

Il n'est plus de secrets que je doive celer.
Théandre jusqu'ici m'a tenu lieu de père ;
Je ne suis point son fils, et je n'ai point de mère.
Madame, le destin, qui m'a trahi toujours,
M'a ravi dès long-temps les auteurs de mes jours.
Connu par ma fortune et par ma seule audace,
Je cachais aux humains la honte de ma race.
J'ai cru qu'un sang trop vil, en mes veines transmis,
Plus pur par mes travaux, était d'assez grand prix,
Et que lui préparant une plus digne course,
En le versant pour vous, j'anoblissais sa source.
Je fis plus : jusqu'à vous l'on me vit aspirer,
Et, rival de vingt rois, j'osai vous adorer.
Ce ciel enfin, ce ciel m'apprend à me connaître ;
Il veut confondre en moi le sang qui m'a fait naître ;
La mort entre nous deux vient d'ouvrir ses tombeaux,
Et l'enfer contre moi s'unit à mes rivaux.
Sous les obscurités d'un oracle sévère,
Les dieux m'ont reproché jusqu'au sang de ma mère.
Madame, il faut céder à leurs cruelles lois ;
Alcméon n'est point fait pour succéder aux rois.
Victime d'un destin que même encor je brave,
Je ne m'en cache plus, je suis fils d'un esclave.

ÉRYPHILE.

Vous, seigneur ?

ACTE IV, SCÈNE III.

ALCMÉON.

Oui, madame; et, dans un rang si bas,
Souvenez-vous qu'enfin je ne m'en cachai pas;
Que j'eus l'ame assez forte, assez inébranlable,
Pour faire devant vous l'aveu qui vous accable;
Que ce sang, dont les dieux ont voulu me former,
Me fit un cœur trop haut pour ne vous point aimer.

ÉRYPHILE.

Un esclave!

ALCMÉON.

Une loi fatale à ma naissance
Des plus vils citoyens m'interdit l'alliance.
J'aspirais jusqu'à vous dans mon indigne sort :
J'ai trompé vos bontés, j'ai mérité la mort[r].
Madame, à mon aveu vous tremblez de répondre?

ÉRYPHILE.

Quels soupçons! quelle horreur vient ici me confondre[s]!
Dans les mains d'un esclave autrefois j'ai remis...
M'avez-vous pardonné, destins trop ennemis?
Voulez-vous ou finir ou combler ma misère?
Alcméon, dans quel temps a péri votre père?
Quel fut son nom? Parlez.

ALCMÉON.

J'ignore encor ce nom,
Qui ferait votre honte et ma confusion.

ÉRYPHILE.

Mais comment mourut-il? où perdit-il la vie?
En quel temps?

ALCMÉON.

C'est ici qu'elle lui fut ravie,

Après qu'aux champs thébains le céleste courroux
Eut permis le trépas du prince votre époux.

ÉRYPHILE.

O crime !

ALCMÉON.

   Hélas! ce fut dans ma plus tendre enfance
Qu'on m'enleva, dit-on, l'auteur de ma naissance,
Au pied de ce palais de tant de demi-dieux,
D'où jusque sur son fils vous abaissiez les yeux.
Là, près du corps sanglant de mon malheureux père,
Je fus laissé mourant dans la foule vulgaire
De ces vils citoyens, triste rebut du sort,
Oubliés dans leur vie, inconnus dans leur mort.
Un prêtre de ces lieux sauva mes destinées;
Il renoua le fil de mes faibles années.
Théandre m'éleva : le reste vous est dû.
J'osai trop m'élever, et je me suis perdu.

ÉRYPHILE.

M'alarmerais-je en vain? Mais cet oracle horrible...
Le lieu, le temps, l'esclave... ô ciel! est-il possible?
Qu'on cherche le grand-prêtre. Hélas! déja les dieux,
Soit pitié, soit courroux, l'amènent à mes yeux.

SCÈNE IV.

ÉRYPHILE, ALCMÉON, LE GRAND-PRÊTRE,
une épée à la main.

LE GRAND-PRÊTRE, *à Alcméon.*
L'heure vient, armez-vous, recevez cette épée.
Jadis de votre sang un traître l'a trempée.
Allez : vengez Argos, Amphiaraüs, et vous.
ÉRYPHILE.
Que vois-je ! c'est le fer que portait mon époux :
Le fer que lui ravit ce barbare Hermogide.
Tout me retrace ici le crime et l'homicide ;
La force m'abandonne à cet objet affreux.
Parle : qui t'a remis ce dépôt malheureux ?
Quel dieu te l'a donné ?
LE GRAND-PRÊTRE.
            Le dieu de la vengeance.
(à Alcméon.)
Voici ce même fer qui frappa votre enfance,
Qu'un cruel, malgré lui ministre du destin,
Troublé par ses forfaits, laissa dans votre sein.
Ce dieu qui dans le crime effraya cet impie,
Qui fit trembler sa main, qui sauva votre vie,
Qui commande au trépas, ouvre et ferme le flanc,
Venge un meurtre par l'autre, et le sang par le sang,
M'ordonna de garder ce fer, toujours funeste,
Jusqu'à l'instant marqué par le courroux céleste.
La voix, l'affreuse voix qui vient de vous parler

ÉRYPHILE,
Me conduit devant vous pour vous faire trembler.
ÉRYPHILE.
Achève : romps le voile; éclaircis le mystère.
Son père, cet esclave...
LE GRAND-PRÊTRE.
Il n'était point son père;
Un sang plus noble crie.
ÉRYPHILE.
Ah, seigneur! ah, mon roi!
Fils d'un héros...
ALCMÉON.
Quels noms vous prodiguez pour moi!
ÉRYPHILE, *se jetant entre les bras de Zélonide.*
Je ne puis achever; je me meurs, Zélonide.
LE GRAND-PRÊTRE, *à Alcméon, en lui donnant l'épée.*
Je laisse entre vos mains ce glaive parricide :
C'est un don dangereux; puisse-t-il désormais
Ne point servir, grands dieux, à de nouveaux forfaits!

SCÈNE V.

ALCMÉON, ÉRYPHILE.

ÉRYPHILE.
* Hé bien! ne tarde plus, remplis ta destinée;
* Porte ce fer sanglant sur cette infortunée;
* Étouffe dans mon sang cet amour malheureux
* Que dictait la nature en nous trompant tous deux;
* Punis-moi, venge-toi, venge la mort d'un père;

ACTE IV, SCÈNE V.

* Reconnais-moi, mon fils : frappe, et punis ta mère!

ALCMÉON.

Moi, votre fils? grands dieux!

ÉRYPHILE.

C'est toi dont au berceau
Mon indigne faiblesse a creusé le tombeau;
C'est toi qui fus frappé par les mains d'Hermogide;
C'est toi qui m'es rendu, mais pour le parricide :
Toi mon sang, toi mon fils, que le ciel en courroux,
Sans ce prodige horrible, aurait fait mon époux!

ALCMÉON.

De quel coup ma raison vient d'être confondue!
Dieux! sur elle et sur moi puis-je arrêter la vue?
Je ne sais où je suis : dieux, qui m'avez sauvé,
Reprenez tout ce sang par vos mains conservé.
Est-il bien vrai, madame, on a tué mon père?
Il veut votre supplice, et vous êtes ma mère?

ÉRYPHILE.

* Oui, je fus sans pitié : sois barbare à ton tour,
* Et montre-toi mon fils en m'arrachant le jour.
* Frappe... Mais quoi! tes pleurs se mêlent à mes larmes?
* O mon cher fils! ô jour plein d'horreur et de charmes!
* Avant de me donner la mort que tu me dois,
* De la nature encor laisse parler la voix :
* Souffre au moins que les pleurs de ta coupable mère
* Arrosent une main si fatale et si chère.

ALCMÉON.

Cruel Amphiaraüs! abominable loi!
La nature me parle, et l'emporte sur toi.
O ma mère!

ÉRYPHILE, *en l'embrassant.*

O cher fils que le ciel me renvoie,
Je ne méritais pas une si pure joie!
J'oublie et mes malheurs, et jusqu'à mes forfaits;
Et ceux qu'un dieu t'ordonne, et tous ceux que j'ai faits.

SCÈNE VI.

ÉRYPHILE, ALCMÉON, ZÉLONIDE, POLÉMON.

POLÉMON.

Madame, en ce moment l'insolent Hermogide,
Suivi jusqu'en ces lieux d'une troupe perfide,
La flamme dans les mains, assiége ce palais.
Déja tout est armé, déja volent les traits.
Nos gardes rassemblés courent pour vous défendre :
Le sang de tous côtés commence à se répandre.
Le peuple épouvanté, qui s'empresse ou qui fuit,
Ne sait si l'on vous sert, ou si l'on vous trahit.

ALCMÉON.

O ciel! voilà le sang que ta voix me demande;
La mort de ce barbare est ma plus digne offrande.
Reine, dans ces horreurs cessez de vous plonger;
Je suis l'ordre des dieux, mais c'est pour vous venger.

FIN DU QUATRIEME ACTE

ACTE CINQUIÈME.

SCÈNE I.

ALCMÉON, THÉANDRE, POLÉMON; soldats.

ALCMÉON.

Vous trahirai-je en tout, ô cendres de mon père !
Quoi ! ce fier Hermogide a trompé ma colère !
Quoi ! la nuit nous sépare, et ce monstre odieux
Partage encor l'armée, et ce peuple, et les dieux !
Retranché dans ce temple, aux autels qu'il profane
* Il me brave : il jouit du ciel qui le condamne *!
  (à Polémon.)
Allez.

POLÉMON.

   Et qu'avez-vous, seigneur, à ménager ?
Tous les lieux sont égaux quand il faut se venger;
Vous régnez sur Argos...

ALCMÉON.

      Argos m'en est plus chère;
Avec le nom de roi, je prends un cœur de père.
Me faudrait-il verser, dans mon règne naissant,
Pour un seul ennemi, tant de sang innocent ?
Est-ce à moi de donner le sacrilége exemple
D'attaquer les dieux même, et de souiller leur temple ?
Ils poursuivent déja ce cœur infortuné

ERYPHILE,

Qui protége contre eux ce sang dont je suis né.
Va, dis-je, Polémon, va; c'est de ta prudence
Que ton maître et ce peuple attendent leur vengeance.
Agis, parle, promets, que surtout d'Alcméon
Il ne redoute point d'indigne trahison;
Fais qu'il s'éloigne au moins de ce temple funeste.
Rends-moi mon ennemi; mon bras fera le reste.
(*Polémon sort.*)
(à Théandre.)
Et vous, de cette enceinte et de ces vastes tours
Avez-vous parcouru les plus secrets détours?
Du palais de la reine a-t-on fermé les portes?

THÉANDRE.

J'ai tout vu, j'ai partout disposé vos cohortes.
Cependant votre mère...

ALCMÉON.

A-t-on soin de ses jours?

THÉANDRE.

Ses femmes en tremblant lui prêtent leur secours;
Elle a repris ses sens; son ame désolée
Sur ses lèvres encore à peine est rappelée.
Elle cherche le jour, le revoit et gémit [4].
Elle vous craint, vous aime; elle pleure et frémit.
Elle va préparer un secret sacrifice
A ces mânes sacrés, armés pour son supplice.
Son désespoir l'égare; elle va s'enfermer
Au tombeau de ce roi qu'elle n'ose nommer,
De ce fatal époux, votre malheureux père,
Dont vous savez...

ALCMÉON.

Grands dieux! je sais qu'elle est ma mère [a].

THÉANDRE.

Les dieux veulent son sang. Dans un tel désespoir
Quels conseils désormais pourriez-vous recevoir?

ALCMÉON.

Aucun. Quand le malheur, quand la honte est extrême,
Il ne faut prendre, ami, conseil que de soi-même.
Mon père... Que veux-tu? chère ombre, apaise-toi *!
Le nom sacré de fils est-il affreux pour moi?
Je t'entends, et ta voix m'appelle sur ta tombe!
De tous tes ennemis y veux-tu l'hécatombe?
Tu demandes du sang... demeure, attends, choisis,
Ou le sang d'Hermogide, ou le sang de ton fils!

SCÈNE II.

ALCMÉON, THÉANDRE, POLÉMON.

ALCMÉON.

Hé bien! l'as-tu revu cet ennemi farouche?
A lui parler d'accord as-tu forcé ta bouche *?
Les dieux le livrent-ils à ma juste fureur?
Sait-il ce qui se passe?

POLÉMON.

                Il l'ignore, seigneur.
Il ne soupçonne point quel sang vous a fait naître;
Il méprise son prince, il méconnaît son maître;
Furieux, implacable, au combat préparé,
Et plus fier que le dieu dans ce temple adoré:
Mais il consent enfin de quitter son asile,
De vous entendre ici, de revoir Éryphile.

ÉRYPHILE,

Il veut qu'un nombre égal de chefs et de soldats
Également armés, suivent de loin vos pas.
Il reçoit votre foi qu'à regret je lui porte;
Je règle votre suite; il nomme son escorte.

ALCMÉON.

Il va paraître?

POLÉMON.

Il vient; mais a-t-il mérité
Que vous lui conserviez tant de fidélité?
Doit-on rien aux méchans? et quel respect frivole
Expose votre sang...

ALCMÉON.

J'ai donné ma parole.

POLÉMON.

A qui la tenez-vous? A ce perfide?

ALCMÉON.

A moi.

THÉANDRE.

Et que prétendez-vous?

ALCMÉON.

Me venger, mais en roi.
Argos à mes vertus reconnaîtra son maître.
Mais près du temple, ami, ne vois-je pas le traître?

THÉANDRE.

Un dieu poursuit ses pas, et le conduit ici:
Il entre en frémissant.

ALCMÉON.

Dieux vengeurs! le voici.

SCÈNE III.

HERMOGIDE, *dans le fond du théâtre;* ALCMÉON, THÉANDRE, POLÉMON, *sur le devant;* SUITE D'HERMOGIDE.

HERMOGIDE.
D'où vient donc qu'en ces lieux je ne vois pas la reine ?
Quel silence ! est-ce un piége où mon destin m'entraîne ?
Rien ne paraît : un lâche a-t-il surpris ma foi ?
Qui, moi, craindre ! avançons.

ALCMÉON.
     Demeure, et connais-moi.
Connais ce fer sacré : l'oses-tu voir encore ?

HERMOGIDE.
Oui, c'est le fer d'un roi qu'un sujet déshonore.

ALCMÉON.
Te souvient-il du sang dont l'a souillé ta main ?

HERMOGIDE.
Peux-tu bien demander...

ALCMÉON.
     Malheureux assassin,
Quel esclave a percé ces mains de sang fumantes ?
Quel enfant innocent... Hé quoi ! tu t'épouvantes !
Tu t'en vantais tantôt, tu te tais ; tu frémis !
Meurtrier de ton roi, sais-tu quel est son fils ?

HERMOGIDE.
Ciel ! tous les morts ici renaissent pour ma perte.
Son fils !

ÉRYPHILE,

ALCMÉON.

De tes forfaits l'horreur est découverte,
Revois Amphiaraüs, vois son sang, vois ton roi.

HERMOGIDE.

Je ne vois rien ici que ton manque de foi.
Tremble, qui que tu sois; et devant que je meure,
Puisque tu m'as trahi...

ALCMÉON.

Non, barbare, demeure.
Connais-moi tout entier : sache au moins que mon bras
Ne sait point se venger par des assassinats.
Je dois de tes forfaits te punir avec gloire;
J'attends ton châtiment des mains de la victoire :
Et ce sang de tes rois, qui te parle aujourd'hui,
Ne veut qu'une vengeance aussi noble que lui.
Sans suite, ainsi que moi, viens, si tu l'oses, traître,
Chercher encor ma vie, et combattre ton maître.
Suis mes pas.

HERMOGIDE.

Où vas-tu ?

ALCMÉON.

Sur ce tombeau sacré,
Sur la cendre d'un roi par tes mains massacré.
Combattons devant lui, que son ombre y décide
Du sort de son vengeur et de son homicide.
L'oses-tu ?

HERMOGIDE.

Si je l'ose ! en peux-tu bien douter ?
Et les morts ou ton bras sont-ils à redouter ?
Viens te rendre au trépas : viens, jeune téméraire,

ACTE V, SCÈNE IV.

M'immoler ou mourir, joindre ou venger ton père.
ALCMÉON.
. (Le grand-prêtre entre.)
Qu'aucun de vous ne suive ; et vous, prêtre des dieux,
Ne craignez rien ; mon bras n'a point souillé ces lieux.
Allez au dieu d'Argos immoler vos victimes ;
Je vais tenir sa place en punissant les crimes.

SCÈNE IV.

LE GRAND-PRÊTRE, THÉANDRE, POLÉMON.

THÉANDRE.
Ciel ! sois pour la justice, et nos maux sont finis.
LE GRAND-PRÊTRE.
Nos maux sont à leur comble! il le faut... je frémis... [aa]
L'ordre est irrévocable... Ah, mère malheureuse !
C'est la mort qui t'amène à cette tombe affreuse.
THÉANDRE.
Hermogide...
LE GRAND-PRÊTRE.
Il expire : Alcméon est vainqueur.
C'en est assez, reviens, fuis de ce lieu d'horreur :
Amphiaraüs te suit ; il t'égare, il t'anime,
Il t'aveugle ; et le crime est puni par le crime.
THÉANDRE.
C'est la voix de la reine.
POLÉMON.
Ah, quels lugubres cris !
LE GRAND-PRÊTRE.
Crains ton roi, crains ton sang.

ÉRYPHILE, *derrière le théâtre.*

Épargne-moi, mon fils !

ALCMÉON, *derrière le théâtre.*

Reçois le dernier coup, tombe à mes pieds, perfide.

(On entend un cri d'Éryphile.)

POLÉMON.

Ciel ! qu'est-ce que j'entends ?

LE GRAND-PRÊTRE.

La voix du parricide.

SCÈNE V.

ALCMÉON, THÉANDRE, LE GRAND-PRÊTRE, POLÉMON.

ALCMÉON.

Je viens de l'immoler : il n'est plus ; je suis roi.
Dieux ! dissipez l'horreur qui s'empare de moi.
Mon bras vous a vengés, vous, ce peuple et mon père ;
Hermogide est tombé, même aux pieds de ma mère [bb] ;
Il demandait la vie ; il s'est humilié ;
Et mon cœur une fois s'est trouvé sans pitié.
Rendez-moi cette paix que la justice donne !
Quoi ! j'ai puni le crime, et c'est moi qui frissonne !
Ah ! pour les scélérats quels sont vos châtimens,
Si les cœurs vertueux éprouvent ces tourmens ?
Éryphile, témoin de ma juste vengeance,
Viens régner avec moi. Quoi ! tu fuis ma présence ?
Tu crains ton fils : tu crains ce bras ensanglanté,
Et cet horrible arrêt que le ciel a dicté !

Vous, courez vers la reine et calmez ses alarmes :
Dites-lui que nos mains vont essuyer ses larmes.
Mais non, je veux moi-même embrasser ses genoux ;
Allons, je veux la voir...

SCÈNE VI.

ÉRYPHILE, *soutenue par ses femmes*; ALCMÉON, LE GRAND-PRÊTRE, THÉANDRE, POLÉMON; SUITE.

LE GRAND-PRÊTRE.
　　　　　　Ah ! que demandez-vous[cc] ?
ALCMÉON.
Je vais mettre à ses pieds le prix de mon courage ;
Oui, je veux... quel objet... que vois-je ?
ÉRYPHILE.
　　　　　　　　　Ton ouvrage.
Les oracles cruels enfin sont accomplis,
Et je meurs par tes mains quand je retrouve un fils ;
Le ciel est juste[dd].
ALCMÉON.
　　　　Ah, dieux ! parricide exécrable !
Vous ! ma mère ! elle meurt... et j'en serais coupable !
Non, je ne le suis pas, dieux cruels ! et mon bras
Dans mon sang à vos yeux...
　　　　　(On le désarme.)
ÉRYPHILE.
　　　　　Mon fils, n'achève pas.
Je péris par ta main ; ton cœur n'est pas complice.
Les dieux t'ont aveuglé pour hâter mon supplice.

Je meurs contente... approche... après tant d'attentats,
Laisse-moi la douceur d'expirer dans tes bras.

(Alcméon se jette aux genoux d'Éryphile.)

Indigne que je suis du sacré nom de mère,
J'ose encor te dicter ma volonté dernière.
Il faut vivre et régner : le fils d'Amphiaraüs
Doit réparer ma vie à force de vertus.
Un moment de faiblesse, et même involontaire,
A fait tous mes malheurs, a fait périr ton père.
Souviens-toi des remords qui troublaient mes esprits :
* Souviens-toi de ta mère... ô mon fils... mon cher fils...
C'en est fait^{ee}...

ALCMÉON.

Elle expire... impitoyable père !
Sois content : j'ai tué ton épouse et ma mère.
Viens combler nos forfaits, viens la venger sur moi,
Viens t'abreuver du sang que j'ai reçu de toi.
Je renonce à ton trône, au jour que je déteste,
A tous les miens... ta tombe est tout ce qui me reste.
Mânes qui m'entendez ! dieux ! enfers en courroux,
* Je meurs au sein du crime, innocent malgré vous !

FIN D'ÉRYPHILE.

VARIANTES

DE LA TRAGÉDIE D'ÉRYPHILE.

a Cet enfant par mes mains à la mort arraché,
Ce présent des destins, chez vous long-temps caché,
Par des exploits sans nombre aujourd'hui justifie
L'œil pénétrant des dieux qui veilla sur sa vie.

b   THÉANDRE.
Qu'avec étonnement cependant je contemple
Les couronnes de fleurs dont vous parez le temple!
La publique allégresse ici parle à mes yeux
Du bonheur de la terre et des faveurs des dieux.
            LE GRAND-PRÊTRE.
La Grèce ainsi l'ordonne; et voici la journée
Que pour ce nouveau choix elle a déterminée.
Hermogide et les rois d'Élide et de Pylos,
Qui briguaient cet hymen et désolaient Argos,
Suspendant aujourd'hui leur discorde et leur haine,
Ont remis leurs destins à la voix de la reine;
Elle doit en ces lieux disposer de sa foi,
Se choisir un époux et nous donner un roi.
            THÉANDRE.
O ciel! souffririez-vous que le traître Hermogide
Reçût ce noble prix d'un si lâche homicide?
            LE GRAND-PRÊTRE.
La reine hésite encore, et craint de déclarer
Celui que de son choix elle veut honorer.
Mais quel que soit enfin le dessein d'Éryphile,
Les temps sont accomplis; son choix est inutile.
            THÉANDRE.
Pour un hymen, grands dieux, quel étrange appareil!
Ce matin, devançant le retour du soleil,
J'ai vu dans ce palais la garde redoublée;
La reine était en pleurs, interdite, troublée;
Dans son appartement elle n'osait rentrer:
Une secrète horreur semblait la pénétrer.

VARIANTES

Elle invoquait les dieux ; et tremblante, éperdue,
De son premier époux embrassait la statue.

« Vous êtes libre enfin.
ÉRYPHILE.
La liberté, la paix,
Dans mon cœur déchiré ne rentreront jamais.
ZÉLONIDE.
Aujourd'hui cependant, maîtresse de vous-même,
Vous pouvez disposer de vous, du diadème.
Songez...

d D'un autre hymen alors on m'imposa la loi ;
On demanda mon cœur : il n'était plus à moi.
Il fallut étouffer ma passion naissante,
D'autant plus forte en moi qu'elle était innocente,
Que la main de mon père avait formé nos nœuds,
Que mon sort en changeant ne changea point mes feux ;
Et qu'enfin le devoir, armé pour me contraindre,
Les ayant allumés, eut peine à les éteindre.
Cependant, tu le sais, Athènes, Sparte, Argos,
Envoyèrent à Thèbe un peuple de héros.
Mon époux y courut ; le jaloux Hermogide
S'éloigna sur ses pas des champs de l'Argolide ;
Je reçus ses adieux : ô funestes momens,
Cause de mes malheurs, source de mes tourmens !
Je crus pouvoir lui dire, en mon désordre extrême,
Que je serais à lui si j'étais à moi-même.
J'en dis trop, Zélonide ; et, faible que je suis,
Mes yeux mouillés de pleurs expliquaient mes ennuis.
De mes soupirs honteux je ne fus pas maîtresse ;
Même en le condamnant je flattais sa tendresse.
J'avouais ma défaite...

e Plus terrible qu'eux tous, plus grand, plus dangereux,
Sûr de ses droits au trône, et fier de ses aïeux,
Mêlant à ses forfaits la force et le courage,
Et briguant à l'envi ce sanglant héritage,
Le barbare Hermogide...

f Je chérissais mon fils : la crainte et la tendresse
De mes sens désolés partageaient la faiblesse.
Mon fils me consolait de la mort d'un époux ;

D'ÉRYPHILE.

Mais il fallait le perdre ou mourir par ses coups.
Trop de crainte peut-être...

g On ne s'étonne point que l'heureux Hermogide
L'emporte sur les rois de Pylos et d'Élide ;
Il est du sang des dieux et de nos premiers rois,
Puisse-t-il mériter l'honneur de votre choix !
Ce choix sans doute...

h Préférer à des rois un simple citoyen !
Déshonorer le trône !

ÉRYPHILE.

Il en est le soutien,
Et le sang dont il est fût-il plus vil encore,
Je ne vois point de rang qu'Alcméon déshonore.
En de si pures mains...

i Devons-nous redouter un fantôme odieux ?
Vivant, je l'ai vaincu : mort, est-il dangereux [1] ?
D'un œil indifférent voyons ces vains prodiges.
Que peuvent contre nous les morts et leurs prestiges ?

k Tel est l'esprit du peuple endormi dans l'erreur ;
Un prodige apparent, un pontife en fureur,
Un oracle, une tombe, une voix fanatique,
Sont plus forts que mon bras et que ma politique.
Il fallut obéir aux superstitions,
Qui sont, bien plus que nous, les rois des nations ;
Et, loin de les braver, moi-même avec adresse
De ce peuple aveuglé caresser la faiblesse.

l Crois-tu que d'Alcméon l'orgueil présomptueux
Jusqu'à ce rang auguste osât porter ses vœux ?
Penses-tu qu'il aspire à l'hymen de la reine ?

EUPHORBE.

Il n'aura point sans doute une audace si vaine.
Mais, seigneur, cependant, savez-vous qu'aujourd'hui
Éryphile en secret a vu Théandre ici ?
Qu'elle les a quittés les yeux baignés de larmes ?

---

[1] Dans *Alzire*, Gusman en parlant de Zamore :

Vivant, je l'ai vaincu : mort, doit-il être à craindre ?

VARIANTES

HERMOGIDE.

Tout m'est suspect de lui : tout me remplit d'alarmes ;
Ce seul moment encore il faut la ménager ;
Dans un moment je règne, et je vais me venger.
Tout va sentir ici mon pouvoir et ma haine :
Je saurai... mais on entre, et j'aperçois la reine.

m Par l'esclave Corèbe en secret élevé,
Fut porté, fut nourri dans l'enceinte sacrée
Dont le ciel à mon sexe a défendu l'entrée ;
Dans ces terribles lieux, qu'ont souvent habité
Ces dieux vengeurs, ces dieux dont je tiens la clarté.
C'est là qu'avec Corèbe, enfermé dès l'enfance,
Mon fils de son destin n'eut jamais connaissance.
Mon amour maternel...

n Et le prince et Corèbe ont ici leur tombeau.
J'étouffai malgré moi ce monstre en son berceau :
J'enfonçai dans ses flancs cette royale épée,
Par son père autrefois sur moi-même usurpée ;
Et soit décret des dieux, soit pitié, soit horreur,
Je ne pus de son sein tirer le fer vengeur.
Sa dépouille sanglante en mes mains demeurée,
De cette mort si juste est la preuve assurée.
La reine qui m'entend, et que je vois frémir,
Me doit au moins le jour qu'un fils dut lui ravir.
J'atteste mes aïeux...

o Et près de vous, enfin, que sont-ils à mes yeux ?
Vous avez des vertus, ils n'ont que des aïeux.
J'ai besoin d'un vengeur, et non pas d'un vain titre.
Régnez : de mon destin soyez l'heureux arbitre.
Peuple...

p D'une timide main ces victimes frappées,
Au fer qui les poursuit dans le temple échappées,
Ce silence des dieux, garant de leur courroux,
Tout me fait craindre ici, tout m'afflige pour vous.
Du ciel...

q Je cachais aux humains le malheur de ma race ;
Mais je ne me repens, au point où je me vois,
Que de m'être abaissé jusqu'à rougir de moi ;
Voilà ma seule tache et ma seule faiblesse.

D'ÉRYPHILE.

J'ai craint tant de rivaux dont la maligne adresse
A d'un regard jaloux sans cesse examiné,
Non pas ce que je suis, mais de qui je suis né;
Et qui, de mes exploits rabaissant tout le lustre,
Pensaient ternir mon nom quand je le rends illustre.
J'ai vu que ce vil sang dans mes veines transmis...

> Mais du rang que je perds et du cœur que j'adore
Songez que mon rival est plus indigne encore,
Plus haï de nos dieux, et qu'avec plus d'horreur
Amphiaraüs en lui verrait son successeur.
Madame...

> Un esclave... son âge... et ses augustes traits...
Hélas! apaisez-vous, dieux vengeurs des forfaits!
O criminelle épouse, et plus coupable mère!
Alcméon, dans quel temps a péri votre père?
Quel fut son nom? parlez.

> Achevez sa défaite, achevez vos projets:
Venez, forcez ce traître...

ALCMÉON.
     Épargnons mes sujets.
De ce moment je règne, et de ce moment même,
Comptable aux citoyens de mon pouvoir suprême,
Au péril de mon sang je veux les épargner:
Je veux, en les sauvant, commencer à régner.
Je leur dois encor plus: je dois le grand exemple
De révérer les dieux et d'honorer leur temple.
Je ne souffrirai point que le sang innocent
Souille leur sanctuaire et mon règne naissant.
Va, dis-je, Polémon...

« Les dieux veulent son sang.

ALCMÉON.
     Je ne l'ai point promis.
Cruels, tonnez sur moi, si je vous obéis!
Le malheur m'environne et le crime m'assiége:
Je deviens parricide, ou me rends sacrilége [1].

---

[1] Séide dans *Mahomet*:

> De sentimens confus une foule m'assiége,
> Je crains d'être barbare, ou d'être sacrilége.

VARIANTES

Quel choix et quel destin!
THÉANDRE.
Dans un tel désespoir...

x Chère ombre, apaise-toi, prends pitié de ton fils:
Arme et soutiens mon bras contre tes ennemis.
Dans le sang d'Hermogide apaise ta colère,
Ne me fais point frémir de t'avouer pour père.
Quoi! de tous les côtés plein d'horreur et d'effroi,
Le nom sacré de fils est horrible pour moi!

y Peut-il bien se résoudre à me voir en ces lieux,
Aux portes de ce temple, à l'aspect de ces dieux,
Dans ce parvis sacré, trop plein de sa furie,
Dans la place où lui-même attenta sur ma vie?
Les dieux le livrent-ils...

z Vois-tu ce fer sacré?

HERMOGIDE.
Que vois-je! le fer même
Qu'Amphiaraüs reçut avec son diadème!
ALCMÉON.
Te souvient-il du sang dont l'a souillé ta main?
HERMOGIDE.
Qu'oses-tu demander?

aa Nos maux sont à leur comble. Alecto, Némésis,
Du crime et du malheur messagères fatales,
Portent vers ce tombeau leurs torches infernales.
L'orgueil des scélérats ne peut les désarmer,
Les pleurs des malheureux ne peuvent les calmer:
Il faut que le sang coule, et leurs mains vengeresses
Punissent les forfaits, et même les faiblesses.
THÉANDRE.
Ciel! d'un roi vertueux daigne guider les coups!
LE GRAND-PRÊTRE.
Le ciel entend nos vœux, mais c'est dans son courroux.
O conseils éternels! ô sévères puissances!
Quelles mains forcez-vous à servir vos vengeances!
POLÉMON.
C'est la voix de la reine! ah, quels lugubres cris!
LE GRAND-PRÊTRE.
Infortuné, quels dieux ont troublé tes esprits?

Que vas-tu faire ? Et toi, mère trop malheureuse,
Garde-toi d'approcher de cette tombe affreuse :
Les morts et les vivans y sont tes ennemis !
Reine, crains ton époux, crains encor plus ton fils.
ÉRYPHILE, *derrière le théâtre.*
Mon fils, épargne-moi !
ALCMÉON.
     Tombe à mes pieds, perfide.

bb Ce monstre enfin n'est plus : Argos en est purgé.
Les dieux sont satisfaits, et mon père est vengé.
J'ai vu sur cette tombe Éryphile éperdue ;
D'où vient qu'en ce moment elle évite ma vue ?

cc Je vais mettre à ses pieds ce fer si redoutable...
Que dis-je ! où suis-je ! où vais-je ! et quelle horreur m'accable !
D'où vient donc que le sang qui rejaillit sur moi,
Si justement versé, m'inspire un tel effroi ?
Je n'ai point cette paix que la justice donne ;
Quoi ! j'ai puni le crime, et c'est moi qui frissonne !
Dieux ! pour les scélérats quels sont vos châtimens,
Si les cœurs vertueux éprouvent leurs tourmens !

dd <center>ALCMÉON.</center>
    Hélas ! parricide exécrable !
Vous, ma mère... elle meurt... et j'en serais coupable !
Moi ! moi ! dieux inhumains !
ÉRYPHILE.
       Je vois à ta douleur
Que les dieux malgré toi conduisaient ta fureur ;
Ta main qu'ils ont guidée a méconnu ta mère.
Ta parricide main ne m'en est pas moins chère :
Ton cœur est innocent ; je te pardonne... Hélas !
Laisse-moi la douceur d'expirer dans tes bras...
Ferme ces tristes yeux qui s'entr'ouvrent à peine.
ALCMÉON, *à ses genoux.*
J'atteste de ces dieux la vengeance et la haine :
Je jure par mon crime et par votre trépas,
Que mon sang devant vous...
ÉRYPHILE.
      Mon fils, n'achève pas ;
Indigne que je suis du sacré nom de mère,

VARIANTES D'ÉRYPHILE.

J'ose encor te dicter ma volonté dernière :
Il faut vivre et régner.

« LE GRAND-PRÊTRE.

* La lumière à ses yeux est ravie.
* Secourez Alcméon : prenez soin de sa vie.
Que de ce jour affreux l'exemple menaçant
Rende son cœur plus juste et son règne plus grand !

FIN DES VARIANTES D'ÉRYPHILE.

NOTES

DE LA TRAGÉDIE D'ÉRYPHILE.

---

[1] Polyphonte dans *Mérope* :

> Je croirais que ses yeux ont pénétré l'abyme
> Où dans l'impunité s'était caché mon crime.

[2] Dans *Brutus*, Titus dit à Messala :

> On confie aisément des malheurs qu'on surmonte ;
> Mais qu'il est accablant de parler de sa honte !

[3] On trouve une imitation de ces vers dans *la Mort de César*

[4] Imitation de ce vers de *l'Énéide* :

> Quæsivit cœlo lucem, ingemuitque reperta.

FIN DU PREMIER VOLUME.

TABLE DES MATIÈRES

CONTENUES DANS CE VOLUME.

THÉATRE DE VOLTAIRE.
Avertissement du nouvel éditeur. Page j
Notice sur Voltaire, par M. Berville. v
Avertissement de l'édition du Théâtre de Voltaire, publiée en 1775. 3
Table chronologique des pièces du Théâtre de Voltaire. 9
Avertissement des éditeurs de l'édition de Kehl sur OEdipe. 15
Lettres à M. de Genonville, contenant la critique de l'OEdipe de Sophocle, de celui de Corneille, et de celui de l'auteur. 18
Lettre au père Porée, jésuite. 59
Préface de l'édition de 1729. 62
OEdipe, tragédie avec des chœurs. 77
Fragmens d'Artémire. 153
Avertissement des editeurs de l'édition de Kehl, sur *Artémire*. 155
Préface de la première édition de *Mariamne*. 183
Fragment de la préface de l'édition de 1730. 189
Mariamne, tragédie. 195
Vers à madame la marquise de Prie, sur la comédie de *l'Indiscret*. 289
L'Indiscret, comédie. 291
Avertissement sur *Brutus*. 334
Discours sur la tragédie à milord Bolingbrocke. 335
Brutus, tragédie. 353
Avertissement des éditeurs de l'édition de Kehl sur *Eryphile*. 428
Discours en vers, prononcé avant la représentation d'Eryphile. 429
Eriphyle, tragédie. 433

FIN DE LA TABLE.

IMPRIMERIE DE RIGNOUX,
Rue des Francs-Bourgeois Saint Michel, n° 8